潘雨廷／著

典藏本

潘雨廷著作集

第二册

易学史发微

上海古籍出版社

引　言

　　潘雨廷先生(1925—1991)，上海人，当代著名易学家。生前担任华东师范大学古籍研究所教授、中国《周易》研究会副会长、上海道教协会副会长。潘雨廷先生早年就读于上海圣约翰大学教育系，毕业后师从周善培、唐文治、熊十力、马一浮、杨践形、薛学潜等先生研究中西学术，专心致志于学问数十载，融会贯通，自成一家，在国内外有相当的影响。潘雨廷先生毕生研究的重点是宇宙与古今事物的变化，并有志于贯通东西方文化之间的联系，对中华学术中的《周易》和道教，有深入的体验和心得。潘雨廷先生著述丰富，其研究涉及多方面内容，具有极大的启发性。他的著作是二十世纪中国文化所取得的重要成果之一。本书由张文江根据潘雨廷夫人金德仪女士保存的遗稿整理而成。

　　《易学史发微》是作者撰写《易学史》中的主题论文汇编。本书从历史的角度综述了从先秦至近代易学典籍和人物的核心思想，勾勒了中华易学象数发展的主要线索，是简明的易学史纲要。

目次

文王数字卦初探

一、论天干地支与数字卦

数字卦的发现,于易学的研究可扩大思路。尤其是易学与象数的关系,当进一步认识其渊源。

于殷墟甲骨文中发现六十干支的排列,但迄今为止,对当时学者的思想文化及其认识水平,学界尚不够重视。试思距今三千余年前,已了解十天干的周期(即十进位制),又了解十二地支的周期(即十二进位制),进而又能结合天干地支二种周期而得六十花甲的周期(即六十进位制),这种抽象思维的认识水平,何可等闲视之。非经一二千年的知识累积,代代遗传,岂会贸然有此六十干支的排列。帝王皆以天干名之,重视之情不言而喻。先观其当时的应用,于十天干作为日的计算,凡十日为旬;甲骨文中有一旬等至六旬,又有小旬当指九日,故三旬约相当于一月。十二地支作为月的计算,凡经十二月约相当于一年。此三旬日为一月、十二月为一年的计算方法起源极早,至少在殷之前,然未必与客观的历法相合。乃须逐日记录以检验之,由是有结合干支以得六十周期的需要,故甲骨文中皆以干支纪日。干支一周六十日,约当二月;六周则约当一年。是否正确,可逐步加以验证。且当时已知至日,故甲骨文中有闰,即有十三月、十四月之称。因于事实上发现朔望月不及三旬,故有小旬。一年则不止六周干支,故已有十三月等闰月。然以六周干支为基本周期用以记录日数,借此能精确理解一年的历法。故殷人之应用干支纪日,有极高的科学价值。且此干支六周的周期数,迄今尚为全人类通用的圆周分三百六十度。此因巴比伦文化中,亦有六十进位制。今暂不详考其原出何地,以事实论,至迟在殷代,我国已具体应用六十进位制。较巴比伦文化重要者,我国三千余年来此进位制并未中断而更有发展。当时掌握六十周期与历法关系者属巫史,史以记录过去,巫以推测未来,事实上一人可兼任之。

其间三百六十的周期与客观一年约当为 $365\frac{1}{4}$ 日的周期,有 $5\frac{1}{4}$ 日的差异,当时视之为有神秘色彩,唯少数巫史能知之。且经历年的校正,由不正确而逐步趋向正确,此相应于历法的改进。此花甲的周期始终流传于民间,此决非偶然,实与人类的生物钟有关(另详)。至于能知其有 $5\frac{1}{4}$ 日的差异者,于《春秋》时尚认为可贵,《左传·襄公三十年》(前543)记载:

二月癸未,晋悼夫人食舆人之城杞者,绛县人或年长矣,无子而往,与于食。有与疑年,使之年。曰:"臣小人也,不知纪年。臣生之岁,正月甲子朔,四百有四十五甲子矣,其季于今三之一也。"吏走问诸朝。师旷曰:"鲁叔仲惠伯会郤成子于承匡之岁也。是岁也,狄伐鲁,叔孙庄叔于是乎败狄于咸,获长狄侨如及虺也、豹也,而皆以名其子。七十三年矣。"史赵曰:"亥有二首六身,下二如身,是其日数也。"士文伯曰:"然则二万六千六百有六旬也。"赵孟问其县大夫,则其属也,召之而谢过焉。曰:"武不才,任君之大事,以晋国之多虞,不能由吾子,使吾子辱在泥涂久矣,武之罪也。

敢谢不才。"遂仕之,使助为政。辞以老,与之田,使为君复陶,以为绛县师,而废其舆尉。〔1〕

有此小插曲的记录,可喻当《春秋》时,民间已有能应用干支纪日与历法纪年间的换算。若为上者如师旷、史赵、士文伯等皆绝不以为奇,反加以附会以自显其才,然一般下吏实未知。上推至殷代势必更甚,唯有若干高级巫史知之,所以管理殷历,是即殷代的"王正月"。以上明干支有助于纪时的作用,故绝不可小视,能认识时间,实为一切文化的基础,尤其为史学的基础。由是更可推原六十花甲的基本周期,即天干十与地支十二,考其形成必提前数千年。

凡数用十进制,世界各民族的原始文化基本相同。究其原因,认为与人体的手指十、足指十有关,乃便于计数。而我国的象数更与此有关,非但用十进制,尚能分辨手足之左右为二,二以生阴阳的概念,即二进制;分辨左右手足指各五,五以生五行的概念,即五进制。阴阳五行的概念,在我国实与十进制同时形成。经几千年的发展,至殷周之际,早已为巫史所应用。凡龟卜用五进制的五行,蓍策用二进制的阴阳,卜筮必宜兼而用之,方能同归于十进制。龟卜取五行者,指以龟甲钻孔而以火熏之,然后观其孔旁的裂纹,以五类辨之,《洪范》名之曰"雨、霁、蒙、驿、克"是其义。蓍筮取阴阳者,数以奇耦计,凡奇数为阳,耦数为阴。今究数字卦的含义,当兼有阴阳五行义。至于地支的十二进位制,起源必迟于十进制。在农业社会后,当重视一年周期,其间有约含十二个月的事实,方可抽象十二数以为周期。当能用十二周期后,又须经千百年,方可进一步合于久已通行的十数周期。我国在殷

---

〔1〕 444 ×60＋20＝26 660日
其季于今三之一
即甲子—癸未凡二十日

$$26\ 660$$
$$\underline{26\ 298} = 72\ 年$$
$$362\ 日$$

代已能将十与十二两种周期配合而加以运用,故必已具备相当的思想文化。重视祭祀与卜筮,已与盲目的原始信仰不同。且当配合后,自然发现天干地支本身必分阴阳,非阴阳相同者不可能相合,是即所谓六甲、五子。十日与十二月既为阴阳配合而于六十花甲中又阴阳相间,故于认识阴阳已知有层次的不同。以五子观之,必重见两天干,故自然分五行。详以下表示之:

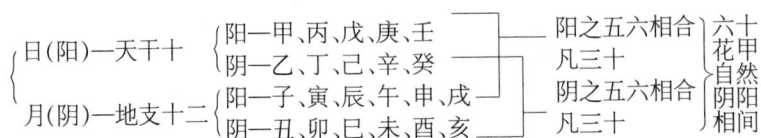

日(阳)—天干十 { 阳—甲、丙、戊、庚、壬 ; 阴—乙、丁、己、辛、癸 } — 阳之五六相合凡三十

月(阴)—地支十二 { 阳—子、寅、辰、午、申、戌 ; 阴—丑、卯、巳、未、酉、亥 } — 阴之五六相合凡三十

六十花甲自然阴阳相间

六甲	1	2	3
阳	甲丙戊庚壬 子寅辰午申	甲丙戊庚壬 戌子寅辰午	甲丙戊庚壬 申戌子寅辰
阴	乙丁己辛癸 丑卯巳未酉	乙丁己辛癸 亥丑卯巳未	乙丁己辛癸 酉亥丑卯巳
六甲	4	5	6
阳	甲丙戊庚壬 午申戌子寅	甲丙戊庚壬 辰午申戌子	甲丙戊庚壬 寅辰午申戌
阴	乙丁己辛癸 未酉亥丑卯	乙丁己辛癸 巳未酉亥丑	乙丁己辛癸 卯巳未酉亥

五子	1	2
五行	甲乙丙丁戊己庚辛壬癸甲乙 子丑寅卯辰巳午未申酉戌亥	丙丁戊己庚辛壬癸甲乙丙丁 子丑寅卯辰巳午未申酉戌亥
	木	火
五子	3	4
五行	戊己庚辛壬癸甲乙丙丁戊己 子丑寅卯辰巳午未申酉戌亥	庚辛壬癸甲乙丙丁戊己庚辛 子丑寅卯辰巳午未申酉戌亥
	土	金

五子	5
五行	壬癸甲乙丙丁戊己庚辛壬癸 子丑寅卯辰巳午未申酉戌亥
	水

　　既已能组合成六十花甲,于六十周期中,必知六甲分阴阳、五子当五行的次序。考殷代之祭祖必分昭穆以隔代相承,取阴阳之义极明显。事事必卜,信五行之理尤虔诚。由是天干十有二与五的周期,地支十二又有六的周期。若忽视此六甲、五子之次,决难理解殷代对卜筮的基本认识。至于一年四分为时,时当三月,此自西周后通用,然殷代已重季祀,义亦相同。故由花甲之存在,可确认殷代早在利用二、三、五、六、十、十二、三十、六十、三百六十等周期。考当时卜筮者的预测,即有据于种种周期之变。数字卦之必取三个数字以及六个数字,即有取于三与六的周期。

　　进而可研究天干地支与数字的关系。考《说文》论述十干、十二支的意义,至迟在《春秋》时已形成(见《左传·昭公十七年》,前 525),实以天干作为阴阳五行固定的基本方位,亦即空间坐标,以地支作为阴阳消息固定的基本周期,亦即时间坐标。此时空合一的结构,乃干支的具体应用,以今视之,不啻爱因斯坦所建立的四维时空连续区。爱因斯坦于 1953 年给 J. E. 斯威策的信中说:

　　　　西方科学的发展是以两个伟大的成就为基础,那就是:希腊哲学家发明形式逻辑体系(在欧基里得几何学中),以及通过系统的实验发现有可能找出因果关系(在文艺复兴时期)。在我看来,中国的贤哲没有走上这两步,那是用不着惊奇的。令人惊奇的倒是这些发现[在中国]全都做出来了。(见《爱因斯坦文集》第一卷五七四页)

此信未言"中国全都做出来了"指什么。今推本而言,我国贤哲对时空合一的认识确由来已久,亦即二三千年来我国思想文化中,莫不用时空合一的方法以认识客观世界。自战国起此一至为重要的坐标结构,逐步为阴阳符号卦的卦象所代替。当《春秋》时,确在应用时空合一的干支坐标,是否殷代已用,今尚未可贸然肯定。然阴阳五行当四方及中央的空间概念,十二月当一年的时间概念,殷代早已了解,故不可不注意六十花甲的排列已有认识时空合一的可能性。经西周数百年的发展,仅变成纯用干支以表示阴阳五行的概念,并未另有所增,故《说文》所论述干支二十二字的意义,确可上推至殷周之际。若此坐标,迄今仍广为流行于各种文献中及民间。今更合以干支纪日,坐标仅须取花甲六周当之。详示如下:

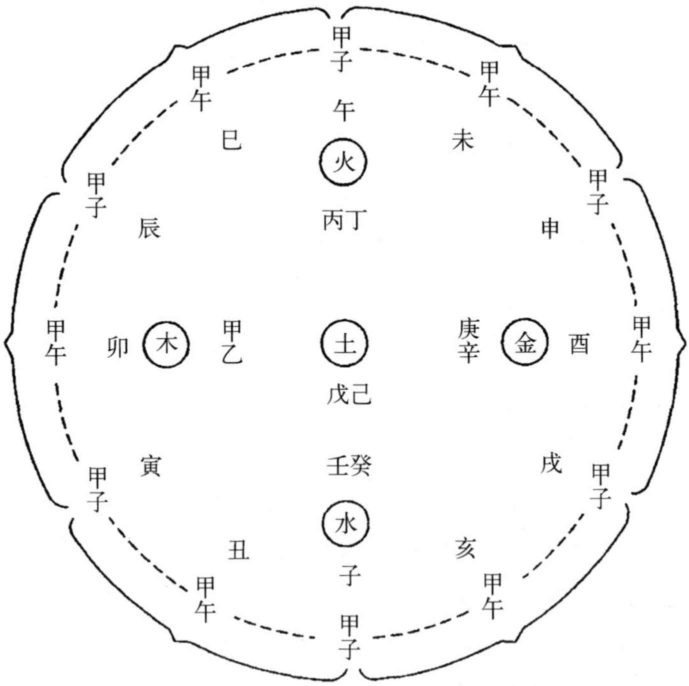

甲子 甲午 甲子 甲午 甲子 甲午 甲子
巳 午 未 申
⊛火 丙丁
辰 酉
甲卯 ⊛木 甲乙 ⊛土 庚辛 ⊛金 酉
戊己
寅 戌
壬癸
丑 ⊛水 子 亥 戌

上表唯不合于具体的纪日,乃可得其抽象的数学周期。且此种种周期变化，方属易学象数即阴阳五行的价值所在。当《春秋》后期的易学，逐步转化数字卦成阴阳符号卦，《系辞》之言，于策数已取"乾之策二百一十有六，坤之策百四十有四，凡三百有六十，当期之日"即此义。且策数虽后起，而"三百有六十，当期之日"的周期，殷周之际的巫史必已应用。

更以一至十的十个数字论，《说文》所论及的意义，已据数字卦变化成阴阳符号卦后的情况。今更应上推至殷周之际。考当时对数字的认识水平，早已有抽象概念，合阴阳概念于数，必已了解一、三、五、七、九……为奇数，二、四、六、八、十……为耦数。《系辞》尚留有"天一、地二、天三、地四、天五、地六、天七、地八、天九、地十"二十字，此文字不妨后起，而认识奇耦数当天地阴阳，于殷周之际早已了然。由是可由奇耦数的角度以观数字卦，实兼含阴阳五行的意义。

《系辞》又论及天地十数的关系，其言曰："天数五，地数五，五位相得而各有合。天数二十有五，地数三十，凡天地之数五十有五。此所以成变化而行鬼神也。"有此记述，又可证明战国后盛行阴阳符号卦，本与天地十数有密切关系，而数字卦之数字即取于天地十数中。故宋以后复行十数(河图)、九数(洛书)两结构图(今重视其实，不必纠缠于河图、洛书之名)，正可推本于阴阳符号卦的来源。今更合诸六十花甲言，殷周之际所理解而能应用的周期，尚未及"九"数。今于数字卦中所用的数字亦未用"九"字，此属极为重要的发现，故数字卦与九数组合图无关。《洪范》九畴的"九"字，依之为周期，可能为东方夏民族所用。故箕子传《洪范》的传说约产生于东西周之际，与殷周之际的数字卦绝不相侔，而决不可忽视数字卦与阴阳五行的十数组合图有间接的关系。《书》所谓"天乃锡禹《洪范》九畴"，虽非箕子之言，义则可取。若孔安国等所谓"伏羲得河图而作《易》"，且已视河图为天地十数之组合图。幸于今日得数字卦而更观之，则所谓"伏羲得河图而作《易》"犹指由数字卦变成阴阳符号卦。而数字卦于殷周之际的应用，必及阴阳五行之义。故于六十花甲中，宜从天地十数与十天干的关系说起。

先认识十个数字与十天干的自然次序,示如下:

一　二　三　四　五　六　七　八　九　十
甲　乙　丙　丁　戊　己　庚　辛　壬　癸

其间以奇耦数合诸天干之分阴阳亦同,更示如下:

阳　一　三　五　七　九
　　甲　丙　戊　庚　壬
阴　二　四　六　八　十
　　乙　丁　己　辛　癸

　　而数字卦唯取一、五、六、七、八五数,实与此有关。先论其五行,则天干之配法与十数之配合不同,是即所谓"五位相得而各有合"。此必须以手指计数论之,初计抽象的数,由一及五,恰当一手的手指。或有超过五数,当用另一手的手指计之,则两手的手指数共为十。而另一手手指所代表的数,必须增加五数,即为六、七、八、九、十。于两手所相应的两个手指,必差五数,是即一与六、二与七、三与八、四与九、五与十相应。故后世形成的河图,仅以结合阴阳两数当"五位相得而各有合"的情况观之,尚反映以手指计数的事实,谓之产生在万年以上,绝对可信。而其主要处在结合方位。

　　更以天干论,则依次使阴阳相合,凡甲与乙相合,于数犹一与二。如是相合,当然亦可成为"五位相得而各有合",然未合具体以手指计数的情况,故必后出。两种相合的情况,更示如下:

木　　火　　土　　金　　水
甲　1　丙　3　戊　5　庚　7　壬　9　阳
乙　2　丁　4　己　6　辛　8　癸　10　阴

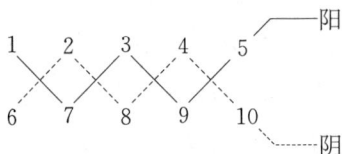

事实上法十数而另立天干十名,当然在后。且自有十天干名,更使甲乙等相合,方可与五行方位等配合,故五行方位等又可有数。今日所存之文献中,以《洪范》"一水、二火、三木、四金、五土"为最早有根据的五行数,然合于数字卦,与五行之义未合。而由数字卦变成阴阳符号卦,必经《洪范》的五行数,然已当东西周之际的情况,未可与殷周之际的情况并论。故知数字卦之数,乃属依次代入十天干以奇耦阴阳而合诸五行;所依木、火、土、金、水五行之次,即六十花甲中五子之次。详见上图中,其一,一甲二乙重(甲子、乙丑,甲戌、乙亥),属东方木;其二,三丙四丁重(丙子、丁丑,丙戌、丁亥),属南方火;其三,五戊六己重(戊子、己丑,戊戌、己亥),属中央土;其四,七庚八辛重(庚子、辛丑,庚戌、辛亥),属西方金;其五,九壬十癸重(壬子、癸丑,壬戌、癸亥),属北方水。此《春秋》时已用之。今推原其产生十天干以当中央四方之故,实本五子于六十花甲中之次。故定五行相生之次的方位,全本十天干名字的含义,亦即由十数而另立十天干之名,已含五行相生以当中央与四方的空间坐标。唯六十花甲之次,确于殷墟出土,故当时已有十天干的空间坐标,毫不奇怪。今更有数字卦的出土,能进一步证实五行与阴阳的关系。

推原殷周之际的天文知识,凡白天观日之东出西入,晚上观二十八宿与众星之出没,合诸方位,当已理解南北与东西的不同。凡南北有极(因我国地处北半球故仅见北极),传说已有指南针,或亦有据。故南北为不变,唯东西为变。乃五行当空间之方位,必须并观东南西北和自身所在处中央,而于时间坐标的阴阳,必须不用南北而以东西方向的旋转为主。故于十个数字中,不用南方的丙三丁四及北方的壬九癸十,以见阴阳的不变。且于东方之阴阳,日出以阳甲一为主而不取阴乙二,于耦数的分,当以辛八为主。八象相分,其数已由四方而兼及四维,凡由四而八的概念,殷周之际早已能辨。此东一西八为阴阳之正,又取中央之己六,其象已由八相分而可相合,此指阴之由分而合。若东方阳数甲一而及西方庚七,阳将变阴,《说文》"七,阳之正也",已从阴阳符号卦言,又曰"从一,微阴从中衺出也",仍合西方庚七之义。此指阳之由合而分。又阳亦归诸中央,然戊五与己六不同,六之合仅合辛八,而五之交午能兼合阴八阳一之分合。故以数字卦所用之五数论,所以见阴阳之变,于五行仅当木、土、金,而以水火不变为轴。概以下图示其意:

南(不变)

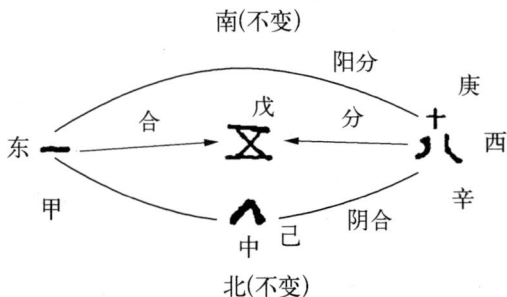

北(不变)

由上图,可喻殷周之际的数字卦所以取一、五、六、七、八五个数字,其意义全本甲、戊、己、庚、辛的方位。其间一而七,七而八,八而六,六而一,亦可见阴阳变化的周期,然尚有五字以交午一、八,故不论三个数字或六个数字,皆以示阴阳变化及其能否交午的情况,殊未可以《春秋》时盛行的"之卦"视之。

二、初论数字卦与阴阳
符号卦的转化过程

自张政烺先生于 1978 年底在吉林大学召开的古文字学术讨论会上提出数字卦后,学术界对易学的认识有划时代的变化。张先生《试释周初青铜器铭文中的易卦》一文刊登于《考古学报》1980 年第四期,文中列举三十二条考古材料。所出现的数目字统计如下:

数　字：一　五　六　七　八
出现次数：36　11　64　33　24

1986 年第二期《文物》上，又发表郑若葵的《安阳苗圃北地新发现的殷代刻数石器及相关问题》一文，谓于殷墟安阳苗圃北地新发现数字卦六。所出现的数目字统计如下：

数　字：一　五　六　七　八
出现次数：7　1　16　7　5

据此资料初步可证明，距今三千余年前(前 1400? —前 1100?)之殷周确有数字卦存在。且殷墟、周原等处所用的数字卦已相同，可见更有其源。今观殷周所用的数字，为一、五、六、七、八五个数字。其他二、三、四、九、十五个数字，在迄今为止所发现的数字卦中尚未出现。且数字卦基本以三个数字或六个数字结合而成，此所以可与三画卦或六画卦联系。认为是阴阳两种符号组合成八卦与六十四卦的原始卦象，诚信而有征。然不可不郑重注意相应数字卦的时空范围。

又于 1978 年在湖北江陵天星观战国时期楚墓中发现竹简上有易卦，卦象必为二卦并列，共有八组十六卦，则与传统所谓"之卦"意义略同。且卦象仍为数字，所用的数字，亦统计如下：

数　字：一　六　八　九　残缺
出现次数：39　49　5　4　1

计殷周之际至战国相距近千年，所用的数字已不用五与七而增加九，故楚墓中所保存的数字卦，实与《左传》(约成书于前 403 年—前 386 年之间)中所记述者相同。观《左传》中记述有关卜筮的资料尚多，究其筮法之理，已本诸阴、阳、变、不变四者。或尚不知用"大衍之数"之"四营"，亦可用其他较简易的方法得四数以当阳变、阳不变、阴变、阴不变四种情况，如楚墓中所得的一、六、八、九四数即是。然战国时已重视七、八、九、六四数作为四时的代表，《礼记·月令》乃至《吕氏春秋》之十二纪皆用之，故此"一"字，实可认作"七"字。及马王堆帛书本《周易》的一、八两字(下葬于前168年)，更可视作以七、八为卦。因九、六为爻名，汉初时早已完备。若楚墓中所保存者仅属卦象，殊未引《周易》的卦爻辞，可见尚以卜筮为主。不必用固定的卜辞，此见楚易与三晋易不同(虽然三晋易中亦盛行以卜筮为主者，参见《论〈左传〉与易学》)，其所用数字为七、八、九、六当同。且推究其源，可合诸《洪范》的思想。考《洪范》之成，约当为东西周变化时的作品(前770)。以文字论，可能有后人所增，而其九畴的思想结构，准东西周之际的具体史实，肯定有条件完成。因殷墟已有六十花甲之周期，然于数字卦中尚未用"九"字，而经西周之发展，不难完成《洪范》所用的九数周期。此与数字卦中出现"九"字，可互为因果。(另详《论〈洪范〉作者的思想结构》)

准以上的推理，可认为殷周之际的数字卦本与五行相结合。凡一、五、六、七、八五个数字中，一、五、七为阳数；六、八为阴数，与四方、中央有关。以中央为阳，宜取阳数三阴数二。一与十为阳的变化，八与∧为阴的变化。亦即一阳(一)将分二(十)而阴，二阴(八)将合一(∧)而阳。此由一、七、八、六四数的形象以示阴阳的变化，仍合东周以后的情况。其后，惟"一"字变成"九"字，然殷周时如何配合四方四时，尚难肯定。若更用五字，当属中央，以示掌握阴阳变化者。凡三个字成一次变化，二次变化当两个五(✕)字，似即"爻"字的来源。传统论爻，皆指六十四卦之六爻，三画八卦无称三爻者，《说文》"爻、交也，象《易》六爻头交也"是其义。今视两个五(✕)字合成爻字，《说文》"✕、五行也，从二，阴阳在天地间交午也"，数字卦之"五"字正可以此义释之。此五个数字保存于青铜器古物上尚多，当然已不知其内容，今已可认为与阴阳五行之理有关。或忽乎五行，仅以阴阳符号卦的卦象合诸数字卦，似未合殷周之际及西周时所用数字卦的内容。及发生平王东迁的大变化，洛阳为天下之中的形势又进一步形成，与周公初营洛邑时已不同。《洪范》中有"五皇极",地位当指洛阳,凡《诗·王风·黍离》等言其情,岂无有能继其性之人,古谓之传道者。若《书·洪范》的作者,约当其时而有其抱负。其人或为本居洛阳非东迁的学者,或为晋之旧臣,或为宋之孤臣。当时民间尚可能流传殷周之际的史实,亦有为东方诸侯所保存者。《洪范》推本于武王受自箕子,所以重其文,或亦有其因。《左传》中曾三引《洪范》,皆以"商书"称之,时间为文公五年(前 622)宁嬴引之,成公六年(前 582)栾武子引之,襄公三年(前 570)称君子谓祁奚及之。今合诸数字卦论,可进一步理解阴阳相对的变化,如三德除"正直"外,其他二德化四即成五。且《洪范》的大义,视阴阳五行同源。兼用卜筮本为殷与西周所同,《洪范》"次七稽疑"当之。以数言,既以五行合诸一水、二火、三木、四金、五土之五数,阴阳之变、不变即当贞悔,自然可合七、八与九、六。因"五"字既用于五行中之土,阴阳变不变之数,当取六、七、八、九,宜楚墓中数字卦已无"五"字。及完成取九、六为爻名,则七、八已为阴阳卦数。故卦指阴阳之不变,爻指阴阳之变。此为《周易》象数的基本概念,当《春秋》所见世已可确立。其后逐步通行于七国,实与《洪范》五行数有关。由是阴阳与五行,以数论可分可合。合即明堂位九宫及天地十数之五位相得而各有合,分即一、二、三、四、五生数为五行,六、七、八、九、十成数为阴阳。同时卦爻辞逐步完成,或以文字为主者,渐与五行疏远。及变一、ㅅ成—(阳)与- -(阴)两种符号后,《周易》专以阴阳为主,尤其是齐鲁地区所发展的《周易》。若三晋地区尚重视七、八与九、六的关系,注意卜筮者当然不废五行,是尚有数字卦的遗风。

论三《易》

秦汉以来二千二百年，所保存的《易》是《周易》。尊之为经，故名《易经》。于《周礼·春官》有"太卜掌三《易》之法"，《周易》为其中之一。三《易》者："一曰《连山》，二曰《归藏》，三曰《周易》。"汉杜子春云："《连山》宓戏，《归藏》黄帝。"后师则以三代当三《易》，视《连山》为夏朝之《易》，《归藏》为商朝之《易》，《周易》为周朝之《易》。论其同，则"其经卦皆八，其别皆六十有四"。论其异，则《连山》首艮，《归藏》首坤，《周易》首乾。且《连山》、《归藏》以不变为占，《周易》以变为占。此约二千年前汉儒之说，近百年来莫不致疑。因周初是否有《易》尚未可证明，何况夏商，遑论伏戏、黄帝。直至近年西岐甲骨出土，始认识当时确已有以数字代表卦象的"卦"。且全国各地各有发现而不限于西岐，则三《易》的记载得到初步证明，非属无稽之谈。

更考察远在三代前，有属原始宗教的筮法，掷一物而根据其正反面以占吉凶，可谓最初的"易"。继之掷二物而占之，则已较复杂。计有三种变化：一、一正一反；二、二正；三、二反。以几率论，得一正一反的几率为二分之一，得二正或二反的几率，同为四分之一。后世以得一正一反为吉，二正为平，二反为凶。定此一正一反为吉者，因由经

14

验而知其几率大,乃欲借此以作自我安慰,且以慰人。凡掷二物以占吉凶,其法名"筊",数千年来流传全国,南方较盛。迄今南方寺庙中,仍有置二竹片于贡桌上,信者上贡礼拜毕,每取二竹片掷地以占吉凶。此实为比较原始的"易",不期保存在佛教中。进而研究之,由一物之二面占二种不同、二物之二面占三种不同,可类推为三物之二面占四种不同等等,尚非《易》。《易》者,须分辨正反二面之次。故能由一物而占其二、二物而占其四、三物而占其八,与"筊"相比已有一大进步。三《易》者皆以此为基础,其几率同为八分之一。传说首艮、首坤、首乾者,犹应用时特别重视艮、坤、乾之象。若易筮的起源,理应在有文字之前。《系辞》中述及伏戏氏始作八卦,当视为原始社会中划时代的代表人物。故谓无伏戏其人则可,无其时代则不可。伏戏者,可代表后期的游牧时代。其时早已有原始宗教,连续三次掷一物而记录其不同的正反面,以成八种符号名曰八卦,理有可能,惜尚未得实物为证。下录《系辞下》原文,以见易学早期形成的情况。

　　古者包牺氏之王天下也,仰则观象于天,俯则观法于地,观鸟兽之文,与地之宜,近取诸身,远取诸物。于是始作八卦,以通神明之德,以类万物之情。作结绳而为网罟,以佃以渔,盖取诸离。

　　包牺氏没,神农氏作,斫木为耜,揉木为耒,耒耨之利,以教天下,盖取诸益。日中为市,致天下之民,聚天下之货,交易而退,各得其所,盖取诸噬嗑。

　　神农氏没,黄帝、尧、舜氏作。通其变,使民不倦,神而化之,使民宜之。《易》穷则变,变则通,通则久,是以自天祐之,吉无不利。黄帝、尧、舜垂衣裳而天下治,盖取诸乾坤。

以上所录的《系辞》属于十翼,传说为孔子所作。自宋欧阳修起,已不信十翼为孔子作。此段以伏犧作八卦,与《论语》重尧、舜之传,截然不同。故《书》始尧、舜,可信为孔子所删。《易》始于伏羲之说,当然与孔子无关。然于汉初马王堆中的《周易》帛书已得此《系辞》,则属先秦古说无可疑。以此节论,就是约二千三百年前的先秦学者研究古史后,叙述对古史的分期。包牺氏者,能总结游牧时代的经验。"作网罟以佃以渔",就是改进工具;试思今日仍在利用网罟,可见当时是何等重大的发明。由包牺氏时代进入神农氏时代,犹由游牧时代进入农业时代。以农业社会的定居,上观游牧社会的迁居,动静变化,尤能显出《易》的意义。所谓神农氏者,以耒耜之利教天下,盖作为创始农业社会的代表人物。由农业社会的定居,乃有日中为市的集市贸易。继之由神农时代进入黄帝、尧、舜时代者,因农业生产基本已固定,必须发展社会组织,势必有"垂衣裳而天下治"的上层建筑。

杜子春所谓"《连山》伏羲"者,正说明游牧情况。伏羲之时以天下为家,"连山"者熟睹山脉绵延之象。惟其流动,故便于仰观俯察,且广识鸟兽之文与地之宜。吾国或曾与埃及、巴比伦发生关系,约当其时。得地宜而逐步耕种,即是由游牧社会进入农业社会的现象。近取远取者,包括对人类本身的认识与医药的发展。且由近及远,与天地间之万物莫不相及,庶有易学最可贵的整体概念。考农业社会与游牧社会的不同,除静动外,主要为人类的食物由食动物为主转为食植物为主,《书》曰"烝民乃粒"是其义。又农业社会由神农氏创立,至黄帝而定型。杜子春所谓"《归藏》黄帝"者,以黄帝重视谷种的收藏,由种子而认识显外藏内的事实,又为易学阴阳概念的重要含义。故由孔子《论语·尧曰》章的意义,发展成孟子之"言必称尧、舜",对古史的认识基本相同。然由春秋而战国,具体生产力发展极快,冶金工业等更有进步,而农业生产方法亦有改进。楚国土地可开垦者多,大量开垦时自然有新的生产方法,孟子所记"有为神农之言者许行,自楚之滕",似属推行新的生产力者。因生产力的创新,对客观世界的认识亦必加深,对古史的追溯当然会提前,提前者犹扩大对时空的认识范围。故孔、孟同以尧、舜为文化之始者,尚能认识在洪水之前吾国已有相当高的文化,唯未能深究洪水前的具体史迹,对尧、舜之治难免美化。战国初有墨子的学说,虽亦能认识尧、舜,然实以效法大禹治水的艰苦精神为主,对古史的认识未超过孔子。今据《系辞》之言,可见战国中期起,深入研究古今学术思想而有成者凡三方面,即托名黄帝、神农、伏犧的三大学派,亦即汉后列为道家、农家、阴阳家的三个学术流派。此三家的理论,皆有据于自然科学发展的事实。对吾国古史的认识、文化的来源完全立足于洪水前这一观点,基本符合今日考古所得的史迹。故道家者,决非始于著《道德经》的老子。著《道德经》者,很可能是于公元前374年见秦献公的太史儋,故亦非孔子适周以问礼的老聃。且凡孔子所遇之楚狂接舆辈,孟子所斥之杨朱辈,皆宜属道家,其源甚古,实与养生医药有关。至于《道德经》的内容,已继承此派学说,确有有关人身修养的原理。更能专业研究人身的著作,则是道家托名黄帝咨问岐伯等的《内经》。观《内经》的结构,全仿《尚书》虞廷之咨。然儒家的《书》以明社会学的人,道家的《内经》乃明生物学的人。时由尧、舜上推至黄帝,即道家发展儒家之说,或以《内经》与《道德经》相结合,是谓黄老。黄老者,可包括马王堆出土的《黄帝四经》等,已有社会学的意义,然与儒家不同,此为秦汉以后儒道之争端所在。

又农家之本,儒家依《诗》、《书》之说以后稷当之,仍属虞廷所制。若许行之为神农之说者,推本农业社会的创立,实在虞廷之前。《系辞》视神农在伏戏后黄帝前,或当时早有传说。凡生产力发展,必将影响生产关系。故由游牧社会的生产力,改变成农业社会的生产力,自然由伏戏之王天下,经神农而有黄帝、尧、舜之治。黄帝之治经穷变通久,当然不同于伏戏之王,然不可忽视其各得当时人与自然界结合整体概念的《易》。更以东周的楚国论,其于春秋至战国的发展,当有改进生产力以开垦农田的措施,宜有许行持当时比较先进的生产方法,欲以改革滕国的生产关系。奈"滕,小国也",孟子与许行的学说,皆未必能起作用。扩而言之，就是黄河流域的周民族与长江流域的楚民族之间的矛盾。然齐桓公召陵之盟尚可说，约三百年后的孟子犹斥以为南蛮鴃舌之人，实有违当时楚国已发展的客观事实。而《系辞》作者视农业创者，不提后稷而提神农，此见易学非仅属周，已能包括新兴的楚。空间既广，时间亦远，此为农家发展儒家之说。后世以药物与医理相结合，既有托名黄帝的《内经》，即有托名神农的《本草》，似即准此古史之次。

至于阴阳家之说，其实同于易学。《庄子·天下篇》曰："《易》以道阴阳"，说得最明白。故战国中期起，阴阳家大发展，亦就是易学大发展，亦就是对自然科学认识的大发展。基本概念与纲领，大部分可在十翼中见之。最重要的关键，就在认识古有伏戏氏的时代已得整体理论。作八卦以通德类情，能概括其后的神农氏与黄帝，亦即发展儒家《书》始尧、舜的"天之历数"。凡历数之理宜属阴阳家所掌，孔子已认识整体而理解尧"咨尔舜"的重要性，其孙子思及孟子又能结合五行而发展整体理论。整体理论之所以重要，因人类社会的发展必须相应于自然条件，由理解、适应方能改革，此所以不可不掌握"天之历数"。然尧、舜之治已属农业社会的生产力，旋遇洪水破坏而大禹恢复之，其后人们所理解的整体史鉴，无非是三代之兴衰，故孔子有"百世可知"之判断。及春秋而战国，既能发展农业生产力，亦已进入工业生产的大发展。楚材晋用，比比皆是，可推见当时各国人口流动的事实。由流动而博见，结合各地流传的古代传说，促使推究古史及对客观世界的进一步认识。邹衍由天文历法而概知大九州及海外人之所不能睹，就是阴阳家的伟大成就。他继承子思、孟子的五行说而完备"五德终始"的数学原理，较"三代损益"有明显的发展；又充实《洪范》的九畴，明确卜筮阴阳五行的第七稽疑；其《终始》、《大圣》之篇十余万言定有精义，惜什九失传。又惠施记录的"南方无穷而有穷"等，亦当属阴阳家的命题。凡此等等，皆属阴阳家发展儒家之说。此深入研究天文地理律历的数理,以总结成游牧时代伏戏氏的王天下,实为战国中晚期最可贵的认识论。故《系辞》提出"《易》始伏戏"之说,宜视为阴阳家的历数,以发展儒家"《书》始尧舜"的历数。

更核以今日的考古所得,新石器时代距今约当一万年至五千年,而伏戏、神农为此一时期的代表人物。

考仰韶文化,如西安半坡、郑州大河村等,距今皆五千年左右,其时已进入农业社会,早能结网。于大河村发现古屋的墙中,饰有绳网,则已进一步利用"以佃以渔"的网罟。且有日月的画像、方圆的图形等,自然属阴阳的概念。又半坡有母系社会的痕迹。至于进入父系社会的时期,各地有先后不同,主要地区在距今五千至四千年间。而黄帝与尧、舜的不同,似当母系与父系之变,以易象言,首坤、首乾是其义。以理推之,游牧社会的流动,当然以男性为主,迨进入农业社会后,因已定居,始重视母系与父系的不同。以古史观之,确为先母系后父系,故儒家始尧、舜者,重父系社会,黄老者实重母系,老子曰"知其雄,守其雌",犹忆及母系社会的史迹。然此属社会组织,以生物学论,由雌雄同体而异体,为生物史上的一大进化。由类人猿进化成人类,早已属雌雄异体,则社会组织宜有二种。迄今少数民族中,仍有属母系社会的组织。故以人类言,本应兼其理,此"《连山》伏戏"所以首艮。易象以艮象人,可兼乾、坤,故艮人、坤女、乾男属人类学的三《易》,宜与乾天、坤地、艮人属三才的三《易》并观,庶可理解易学于战国中晚期所形成的整体概念。

约距今四千年前有洪水之天灾,古代已有的文化大半为洪水所湮没。以今日的自然科学水平,尚难估计湮没的情况。或以地质时期论,经若干千年因气温变化而发生洪水,已百不一见。唯以人类文化言,迄今仅遭受一次特大洪水。在吾国古史上,愈重视大禹治水之神,愈可见大禹以前已有相当高的文化,须赖治水以复兴。如本无文化,则可待洪水自退,根本不必治,何来神禹的传说。今已得洪水前的史迹,庶可确证大禹治水的艰辛及夏朝建立的事实。约自公元前二十一世纪至公元前十六世纪为夏朝,自公元前十六世纪至公元前十一世纪为商朝,自公元前十一世纪起为周朝。故夏商的历史,经一千年左右,人类传三十余代,可据《史记》夏、商《本纪》所载。《商本纪》已有殷墟甲骨为证,《夏本纪》当亦有所据。以易学论,或以夏、商、周三代属三《易》者,全本儒家之说,较《系辞》之义,杜子春之注《周礼》,反为保守。观杜注合于《系辞》所记述的古史之次,其义尚本汉初黄老之说。若以三代当三《易》者,已取董仲舒尊儒术斥百家后之说,乃使三《易》之理与洪水前无关。故儒家视《易》,虽能推广《周易》而及三《易》者,亦及夏而止。对伏戏《易》之源每多忽视,于神农、黄帝更不论其与《易》的关系。此实独尊儒术之失。以历法言,《吕氏春秋》用颛顼历,已在尧、舜前。汉武帝本孔子"行夏之时"之义,改用夏历,实仅指岁首。以建寅为正月未可谓非,然周天历法自农业社会开始已知其概,确在尧舜之前,非在治水之后。奈独尊儒术者,每视尧、舜之前皆属神话,不知美化尧、舜反属神话,故战国中晚期已发展儒家的理论,皆至汉武帝而止。此对古史的研究,造成不正确的方向,于易学的整体概念影响尤大。因董仲舒所提倡的天人合一,亦有整体概念,然其理则是,其法有不可取者。观天人之间确有极其微妙的感应,即生物适应自然界的情况。由理解、适应而改革自然界与本身,以创造人类生活的条件,此方为得整体概念后的主要作用。于先秦易学,已能有据于整体概念实际运用卦象符号以制器尚象,自结绳为网罟以至作书契皆是。《系辞下》继"盖取诸乾坤"下曰:

> 刳木为舟,剡木为楫,舟楫之利,以济不通,致远以利天下,盖取诸涣。服牛乘马,引重致远,以利天下,盖取诸随。重门击柝,以待暴客,盖取诸豫。断木为杵,掘地为臼,臼杵之利,万民以济,盖取诸小过。弦木为弧,剡木为矢,弧矢之利,以威天下,盖取诸

暖。上古穴居而野处，后世圣人易之以宫室，上栋下宇，以待风雨，盖取诸大壮。古之葬者，厚衣之以薪，葬之中野，不封不树，丧期无数，后世圣人易之以棺椁，盖取诸大过。上古结绳而治，后世圣人易之以书契，百官以治，万民以察，盖取诸夬。

凡上所记述者，基本属洪水前已逐步具备的生活条件。经夏、商千年的发展，当然有所提高。及周已能注意提高思维方法，认识与易学的象有密切联系。《系辞》提出"以制器者尚其象"，且自伏戏氏说起，实为易学的最大应用。惜自秦汉以来的易学，儒家每忽此义，则形上形下的道器不能变通，由是易象所示的天人感应，亦莫不变成不可思议的迷信神话，此为秦汉后易学的大损失。

论孔子与"六经"

一、引 言

在我国历史上,对后世影响最大的学者,除孔子外,不作第二人想。孔子生当东周灵王二十一年,卒于敬王四十一年(前 551—前479),享年七十三岁。然根据《公羊传》、《穀梁传》或《史记》的记载,有一年之差。为此一年,竟造成二千余年的争论,以今观之,实为不必。唯对《春秋》所见世的时代,决不可忽视。反观历代的研究孔子,失在孜孜于一年的先后,而忘其身处的时代。当孔子卒后,弟子与子孙的性格本有所不同,加之所在之处,既有在鲁,亦多分散于各国。准客观条件以推广其理论,则时空与人事的条件有变,其理论何能相同。生于二百余年后的韩非(前 298?—前 233)于《显学》中曰:"孔墨之后,儒分为八,墨离为三,取舍相反不同,而皆自谓真孔、墨。孔、墨不可复生,将谁使定世之学乎?"试思韩非已有此感慨,况在二千五百余年后的今天。然今有历史唯物主义的武器,宜全准孔子生前的情况及当时的时代背景,以究孔子与"六经"的关系,或反能较韩非子有利,可直认孔子及其卒后一二代的情况,而不为其私淑弟子及后代子孙的言行所惑。

二、历代认识孔子有汉、宋、清三变

观秦汉以来对孔子的认识,要而言之,基本有三变。其一为汉代的经学。考"六经"之传,大半出自荀子(前 318? —前 238?),然荀子上距孔子亦已二百余年,与韩非仅一辈之差。或可认为荀子之说得韩非尊师之心不计入八家之中,然荀子确已认为儒家中如子张、子夏、子游为贱儒,子思、孟子造说五行等等皆非孔子之说,则同门异见其来已久。然何可认定由子弓传于荀子者为是,而由子张、子夏、子游及子思、孟子相传者为非?故专心于经学而不加分辨经义者,未必能传孔子之旨。宜汉之经学碍于今古文之争,迨郑玄(127—200)有综合之志,且亦有其所得,奈旋即崩溃于曹丕之禅(220)。故汉武帝尊孔以治经,由董仲舒(前 180—前 115)以及许慎(58? —147?),尚未足以见孔子之旨。魏晋南北朝以后,有玄学、佛学的思想日在发展。并观《汉书·艺文志》与《隋书·经籍志》,已增道经与佛经,可见文献的不同。故唐兴而三教并存,乃积魏至隋(220—581)近四百年造成的时代思潮,岂一人之力所成?三教并行不悖,庶见唐代文化之盛。及安史之乱(755—763)而唐室渐衰,三教之间势必有争,亦有以意合之者。经唐末五代之乱而宋兴,孔子乃以第二变的面貌出现,故其二为宋代的理学。观理学家之尊孔,基本有得于孟子(前 372? —前 289?)。孟子虽早于荀子五十余年,然上距孔子尚有百余年之差,故必须由孟子而上及子思之《中庸》、曾子之《大学》,庶见孔子《论语》之旨。且理学以求孔颜所乐为鹄的,实有二氏之学在其中。孔子岂仅教颜子一人,读颜子"仰之弥高,钻之弥坚。瞻之在前,忽焉在后。夫子循循然善诱人,博我以文,约我以礼。欲罢不能,既竭吾才,如有所立卓尔。虽欲从之,末由也已"(《子罕》)之叹,可见其专心学习的情状。更求颜子所学与孔子所教，其要有二。一曰："颜渊问仁。子曰：'克己复礼为仁。一日克己复礼，天下归仁焉。为仁由己，而由人乎哉？'颜渊曰：'请问其目。'子曰：'非礼勿视，非礼勿听，非礼勿言，非礼勿动。'颜渊曰：'回虽不敏，请事斯语矣。'"（《颜渊》）此属内圣之理。二曰："颜渊问为邦。子曰：'行夏之时，乘殷之辂，服周之冕。乐则《韶》舞，放郑声，远佞人，郑声淫，佞人殆。'"（《卫灵公》）此属外王之事。惜颜渊先孔子而卒，外王之事未用，内圣之理尚"末由也已"，虽可誉之为"具体而微"，然孔子本人未卒，仍可观其"具体"者，何必观其"微"者。故理学之境，即使认为已及颜渊，犹未及孔子，其间同异，岂可不辨？况礼乐之实何指，尤属恍惚。且能总观孔子之一生以传其道者，必当卒于孔子后。此意理学家岂不知，乃于颜渊外，又重视曾子之孝及其所著之《大学》。《大学》明内圣外王之次，由汉代编的《礼记》中，重点提出以上及春秋战国之际的儒家思想，未可谓全部无据。奈于《大学》的基础，必须合诸"所见世"之史实，朱熹（1130—1200）为之编次而增补"格物章"，而谓孔子以此传曾子，岂其然哉。由元而明，应时空条件之变而有王守仁（1477—1528）出，乃承陆九渊（1139—1192）之大者以正朱子之失，复古本《大学》，实有所见。进而宜知陆子之所谓大者，当其十三岁（1151）因宇宙之义而笃志圣学。凡"往古来今谓之宙，四方上下谓之宇"，见《淮南子·齐俗训》，于先秦时《庄子·庚桑楚》中，已言"有实而无乎处者，宇也；有长而无本剽者，宙也"，早于《淮南子》而义更精深。陆子有悟于此，故曰："元来无穷，人与天地万物，皆在无穷之中者也"；"宇宙内事，乃己分内事；己分内事，乃宇宙内事"；"宇宙便是吾心，吾心即是宇宙。东海有圣人出焉，此心同也，此理同也；西海有圣人出焉，此心同也，此理同也；南海、北海有圣人出焉，此心同也，此理同也。千百世之上至千百世之下，有圣人出焉，此心此理亦莫不同也"。此言实能阐明《中庸》之旨。若象山之学，唯有得于此，故一生治学与诲人，多及"宇宙"二字之精义。若曰"宇宙不曾限隔人，人自限隔宇宙"，殊能得天地人三才之结构,实已深体乎孟子"易地则皆然"之理。及明王守仁悟于龙场(1528),此心此理确能同于三百数十年前之陆子,而尤合于孟子之"求放心"与"致良知"。然则理学经程朱与陆王之变,识见超然,所得之孔子,与董仲舒的《春秋》断狱,岂可同日而语?然而得其理而未明其事,仍未可谓已得孔子处于《春秋》所见世之象。且阳明尊经以心,非通贯"六经"之旨者,其何足以知之。由是经一二代之传,已流弊丛生,益以麦哲伦于嘉靖元年(1522)已能绕地一周,可见当时世界之知识水平,乃欧风渐来而世变日亟。明亡而归罪于姚江之学风,既未可谓其为唯一原因,亦不可否定其为原因之一。

自有清入主中国,仍重视固有的历史文化,乃对孔子又成另一面貌,故其三为清代的朴学。观清代的学术亦有多方面,然自乾嘉以来特重朴学,且有所成就,足以代表一代学风,所研究的对象,更重孔子。初有黄宗羲(1610—1695)、顾炎武(1613—1682)、王夫之(1619—1692)三学者,适当明清之际,皆深具民族意识,其学务实而不言玄虚,其要仍有得于理学之长,乃主宋而非明,犹由王陆而朱程。继之者能行以践己之形,知以辨客观之史,故若颜习斋(1635—1704)、李恕谷(1657—1733)之行,能纠正理学之拘,以畅达人类相近之性;胡渭(1633—1714)、阎若璩(1636—1704)之知,由考据而启人之思,可免受易图及伪古文《尚书》之欺。乃起自非明之姚江而非宋之理学,非宋之理学而非晋之梅赜,由是步步上出,方能探原先秦。由戴震(1723—1777)之《孟子字义疏证》出,更能直达理学之源以正其流。总观其时代,当康熙(1662—1722 在位)经雍正(1723—1735 在位)而乾隆(1736—1795 在位),逐渐由宋而汉,确立许慎《说文》为治学的基础。故康熙四十五年(1706)陈梦雷纂成《古今图书集成》,刊行于雍正时,不啻在总结宋学;乾隆四十六年(1781)编成《四库全书》,实为专志朴学的工具,纪晓岚(1724—1805)总其事,其思想重汉轻宋,可见当时已形成的学风。然由宋而汉,富于文献,由汉而战国,尚有诸子,由战国而春秋,唯"六经"可据。故朴学家之重视孔子,必当深入考核《诗》、《书》《礼》《乐》《易》《春秋》六经之旨。然"六经"之中要在礼乐,仅限于以文字入手,既无乐经,自然对孔子在齐闻《韶》三月不知肉味之情,茫然不知所谓。况清之乐用十四律,何能有得于三分损益、隔八相生的先秦乐理。以礼论,汉满的民族隔阂始终未能消失,乃于知,可以朴学探源,而于行,坚执宋礼以自囿。此于清室正宜用之以治汉民,而汉民亦乐于执此以自傲,认为是礼仪之化而与满族不同。唯此上下相欺,终清之世未能相洽,宜颜李之行非但未能进一步发扬,反更多受理学的束缚。此与孔子主张以礼乐治天下的基本点,当认识礼乐的实质,已全部失其意义。宜朴学之所得,仅能得孔子之迹,决不能得迹迹之履。先明乎此,方可分观诸经以论朴学之所长。

其一,《易经》——宋易实结束于康熙李光地编纂的《周易折中》。此书系总结由陈抟(890?—989)开始的易学,文献俱在,乃能以朱义为主而兼程传,选辑适当,足以合数百部宋易为一,研究宋易者正可读此以知其概貌。而汉易者,早为王弼(226—249)所废,清朴学家使之恢复,于文化史上有特殊地位。而其资料什九来源于唐李鼎祚编辑的《周易集解》,此书编成而上于朝,当唐代宗即位日(762),然迄清已近千年,虽有读其书者,绝无一人能深入以研究其易理。自惠士奇(1672—1741)、惠栋(1697—1758)起,始能读此以复明王弼以前的汉易。而乾隆的《周易述义》又起提倡汉易的作用,然其学术价值不高,后经张惠言(1761—1802)等进一步阐明之,汉易的面貌方能轮廓分明。惜为文献所限,清所谓汉易者,实仅及东汉,西汉且未详,遑论先秦。惟汉易的读《易》法,实相近于先秦,与王弼说《易》之理,截然不同。此为朴学于《易经》之所得,有志于学《易》者必宜取其成果而更求其原。以孔子论,当知孔子与《易经》的关系。重视史实的朴学家,对此尚未敢正视,必认为十翼是孔子所作,此乃时代的局限性。既不必苛责清儒,而继其学者何可再蹈覆辙。

其二,《书经》——晋梅赜伪作《古文尚书》,朱熹、吴澄等早已知之,然自阎若璩后,能彻底否定之,乃可上应伏生所传之今文。然汉得孔壁之古文书,其事未可谓伪。即以梅赜本言,亦有据于先秦古说而为之缀文,究非以意而言的小说可比。且时当两晋之际,正中原鼎沸、思想杂乱之时,赜进此古史于元帝(317—323 在位)以定民族之气,其情亦有可取。故阎若璩《尚书古文疏证》不可不读,孙星衍(1753—1818)衷集的《尚书今古文注疏》更不可不知。进而言之,伏生所传者,亦何可认为即属孔子所删者。若清朴学所认识《书经》的精义,基本未出郑玄之说,故其成果尚未及《易经》,然资料较多,已能由东汉而西汉。

其三,《诗经》——读《诗经》之观点,要在对诗序有不同的认识。以经学论,更宜重视郑玄《诗谱》及全书之结构。若戴震《毛郑诗考证》以及马瑞辰(1782—1853)《毛诗传笺通释》、陈奂(1786—1861)《毛诗传疏》等,时代亦由东汉而西汉。取魏源(1794—1857)而及王先谦(1842—1917)之说,既以破诗序,而三家诗之理亦有所显。然诗固无达诂乎?"起予者商"可谓非"雅颂得所"之旨乎? 三家之前如何说诗,乃文献不足。此见朴学家之于《诗》、《书》,同以汉代的史迹为主,其功未可没,而谓由之可得孔子处于《春秋》所见世之礼乐,实有所不可到达之境。颜渊且然,何况清之朴学。因以高一层次观之,《书》犹礼,《诗》犹乐,当孔子之时,已不可不知文字,然决非仅以文字能得《书》、《诗》礼乐之象。且观清代朴学之认识孔子,实继承郑玄而未能信其所合一的今古文。由是本诸《诗》、《书》以究今古文分裂的焦点,乃在《春秋》。

其四,《春秋》——《春秋》为鲁史,有三传传之,即《公羊》、《穀梁》与《左传》。朱熹称《公》、《穀》为经学,《左传》为史学。以史事明其理,固为《春秋》之大义,故传可偏于经或史,而读《春秋》者何可执于一端。西汉之时,《公》、《穀》先出为今文,《左传》后出为古文。或视今古文为水火不相容之矛盾,则仅可阐明三传之说,何可谓其有见于《春秋》之旨。且董仲舒首以《春秋》断狱,明《公》、《榖》之理,正拟发挥孔子外王之事。然复出《左传》以详《春秋》之史,则《公》、《榖》的微言大义,难免有其破绽,不求其本而逐事论其褒贬,势必穿凿。若三世之分、绝笔之穷,固有其情,当然未可忽视。清儒之非宋复汉,于宋理之精微处,必当化诸《公》、《榖》之《春秋》大义。初有庄存与(1719—1788)《春秋正辞》当之,尚能以《春秋》经义为主,又取及《周礼》,并未严分今古文。洪亮吉(1746—1809)兼通三传,亦能深入考核《春秋》之事。及庄存与之外孙刘逢禄(1776—1829),其时已须严辨今古文,故仅发挥张三世之说,犹进一步法董仲舒以《公羊》断狱。狱以一事,三世以改制,有得乎孔子之外王则一,故以《公羊》而切于时政言,则由龚自珍(1792—1841)、魏源(1794—1857)而王闿运(1833—1916)、廖平(1852—1932)、康有为(1858—1927),因时为甚。然何与于《春秋》所见世之孔子,此亦何异于"六经"注我。

其五,《仪礼》、《周礼》、《礼记》、《大戴礼记》——"礼"属具体的行动,有关"礼"的文献,基本为当时所通行的仪式,由之可了解当时的风俗习惯、社会组织及礼制的含义。凡《仪礼》记述礼的具体仪式,当时必有行之者,自然是周代的部分礼制;《周礼》是王者用以治天下的官制;《礼记》则综述由上及下一般应用的礼制,亦有说明礼乐及"六经"的意义等,更可了解当时的社会情况。至于清朴学家之读此,更能由文字以深入考核当时的制度。若朱彬(1753—1834)《礼记训纂》、王聘珍(?—1821)《大戴礼记解诂》、胡培翚(1782—1849)《仪礼正义》、孙诒让(1848—1908)《周礼正义》等,皆积数十年之精力以成书,宜成果可贵。古无录音录像,犹能重见当时社会的风貌,此见文字之功。虽然,客观对应的时代,尚有上下数百年的差别,故合礼于孔子,何可贸然而言。西周之周礼如何?在鲁之周礼如何?由战国下及西汉之周礼又如何?或非清之朴学家所可辨知。

以上略述清代治经的成绩,可云已能与汉人并驾,且后来居上有过之之势。奈徒执其迹者,难免又为文字所囿,故朴学家之由治经以治子,虽曰由春秋而战国,实仅能由西汉而战国。故于孔子的形象,因未能正视"六经"与孔子之关系,则何能有确切的认识。《汉志》所谓:"后世经传既已乖离,博学者又不思多闻阙疑之义,而务碎义逃难,便辞巧说,破坏形体,说五字之文,至于二三万言,后进弥以驰逐。故幼童而守一艺,白首而后能言,安其所习,毁所不见,终以自蔽,此学者之大患也。"然清之朴学家仍有失于此,且更过之,令人浩叹。司马谈论儒家之失,"夫儒者以六艺为法,六艺经传以千万数,累世不能通其学,当年不能究其礼,故曰博而寡要,劳而少功",诚未可忽视。而孔子本人固如是乎,亦不可不知。故于二千五百余年后的今天,孔子既经汉宋清三变,仍有必要直探荀、孟以前的情况。此论旨在阐明孔子本人史实及与"六经"之关系,尤要者宜重视《春秋》所见世的时代。

三、直接考察孔子一生与时代的关系

今欲直接理解孔子,必先理解孔子所处的时代。与当时时代密切相关的文献,就是"六经"之一《春秋》。先宜说明《春秋》的真伪及作者问题。《春秋》为鲁史,记录自鲁隐公元年起(前722)二百四十余年的史事。除记录人事外,错杂其中的尚有自然现象,内有日食的记录。今日的天文知识,已可逆推而知日食所发生的时间与地域。合诸《春秋》上所记录的时间,基本皆正确。此必为当时目睹者所记,决不可能后人伪作。因当时或数百年后的天文学水平,或未必能逆推日食的时间。有此强有力的证据,故知《春秋》确为当时鲁国的史官所记。且记二百四十余年的事迹,决不可能是一人,必为数代史官的实录。故《春秋》非一人所能完成,且决非孔子所作。孟子曰"……孔子惧,作《春秋》。《春秋》,天子之事也。是故孔子曰:'知我者其唯《春秋》乎,罪我者其唯《春秋》乎'"，已不可信。《春秋》何尝是孔子所作，或谓孔子曾笔削，亦未必有其事。《公羊》分《春秋》为所传闻世、所闻世、所见世。三世所谓"所见异辞，所闻异辞，所传闻异辞"者，实记录之史官已易人，文风自然有所不同。故《春秋》全书，不仅三世确有异辞，同一世中亦有异辞，当归诸记录者非一人。异辞似为记录者之意，如《春秋》为尊者讳(见闵公元年)，为贤者讳(见庄公四年)，以及贤者不名(见襄公二十九年)等。又如早期称荆，后期称楚，更属史官随当时的通行名字以记之，绝无褒贬之情。当孔子取《春秋》以教弟子，宜有所评论。孟子引孔子之言所谓知我罪我，或以不当评论而评论之为有罪尚可通，或以作《春秋》或笔削《春秋》为有罪，则孔子可任意篡改历史，此与"述而不作、信而好古"的原则未合。故能不为孟子所惑，知《春秋》为鲁国当时客观的近现代史，方可作为孔子一生的时代背景。至于《春秋》与孔子的关系，须并观三传。

《春秋》于襄公二十一年(前552)，《公羊传》、《穀梁传》皆记有"孔子生"而《左传》未记。又《公羊》、《穀梁》皆止于哀公十四年(前481)"西狩获麟"，而《左传》尚继续二年，于哀公十六年(前479)记有"孔丘卒"而《春秋》止。此见三传之传《春秋》皆与孔子有关，所记的生卒年，必为三传作者所增。唯于"西狩获麟"后尚有《春秋》，故《公羊》、《穀梁》之补入生年，且未卒而止，早已合孔子于时代，实有得于孔子之微言大义，正见孔子生前对世事的认识。故《春秋》之始于鲁隐公元年，止于"西狩获麟"，不可不认为是孔子之旨。在此后二年中，孔子不再重视具体的世事，实更有所得，此非《公羊》、《穀梁》所知，而唯《左传》及之，宜《左传》必及"孔丘卒"。当孔子卒后，鲁史仍在，然传之者不录《春秋》，又见传《左传》者的思想，于孔子卒后，已不为鲁史《春秋》的观点所限。若孔子本身仍归于鲁，此为客观史实，唯其曾周游列国，且一生学习之所得，决不为七十余年的世事所囿，而当有其理想。故能致思于"西狩获麟"后的孔子思想，方可通贯三传而得《春秋》之旨，亦可见孔子与时代的具体关系,而有以识孔子之所以为孔子。

故必本《春秋》所记述的客观史实,乃可论孔子处于所见世之事迹及其思想的发展。至于孔子本人的一生情况,其资料来源,基本当以《论语》为准。《论语》为孔子弟子所记述其师的思想言行,尤以教学为主,对各位弟子之因材施教极为详细。唯孔子有此长,宜弟子相传各有所得。儒家的发展基于此,各家内容的不同竟至相反,亦由于此。故切忌执相传数代后的儒家思想,误认为孔子之思想。若孟荀之异,为重要的差别之一。考《论语》所记录的内容,时间最迟者已及曾子(前505—前436)卒,故成书已为曾子之子或其弟子。《论语》大部分为第一代弟子之记录,故其内容基本可信。各弟子的不同性格粲然显现,数代相传,自然有不同的学风,四科之各有所长,何可一之?然皆见整体,斯为可贵。且当时已见相互批评尚未至相互对立,而孔子的形象恰在其中。

四、孔子"志于学"至"而立"后的情况

子曰:"吾十有五而志于学,三十而立,四十而不惑,五十而知天命,六十而耳顺,七十而从心所欲,不逾矩。"(《为政》)此为孔子于七十岁后,自思一生进程所作的回顾。然读此时,必宜与"子绝四,毋意、毋必、毋固、毋我"(《子罕》)并思,不然,孔子一生的历程仅知为我而发展,决不能成为孔子。孔子者,能毋我而以我合诸时代,观时代之变化而变化斯为贵,故"子在川上曰:逝者如斯夫,不舍昼夜"(《子罕》)。虽然能得见时代,必须渐积经验而并加深思。子曰:"学而不思则罔,思而不学则殆"(《为政》),能学思并用而不罔不殆,约当十五岁至三十岁的情况,所谓立者已能立于不可见之时。孟子特以"圣之时者也"称孔子,此一观点可成立,确属孔子之智慧,非孟子所能强加。唯孔子之知时,故志在使"老者安之,朋友信之,少者怀之"(《公冶长》),既准三

代人之变,乃可进而由生之时上及未生之时,是即史。重视史学而好古,客观了解之,思考之,以史为鉴而作为一生行动与思维的指南,故子曰:"述而不作,信而好古,窃比于我老彭。"(《述而》)正孔子治学之原则。至于孔子立此原则,必有所师承,《史记·仲尼弟子列传》:"孔子之所严事,于周则老子,于卫蘧伯玉,于齐晏平仲,于楚老莱子,于郑子产,于鲁孟公绰。数称臧文仲、柳下惠、铜鞮伯华、介山子然,孔子皆后之,不并世。"凡此所提及者,年皆长于孔子,司马迁之言,当有所据。不并世者且不论,可合于相应的历史人物,若并世者更可有觌面受教之机会。首言"于周则老子",当有所以愿严事之之理,惜每多不求其实,故孔、老之关系,已成为二千年来争论儒、道的焦点。今考核春秋所见世的情况,决非如后世所想象者。

《史记·孔子世家》:

> 鲁南宫敬叔言鲁君曰:"请与孔子适周。"鲁君与之一乘车、两马、一竖子俱,适周问礼,盖见老子云。辞去,而老子送之曰:"吾闻富贵者送人以财,仁人者送人以言。吾不能富贵,窃仁人之号,送子以言曰:'聪明深察而近于死者,好议人者也;博辩广大危其身者,发人之恶也。为人子者毋以有己,为人臣者毋以有己。'"孔子自周反于鲁,弟子稍益进焉。是时也,晋平公淫,六卿擅权,东伐诸侯;楚灵王兵强,陵轹中国;齐大而近于鲁。鲁小弱,附于楚则晋怒;附于晋则楚来伐;不备于齐,齐师侵鲁。鲁昭公之二十年,而孔子盖年三十矣。

《史记·老子韩非列传》:

> 老子者,楚苦县厉乡曲仁里人也。姓李氏,名耳,字聃,周守藏室之史也。孔子适周,将问礼于老子。老子曰:"子所言者,其

人与骨皆已朽矣,独其言在耳。且君子得其时则驾,不得其时则蓬累而行。吾闻之,良贾深藏若虚,君子盛德,容貌若愚。去子之骄气与多欲,态色与淫志,是皆无益于子之身,吾所以告子,若是而已。"孔子去,谓弟子曰:"鸟,吾知其能飞;鱼,吾知其能游;兽,吾知其能走。走者可以为罔,游者可以为纶,飞者可以为矰。至于龙吾不能知,其乘风云而上天。吾今日见老子,其犹龙邪。"老子修道德,其学以自隐无名为务,居周久之,见周之衰,乃遂去。

由上两节,可见孔子和老子的关系。最重要者,宜重视其时代背景。当春秋所见世,已不可与所传闻世相比。若齐桓公受周惠王赐为伯(前 667),继之有召陵之盟(前 656),方属东周时尊王攘夷的正义事业。子曰:"桓公九合诸侯,不以兵车,管仲之力也,如其仁,如其仁。"(《宪问》)正孔子为东周的标准。及晋文公受周襄王赐为伯(前 636),有非礼之请隧,情况已异于齐桓公,子曰:"晋文公谲而不正,齐桓公正而不谲。"(《宪问》)考齐桓、晋文虽仅一代之差,然整个天下形势正在起变化,因管仲、齐桓公一死,齐国即无尊王者,故伯主由山东而山西,且晋近王畿,自然有挟天子的事实。况晋国世霸,自文公直至孔子生前晋国仍在发展,乃以尊王言,特以正谲辨齐桓晋文之志,实即时空条件的不同。由晋文公(前 636—前 627)至晋顷公(前 525—前 511)已过百有余年,西秦南楚各有所发展。乃晋对攘秦楚早已无力,尊周王亦利用之而已。故若晋顷公扶敬王以除王子朝事,老子与孔子或未必以为然。孔子如之周见老子当在景王时,景王卒(前 520),孔子仅三十二岁,然则孔子见老子时,正年约三十左右之青年。而老子已居周久之,当长于孔子三十岁左右,老子"见周之衰,乃遂去",当指景王卒后之事。《史记》所引的晋平公(前 557—前 531 在位)、楚灵王(前 541—前 538)皆在其前,当孔子已见老子而返鲁,"弟子稍益进焉",正合孔子立于三十,始能杏坛设教。若景王卒后之事,因于生前有爱子王子朝未及立,而晋顷公为之立敬王,国中有立悼王者为王子朝之党所杀,继之又拒敬王达四年之久。《春秋》:"昭公二十有六年……冬十月,天王入于成周,尹氏、召伯、毛伯以王子朝奔楚。"《左传》:"王子朝及召氏之族、毛伯得、尹氏固、南宫嚚奉周之典籍以奔楚。"按老子为周守藏室之史,而周之典籍为王子朝奉以奔楚,疑老子之去周,当在王子朝奔楚之前后。当时王子朝有告于诸侯之辞,尚见《左传》,殊有史料价值。又阎若璩认为"惟昭公二十四年夏五月乙未朔日有食之,见《春秋》,此即孔子从老聃问礼时也"。然昭公二十四年当周敬王二年,敬王尚未入成周,而王子朝之即位,又未为伯主晋所承认,如此形势孔子似不可能之周,且日食事已见诸《礼记·曾子问》及《家语·观周解》,皆载"孔子曰:昔者吾从老聃助葬于巷党,及堩,日有食之"。然《左传》所载之日食中,此次虽有日食而周鲁等处不能见到,可见或有错简,或尚有他故,乃知《礼记》及《家语》之记录皆未可信。或于战国时已重视孔子见老子之事,必欲肯定其日期,反见作伪之痕迹。又如孔子与南宫敬叔同适周,鲁君且与之一乘车两马一竖子,今又可考得孔子三十岁时,南宫敬叔仅十余岁,不可能有其事。故纯以学术思想的关系论,孔子自"志学"至"而立"的十五年中,当得益于周守藏室之史。必有此"述而不作信而好古"的治史原则,方能有日后之成就。且孔子"少也贱,故多能鄙事"(《子罕》),以鄙事所得的经济等条件,配合从事于史学之志,且处身挂名周天子仍存在的时代中,往周寻师于周守藏室之史,完全可能有其事。退一步言,孔子或未至周见老子,而老子治史之原则,必对孔子有启发性的影响,后人惟欲提高孔子之身份,为之伪造种种见老子的条件,反使破绽毕现,而对极重要的思想感应,反多忽视。且当时任周守藏室史官的李耳,未必著有全部《老子》,而《老子》书中之若干警句,则确为孔子于周所严事之老子所言(另详《论李耳》)。综上所述,以明孔子于三十之立,基本为确立治史之原则。以史合诸当代之事,故"子入太庙,每事问"(《八佾》),此为知礼,亦为问礼于老聃之旨。如孔子之周,则除见老子外,极可能拜访苌弘以问乐。因孔子所好,唯礼乐而已。礼以定人之行动,乐以和人之思维,宜入太庙每事问为知礼,且"子与人歌而善,必使反之,而后和之"(《述而》),庶能知乐。基此礼乐之好,以通贯古今,斯能由"志学"至"而立"。见老子、苌弘前,与孔子思想的形成极有关系者,尚有二事。其一当襄公二十九年(前544)吴子使札来聘,其二当昭公十七年(前525)郯子来朝。前事孔子仅八岁,后事已二十七岁。此二事皆有以促使孔子重礼乐且好古。

五、孔子"不惑"至"知天命"后的情况

孔子由"而立"而"不惑",其旨未变,乃深入礼乐而能不惑其行。合诸世事,此十年中亦多变化,主要为"孔子年三十五……昭公率师击(季)平子,平子与孟孙氏、叔孙氏三家共攻昭公,昭公师败,奔齐……鲁乱,孔子适齐"(《史记·孔子世家》)。孔子因鲁乱而适齐,时间在秋冬,若孔子之于昭公,不得不有所讳。《论语》记有一事:"陈司败问昭公知礼乎,孔子曰:'知礼。'孔子退,揖巫马期而进之曰:'吾闻君子不党,君子亦党乎。君取于吴为同姓,谓之吴孟子,君而知礼,孰不知礼。'巫马期以告,子曰:'丘也幸,苟有过,人必知之。'"(《述而》)此知礼问题,岂仅取同姓而已,昭公之奔齐,或难免亦有失。是年为齐景公三十一年,《论语》记有"齐景公问政于孔子,孔子对曰:'君君臣臣父父子子。'公曰:'善哉,信如君不君臣不臣父不父子不子,虽有粟,吾得而食诸'"(《颜渊》)。则知景公尚对孔子的理论有兴趣,而孔子亦有意于久居于齐,宜有"子在齐,闻《韶》,三月不知肉味。曰:'不图为乐之至于斯也'"(《述而》)。《史记》述此,于"三月"上尚有"学之"二字,文义较备,当有所据。且《论语》尚记有评语:"子谓韶,尽美矣,又尽善也。谓武,尽美也,未尽善也。"此实能深入欣赏音乐之情,而难免亦有感于

史迹及当代之世事。当孔子之齐一年后，即有王子朝奔楚之事。是时孔子或尚在齐，不论闻《韶》或学《韶》，且能详论《韶》、《武》之得失，此对禅让与传子之政体，实深有所感。周天子如何？老子极可能因之而去周；鲁昭公又如何？孔子本人亦去鲁之齐。然则《武》乐何可与《韶》乐相比。宜孔子有见于东周之失，始重鲁史《春秋》，在齐闻《韶》，乃定尧、舜之《书》。一二年后，景公亦未能用，《论语·微子》："齐景公待孔子曰：'若季氏则吾不能，以季孟之间待之。'曰：'吾老矣，不能用也。'孔子行。"而鲁国的情况，昭公虽不能回，局势已稳定，乃返鲁。此证当时孔子并未直接参与昭公击平子事，亦未尝必以昭公为是。约三十七八岁，孔子返鲁，而心已有主，是之谓不惑。继之十余年，皆在鲁设教，渐成私人讲学的风气。更观此十余年间，世事之变化甚激烈，孔子超然以观之，庶可由"不惑"而"知天命"。要而言之，晋于昭公二十八年（前 514）"韩宣子卒，魏献子为政"，于昭公三十年（前 512）"冬晋赵鞅荀寅帅师城汝滨，遂赋晋国一鼓铁以铸刑鼎，著范宣子所为刑书焉"。此晋国之变，孔子当有所意见，《左传》所引者，或未必悉合孔子思想，然大体可信。主要是魏而非刑鼎，合诸孔子之志，"子曰：道之以政，齐之以刑，民免而无耻；道之以德，齐之以礼，有耻且格"。（《为政》）由此文义以观，刑鼎宜遭孔子之非。况赵鞅用范宣子未必合乎当时情况之刑书以铸鼎，实有以敌视魏献子为政，故孔子或确有非刑鼎之言。继之鲁昭公三十二年"卒于乾侯"，《左传》载赵简子问于史墨，史墨以论昭公与季氏之是非。此当然非孔子之思想，然孔子对三家之认识，于昭公之事发生后，当有所改变，此不可不辨。"不惑"云者，既"不惑"于当时的周天子（实为敬王），亦"不惑"于当时的各国诸侯，且能注意于各国之具体执政者。或不明乎此，决难理解孔子何以教弟子，唯其能洞察时代变化的趋势，既合诸古史而以之为鉴，又能结合礼乐而为思想行动的标准，始能使各方学者同趋杏坛。

《史记·孔子世家》：

定公立五年,夏,季平子卒,桓子嗣立。季桓子穿井,得土缶,中若羊,问仲尼云:"得狗。"仲尼曰:"以丘所闻,羊也。丘闻之,木石之怪夔、罔阆,水之怪龙、罔象,土之怪坟羊。"吴伐越,堕会稽,得骨节专车,吴使使问仲尼:"骨何者最大。"仲尼曰:"禹致群神于会稽山,防风氏后至,禹杀而戮之,其节专车,此为大矣。"吴客曰:"谁为神?"仲尼曰:"山川之神足以纲纪天下,其守为神,社稷为公侯,皆属于王者。"客曰:"防风何守?"仲尼曰:"汪罔氏之君守封、禺之山,为厘姓,在虞、夏、商为汪罔,于周为长翟,今谓之大人。"客曰:"人长几何?"仲尼曰:"僬侥氏三尺,短之至也。长者不过十之,数之极也。"于是吴客曰:"善哉圣人。"

定公五年孔子四十七岁,坟羊事《国语·鲁语》中已记及。吴客事时间在十年后,孔子已五十八岁,或周游列国而不在鲁,今连类及之。总之孔子当五十岁前后,对古史殊有研究,此事决不可小视,乃组成孔子思想之重要部分。如仅以文献而未能加以征实,此不足以见孔子,亦为历代研究孔子者所忽视。《庄子·外物》:"儒以诗礼发冢。大儒胪传曰:'东方作矣,事之何若?'小儒曰:'未解裙襦,口中有珠。诗固有之曰:青青之麦,生于陵陂,生不布施,死何含珠为?'接其鬓,压其颏,而以金椎控其颐,徐别其颊,无伤口中珠。"此节讽刺儒家,可云尽其巧思,不知"儒以诗礼发冢",正属儒者有准于孔子之教。孔子如不随时注意当时考古所得,何以能知坟羊,又何以能知骨节专车之古史。奈自汉后之学者基本从文献至文献,此决非孔子之治学方法,然重视文献又为孔子之长。唯已达不惑之境,始可从考古所得以证实古史,是之谓"信而好古"。虽可谓孔子之考古尚未确,然决不可谓孔子有意于托古改制。至于天下事,吴既兴,且于定公四年"吴入郢",唯楚有吴乱。故五年春,王人杀子朝于楚。是年敬王已十有五年,一年后,尚避王子朝之徒及儋翩之乱而处于姑莸(《左传·定公七年》),故此十六年中周天子的情况可喻。且楚有申包胥如秦乞师，由秦师以驱吴定楚，时虽未久，实为当时天下动荡之大事。故襄公薨于楚宫之情，定公未必继之，而秦师之能力又增，足以促使四十年后之三家分晋。若孔子一生关心古今之变化，对此事件，必有深刻之认识。所知之天命中，安得不及目睹之大变。当年在齐闻《韶》以知乐，管仲之器犹小，岂晏婴所知，然孔子决不小视婴。周礼在鲁，平王已不足论，况敬王何有于王者之气象。天命如是，不得不反诸久居之鲁，昭公既不足论，何可忽视继位之定公，三家既能容之，是否可起作用。"子曰：齐一变至于鲁，鲁一变至于道"（《雍也》），正五十左右，以总结当时的天命。"定公问：'君使臣、臣事君如之何？'孔子对曰：'君使臣以礼，臣事君以忠。'"（《八佾》）"定公问：'一言可以兴邦，有诸？'孔子对曰：'言不可若是其几也，人之言曰：为君难，为臣不易。如知为君之难也，不几乎一言而兴邦乎。'曰：'一言而丧邦，有诸？'孔子对曰：'言不可以若是其几也，人之言曰：予无乐乎为君，唯其言而莫予违也。如其善而莫之违也，不亦善乎。如不善而莫之违也，不几乎一言而丧邦乎。'"（《子路》）即此二节之对答，孔子对君臣关系的认识已极明确，意更恳切，既以勉定公，亦以安三家，由治国而平天下，其旨可通。唯孔子之已得风气之先，故决不论及敬王，乃于治鲁身有其责，要在缓和定公与三家之关系。然时代之发展日在变化，三家之家臣亦有专权者，故孔子不得不避之，亦不得不与其周旋。孔子曰："禄之去公室五世矣，政逮于大夫四世矣，故夫三桓之子孙微矣。"又曰："天下有道，则礼乐征伐自天子出，天下无道，则礼乐征伐自诸侯出。自诸侯出，盖十世希不失矣。自大夫出，五世希不失矣。陪臣执国命，三世希不失矣。天下有道，则政不在大夫，天下有道，则庶人不议。"（《季氏》）此陪臣执国命的情况，合诸鲁国实指阳货（虎），阳货为季氏家臣，权势日大，《左传·定公七年》："阳虎又盟公及三桓于周社，盟国入于亳社，诅于五父之衢。"《史记·孔子世家》：

桓子嬖臣曰仲梁怀,与阳虎有隙。阳虎欲逐怀,公山不狃止之。其秋,怀益骄,阳虎执怀。桓子怒,阳虎因囚桓子,与盟而醳之,阳虎由是益轻季氏。季氏亦僭于公室,陪臣执国政,是以鲁自大夫以下,皆僭离于正道。故孔子不仕,退而修诗书礼乐,弟子弥众,至自远方,莫不受业焉。

孔子除周旋于阳货外,尚有公山弗扰之事。"公山弗扰以费畔,召,子欲往。子路不说,曰:'末之也已,何必公山氏之之也。'子曰:'夫召我者而岂徒哉,如有用我者,吾其为东周乎。'"(《阳货》)此节又见孔子对弗扰召的反应。《史记·孔子世家》:

定公八年,公山不狃不得意于季氏,因阳虎为乱,欲废三桓之适,更立其庶孽阳虎素所善者,遂执季桓子。桓子诈之,得脱。定公九年,阳虎不胜,奔于齐。是时孔子年五十。公山不狃以费畔季氏,使人召孔子。孔子循道弥久,温温无所试,莫能己用,曰:"盖周文武起丰镐而王,今费虽小,傥庶几乎!"欲往,子路不说,止孔子。孔子曰:"夫召我者岂徒哉?如用我,其为东周乎!"然亦卒不行。

此皆当孔子五十左右发生在身边之事,与敬王与王子朝之事,晋分政之事,吴楚秦之大变化,有亲疏之辨。即使和昭公与三家之事亦不同,乃属三家与家臣之事,然能直接影响鲁之国政,且由天下而国,由国而家,孔子又言及"吾其为东周乎",则又家国而东周。以毋我之身,传古今之变,然何可忽乎其身之所处。以身为东周,方能喻孔子所知之天命,惜当时之子路已不知,宜二千五百余年来,论孔子之仕鲁,什九以治鲁视之,且以三家视之,以家臣视之,以堕三都视之,则何以见孔子"为东周"之情。虽然,人至五十确已身心各有所变,故"子曰:

后生可畏,焉知来者之不如今也。四十五十而无闻焉,斯亦不足畏也已"(《子罕》)。此必孔子于五十后,自思学术思想及行动发展之变化。在四五十前有精进之象,言行当有惊人者,如"入太庙,每事问"而重禘,"子曰:禘自既灌而往者,吾不欲观之矣","或问禘之说,子曰:不知也,知其说者之于天下也,其如示诸斯乎,指其掌"(《八佾》)。又如在齐闻尽善尽美之《韶》,且"子语鲁大师乐曰:乐其可知也,始作翕如也,从之纯如也,皦如也,绎如也,以成"(《八佾》)。此以禘当治天下之象,又以翕纯皦绎定乐谐人心之象,可云已得过人之成就。况乐必通诗,"子曰:师挚之始,《关雎》之乱,洋洋乎盈耳哉"。(《泰伯》)然于五十后,仅能保存之、充实之而已,于礼乐之旨无过乎此,乃知可畏之后生,当在四五十之前。若四五十之后,自然尚可有发展,而其闻必在四五十之前,五十后始闻,确难更有大成就,故不足畏。五十后既不足使人畏,宜于五十当自思所闻,以毋我而思我之所闻,是之谓知天命。以古今世事而合诸文献,故孔子所知者,不外《诗》、《书》、《礼》、《乐》。合诸汉后之传,"六经"为《诗》、《书》、《礼》、《乐》、《易》、《春秋》。而《春秋》乃当时之现代史,所以接于《书》。《易》为筮书,重在易象,当时尚归属于《礼》。孔子"入太庙每事问"中,当有问《易》之事,重在筮占以见事理之象。且本以筮占视之之《易》,或已有卦爻辞,亦未必同马王堆帛书本,遑论定以《序卦》之《易》。而孔子于易象,当有所知,然决非后世所传之"二篇",惜汉后之研《易》者,未能分辨象与辞,仅以辞为主,更误认后师所著之十翼,皆托名为孔子所作,宜二千年来既未足以见孔子之实,亦未能识易象之真。试思孟子之于孔子,时位皆近,孟子曰:"……由孔子而来至于今百有余岁,去圣人之世若此其未远也,近圣人之府若此其甚也。……"(《尽心下》)然孟子书中,未有一字及《易》,而孟子屡言孔子与《春秋》之关系。此见百余年中,孔子门弟子之传授,已各各不同。况易学在孔子思想中,并非属主要地位。"子曰:加我数年,五十以学《易》,可以无大过矣"(《述而》)。此"五十"二字《史记》作"卒"字。或以七十后孔子更从《礼》中提出《易》而学之,尚可见思想发展之变化。以五十学《易》而与"知天命"联系,殊难切合孔子生前之事实。故孔子当五十前后,于"六经"的思想结构,宜以下表示之:

诗○——乐
书○——春秋 }礼○——易

上表注○者为孔子所雅言,《论语·述而》"子所雅言:《诗》、《书》、执礼,皆雅言也"是其义。考孔子既有"述而不作,信而好古"之志,又能深识古今之变,故由《书》而《春秋》,由《诗》而《乐》,归诸执礼为行动的指南,且对当时鲁国的具体情况,由定公、三家以及阳货及公山弗扰,皆能进退自如以处之。要在二十年来设教于杏坛,与天下有为之青年,共观天地万物之变迁,以究人生处世之准则,取鉴于史,感人以今,贵以无隐乎二三子之性,本学不厌教不倦之情,因材施教,师生融洽,宜由近及远而弟子辐辏。既"不语怪力乱神"(《述而》),故孔子之所谓"天命",犹"为政以德,譬如北辰,居其所而众星共之"(《为政》)之中心,知此中心,庶能无碍于本身之出处。孟子曰:"可以仕则仕,可以止则止,可以久则久,可以速则速,孔子也。"(《公孙丑上》)此即孟子所知之孔子,亦即能以孔子为"圣之时者也"(《万章下》)。"时"之于孔子,犹天命之象。此仕、止、久、速之变,可证诸《论语》,"或谓孔子曰:'子奚不为政。'子曰:'《书》云:孝乎,惟孝友于兄弟,施于有政。是亦为政,奚其为为政。'"(《为政》)此当可止则止之时,若阳货之言,当然未可从。而于公山不狃之召,不期有东周之为,此实深感于时。"为东周"者,乃孔子之权。然以费治鲁且难,况及天下,此所以不果行。若"定公以孔子为中都宰",自然可仕则仕。继之为司寇,与齐夹谷之会当相礼,可云一生从政中地位最高,"齐一变至于鲁,鲁一变至于道"(《雍也》)的思想境界,当时似可实现。且齐虽未是,鲁亦未尝是，然以"为东周"观之，鲁当胜于齐。若《史记》之重点描绘夹谷之会，实为尊孔子而列入《世家》，不得不有意渲染。如晏婴基本不可能与会而亦及之，可喻《史记》所记录之史实未可全信。齐鲁之会非仅此一次而各有胜负，此次鲁胜，亦未必使天下形势有所变化。孔子仅以礼争，所谓"君子无所争，必也射乎，揖让而升，下而饮，其争也君子"（《八佾》）。孔子于夹谷之会实乃准礼为相，此礼于当时之齐鲁皆不得不准行者，唯尚有礼，故有夹谷之会。然鲁虽胜，孔子之志尚不止此，宜"齐人归女乐，季桓子受之，三日不朝，孔子行"（《微子》）。况堕三都之事未成，则鲁既未一，亦未必终能胜齐。可见孔子为季氏司寇，为定公相于夹谷，皆顺时而行，非毕生之愿。虽欲使齐变之鲁，尤要者当在使鲁变至道，偶一胜齐，何足为贵。况僖公后之鲁，国势早已不及齐，故乘机去鲁，正如脱重负，更欲基于"知天命"之原则下，有以寻觅变鲁之道。

六、孔子周游列国以达"耳顺"的情况

孔子约当五十五六岁开始周游列国，凡十三四年，约六十八岁返鲁。此十三四年中，孔子之思想更有所发展，要能有得于变鲁之道。"子曰：朝闻道，夕死可矣。"（《里仁》）此语决不可平淡视之，实有以求内圣外王之道，唯孔子之早已绝四，始能有此决心，必愿于生前闻道。志道之心未已，实为孔子最可尊敬处。具此精神，庶于五十后犹有周游列国之壮举。子曰："志于道，据于德，依于仁，游于艺。"（《述而》）或忽乎"志道"、"据德"之旨，仅以"依仁"为孔子思想之核心，犹失之无原则。故有视孔子为不得已而去鲁，殊未合孔子当时之情。观其去鲁时，门弟子随行，因境而讲学，较定居于杏坛所讲者，必更具历史知识和现实意义。历代论孔子者，每为其干君不遇而悲，安知此真孔子之所以能成为孔子。唯其干君之不遇，始见孔子所志之道，既非苟同流俗,如即将兴起之纵横家;亦非有意违世,如当时已极流行之隐君子。此孔子所开创之儒家,所以有其不可磨灭的作用。以下概述周游列国之所得。若此十三四年中,据《史记》所记,前后颇有错乱,历代考之者皆能补其失,然仍多未能有确据。今论其主要所至之处及思想之变化,于时间之先后,宜有所阙疑。

当孔子去鲁,初适卫,约于卫灵公三十八年(前497)。考卫灵公在位四十二年而卒(前493),晚年为继承事内部紊乱。灵公三十九年,即《春秋·定公十四年》(前496):"卫公叔戍来奔。卫赵阳出奔宋。……夏,卫北宫结来奔。……卫世子蒯聩出奔宋,卫公孟彄出奔郑。"其后有大影响者为蒯聩事,然孔子之居卫,尚未发生继位事,故颇有好感。如曰"鲁卫之政兄弟也"(《子路》),因同为周姓,宜视之高于齐。又:"子谓卫公子荆善居室:始有曰'苟合矣',少有曰'苟完矣',富有曰'苟美矣'。"(《子路》)"子适卫,冉有仆。子曰:'庶矣哉。'冉有曰:'既庶矣,又何加焉。'曰:'富之。'曰:'既富矣,又何加焉。'曰:'教之。'"(《子路》)"子曰:苟有用我者,期月而已可也,三年有成。"(《子路》)此见当时之卫,已能"庶",可据之而"富"而"教",其条件可优于鲁。孔子有意于卫之思想,决非偶然。末句《史记》认为对卫灵公言,似可信。又卫有贤臣史鱼与蘧伯玉等,孔子所下之评价,更可喻对卫国之情:"子曰:直哉史鱼,邦有道如矢,邦无道如矢;君子哉蘧伯玉,邦有道则仕,邦无道则可卷而怀之。"(《卫灵公》)"直"与"君子",各有个性之异,而孔子未尝以直者为非,然观其行,乃以蘧伯玉为准,宜《史记》记孔子所严事之者,于卫为蘧伯玉。据此"可卷而怀之",其后孟子乃有"君子有三乐,王天下不与"之义。究孔子之志,亦不以"王天下"为唯一目的,因其时代确未合"王天下"之条件,贵能卷而怀之,然决不忘其可行者。进而论"直"与"君子",此须根据客观条件而见其是非,况人有个性,何可一之,"君子"岂不"直",知直而更知可卷,斯为君子之贵于直者。且孔子更能推其原,知蘧伯玉之所为,尚相似于百余年前之宁武子(按"卫侯使宁俞来聘"见《春秋》文公四年,前 623):"子曰:宁武子,邦有道则知,邦无道则愚。其知可及也,其愚不可及也。"(《公冶长》)"子谓颜渊曰:用之则行,舍之则藏,唯我与尔有是夫。"(《述而》)此见孔子之善用行藏,若《老子》"知荣守辱、知白守黑、知雄守雌"之义,亦与此相似,汉后必使儒道对立,决非春秋末期老孔本人之旨。唯孔子有卷怀之志,宜于"知天命"后,尚可达更高之成就。

孔子于卫灵公时,亦曾离卫去陈,当途经匡。匡人曾为阳货所欺压,而孔子貌似阳货,遂围孔子。"子畏于匡,曰:文王既没,文不在兹乎。天之将丧斯文也,后死者不得与于斯文也;天之未丧斯文也,匡人其如予何。"(《子罕》)"子畏于匡,颜渊后,子曰:'吾以女为死矣。'曰:'子在,回何敢死。'"(《先进》)此二节中,上节可喻孔子"知天命"之象,且以文王之"文"为天命,故知"为东周"尚非孔子之鹄的。"文"之云者,犹礼与乐,直与君子,知与愚等等。孔子于周游列国之十余年中,无时不在考文,庶能以文载道。下节见师生感情之深切,孔颜所乐决非空言,要在能互知所藏者。《史记·孔子世家》:"孔子使从者为宁武子臣于卫,然后得去。"宁武子之后世或尚仕卫,故有此事,其具体事实已未能考。孔子去匡,经蒲而返乎卫,至于蒲人有要盟之传说。《史记·孔子世家》记要盟之事曰:"蒲人止孔子。弟子有公良孺者,以私车五乘从孔子,其为人长贤有勇力,谓曰:'吾昔从夫子遇难于匡乡,又遇难于此,命也已。吾与夫子再罹难,宁斗而死。'斗甚疾。蒲人惧,谓孔子曰:'苟毋适卫,吾出子。'与之盟,出孔子东门,孔子遂适卫。子贡曰:'盟可负邪?'孔子曰:'要盟也,神不听。'"其事或有,发生之年份难确定。合诸孔子之思想,此传说之理可信,亦属"子不语怪力乱神"之旨。因要盟以力,信盟以神,岂能束缚有志于礼乐之孔子。《史记》记孔子初至卫,主于子路妻兄颜浊邹家,再次返乎卫,主蘧伯玉家。于所主处,孟子曾有议论,可见孔子到他国时住于何处,战国时已有多种传说,孟子之判断亦未可深信,阙疑为是。当孔子二次返卫,又有见南子之事。南子为卫灵公夫人,"子见南子,子路不说。夫子矢之曰:'予所否者,天厌之,天厌之。'"(《雍也》)又曰:"吾未见好德如好色者也。"(《子罕》)《史记·孔子世家》谓:"灵公与夫人同车,宦者雍渠参乘,出,使孔子为次乘,招摇市过之。"故孔子有此言。今可反证卫灵公时有与夫人同车之风气,孔子能从俗,宜有见南子之事。而子路之观点,每较孔子为固拙,失在知直而不知可卷。究夫孔子当时之思想,因齐鲁之政皆未足以行文王之文,卫而能行,可教以西周文王之德,与"我其为东周"已不同,与有三家作梗之鲁亦不同,此所以宁见南子有以曲成之,此为《诗》始《关雎》之象。若卫邑仪封人之视孔子为木铎(见《论语·八佾》),可见孔子之思想已能为卫人所接受。然亦有否定孔子之思想者,《论语·宪问》:"子击磬于卫,有荷蒉而过孔氏之门者,曰:'有心哉,击磬乎!'既而曰:'鄙哉,硁硁乎!莫己知也,斯己而已矣。深则厉,浅则揭。'子曰:'果哉!末之难矣。'"揆诸事实,行尊王攘夷为东周之政且未可,况为文王之文。然卫国本有其封地,尚可周旋于《春秋》所见世而有其能力,此与灵公四十年之经营密切相关。能用仲叔圉治宾客,祝鮀治宗庙,王孙贾治军旅,宜孔子初亦愿为其所用,奈其晚年为继位事已无尚文之志而归诸无道,故"卫灵公问陈于孔子,孔子对曰:'俎豆之事,则尝闻之矣,军旅之事,未之学也。'明日遂行"(《卫灵公》)。此又见孔子于外王之德,重文王而不重武王之旨。且孔子思想未尝以周初之分封为非,贵在能继承文德以治天下,《论语·八佾》"子曰:周监于二代,郁郁乎文哉,吾从周"是其义。然除蘧伯玉、颜渊诸人外,或未必能理解孔子去卫之情。若《论语》于"明日遂行"下继以"在陈绝粮",然据《史记》,其间尚有他事。《史记·孔子世家》:"去卫过曹,是岁鲁定公卒(前495)。孔子去曹适宋,与弟子习礼大树下,宋司马桓魋欲杀孔子,拔其树,孔子去。弟子曰:'可以速矣。'孔子曰:'天生德于予,桓魋其如予何'"(《述而》)。考桓魋欲杀孔子,传说为个人之好恶,据《礼记·檀弓上》:"昔者夫子居于宋,见桓司马自为石椁,三年而不成。夫子曰：若是其靡也，死不如速朽之愈也。"是否如是，殊难深信。以理推之，虽或有个人好恶，根本原因似与孔子祖籍有关。且宋承殷礼，与周制当有不同，子曰："夏礼吾能言之，杞不足征也。殷礼吾能言之，宋不足征也，文献不足故也，足则吾能征之矣。"(《八佾》)而孔子与弟子习礼大树下之礼，或有不同于当时之宋礼，故为桓魋拔树而逐之。孔子所谓"天生德于予"之德，仍属周德之象，与宋国所传之殷德不甚同，且未必同于孔子所言之殷礼，此所以有"微服过宋"之传说。因与门弟子聚人过多，或须分散，方能过宋。乃至郑，有与弟子相失之传说。此似属推测，然可合诸当时之时代背景，因私人聚徒讲学习礼，至少是罕见之事，难免有世俗之阻力。公良孺为解匡与蒲之危，正见学徒中必须兼及有勇力者，射与御即属武事，于周游列国时尤不可忽视。乃与弟子相失，有"累累若丧家之狗"之象，此至少是战国时之传说，未必全属子虚。而孟子则曰："传曰：孔子三月无君，则皇皇如也。"(《滕文公下》)与弟子相失，乃以教育家视孔子；三月无君则皇皇，则以政治家视孔子。此二者有其相通处，亦有其不同处，而孔子之象，以今日观之，实属教育家，此不可不明辨之。

孔子由郑至陈，当时陈侯为周臣(前501—前478在位，即陈闵公，二十四年灭于楚)。陈为大皞之墟，武王以封帝舜之后。究其风俗，或与周姓者不同，善歌舞，可参阅《诗经·陈风》。惜当时已四面受敌，宜孔子在陈曰："归与归与，吾党之小子狂简，斐然成章，不知所以裁之。"(《公冶长》)其时孔子已年过六十，思想又渐起变化。知其为"狂简"而犹誉之为能"斐然成章"，庶有"耳顺"之象。可见孔子于"知天命"后，又因时代之变而重视"狂简"，此知晚年之弟子与早年之弟子，思想已多不同。"不知所以裁之"，正愿有以裁之。

《春秋·哀公五年》(前490)："……夏……晋赵鞅帅师伐卫。"《左传》："夏，赵鞅伐卫，范氏之故也，遂围中牟。"《论语·阳货》："佛肸召，子欲往。子路曰：'昔者由也闻诸夫子曰：亲于其身为不善者，君子不入也。佛肸以中牟畔,子之往也如之何。'子曰:'然,有是言也。不曰坚乎,磨而不磷,不曰白乎,涅而不缁。吾岂匏瓜也哉,焉能系而不食。'"江永(1681—1762)《考实》云:"中牟尝属晋赵氏矣,而此时属卫,岂因佛肸叛而中牟遂属卫欤。"佛肸畔中牟的具体事实已难确考,然《论语》所记之事当可信,故江永之推论,可备一说。要而言之,佛肸之行,与公山弗扰相似,皆属狂者。孔子于鲁尚"为东周"而可往,于周游列国时,又为"焉能系而不食"而可往。此皆所以裁狂者,故佛肸之有意召孔子,孔子正欲以坚白之道食中牟之民,是亦非子路所能知。虽亦不果往,更见孔子能进一步发挥"毋我"之思想。唯深入体察"毋我"之我,乃可归仁以闻道。非达此境,何能"耳顺",何能裁"狂简"。继之之蔡,宜及"在陈绝粮"事。《论语·卫灵公》:"在陈绝粮,从者病,莫能兴。子路愠见曰:'君子亦有穷乎?'子曰:'君子固穷,小人穷斯滥矣。'"此"固穷"之情,庶见孔子之所谓君子,贵能穷身以通时,立象以设教,此人类之所以有进化。而或不忘富贵利达之纵横家,仅能听君言以免穷之小人儒,是之谓穷斯滥。《史记·孔子世家》记述孔子以《诗》中"匪兕匪虎,率彼旷野"两句,试子路、子贡、颜渊之志,虽未可信其为必有之事,而合诸他处之言论,殊合子路、子贡、颜渊三人之性情。"于是使子贡至楚,楚昭王兴师迎孔子,然后得免。"然孔子是否曾见楚昭王,亦未可考,至楚则无疑,且确已至叶。时楚昭王将卒(楚昭王卒于《春秋》哀公六年,前489),叶属楚,宜有楚风。孔子以"近者说远者来"以答叶公之问政(《子路》),可见孔子之思路,早已上出于周。此于当时之思想已属狂简,由治国而平天下,何国不可行之,不必限于鲁卫之周姓,故与《春秋》传闻世"尊王攘夷"的思想实已不同。或执"为东周"、"黜周王鲁"等为孔子外王之道,皆未合六十后之具体思想。然"叶公语孔子曰:'吾党有直躬者,其父攘羊而子证之。'孔子曰:'吾党之直者异于是,父为子隐,子为父隐,直在其中矣。'"(《子路》)此一观点,极有影响于我国的民族性,父系家庭之基础实筑于此,确与生理有关,宜进一步作专题研究。又"叶公问孔子于子路,子路不对。子曰:'汝奚不曰:其为人也,发愤忘食,乐以忘忧,不知老之将至云尔'"(《述而》)。此语正可见"耳顺"之情。忘食、忘忧,盖有以裁狂简。当孔子在楚及叶蔡间,尚遇长沮、桀溺、荷蓧丈人、楚狂接舆等,此辈有意违世,形成后世道家之象,于孔子之道中,乃属于简。其间遇长沮、桀溺事,殊可见孔子之情。《论语·微子》:"长沮、桀溺耦而耕,孔子过之,使子路问津焉。长沮曰:'夫执舆者为谁?'子路曰:'为孔丘。''是鲁孔丘与?'曰:'是也。'曰:'是知津矣。'问于桀溺。桀溺曰:'子为谁?'曰:'为仲由。'曰:'是鲁孔丘之徒与?'对曰:'然。'曰:'滔滔者天下皆是也,而谁以易之。且而与其从辟人之士也,岂若从辟世之士哉。'耰而不辍。子路行以告。夫子怃然曰:'鸟兽不可与同群,吾非斯人之徒与而谁与。天下有道,丘不与易也。'"此节之裁简者有代表意义,"天下有道,丘不与易也",诚可说明周游列国之旨。变鲁之道,"吾非斯人之徒与而谁与",奈"道不同不相为谋"(《卫灵公》),可云感慨万千,而行道之志弥坚,此孔子之可贵处。最后孔子仍至卫,是时卫灵公已卒,孙出公辄继位,而子蒯聩心犹未甘,乃有以子拒父之战。

《论语·子路》:

> 子路曰:"卫君待子而为政,子将奚先。"子曰:"必也正名乎。"子路曰:"有是哉,子之迂也,奚其正。"子曰:"野哉由也,君子于所不知,盖阙如也。名不正则言不顺,言不顺则事不成,事不成则礼乐不兴,礼乐不兴则刑罚不中,刑罚不中则民无所措手足。故君子名之必可言也,言之必可行也,君子于其言,无所苟而已矣。"

此节虽言有所指,谓出公拒父名有未正。然正名之理,实为孔子一生治学所重视者,要能"名之必可言也,言之必可行也"。此与不久后由墨家分出专以正名为学之名家,有原则之不同。能善继孔子正名

48

之理者,小成为孟子,大成为庄子(另详)。若子路者,仅本所指言,尚非以正名言。唯与子路之观点未同,宜子路能久居于卫,而孔子则居数年后不得不返鲁。当孔子尚居卫时,门人未能分辨孔子与子路之同异,《论语·述而》记:"冉有曰:'夫子为卫君乎?'子贡曰:'诺,吾将问之。'入曰:'伯夷、叔齐何人也?'曰:'古之贤人也。'曰:'怨乎?'曰:'求仁而得仁,又何怨。'出曰:'夫子不为也。'"此见孔子之隐情既略吐于子贡,乃决定返鲁,以结束周游列国的讲学实践。而有以求变鲁之道,似可以"人能弘道,非道弘人"(《卫灵公》)作结,道由人弘,宜孔子有"虽欲从之,末由也已"(《子罕》)之象。

总观孔子周游列国十余年之所得,贵能扩大识见,由"为东周"而上及为西周"文王之德",于尊王攘夷之实,有明显的变化。且对当时的周天子敬王,始终无片言只字提及,可证为晋所控制之天子,孔子未必以为是。若王子朝之奔楚,且有不幸的遭遇,孔子似有深感,宜对楚与叶有感情而未至三晋,对隐者之言尤足玩味。除长沮、桀溺外,若晨门知孔子"是知其不可而为之者",亦能深知孔子。又孔子不得与楚狂接舆言,非将言子贡不可得闻之性与天道乎,惜由简而狂之接舆无暇以闻,仅能留此无言之意,以待后人之致思而已。此辈隐者之思想,或与老子之弟子老莱子有关。至于孔子最主要之收获,能得各国之青年学子,足可自慰。儒家之理,数传而遍及天下,实与十余年之周游列国有关。

七、孔子返鲁后以达"从心所欲不逾矩"的情况

自孔子返鲁后,除教学外,基本以整理文献为主。且哀公与季康子对六十八岁的孔子颇能尊重,尤其重视所培养的弟子,宜同有"弟子孰为好学"之问。孔子对哀公曰:"有颜回者好学,不迁怒,不贰过,不

幸短命死矣。今也则亡,未闻好学者也。"(《雍也》)对季康子曰:"有颜
回者好学,不幸短命死矣,今也则亡。"(《先进》)此两段答话可能是同
一次,哀公季康子同在,而弟子记之有详略之异。又孔子弟子有若,与
哀公有关。《论语·颜渊》:"哀公问于有若曰:'年饥用不足,若之何?'
有若对曰:'盍彻乎。'曰:'吾犹不足,如之何其彻也。'对曰:'百姓足,
君孰与不足;百姓不足,君孰与足。'"此见有若的思想以爱民为主,与
孔子晚年的思想能相应。然具体执鲁国之政者为季康子,亦屡屡问政
于孔子。其一:"季康子问政于孔子。孔子对曰:'政者正也,子帅以
正,孰敢不正。'"其二:"季康子患盗,问于孔子。孔子对曰:'苟子之不
欲,虽赏之而不窃。'"其三:"季康子问政于孔子曰:'如杀无道以就有
道,何如。'孔子对曰:'子为政,焉用杀。子欲善而民善矣,君子之德
风,小人之德草,草上之风必偃。'"(皆在《颜渊》)其四:"季康子问:'使
民敬忠以劝,如之何。'子曰:'临之以庄则敬,孝慈则忠,举善而教不能
则劝。'"(《为政》)以上四答,可见孔子于季康子处处勉以自反,因孔子
的思想以"泛爱众"为基础。至于季康子之治国,早已重用孔子的弟
子。《论语·雍也》:"季康子问:'仲由可使从政也与?'子曰:'由也果,
于从政乎何有。'曰:'赐也可使从政也与?'曰:'赐也达,于从政乎何
有。'曰:'求也可使从政也与?'曰:'求也艺,于从政乎何有。'"然所问
之弟子,"果"之子路已仕卫,"达"之子贡尚近侍孔子不愿仕,直至孔子
卒后犹居墓侧六年,始为齐所用,故传孔子之道者,子贡起相当重要之
作用。而于季康子,仅能用"艺"之冉求。《乡党》记有"康子馈药,拜而
受之,曰:'丘未达,不敢尝'"。乃见孔子对季康子尚有戒心,然冉求为
季氏宰殊能称职,而孔子不甚是之。《论语·子路》:"冉子退朝。子
曰:'何晏也。'对曰:'有政。'子曰:'其事也。如有政,虽不吾以,吾其
与闻之。'"又《先进》:"季氏富于周公,而求也为之聚敛而附益之。子
曰:'非吾徒也,小子鸣鼓而攻之可也。'"此当指《春秋》哀公十二年
"春,用田赋"之事,此事孔子自然不赞同,奈客观形势为季氏不用田

赋,则财政不足,何以治鲁。且田赋之收与生产力有关,田之产量能增加,方能使季氏决定用田赋,宜事后孔子对"仁"的概念似有所变化。《卫灵公》:"子贡问为仁。子曰:'工欲善其事,必先利其器。居是邦也,事其大夫之贤者,友其士之仁者。'"历代对前二句不甚重视,实为改革工具,利器以善事,正属增加产值的基本原理。孔子能视利器善事为仁,与许管仲为仁同义,仁"岂若匹夫匹妇之为谅也"(《宪问》)。更进而观之,利器善事之言,系对子贡言。孔子晚年对子贡每语以极深邃之言,似有意一心培养之,子贡独居墓六年,决非偶然。至于整理"六经",宜分两部分。若《诗》、《书》、《礼》、《乐》为五十岁前后早已重视者,而《春秋》与《易》,必待周游列国后始深入研究,且使汇合于《诗》、《书》、《礼》、《乐》之中以成"六艺",此为孔子最后之成就。以下详论孔子编辑成"六艺"之情况。

《论语·子罕》:"子曰:吾自卫返鲁,然后乐正,《雅》、《颂》各得其所",此为完成编辑《诗经》之记录。《诗》必配乐,凡《风》、《雅》、《颂》之配乐,当有不同,惜今已未能知其详。《风》见各国之民情,孔子早已删辑,要以"二南"为正风。《论语·八佾》:"子曰:《关雎》乐而不淫,哀而不伤。"即指《周南》、《召南》言,民风安逸,婚姻以正,方属王者之气象。"钟鼓乐之","宜其室家",是谓文德。且更以诗教子,《论语·阳货》:"子谓伯鱼曰:女为《周南》、《召南》矣乎。人而不为《周南》、《召南》,其犹正墙面而立也与。"此见儒家重视夫妇,作为文德之本。《诗序》以为"后妃之德"何其迁,民歌发自本身之情,其情乃真。虽然,或以生物观人,"在洽之阳,在渭之涘。文王嘉之,大邦有子"(《大雅·大明》),与"悠哉悠哉,辗转反侧"(《关雎》)其有以辨乎,必以《诗序》为非,民之恋歌为是,慎莫为毛公所笑。宜孔子于晚年更使《雅》、《颂》得所,正以明《风》、《雅》同源,以见君民之所同。更以《颂》言,所以由西周之《颂》上及《商颂》而下及东周之《鲁颂》,实因平王东迁,雅声已变。《小雅》而未闻"鹿鸣",何能"无保定尔","青莪"难见,宜有"白驹"之

"遐心"。《大雅》而"大声以色",有损于"生民"之"绵绵","有卷者阿,飘风自南",惜继之以变雅,"关雎"安得不变为"柏舟"。此所以宜由《周颂》而上下求之。若僖公有《颂》,略见由齐变鲁之旨,有以平"大东"、"小东"之怨。僖公在位三十三年(前659—前627),卒后七十余年,孔子始生。而僖公之治鲁,犹能深明时代之大势。由齐桓(前685—前642)而晋文(前686—前677),益以有志无力之宋襄(前650—前636),且霸主渐由山东至山西,而僖公仍能以周礼、易象屹立于东方,宜孔子有以取之。诗人颂鲁之情,确难与文王相比,然为东周以传道,何可忽其治鲁之功绩。同时之周天子若惠王与襄王何德而能有颂声,时代如是,孔子决无不切实际之空想,《论语·卫灵公》"子曰:吾尝终日不食,终夜不寝,以思,无益,不如学也"是其义,故正未可小视僖公之《颂》。又《鲁颂·駉四章》有"思无疆"、"思无期"、"思无斁"、"思无邪"之言,此疆、期、斁、邪四字,恰为吟诗之原则。"无疆"应尽量不为空间所限,"无期"应尽量不为时间所限,"无斁"应尽量不厌于疆、期之变,"无邪"应准疆、期而尽量表达性情之正。子曰:"诗三百,一言以蔽之,曰:思无邪。"(《为政》)正当孔子使《雅》、《颂》得所,亦为准疆、期以删《诗》的标准。所谓"无邪"者,诗贵有真情之流露。凡无病呻吟或强作欢笑者,皆属有邪之思,决不应辑入。当辑成《诗经》后,始能通读"得所"之《风》、《雅》、《颂》,自然有"无邪"之旨。至于《商颂》"渊渊作金石声",若桓魋何能知之,合诸"微服过宋"之传说,是之谓"人不知而不愠,不亦君子乎"(《学而》)。

《国语·鲁语下》:"闵马父……对曰:……昔正考父校商之名颂十二篇于周太师,以《那》为首。其辑之乱曰:'自古在昔,先民有作,温恭朝夕,执事有恪。'"《毛诗序》云:"微子至于戴公,其间礼乐废坏,有正考父得《商颂》十二篇于周之太师,以《那》为首。"正据《国语》之记载。孔子更辑五篇入《诗》,其他七篇,或亡或删,阙疑为是。然以《商颂》为例,孔子有删《诗》之可能性。以今存之《商颂》论,正以明《大

雅·荡》"殷鉴不远,在夏后之世","嗟嗟烈祖,有秩斯祜"(《列祖》),
"浚哲维商,长发其祥。洪水茫茫,禹敷土下方"(《长发》)。宜有《周
颂》而上及《商颂》,庶能见三代之损益,是属孔子删《诗》之大义。至于
学《诗》的作用,《论语·阳货》:"子曰:小子何莫学夫《诗》。《诗》可以
兴,可以观,可以群,可以怨。迩之事父,远之事君,多识于鸟兽虫鱼之
名。"所谓"兴于《诗》",贵能得《诗》外之义,《论语》中记有二事,殊可了
解学《诗》之大用。

其一,《论语·学而》:"子贡曰:'贫而无谄,富而无骄,何如?'子
曰:'可也,未若贫而乐,富而好礼者也。'子贡曰:'《诗》云:如切如磋,
如琢如磨,其斯之谓与?'子曰:'赐也,始可与言《诗》已矣,告诸往而知
来者。'"

其二,《论语·八佾》:"子夏问曰:'巧笑倩兮,美目盼兮,素以为绚
兮。何谓也?'子曰:'绘事后素。'曰:'礼后乎?'子曰:'起予者商也,始
可与言《诗》已矣。'"

熟玩此二例,乃喻《诗》之所以可兴。断章取义,固为学《诗》者所
当了然于心者。切磋琢磨,贵有其象,何事不可深入。素以为绚而绘
事后素,自然可合乐先礼后之旨。否则正墙而立,何贵乎学《诗》。
《诗》无达诂,固无达诂乎,全在善读诗者。既了解诗义后,要在悟其情
之所钟。故一句一字莫不有其情,且情可反身,乃有"迩之事父,远之
事君"之理,《诗》之时义岂不大矣哉。《左传》屡记诸侯集会上之咏
《诗》,全属言外之音,故《论语·子路》曰:"子曰:诵《诗》三百,授之以
政,不达;使于四方,不能专对;虽多,亦奚以为。"此始见孔子教弟子学
《诗》之目的。贵能得诗旨之象,此诗象实与易象可通,然孔子所深入
了解者,什九属诗象。于易象之大义,《论语》中极少提及(详下),若子
贡、子夏,可云善于学《诗》。

继之宜论孔子辑成《书经》之情况。

《论语·尧曰》:"尧曰:'咨,尔舜! 天之历数在尔躬,允执其中,四

海困穷,天禄永终。'舜亦以命禹。曰:'予小子履,敢用玄牡,敢昭告于皇皇后帝,有罪不敢赦。帝臣不蔽,简在帝心。朕躬有罪,无以万方。万方有罪,罪在朕躬。'周有大赉,善人是富。'虽有周亲,不如仁人。百姓有过,在予一人。'谨权量,审法度,修废官,四方之政行焉。兴灭国,继绝世,举逸民,天下之民归心焉。所重:民、食、丧、祭。宽则得众,信则民任焉。敏则有功,公则说。"此见编辑完成《书经》后之记录。最可贵者,能归诸天之历数。由尧舜以及夏商周三代,其史迹本为讲学时议论所及。故编辑《论语》者,最后一篇记此节为主,用意显然。

《论语·泰伯》:"子曰:大哉尧之为君也。巍巍乎,唯天为大,唯尧则之。荡荡乎,民无能名焉。巍巍乎,其有成功也,焕乎其有文章。"此所谓"唯天为大",即知"天之历数"。《论语·为政》:"子曰:为政以德,譬如北辰,居其所而众星共之。"实亦指天之历数。至于是否可免"四海困穷",亦极困难,宜《论语·雍也》记有孔子与子贡的对言:"子贡曰:'如有博施于民而能济众,何如? 可谓仁乎?'子曰:'何事于仁,必也圣乎,尧舜其犹病诸。'……"又对子路曰:"修己以安百姓,尧舜其犹病诸?"(《论语·宪问》)此见孔子据好古所得之尧舜,能掌握天之历数为主要成就,既病博施济众,当然亦难"以安百姓",可见早已进入阶级社会。且子贡已能于百姓中辨民与众之不同,此之谓"爱有等次",则尧舜之治固非理想国,故君子不可不存"泛爱众"之志,然事实上仅能由近及远,"王天下"之理,何可空论。迨孟子而过分美化尧舜时代,言必称之,实与孔子《书》始《尧典》之旨不同。

《论语·泰伯》:"子曰:巍巍乎,舜禹之有天下而不与焉。"又:"子曰:无为而治者,其舜也与。夫何为哉,恭己正南面而已矣。"(《卫灵公》)"子曰:禹吾无间然矣。菲饮食而致孝乎鬼神,恶衣服而致美乎黻冕,卑宫室而尽力乎沟洫,禹吾无间然矣。"(《泰伯》)此论舜禹之德,归诸"舜禹之有天下而不与",方能继承尧之"唯天为大"。此大兼时空宇宙言,何可与于一人有天下之宇而忽乎古往今来之宙,幸舜禹不与而虽或逸或劳,同能"允执其中",庶能为三代损益之本。其间由宇而宙,合诸社会结构,因于历史长流中,人之生命有限,一生之寿命,何可相应于社会变化的时间数量级,故不能不推究人生的遗传及社会组织的继承问题。自禹起为"家天下",然合诸考古学,"家天下"实非始于禹。基本由群婚制而母系社会,进而为父系社会,发生在各地区的各民族,时间的先后差距甚大,迄今边陲地区的少数民族,犹有母系社会存在。今以黄河流域论,如半坡文化犹有母系社会性质,若郑州大河村的风俗,已见父系社会的情况(另详)。且当时尚属范围不大的部族社会,族长的继承,不期而产生"家天下"的制度。部族的集合,由小而大,当能统治若干部族,自然有"天下"之概念。"家天下"者,父子兄弟相继而为天下之主,然经若干代的继承,于天下之主,势必有所变化。孔子特取尧舜禹者,有以正社会组织的继承问题,若尧传舜为传婿,此于父系社会已属不应有者,舜传禹为传贤,更属彻底破除"家天下"之风,庶能扩大家族遗传的局限而有益于人类社会的进化。今合诸考古所得的史迹言,孔子生当春秋末(前551—前479),上至平王东迁(前771)仅二百数十年,至殷周之际(前11世纪)亦仅六百年许。今已得殷墟周原的大批文物,史迹已信而有征。更由殷墟甲骨文以究殷商之史迹,亦大半有据。孔子上距夏商之际(前16世纪),亦仅一千年许。禹夏约四五百年,禹迹虽尚无确证,然新石器晚期的文物,已遍及全国各地。故孔子一生之信而好古,上推史迹仅一千七八百年。这在当时定有较可信的文献和古老的传说,并与孔子问礼于老聃以观周天子之史籍有关,且东方各民族之史迹,又非仅限于周室文化。生于约四百年后之司马迁,尚知夏商历世之继承情况。今已有甲骨文为证,商之世系基本可信,夏虽无大批古文物出土,然世系的传说绝不可能全部虚构。孔子之时,更当有所知,故知杞、宋不足为征。且准所知者认定尧已明天之历数,完全可能。以天象二十八宿论,部分或全部在南北赤纬10°间带形区域中的宿数,于公元前二三〇〇年至公元前四三〇

○年间最多,计有十八至二十宿。竺可桢教授之推算得此,对研究我国古代文化大有裨益。孔子以认识天象始于尧,尚极保守。更以社会组织言,鲧以仕尧,经舜一代,鲧子禹又继舜即位。据古之传说,唐尧都平阳(今临汾附近),虞舜处于沩汭(今商丘附近),夏禹都阳城(今密县附近)或安邑(今绛县附近),其时正当三部族之间的自然兴衰。又舜之殛鲧于羽山(今徐州附近),鲧子禹能痛定思痛,以完成治水之功,宜能传舜而为天下主。故尧舜禹之事迹,正以见王天下者当以天下事为主,不当以本部族的继承为主。孔子删《书》取以为始,实有以见"家天下"之弊。然父系社会之代代继承,又为生物之本能,唯家之与国不可不加分辨。此实为《书》始尧舜禹之微言大义。至于"家天下"之情况,孔子已有总结。《论语·为政》:"子张问:十世可知也。子曰:殷因于夏礼,所损益可知也。周因于殷礼,所损益可知也。其或继周者,虽百世可知也。"按三十年为一世,犹人生一代遗传之平均时间。子张有志于干禄,且见春秋时各国于继位时,每有争夺之乱,似每世不同,故问能否预知十世之情况。且孔子本有"天下无道,则礼乐征伐自诸侯出,自诸侯出,盖十世希不失矣"(《季氏》),此义上已引及,然于编《书经》时似有更深的认识。凡可知十世者,实兼夏商与西周言。合诸史迹,基本经十余世而变,详见下表:

表一——夏之十四世

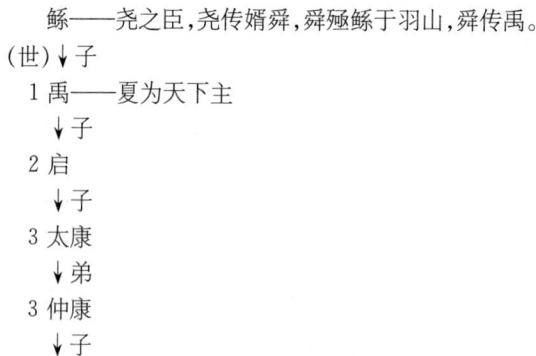

鲧——尧之臣,尧传婿舜,舜殛鲧于羽山,舜传禹。

(世)↓子

1 禹——夏为天下主

↓子

2 启

↓子

3 太康

↓弟

3 仲康

↓子

4 相
　↓子
5 少康
　↓子
6 予
　↓子
7 槐
　↓子
8 芒
　↓子
9 泄
　↓子
10 不降
　↓弟
10 扃
　↓子
11 厪
　↓弟(不降子)
11 孔甲
　↓子
12 皋
　↓子
13 发
　↓子
14 履癸(桀)(为汤所放)

表二——商之十八世

(世)
1 汤——商为天下主
　↓次子
2 外丙
　↓弟
2 仲壬
　↓侄、汤长子太丁之子
3 太甲(太宗)
　↓子

4 沃丁
　↓弟
4 太庚
　↓子
5 小甲
　↓弟
5 雍己
　↓弟
5 太戊(中宗)
　↓子
6 仲丁
　↓子?(《史记》未明关系,弟与子有一世之差,暂以子论)
7 外壬
　↓弟
7 河亶甲
　↓子
8 祖乙
　↓子
9 祖辛
　↓弟
9 沃甲
　↓侄(祖辛子)
10 祖丁
　↓弟(沃甲子)
10 南庚
　↓侄(祖丁子)
11 阳甲
　↓弟
11 盘庚
　↓弟
11 小辛
　↓弟
11 小乙
　↓子
12 武丁(高宗)
　↓子

13 祖庚
　　↓弟
13 祖甲
　　↓子
14 廪辛
　　↓弟
14 庚丁
　　↓子
15 武乙
　　↓子
16 太丁
　　↓子
17 帝乙
　　↓少子
18 辛(纣)(为武王所伐)

表三——西周十一世

(世)文王——纣之西伯
　　↓子
 1 武王——周为天下主
　　↓子
 2 成王
　　↓子
 3 康王
　　↓子
 4 昭王——南征不返
　　↓子
 5 穆王——西征有功
　　↓子
 6 共王
　　↓子
 7 懿王
　　↓叔(共王弟)
 6 孝王
　　↓侄孙(懿王子)

8 夷王
　　↓子
9 厉王
　　↓周召共和 14 年(前 841—前 828)(《史记》年表起于共和元年)
　　共和
　　↓厉王子
10 宣王四十六年(前 827—前 782)
　　↓子
11 幽王十一年(前 781—前 771)(为犬戎所杀)

表四——东周十三世

(世)幽王子
1 平王 51 年(前 770—前 720)　49 年(前 722)当鲁隐公元年《春秋》始
　　↓孙
3 桓王 23 年(前 719—前 697)
　　↓子
4 庄王 15 年(前 696—前 682)
　　↓子
5 釐王 5 年(前 681—前 677)
　　↓子
6 惠王 25 年(前 636—前 652)
　　↓子
7 襄王 33 年(前 651—前 619)　25 年(前 627)止当《春秋》所传闻世
　　↓子
8 顷王 6 年(前 618—前 613)
　　↓子
9 匡王 6 年(前 612—前 607)
　　↓弟
9 定王 21 年(前 606—前 586)
　　↓子
10 简王 14 年(前 585—前 572)
　　↓子
11 灵王 27 年(前 571—前 545)　21 年(前 551)孔子生
　　↓子

12 景王 25 年(前 544—前 520)　3 年(前 542)止当《春秋》所闻世

　↓子

13 敬王 44 年(前 519—前 476)　39 年(前 481)止当《春秋》所见世　41 年
　　　　　　　　　　　　　　　　(前 479)孔子卒

表五——鲁公九世

周平王元年——48 年(前 770—前 723)　48 年《春秋》序幕

1 鲁隐公 11 年(前 722—前 712)　始用鲁史《春秋》(前 722)

　↓弟

1 桓公 18 年(前 711—前 694)

　↓子

2 庄公 32 年(前 693—前 662)

　↓子

3 湣公 2 年(前 661—前 660)

　↓弟

3 僖公 33 年(前 659—前 627)　(前 722—前 627)共 96 年,《春秋》所
　　　　　　　　　　　　　　　传闻世

　↓子

4 文公 18 年(前 626—前 609)

　↓子

5 宣公 18 年(前 608—前 591)

　↓子

6 成公 18 年(前 590—前 573)

　↓子

7 襄公 31 年(前 572—前 542)　(前 626—前 542)共 85 年《春秋》所闻世

　↓子　　　　　　　　襄公 22 年(前 551)孔子生(九、十岁时结束所闻世)

8 昭公 32 年(前 541—前 510)

　↓弟

8 定公 15 年(前 509—前 495)

　↓子

9 哀公 28 年(前 494—前 467)

　　哀公 14 年(前 481)　(前 541—前 481)共 61 年《春秋》所见世

　　　　16 年(前 479)　(春、西狩获麟)《春秋》绝笔夏四月己丑孔丘卒

　　　　27 年(前 468)　《左传》终

由上表五,所以明东周之《春秋》。当平王 49 年(前 722)而进入《春秋》,孔子辑鲁史而始于鲁隐公元年。由隐公至哀公已九世,周天子安得不失势。故孔子所谓"十世希不失矣"者,指《春秋》之微言大义。然回答子张之问,重在由《春秋》而《书经》,由东周(表四)更上推西周(表三)、而商(表二)、而夏(表一),亦莫不经十余世而有变。故若尧舜禹之"允执其中",斯为平天下之至道,奈禹经十余世之传,必将有偏于中,乃自然而有三代之变,如尚质尚文而难得彬彬之文质。究其失中而偏离于正道者,正渐起于数代之遗传,凡能得其中者,岂可限于一姓之遗传,由是经纠偏而归于中,是即三代损益之礼。唯孔子之"为东周"而为"文德",为"文德"而为究三代之损益。更以尧舜禹三部落之选主天下为执中之天数,所以能可知继周之百世。凡以生物进化论,人类经百世之遗传,时间约为三千年,而生命的结构变化甚微。孔子能重视夫妇为人伦根本的原则,庶见《诗》始二南、《书》始尧舜之旨,由夫妇而家,由家而国,由国而天下,此实为孔子以《诗》、《书》诲人之纲领。唯其有见于生物之本能,故所理解之时空数量级极长,二千五百年后读之,尚有现实意义。正由于孔子已能视人为生物,故其思想已及人类的本能,决非仅对社会结构言,此为编辑《诗》、《书》之旨,亦为孔子之伟大处。故除《诗》、《书》外,应重视具体的行动和思想,此所以必须以礼乐作为内圣外王的指南。以下总论孔子定礼乐之原则。

《史记·孔子世家》:"孔子为儿嬉戏,常陈俎豆,设礼容。"此记录殊可信,因孔子一生处处以礼乐为重。人各以礼乐节之,斯能维持社会组织之平稳。今推究礼乐之实质,有天子之礼乐,诸侯之礼乐,士大夫之礼乐,乡人之礼乐。礼乐之作用,所以维持人之间的和平关系。若孔子之以礼乐教弟子,所以勉弟子当自反,自反有得,庶可语以内圣外王之道。由熟悉俎豆等之礼容,方可逐步推广外王之道。故礼乐为具体的思想与行动标准,下准《论语》所提及有关礼制乐律之言论,择要以明之。

主要论自反之礼乐,当以"颜渊问仁"(《颜渊》)为主(原文已见上引),其目为视、听、言、动。凡视听为由外及内,言动为由内及外,于内外之际已经本人之思虑考察。此即人之作用,然决不可忽乎耳濡目染。以具体论,《论语·阳货》:"子曰:恶紫之夺朱也,恶郑声之乱雅也,恶利口之覆邦家者。"此已包括视色听声言论及行动的作用四者,然极宜深入研究孔子所重视之"克己复礼"。先以视色言,古人视蝃蝀(虹)间具七色,以紫朱为两端。孔子之是朱非紫,实未合自然之理。"子曰:攻乎异端斯害也已"(《为政》),仅重视一端而忽乎他端,实有误,必须兼及两端,礼当等视朱为紫。当时或稍后之天文学,已认北极中心为紫宫,名之曰紫微垣,其义可取。后因道家注意自然科学而特重紫色,识见超然。奈汉后之儒家,每有是朱非紫之礼,直至清末未变,乃有碍于"非礼弗视"之视礼,视红视紫,何必是非于其间。以听声言,本诸十二律吕的三分损益,此十二律吕确宜相应于每年十二个月的客观气象,故何月演奏用何律为主,易于引起人情之共鸣,此思想与月令之感应,于春秋时为我国早已理解的音乐原理。今由编钟等的出土,可证明并非从文献到文献的空论,而有其具体欣赏音乐的水平。孔子于音乐有特殊的认识:闻韶而三月不知肉味,要在能得尧之象;与点之情,深喜三月之春意;于卫之磬,心向人生之文德;绝粮之弦,庶见安贫不去之道;杀鸡而用牛刀,实叹子游之已能用乐。以乐辅礼,即二即一,唯思想之纯,庶有行动之正。且孔子早年于乐,已喜知翕纯皦绎之成,惜晚年有悲于鲁国乐队如大师挚、亚饭干、三饭缭、四饭缺、鼓方叔、播鼗武、少师阳、击磬襄之散(《微子》),则耳听之乐,难免有不入耳之郑声。虽然具体之乐谱已佚,故尽善尽美之《韶》与尽美未尽善之《武》,下及淫声之非,仅能神而明之,则历代未究乐理者的泛论,势必成为空言,宜耳闻之礼其标准尤难明确。汉后重庙堂之乐,何尝是韶乐,民间之新声,何可一以郑声斥之。孟子已知先王之乐犹世俗之乐,故于今日"非礼弗听"之乐,尤宜慎思而明辨之。若颜渊之闻此四目,当然亦及视人之行为和听人之语言,今推本而及声色,颜渊定有神会之妙义,然后人何可执之。故外入者既难有准,内出者势将有覆家邦之利口,"子曰:巧言令色鲜矣仁"(《学而》),诚令人感慨。故二千五百年来,固执所谓孔子之礼教,每桎梏人之性灵,其弊决不可忽视,今正宜彻底加以考察。再者禘之礼,八佾之舞,或以雍彻,或旅泰山,且三归与反坫,其礼之形成必已日久,且各有其位,奈知迹而未究其理,礼乐之实果何如哉?当民尚昏蒙而不知朔,宜有告朔之饩羊,然历法大明,羊亦可爱,况孔子所谓获罪于天,何必媚奥媚灶。种种礼制,何可舍本以求末,刻舟以求剑。子曰"兴于《诗》,立于礼,成于乐"(《泰伯》),此于礼乐之立成,归诸《诗》之兴,兴属人内在的生气。不大声以色,尤见礼乐之现实意义,岂可固执于古礼而不知变化,"子入太庙每事问"者,所以问其理。历代研究孔子者,不乏能重视礼之迹者,而什九忽其实质。故今而后,非从认识礼乐之实质以观孔子,殊难深得孔子之象。治天下之理,必准礼乐之实,此诚百世不易。孔子之伟大,在能从周之文,不在重周之礼。未辨乎此,其何以认识孔子所梦之周公。今以考古所得安阳出土之坟墓,每有大批奴隶殉葬,而于周原之墓中,基本已无人殉。孔子之从周,决有尚文之可贵处。若秦穆公仍有三良之殉,宜诗人刺之(《诗·秦风·黄鸟》)。此一风俗,必为孔子所大力否定。由道德而依仁,生死事大,孟子尝引孔子曰"始作俑者其无后乎"之言,作俑者且然,况以生人为殉。此始可视为孔子依仁之总纲。由是而君君臣臣父父子子,必使社会之安定者,方可许以仁,研究孔子之所谓仁,或可参考于此。

更究孔子晚年最后所关心的世事,亦就是最后所重视之礼乐,是为齐国之事。《论语·宪问》:"陈成子弑简公。孔子沐浴而朝,告于哀公曰:'陈恒弑其君,请讨之。'公曰:'告夫三子。'孔子曰:'以吾从大夫之后,不敢不告也。'君曰:'告夫三子者。'之三子告,不可。孔子曰:

'以吾从大夫之后，不敢不告也。'"考此事发生在哀公十四年(前481)，其事当与《春秋》同观。

《春秋》:"(哀公)十有四年春,西狩获麟。小邾射以句绎来奔。夏四月,齐陈恒执其君寘于舒州。庚戌,叔还卒。五月庚申朔,日有食之。陈宗竖出奔楚。宋向魋入于曹以叛。莒子狂卒。六月,宋向魋自曹出奔卫,宋向巢来奔。齐人弑其君壬于舒州。……"

考孔子一生,基本以好古之史迹(《书》)及记述由古以来人之思想感情(《诗》)学于先哲,并加以整理而授于门弟子。于东周事特取鲁史《春秋》作为近现代史讲义,其间不论古今,皆有所评论。且能面对当代之事实,既有理想,又有实用意义,于行动以礼自制,于思想以乐自谐,乃能"君子坦荡荡"而非"小人常戚戚"。以上概述整理《诗》、《书》礼乐之旨,《论语》中确已屡屡提及,故孔子一生之信而好古,绝对有文献可据,不应致疑。编辑成《诗》、《书》礼乐者,非孔子莫属。

进而更宜研究孔子之于《春秋》。《春秋》为鲁史,实属古文献,王安石视为"断烂朝报",未尝不可。然属鲁隐公至哀公(前722—前481)之朝报,其时代既早,故虽断烂而仍不可不重视之。或谓《论语》中并未提及《春秋》,及《孟子》书中始大力宣传孔子作《春秋》之事。今以理核实之,《论语》虽未提及《春秋》,然对东周事颇多议论,犹在对门弟子讲解《春秋》。上已论及,孔子决无作《春秋》之事,然对《春秋》事实极为关心。传说公羊高为子夏弟子,谓孔子取鲁史,始于隐公元年,止于哀公十四年春西狩获麟。间及十二公,共计二百四十二年。且分隐、桓、庄、滑、僖三代五公共九十六年,为春秋所传闻世;文、宣、成、襄四代四公共八十五年,为春秋所闻世;昭、定、哀二代三公共六十一年,为春秋所见世。此《春秋》之起讫及三世之分,实有孔子认识东周之大义在其中。子夏性格殊拘,仅能知之,及公羊高而发挥之,未可谓与孔子思想无关。《春秋》初当平王避犬戎之乱而东迁,以当时情况观之,周天子之名分犹在,且在位长及五十一年,如有作为者,宜有以恢复西周之局面。然事实上平王已无其能力,幸西周初早有周公经营东都,平王方能居之以维持残局,周天子号令天下之权早已失却。孔子乃取鲁隐公元年作为周公之德,以代平王四十九年,因是时平王已老,中年尚未能,况当老年,决不可能再次恢复周天子之盛德,宜孔子取鲁隐公元年起作为东周史以授门弟子。若周平王元年至四十八年,似可以《春秋》序幕视之。当《春秋》所传闻世中,最重要之事,东方诸侯尚知尊王攘夷之理,贵有齐桓公依赖管仲之佐而行之,宜孔子虽对管仲有微辞,然仍以"如其仁、如其仁"许之,因实能担负维持当时天下和平之责任。然一代后之晋文公,虽有正谲之辨,尚能尊王。而鲁僖公周旋其间,在位长达三十三年,孔子取其为《鲁颂》,当有可取处。且是时秦穆公作《秦誓》(前627),同当《春秋》所传闻世之终。孔子之为东周,尚见秦楚之夷能有所自反;齐、鲁、晋、郑等国对周天子之认识,犹有尊敬之心,非徒以本国为主,此为孔子对《春秋》所传闻世之认识。继之以所闻世论,形势已变,孔子岂不知之。秦晋之关系错杂,楚亦大有发展,若襄公之访楚而鲁筑楚宫,且薨于楚宫之中,可见楚之文化已能超越于鲁,然则攘夷云乎哉;晋代世霸,周王之地位日低一日,然则尊王云乎哉。而孔子正生于襄公二十二年。九、十岁的儿童,当然未能明天下大势,日后知襄公之亲楚,岂可对尊王攘夷之理,不加深入研究。合诸所准之礼乐,又安得不入太庙每事问。宜由僖公之薨以及襄公之薨,是谓所闻世,于尊王攘夷之礼,早已不同于所传闻世。至于上所论及的孔子一生,全当《春秋》所见世。孔子为东周而为文德,于自强之各国,自然亦可发展,然对周初所封且能维持至春秋末期之齐,孔子尚认为必宜保持之。凡世传制,如无尧舜之德,在当时各国对峙的局面下,似以不变为是,始可安定天下之大势。此亦孔子自犯三戒中之"晚年戒得",得于姜齐之是而不知其非,亦有姑息之失。由是有告哀公及三子之事实,沐浴而朝,郑重可见。且当时之情况,孔子极希望各大国本身保持相对平稳。于鲁之三家,虽昭公薨于乾侯,三家犹能立其弟定公。定公薨,仍能立定公子哀公。事实上哀公已无权,因诸侯之位又似周天子,同样为虚设。唯其有虚设之名,尚能形成《春秋》所见世之相对平稳。然正当孔子七十一岁时,发生陈恒弑其君之事,此事非但影响东周之尊王攘夷,更上及武王封齐之文德。况《春秋》所传闻世之功业一切崩溃,实将彻底变化诸侯间之相互关系。孔子之言,所以正名分,亦所以仍愿实现齐变鲁之原则,此之谓周礼。《武》乐虽未善而犹美,故陈恒弑君之情,孔子安能忍之。耳可顺于狂简,若陈恒之作风,更甚于公山弗扰与佛肸。可谓具臣之由与求,且不从弑父与君(《先进》),况孔子本人。核诸事实,自桓公之亡,霸主早已非齐所有,姜齐之遗传日在偏离于中,而陈氏之治齐,实能利器善事,大斗出、小斗入者,已能提高生产力以富民,民安得不是田而非姜。孔子从大夫之后不敢不告者,尚执于周礼之文德而未敢突破继周之损益。更进而观之,自田齐之代姜齐,因天下无主持正义者,乃于数十年后即有三家分晋之事。故孔子重视此事,确属由春秋将转成战国之几,有如是之预见,何可小视。由是绝笔于"春西狩获麟",实不愿再读"夏四月齐恒执其君寘于舒州……六月……齐人弑其君壬于舒州"。此齐人之弑君事,自公羊高起重视于获麟,实属弦外之音。今日读之,究其沾袍之涕,应注意姜齐之变为田齐。然则孔子讨齐之未成,亦促其思想境界更有所提高,是即"七十而从心所欲不逾矩"。然则孔子七十后之所欲何在?《论语·阳货》:"子曰:'予欲无言。'子贡曰:'子如不言,则小子何述焉。'子曰:'天何言哉,四时行焉,百物生焉,天何言哉。'"此诚得"道法自然"之旨,唯子贡闻之。老聃之西出函谷,尚欲去其柱下史之职,孔子已无职守,自然不必去父母之邦。而对世事始知已不可为,然决不消极以待尽,仍孜孜于文献之整理。既终《春秋》,于礼乐之理更有所突破。《论语·阳货》:"子曰:礼云礼云,玉帛云乎哉;乐云乐云,钟鼓云乎哉。"孰能识非玉帛钟鼓之礼乐,庶几可达七十后孔子之矩。《论语·子路》:"子贡问曰:'何如斯可谓之士矣。'子曰:'行己有耻,使于四方,不辱君命,可谓士矣。'曰:敢问其次。曰:'宗族称孝焉,乡党称弟焉。'曰:'敢问其次。'曰:'言必信,行必果,砰砰然小人哉,抑亦可以为次矣。'曰:'今之从政者何如。'子曰:'噫!斗筲之人,何足算也。'"此由裁狂简而可及必信必果之小人,然于今之从政者皆斗筲之,此可喻《春秋》所见世,实未能更继之,故孔子之最后二年许,实已进入战国之序幕。何忍再言王天下之理,不舍昼夜之流水,任之为是,乃于抄录鲁史、绝笔获麟后,或有卒以学《易》之事。此不逾矩之欲,决非《公》、《穀》之微言大义所可尽,作《左传》者有意求之,亦未必全合孔子之旨。孔子于《易》的关系,起于易象,此当属殷周已盛行的数字卦。阴阳五行之卜筮来源极早,其后归诸七、八、九、六之卦爻,可能已在孔子后。孔子未知爻名,包括《左传》作者亦仅用其理而未用其名,故于孔子时所谓文王作"二篇"其实尚未备,何可信孔子作"十翼"。当时在各国,基本已有相似而非全同的卦爻辞。对卦爻辞的意义,什九乃筮者以意而言,唯易象略有所准。孔子曾习礼,当已翻阅某种卦爻辞,及周游列国时,始进一步了解各国并不全同的易学文献及用《易》之变化。卒以学《易》的资料,较可深信者,亦宜本诸《论语》。

《论语·子路》:"子曰:'南人有言曰:人而无恒,不可以作巫医,善夫。不恒其德,或承之羞。'子曰:'不占而已矣。'"此明言"南人有言",极可能闻诸楚,巫医并论,可喻当时的认识,且巫医皆须恒以学之,足证其间已有极丰富之内容。以《易》论,即属于巫。或讳言孔子时《易》尚归诸巫者,不足以言《易》。且巫医之道同在礼之范围中,贵在有易象。且当时易家所编成的卦爻辞并非全同,齐稷下派所编成的《周礼》,谓太卜所掌之《易》,仍有《连山》、《归藏》、《周易》三《易》之异。《易》当孔子时,既无"初九"、"九二"等十二爻名,卦名亦未必全同,考编成的地域基本在三晋,而齐鲁重传统易学之象,似与数字卦有关(另详)。《系辞上》所谓"圣人设卦观象,系辞焉而明吉凶",正指以卦爻之象代替五行数字卦之象而系以卦爻辞。孔子对此并不感兴趣,宜《论语》中极少论《易》，因《易》须占以得数得象，然后玩其所系之辞而明其吉凶，所以去人之疑。若《左传·襄公九年》(前564)记鲁穆姜玩随卦之"元亨利贞"，仍须先占。虽此事在孔子前，孔子未必关心，其后为《文言》者始重视之，然与孔子无关。更在穆姜前，如郑王子伯廖(宣公六年前603)与晋知庄子(宣公十二年前597)之用《易》，已可不占而玩其辞。此种用《易》法始为孔子所好，故子曰"不占而已矣"，似在用其例。然则孔子之读《易》，重在观象玩辞，尚未究易学的基本方法即筮人之玩占。当闻南人之言，有感恒之重要，作巫医且然，何况更复杂于巫医之事，何可不知恒。因忆及《周易》中有恒卦，爻辞中有"不恒其德，或承之羞"之言，正可作为勉人以恒的格言，因即不占而用之。如或占之，则未必得恒卦，更未必得恒卦六爻中之此爻，况当时既无爻名，卦爻辞难免混同之。如穆姜占得艮☶☶之随☱☳，象当二爻不变，然未用随卦二爻爻辞，即用今本随卦卦辞取义，可见当时于卦爻辞并未严加分别，各国之传《易》者必有出入。今幸《论语》中存有此条，则知孔子于周游列国时，确已在读《易》，且能不占而玩辞，此为不可忽视之重要资料。唯汉后认为孔子于《易》曾作传十篇，更以"十翼"名之，则绝不可信，因"十翼"的内容基本并不相应孔子之思想。秦始皇焚书而不及卜筮之书，更知《易》非儒家的经典。迨汉武帝起重儒，二千余年来盲目尊孔，视孔子前后各二三百年的学术思想，莫不归诸孔子一人，故在我国思想文化史中最可宝贵的东周时代，其学术思想的发展原委反为之暗而不明，郁而不章。视六经之原为《周易》，作为孔子之意，尤有此失，今亟须正之。

八、结　　论

更以孔子的性格及七十后之情况论，对《春秋》所见世的社会组织已知不可维持，故于礼乐的原则，势必由《诗》、《书》而寻求更深一层的标准。凡《春秋》继《书》,不得不获麟而止,然《诗》由《鲁颂》变风而下,当有以见结束《春秋》所见世之情而有以究其本旨。且既舍玉帛与钟鼓的礼乐,后悔有言之无补于当世,则所愿学者,唯诗象足以见"无邪"之旨。然孔子请讨陈恒,难免犹有诗人之情,子贡曰:"夫子之文章可得而闻也,夫子之言性与天道不可得而闻也。"(《公冶长》)此所谓性与天道,斯可当孔子绝笔获麟后所重视者。此象与老子相似,在楚欲与接舆所言者,疑亦唯此旨。然当返鲁后,除整理《诗》、《书》礼乐外,尚孜孜于《春秋》之三世,宜子贡尚以为不可得而闻。唯当田齐弑君后,孔子不得不重视性与天道,以究天人之际及社会之结构。

考《左传》之作者与孔子之思想有密切联系,内有一节极重要,见昭公五年(前537),即叔侯之论礼与仪:

> 公(昭公)如晋,自郊劳至于赠贿,无失礼。晋侯谓女叔齐曰:"鲁侯不亦善乎礼乎。"对曰:"鲁侯焉知礼?"公曰:"何为?郊劳至于赠贿,礼无违者,何故不知。"对曰:"是仪也,不可谓礼。礼,所以守其国,行其政令,无失其民者也。今政令在家,不能取也;有子家羁,弗能用也;奸大国之盟,陵虐小国;利人之难,不知其私;公室四分,民食于他;思莫在公,不图其终。为国君,难将及身,不恤其所。礼之本末将于此乎在,而屑屑焉习仪以亟,言善于礼,不亦违乎。"君子谓叔侯于是乎知礼。

按《左传》作者之言,每多以事后之见,托诸前人之口,所以令人崇敬前人之德。然其间亦确能富有预见者,《左传》中大力提倡卜筮,义亦同此。此节谓叔侯之明辨礼与仪,观点甚正。以时言,昭公五年孔子仅十余岁,观孔子所重之礼乐,难免有失于此。及识礼乐之非玉帛与钟鼓,庶同叔侯之观点。然不论《左传》作者之是否伪撰叔侯之言,而实已了解孔子绝笔获麟后的思想,其见实已超越《公》、《榖》。后人论孔子之复礼,虽不可忽视《论语》中如《乡党》篇等之大义,然仪与礼何可不分,"克己复礼"何可以"克己复仪"视之。若昭公薨于乾侯,何可不以为戒。简公之被弑,亦何可自辞其咎。唯孔子之有见于此,庶能从心所欲而不逾性与天道之矩。反观《春秋》二百四十二年的史迹,琐碎之诗象何能尽之,当深究其中有整体之易象,此所以有卒以学《易》之愿。惜天不假年,是否已得天人之际的整体易象,是否能免大过栋桡之悲,殊乏文献可证。若《左传》之论《易》,始见于庄公二十二年(前 672)所谓"观之否"之"观国之光,利用宾于王",实为齐之田氏造命,如是之易象,孔子其愿读之乎。故知《左传》之卜易,决不同于孔子所学之《易》。今日之读《左传》者,其孰能信周史之言。为陈侯筮,可准确预测二百年后之事,此于孔子之"百世可知",有完全不同的意义。若孔子之可知三代损益,已属性与天道,以性与天道合诸绝笔之《春秋》,尚宜及子罕言利与命与仁。凡阅读《论语》,论仁独多,何谓罕言。实则孔子一生,因毋我而见仁,然仁之实质并未阐明。若克己复礼之礼乐有变,仁之为仁,尤难捉摸,此实为孔子无隐夫二三子之隐。唯有久随孔子者,始知孔子实罕言仁,而于七十后不得不致思于性与天道,是即依仁,而且及罕言之利与命。以仁言,其犹颜渊之"屡空",以利言,其犹子贡之"屡中"。"屡空"曰仁,当《春秋》之春;"屡中"曰利,当《春秋》之秋。由春而秋,殊可直道而行为夏;由秋而春,安得不卷而藏之为冬。或直行或卷藏,盖有命在焉,故子曰"不知命何以为君子"(《尧曰》),是乃无言之言,非《春秋》绝笔而归诸"四时行百物生"之旨乎,是之谓性与天道。详以下表示之:

```
              夏
             直行
              ↓
《春          命          秋》
 仁           ↑           利
             卷藏
              冬
```

观上表所示,庶见二百四十二年之《春秋》时空,已化诸天地四时无限之时空。以今而言,反诸太阳系之春秋,斯为假年学《易》之旨。由是孔子整理之"六经",宜以下表示之:

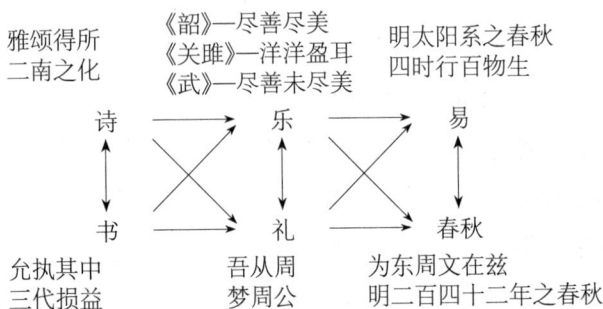

雅颂得所　　　　《韶》—尽善尽美　　　明太阳系之春秋
二南之化　　　　《关雎》—洋洋盈耳　　四时行百物生
　　　　　　　　《武》—尽善未尽美

诗　　　　　　　乐　　　　　　　　易

书　　　　　　　礼　　　　　　　　春秋

允执其中　　　　吾从周　　　　　　为东周文在兹
三代损益　　　　梦周公　　　　　　明二百四十二年之春秋

然则孔子于《易》,仅知四时百物,似未尽易道,乃绝笔《春秋》进而及《易》之本义,实已见天地万物生生之象,然生生无穷,故决不可忽视孔子后所发展之易学。能免大过之"栋桡"者,斯足以语孔子之《易》。《论语·卫灵公》:"子曰:君子疾没世而名不称焉。"二千五百年来,孔子之名,称乎不称乎,慎莫为孔子所疾,君子其勉诸。

论《左传》与易学

　　《左传》之传《春秋》，从博取当时尚流传于世的史事入手，经作者的加工，有以充实《春秋》的内容。《春秋》为鲁史原文，孔子取以作为当时近现代史的教本，当有其事。《公羊》、《穀梁》重其起讫的年份及三世的分期等，究其实，合乎客观世事发展的情况。以绝笔于获麟言，当有不忍见"齐田恒执其君寊于舒州"及"齐人弑其君壬于舒州"之心。此《公羊》、《穀梁》的作者，推本于口传者以及孔子本人，似有其情，未可认为纯属后人附会。然孔子绝笔后的心情，"予欲无言"以达"从心所欲"的境界，更未可忽视。若《左传》之传《春秋》，基本借《春秋》时代人物之口，以预见时代的发展。最可贵的是，已认识鲁分三家、陈恒代齐、毕万分晋等重要事件皆有其因，不必为鲁、齐、晋君悲，更不必为时代悲。准此理以传《春秋》，《左传》作者的认识时代，确已超过《公羊》、《穀梁》的观点。且不信宗教色彩的鬼神，认为一切怪力乱神的事件，必应合于客观的事实。这一观点影响二千余年，已造成中华民族的民族性，有重视现实思维的特性。而其失，在于有极严重的宿命论思想，亦即对传统的卜筮进一步神化，且由兼重卜筮而重筮。今已由考古证实，殷、周同时兼用卜筮。或认为殷尚卜、周尚筮者，主要为《左传》的记录所迷惑。故筮书《周易》的形成与流传，与《左传》作者的巧为安排有密切关系。《周易》能从筮中脱颖而出，亦未可忽视《左传》的若干记录。至于《左传》的成书年代，今人杨伯峻等以筮事之应验等考核之，认为约在韩、赵、魏初为侯至田和为齐侯之间（前403—前386），此说基本可信。作者问题，自清姚鼐起认为与吴起有关，从之者甚众，时间亦相当。以下直接研究《左传》中所记录的有关卜筮的具体事实，更见《左传》作者，有意增入《周易》之筮以神其验，然事出有因，宜逐一分析之。又于天人感应中，不乏有可取之科学思维，亦略为阐明。

再者，由《左传》以考核《周易》，更须注意汲冢书。《晋书·束皙传》："初，太康二年（前281），汲郡人不准盗发魏襄王墓，或言安厘王冢，得竹书数十车。其纪年十三篇，记夏以来至周幽王为犬戎所灭，以事接之。三家分，仍述魏事至安厘王之二十年。盖魏国之史书，大略与《春秋》皆多相应。……其《易经》二篇，与《周易》上、下经同。《易繇阴阳卦》二篇，与《周易》略同，繇辞则异。卦下《易经》一篇，似《说卦》而异。《公孙段》二篇，公孙段与邵陟论《易》。……《师春》一篇，书《左传》诸卜筮，'师春'似是造书者姓名也。"按魏安厘王二十年当公元前二五七年，魏襄王二十年当公元前二九九年，其间有四十三年之差。以辑本《竹书纪年》考之，乃终于襄王二十年。今与《左传》有关者，宜注意《周易》卦爻辞与繇辞本有不同，且有《师春》一篇。师春为当时之学《易》者，上距《左传》之成书已近百年。然有关卜筮的记录，亦仅以《左传》为准而书之，可见《左传》之重视卜筮，早为战国晚期人所了解。师春书以成篇，作用何在？不外作为学习并研究卜筮之实例。何怪秦汉以来，有志于《周易》者，莫不关心《左传》的记录。且反复注释，层层相因，什九在增加《周易》的神秘感。今核诸史事，定其先后，试恢复卜筮发展的本来面目及其作用，以免为《左传》作者所欺。今幸由考古的新发现，已得殷周之际的数字卦，则对易学的认识已有新义。然于《春秋》期间的易学，仍不可不重视《左传》中保存的资料（至于如何认识之,当然与《左传》作者不同)。且从中可发现由数字卦转化成阴阳符号卦的痕迹。今准时之先后,概论《左传》之易学。

一、桓公六年(前706) 《春秋》:"九月丁卯,子同生。"《左传》:"九月丁卯,子同生。以大子生之礼举之:接以太牢,卜士负之,士妻食之,公与文姜、宗妇命之。"此见当日卜士的地位。或不先知此,何能理解卜筮在当时所起的作用。

二、桓公十一年(前701) 《左传》:"楚屈瑕将盟贰、轸。郧人军于蒲骚。……斗廉曰:……我以锐师宵加于郧。……莫敖曰:卜之?对曰:卜以决疑,不疑何卜?遂败郧师于蒲骚,卒盟而还。"此记屈瑕与斗廉之对话,"卜以决疑,不疑何卜"之义,足以说明卜筮的原则,《书·洪范》"七稽疑"是其义。或不疑而卜筮者,未足以论卜筮的作用。当初皆以龟卜兼及蓍筮,或舍卜而取筮,未能推得《周易》之原。

三、庄公二十二年(前672) 《春秋》:"陈人杀其公子御寇。"《左传》:"陈人杀其大子御寇。陈公子完与颛孙奔齐。齐侯使敬仲为卿。"敬仲即陈公子完,是为陈氏入齐之始。按陈公子完生于陈厉公立之年(前706),可推知奔齐时为三十五岁。《左传》曰:"其少也,周史有以《周易》见陈侯者,陈侯使筮之,遇观之否。曰:是谓观国之光,利用宾于王。此其代陈有国乎?不在此,其在异国;非此其身,在其子孙。光,远而自他有耀者也。坤,土也;巽,风也;乾,天也。风为天于土上,山也。有山之材,而照之以天光,于是乎居土上,故曰观国之光,利用宾于王。庭实旅百,奉之以玉帛,天地之美具焉,故曰利用宾于王。犹有观焉,故曰其在后乎!风行而著于土,故曰其在异国乎!若在异国,必姜姓也。姜,大岳之后也。山岳则配天。物莫能两大。陈衰,此其昌乎!"则周史为陈侯筮公子完之时,尚在奔齐前二三十年。而依其象辞所推断者,当二百余年后之事,且皆言中,此如何可信?《左传》又曰:"及陈之初亡也(昭八年楚灭陈),陈桓子始大于齐;其后亡也(哀十七年楚复灭陈),成子得政。"由此可反证,当哀公十七年后作此,殊有可能。其时为春秋战国之际,卦爻辞当已形成,其卜筮之法亦与汉以后流传之取象法相似。以思想论,孔子非陈恒弑君,而《左传》为田氏代齐造天命,战国的思想不同于《春秋》,明确可见。故决无周史以《周易》为陈侯筮之事,亦不可信当时已备《周易》的卦爻辞。与记筮的同时亦记卜,《左传》:"初懿氏卜妻敬仲。其妻占之,曰:吉。是谓凤凰于飞,和鸣锵锵。有妫之后,将育于姜。五世其昌,并于正卿。八世之后,莫之与京。"义与筮同,皆为作《左传》者所增入。以卜辞言,首二句"凤凰于飞,和鸣锵锵"可能当时已有,其后六句,即卜者因事而增入之辞,其后合此八句,又可同成为卜辞云。

四、闵公元年(前 661) 《左传》曰:"初,毕万筮仕于晋,遇屯之比。辛廖占之,曰:吉。屯固、比入,吉孰大焉? 其必蕃昌。震为土,车从马,足居之,兄长之,母覆之,众归之,六体不易,合而能固,安而能杀,公侯之卦也。公侯之子孙,必复其始。"因毕万为毕公高之后,当三家分晋,毕为魏之祖。《左传》作者继田齐又为魏侯造"天命",其能详推史迹可取,以《周易》附会之则非。辛廖或为当时流传的古代周史,或为《左传》作者伪撰之名。与筮之同时,亦记卜。《左传》:"卜偃曰:毕万之后必大。万,盈数也;魏,大名也。以是始赏,天启之矣。天子曰兆民,诸侯曰万民,今名之大,以从盈数,其必有众。"为魏侯张本,义更明显。然卜偃为实有之人,佐晋文公有功,详下。

五、闵公二年(前 660) 《左传》:"成季之将生也,桓公使卜楚丘之父卜之。曰:男也。其名曰友,在公之右;间于两社,为公室辅。季氏亡,则鲁不昌。又筮之,遇大有之乾,曰:同复于父,敬如君所。及生,有文在其手曰友,遂以命之。"此亦兼用卜筮,又为鲁季氏造天命,当然不可信,可能是史墨之言(昭公三十二年),更为之说。卜楚丘或有其人,于文公十八年(前 609)曾占"齐侯不及期",此时更早,不得不假托卜楚丘之父。

六、僖公四年（前 656） 《左传》："初,晋献公欲以骊姬为夫人,卜之,不吉;筮之,吉。公曰:从筮。卜人曰:筮短龟长,不如从长。且其繇曰:专之渝,攘公之羭。一薰一莸,十年尚犹有臭。必不可!弗听,立之。"此见卜者和筮者的观点不同,而筮者更能迎合献公之意。可见筮之将兴,亦可见当时卜者已有繇辞。

七、僖公十五年（前 645） 《春秋》:"十有一月壬戌,晋侯及秦伯战于韩,获晋侯。"《左传》:"晋饥,秦输之粟;秦饥,晋闭之籴,故秦伯伐晋。卜徒父筮之,吉:涉河,侯车败。诘之,对曰:乃大吉也。三败,必获晋君。其卦遇蛊,曰:千乘三去,三去之余,获其雄狐。夫狐蛊,必其君也。蛊之贞,风也;其悔,山也。岁云秋矣,我落其实,而取其材,所以克也。实落,材亡,不败何待?"此蛊卦之辞,不同于《周易》中蛊卦之卦爻辞,而对卦象已有定名,内外卦亦有贞、悔之专名,然仅指本卦的内、外卦为贞、悔,尚未指本卦与之卦为贞、悔。《尚书·洪范》已有贞、悔之名,尚早于此。至于八卦象天、地、水、火、雷、泽、风、山,此得风、山两象,其他六象,当时或亦已定。

八、僖公十五年（前 645） 《左传》:"初,晋献公筮嫁伯姬于秦,遇归妹之暌。史苏占之,曰:不吉。其繇曰:士刲羊,亦无盲也;女承筐,亦无贶也。西邻责言,不可偿也。归妹之暌,犹无相也。震之离,亦离之震。为雷为火,为嬴败姬。车说其輹,火焚其旗,不利行师,败于宗丘。归妹暌孤,寇张之弧。侄从其姑,六年其逋,逃归其国,而弃其家,明年其死于高梁之虚。及惠公在秦,曰:先君若从史苏之占,吾不及此夫!韩简侍,曰:龟,象也;筮,数也。物生而后有象,象而后有滋,滋而后有数。先君之败德,及可数乎?史苏是占,勿从何益?诗曰:下民之孽,匪降自天。僔沓背憎,职竞由人。"晋献公(前 686—前 651年在位)其后惠公(前 650—前 637 在位),史苏筮此之时,尚在献公时。名"繇辞"者,卜与筮之辞可通用,故即《周易》早期之卦爻辞。筮法基本已用爻变,与爻名之义相同。然可肯定当时尚未完成卦爻辞及

"二用"之《周易》。史苏又取震雷、离火两象,与卜徒父取巽风、艮山可合观,此证易象之本,必先取诸自然现象,亦为筮数之所以能兼及龟象而有发展前途。考韩简子之言,其部分内容,今尚正确。所谓"龟象"、"筮数"者,"象"指炙裂龟甲以视其裂纹之象,"数"指信手分蓍草而得分后之蓍草数。即此而信象数,全属偶然性,其间有概率。或能以象数之理返诸物,则其理有质。故历代对象数的认识,势必有是之非之不同的观点。若韩简子之可取处,已能及物,非空论龟象、筮数者。又象数之辨,以今日之科学概念喻之,"象"犹定性,"数"犹定量。虽非全部吻合,亦可略加捉摸韩简子之所谓象数。由定性而深入之,必须定量,此筮数之所以能兼及龟象而迄今二三千年不衰。且象数之实,当为阴阳五行之合一,韩简子之义,已有据于《洪范》之稽疑。引《诗·小雅·十月之交》,尤见人参天地之重要。其唯"职竞由人",故虽勿从史苏之占,何益之有?能识此旨,庶知象数为人所用始有价值;或人为象数所拘,犹宿命论不可不非之。此节可属重要文献之一,事亦可信。

九、僖公廿五年(前 635) 《左传》:"秦伯师于河上,将纳王。狐偃言于晋侯曰:求诸侯,莫如勤王,诸侯信之,且大义也。继文之业,而信宣于诸侯,今为可矣。使卜偃卜之,曰:吉。遇黄帝战于阪泉之兆。公曰:吾不堪也。对曰:周礼未改,今之王,古之帝也。公曰:筮之! 遇大有之睽,曰:吉,遇公用享于天子之卦。战克而王飨,吉孰大焉? 且是卦也,天为泽以当日,天子降心以逆公,不亦可乎? 大有去睽而复,亦其所也。"按卜偃能兼卜筮,可见象与数本通。当《左传·闵公元年》(前 661)于毕万事,已引及卜偃之言,实未可信。又据《国语·晋语》知卜偃姓郭。《韩非子·南面篇》:"管仲毋易齐,郭偃毋更晋,则桓、文不霸矣。"《吕氏春秋·当染篇》:"文公染于咎犯、郤偃。"郤偃即郭偃。他如《墨子》、《商君书》等均亦提及,可见郭偃乃晋文公之得力助手。纳王事,亦为郭偃之主张。借卜筮以言,非迷信于卜筮者可比。

其间有可辨之几,未可混而为一。此大有九三之爻辞,始见与今本同。若卜之"遇黄帝战于阪泉之兆",指龟象。《周礼·春官》:"太卜掌三兆之法……掌三《易》之法……掌三梦之法……"此太卜掌三法之取,同属《洪范》中之稽疑,皆已合象数为一。又《左传》引及卜偃之事尚多,凡卜筮之理,能得一切事物的信息为贵,卜偃已能应用之。

十、宣公六年(前603) 《左传》:"郑公子曼满与王子伯廖语,欲为卿。伯廖告人曰:无德而贪,其在《周易》丰之离,弗过之矣。间一岁,郑人杀之。"此首见利用《周易》之卦爻辞,乃直接以意取之,不待于筮。当时之形势,楚重筮占,晋重象数,间之之郑,独能用《易》,基本与晋易郭偃等相近,已善于玩辞。

十一、宣公十二年(前597) 《左传》:"夏六月,晋师救郑。……及河,闻郑既及楚平,桓子欲还。……彘子曰:不可。晋所以霸,师武、臣力也。今失诸侯,不可谓力;有敌而不从,不可谓武。由我失霸,不如死。且成师以出,闻敌强而退,非夫也。命为军帅,而卒以非夫,唯群子能,我弗为也。以中军佐济。知庄子曰:此师殆哉!《周易》有之,在师之临,曰:师出以律,否臧,凶。执事顺成为臧,逆为否。众散为弱,川壅为泽。有律以如己也,故曰律。否臧,且律竭也。盈而以竭,夭且不整,所以凶也。不行之谓临,有帅而不从,临孰甚焉?此之谓矣。果遇,必败。彘子尸之,虽免而归,必有大咎。"按此事有关晋、楚争霸,亦当知彘子之情。而知庄子能以师之临断之,实能用《易》,与王子伯廖同。然伯廖仅知一人而已,知庄子能知一国,其断可贵。更进而论之,百余年后之三家分晋,其几亦在此,未识荀首是否已知之。

十二、成公十三年(前578) 《左传》:"公及诸侯朝王,遂从刘康公、成肃公会晋侯伐秦。成子受脤于社,不敬。刘子曰:吾闻之,民受天地之中以生,所谓命也。是以有动作礼义威仪之则,以定命也。能者养以之福,不能者败以取祸,是故君子勤礼,小人尽力。勤礼莫如致敬,尽力莫如敦笃。敬在养神,笃在守业。国之大事,在祀与戎。祀有执膰,戎有受脤,神之大节也。今成子惰,弃其命矣,其不反乎!"凡论《左传》与《周易》之关系者,可谓自师春起,决不及此节,因此节未言《周易》。今更进而观之,《周易》之作用,贵能用《易》以知来。若伯廖与知庄子辈,始能不待筮数而知象,然仍须借《周易》以明之,究刘子"民受天地之中以生,所谓命也"之言,实已得易理三才之道,凡卦爻辞之象,莫不出于此。祀以相生,戎以相克,是谓阴阳。准之以观致敬、敦笃之象,人焉廋哉,人焉廋哉。刘康公于宣公十年(前599)曾自周聘鲁,鲁之易象,远则为周公之德,近则或即受刘康公之影响。论易学者,当先识天地之中。复《彖》曰:"复其见天地之心乎",理实出于此。

十三、成公十六年(前575) 《左传》:"晋、楚遇于鄢陵。……甲午晦,楚晨压晋军而陈,军吏患之。……苗贲皇言于晋侯曰:楚之良,在其中军王族而已。请分良以击其左右,而三军萃于王卒,必大败之。公筮之,史曰:吉。其卦遇复,曰:南国蹙,射其元王,中厥目。国蹙、王伤,不败何待? 公从之。"按此筮非用《周易》,汲冢所得之《易》,本有二种不同之辞。《周礼》有三易之法,此属《连山》或《归藏》之辞,卦象、卦名略同,辞不同,且无变爻。准此可证,与卜徒父之筮或同,或史苏之占当《周易》前身之繇辞已不同。所谓"《连山》、《归藏》以不变为占,《周易》以变为占",确属《春秋》时代并存的筮法。以变为占的《周易》与数字卦有密切联系。因逐步演变,数字卦之数字仅存七、八、九、六四字,即为与《连山》、《归藏》不同之《周易》。

十四、襄公七年(前566) 《春秋》:"夏四月,三卜郊,不从,乃免牲。"《左传》:"夏四月,三卜郊,不从,乃免牲。孟献子曰:吾乃今而后知有卜筮。夫郊祀后稷以祈农事也。是故启蛰而郊,郊而后耕。今既耕而卜郊,宜其不从也。"此知"卜郊"犹"王正月"以告时,亦见卜士当知历数。《经》仅言卜以兼筮,《传》以分言,乃见筮将独立。

十五、襄公九年（前 564）　《左传》："穆姜薨于东宫。始往而筮之，遇《艮》之八。史曰：是谓艮之随。随，其出也，君必速出！姜曰：亡！是于《周易》曰：随，元、亨、利、贞，无咎。元，体之长也；亨，嘉之会也；利，义之和也；贞，事之干也。体仁足以长人，嘉德足以合礼，利物足以和义，贞固足以干事。然，故不可诬也，是以虽随无咎。今我妇人而与于乱，固在下位，而有不仁，不可谓元；不靖国家，不可谓亨；作而害身，不可谓利；弃位而姣，不可谓贞。有四德者，随而无咎。我皆无之，岂随也哉？我则取恶，能无咎乎？必死于此，弗得出矣。"此一文献中"艮之八"及"艮之随"义，不知枉费历代多少学者之心血。是皆为经学易所拘，根本未解春秋时代易学变化的情况。凡七、八为阴阳之不变，九、六为阴阳之变，实为由数字卦渐变成阴阳符号卦之必经步骤。且以筮法论，此四数之变化亦极自然，自汉迄今文献俱在。奈执于经学之义理者，对易数之变化毫无所知，仅限于二篇、十翼中的文字，思考"艮之八"及"艮之随"的意义，此如何可得。今以筮法论，其象数示如下：

▅▅▅	上九	▅　▅	上八
▅　▅	六五	▅▅▅	七五
▅　▅	六四	▅▅▅	七四
▅▅▅	九三	▅　▅	八三
▅　▅	八二	▅　▅	六二
▅▅▅	初六	▅▅▅	初七

艮之随

上述筮法之象数，完备于汉。然理论之成，在决定爻名前。今马王堆出土的帛书本《周易》爻名已备，若汲冢本当亦已有爻名。《左传》包括《国语》所记之筮法重爻变之卦，必有阴、阳、变、不变四数。此四数由数字卦变化而成，于西周末期或东周初期早已在各国流行。然齐鲁地域由数字卦变成七、八、九、六时，与三晋地域之变化不甚同，乃有"艮之八"与"艮之随"的记载。如不言"艮之随"，尚不可能了解"艮之八"所指的"之卦"。再者,既说明为"艮之随",于"艮之八"之八字,又有指卦辞之义(另详)。至于其义,决非穆姜之言,乃死后为穆姜不平者所追记,而实为作《文言》者所取。凡卦数七、八,爻数九、六,当时已有《洪范》在。七、八、九、六当阴、阳、变、不变,为定爻名者所取则。究《左传》所记之《易》,于三晋地区者,基本全与爻名同义;予齐鲁地区者,则大同而小异(详下)。迨成《彖辞》与《小象》后,齐鲁地区之《易》,始成另一整体。此鲁史借托穆姜之言,乃初成齐鲁易的情况,与刘康公的理论有关。原则已继三晋地区之伯廖、知庄子等,另成用《易》之一法。

十六、襄公廿五年(前548) 《左传》:"齐棠公之妻,东郭偃之姊也。东郭偃臣崔武子。棠公死,偃御武子以吊焉。见棠姜而美之,使偃取之。偃曰:男女辨姓,今君出自丁,臣出自桓,不可。武子筮之,遇困之大过。史皆曰:吉。示陈文子,文子曰:夫从风,风陨妻,不可娶也。且其繇曰:困于石,据于蒺藜,入于其宫,不见其妻,凶。困于石,往不济也;据于蒺藜,所恃伤也;入于其宫,不见其妻,凶,无所归也。崔子曰:嫠也,何害?先夫当之矣。遂取之。"此曰"繇辞",已与《周易》爻辞同。陈文子之言,实为《系辞》之"玩辞"及《小象》之"断辞"所本。由艮之随及困之大过二例,略可窥见齐鲁易之一斑。

十七、襄公廿八年(前545) 《经》:"二十有八年春,无冰。"《左传》:"二十有八年春,无冰。梓慎曰:今兹宋、郑其饥乎!岁在星纪,而淫于玄枵。以有时菑,阴不堪阳。蛇乘龙,龙,宋、郑之星也。宋、郑必饥。玄枵,虚中也。枵,耗名也。土虚而民耗,不饥何为?"此有名之鲁大夫梓慎之言,以天象论灾荒,当然不可能全部准确。或究其所观之天象,实有不可忽视者。即当时在鲁国,已知用岁星纪年。且梓慎已发现其误,则不知其误而用岁星纪年其来已久。详以下图示之:

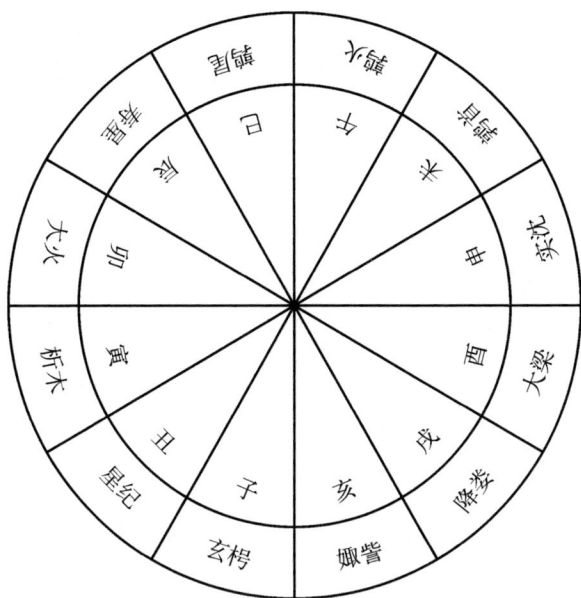

由每年之周期发展而能知十二年之周期，且有据于行星（木星）与恒星（二十八宿）之客观变化，不可不知在当时为极可贵之知识。且梓慎已能发现其误，乃对十二纪之坐标已有明确的概念。其后因岁星有超辰而不用，若十二纪以当十二地支则未尝有误，汉郑玄之爻辰即准诸此。故论《左传》与易学，不可不知于春秋时已有梓慎的天文知识。

十八、襄公廿八年（前 545） 《左传》："子大叔归，复命。告子展曰：楚子将死矣。不修其政德，而贪昧于诸侯，以逞其愿，欲久，得乎？《周易》有之，在复之颐，曰：迷复，凶。其楚子之谓乎！欲复其愿，而弃其本，复归无所，是谓迷复，能无凶乎？君其往也，送葬而归，以快楚心。楚不几十年，未能恤诸侯也，吾乃休吾民矣。禅灶曰：今兹周王及楚子皆将死，岁弃其次，而旅于明年之次，以害鸟帑，周、楚恶之。"此明子大叔即郑游吉（？—前 507），以理而断楚康王将死，适合《周易》之复之颐，当爻辞为"迷复，凶，有灾眚，用行师，终有大败，以其国君凶，至于十年不克征"。故断之曰"楚不几十年，未能恤诸侯也"。此游吉之用《易》，与五十余年前之伯廖、荀首同，正见晋、郑之易学。是年孔子七岁，其卒时孔子已四十五岁，对此用《易》法可能已有所了解。又郑神灶之所据，与鲁之梓慎同，此与易理密切相关，宜神灶继游吉而言。或限《易》于二篇、十翼，决不能相应于春秋时代的易学。又游吉论礼（见昭公廿五年）全准易理，宜其能用《易》。与晏婴之说（见昭公廿二年）亦可通（另详）。

十九、昭公元年（前541） 《左传》："晋侯求医于秦，秦伯使医和视之，曰：疾不可为也。是谓近女室，疾如蛊。非鬼非食，惑以丧志。良臣将死，天命不佑。公曰：女不可近乎？对曰：节之。先王之乐，所以节百事也，故有五节；迟速本末以相及，中声以降。五降之后，不容弹矣。于是有烦手淫声，慆堙心耳，乃忘平和，君子弗听也。物亦如之。至于烦，乃舍也已，无以生疾。君子之近琴瑟，以仪节也，非以慆心也。天有六气，降生五味，发为五色，征为五声。淫生六疾。六气曰阴、阳、风、雨、晦、明也，分为四时，序为五节，过则为菑：阴淫寒疾，阳淫热疾，风淫末疾，雨淫腹疾，晦淫惑疾，明淫心疾。女，阳物而晦时，淫则生内热惑蛊之疾。今君不节、不时，能无及此乎？出，告赵孟。赵孟曰：谁当良臣？对曰：主是谓矣。主相晋国，于今八年，晋国无乱，诸侯无阙，可谓良矣。和闻之，国之大臣，荣其宠禄，任其大节。有菑祸兴，而无改焉，必受其咎。今君至于淫以生疾，将不能图恤社稷，祸孰大焉？主不能御，吾是以云也。赵孟曰：何谓蛊？对曰：淫溺惑乱之所生也。于文，皿虫为蛊，谷之飞亦为蛊。在《周易》，女惑男、风落山谓之蛊。皆同物也。赵孟曰：良医也。厚其礼而归之。"此医和之言，实为医学基本典籍《内经》的要旨。疾生于不知五节而淫于六气，是即五运六气之原。合诸《周易》蛊卦，所谓"女惑男，风落山"，诚千古名言。以数言，由五音之宫数八十一，五降之后而穷于角数六十四，实即三分损益之理。由编钟之出土，春秋时代肯定已知之，此徵为五声，乃五行、五味、五色之本。凡气味声色各以数通之，始能见吾国思想文化之整体,《内经》用之于身,则见生命之整体,宜于易学可合而为一,至少医和已有此观点。且又能推广治病之理以治国,自然成为内圣外王的整体思想。

二十、昭公二年(前540) 《春秋》:"二年春,晋侯使韩起(? 一前514)来聘。"《左传》:"二年春,晋侯使韩宣子来聘,且告为政,而来见,礼也。观书于大史氏,见易象与鲁《春秋》,曰:周礼尽在鲁矣。吾乃今知周公之德与周之所以王也。公享之,季武子赋《绵》之卒章。韩子赋《角弓》。"此年孔子仅十二岁,韩起已见鲁有易象,此所谓易象,今宜以数字卦当之。因数取象,内含阴阳五行之理,《洪范》可当之,亦可能有如今本《说卦》中的若干卦象。若公享之而各言其志,自然须引《诗》。谓周礼尽在鲁者,包括易象与《鲁春秋》,由易象可明周继夏商而王,由鲁《春秋》可明周公之德。数十年后,孔子继之以编定《诗》、《书》,《诗》言乐,《书》明礼。制礼作乐中,易象与《春秋》本可属礼,当时鲁大史所藏之易象,尚未可视之为卦爻辞及"用九"、"用六"共四百五十节的《周易》)。

二十一、昭公五年(前537) 《左传》:"初,穆子之生也,庄叔以《周易》筮之,遇明夷之谦,以示卜楚丘。楚丘曰:是将行,而归为子祀。以谗人入,其名曰牛,卒以馁死。明夷,日也。日之数十,故有十时,亦当十位。自王已下,其二为公,其三为卿。日上其中,食日为二,旦日为三。明夷之谦,明而未融,其当旦乎,故曰为子祀。日之谦,当鸟,故曰明夷于飞。明而未融,故曰垂其翼。象日之动,故曰君子于行。当三在旦,故曰三日不食。离,火也;艮,山也。离为火,火焚山,山败。于人为言,败言为谗,故曰有攸往,主人有言。言必谗也。纯离为牛,世乱谗胜,胜将适离,故曰其名曰牛。谦不足,飞不翔;垂不峻,翼不广;故曰其为子后乎。吾子,亚卿也,抑少不终。"此见当时鲁国的筮《易》情况,然宜核实其时间。当穆子初生时,其父庄叔以《周易》筮之,既遇明夷之谦,然后以示卜楚丘。凡筮者和断者非一人,亦未知何年示于卜楚丘。今知庄叔死于宣公五年(前 606),即以卒年论,则上距昭公五年(前 537)已七十年。此记七八十年以前之事,卜楚丘肯定去世多年。经辗转之传,必然失实。当季友(?—前 644)之未生,已有托名卜楚丘之父之卜,皆所以神其说,同为季氏造舆论,殊未可信。此卜楚丘之断,亦非卜楚丘之言。今可信为卜楚丘所说者,唯文公十八年(前 609)之占卜。考《周易》之编辑成卦爻辞,初当公元前六〇〇年前后,在三晋地区。传至齐鲁约当公元前五五〇年前后。此托名卜楚丘之断,正鲁国新用《周易》的筮占法,内有可贵的资料。

其一,已应用旬日之周期,且知每日之时,亦为十分法。则当时之一时,合成今日之时间为一百四十四分。《内经》《灵枢经》之计时,皆以"一日一夜,水下百刻",正合十刻当一时之进位,犹保存春秋时代的计时。以周天度数论,十分法为 36°,十二分法为 30°,其间之变化,即以五运六气通之(另详)。

其二,于社会组织,亦以十位辨之。惜仅言王、公、卿三位。未详以下七位之具体所指。于《左传·昭公七年》记有楚无宇之言:"人有十等,下所以事上,上所以共神也。故王臣公,公臣大夫,大夫臣士,士臣皂,皂臣舆,舆臣隶,隶臣僚,僚臣仆,仆臣台。马有圉,牛有牧,以待百事。"此楚国之制,未必与鲁国同,十等之外更有圉、牧,实一十二等。鲁制其三为卿,与无宇之言已不同,其后卦气图凡分辟、公、卿、大夫、侯,即由十等变化而成,及《乾凿度》、京氏易皆同为取天子、诸侯、公、大夫、士五等,实皆渊源于此。客观早已形成阶级社会,能依等而分辨之,依类而论其得失,此虽非研究社会科学的唯一方法,然亦不可不认为一种有效方法。因社会地位之不同,所负之责任亦不同,论其得失,当然不可忽视此事实。

其三,以十位合诸十时,此为比喻法。或未究八位天时之实而妄加比喻,更未究比喻之适用范围而妄加推论,势必形成不可究诘之穿凿附会。若象数之长,能以抽象之理明事物之联系,其间实有种种结构。今所谓"数学语言"，正起大作用。然二千余年前之象数，当然未可与今日之数学方法并论。而其原则，用以了解天人之际的关系，则以自然界、生物界之时间数量级观之，二千余年之变化不啻一瞬，故对当时之事实亦未可忽视。且当战国时代之易理，已非用简单之十位合十时法，乃能进一步认识时位，方属整体易学之完成。

其四，用取象法。此法有大作用，传至汉末之虞翻(170—239)仅存"告朔之饩羊"，及王弼(226—249)出而扫象，取象之理不绝如缕。唐李鼎祚上《周易集解》于宝应元年(762)，有保存文献的大作用。乾隆后恢复汉易，实及东汉而已。西汉且未知，遑论春秋战国之易象。然不经东汉，亦难上推，故乾嘉学派之重视汉易，功不可没。而于今日仍用朴学方法研究易学，则全难了解先秦之《易》。若《左传》所用之取象，莫不有其实指。或未知其实指，何必取象。

由上四点，可作为孔子出生前后在齐鲁地区之易学情况，对后世之易学有极大影响。然孔子于《易》之关系决不如是，专文详之。

二十二、昭公七年(前 535) 《左传》："十一月，季武子卒。晋侯问伯瑕曰：吾所问日食，从矣。可常乎？对曰：不可。六物不同，民心不壹，事序不类，官职不则，同始异终，胡可常也？诗曰，或燕燕居息，或憔悴事国，其异终也如是。公曰：何谓六物？对曰：岁、时、日、月、星、辰，是谓也。公曰：多语寡人辰而莫同，何谓辰？对曰：日月之会是谓辰，故以配日。"此节之义极重要，可谓当时在三晋地区对天文象数之总结，今亦可谓之坐标，皆有具体的周期。亦即以木星计岁，凡十二年周期，虽已知太岁超辰，然尚认为是天变。时指一年之四季。日指天干十日为周期，约以三旬为一月。月指地支十二月为周期，约当一年。星指二十八宿为周期，以七宿当一时。辰以计日即以六十花甲约当二月为周期。凡此六物，是常而实有变，故曰不同。实已能抽象而得数学语言，皆以一周当360°，凡旬为10°，月为30°，辰为60°，时为90°，可合七宿。计三十旬，十二月，六辰，四时，二十八宿，同为一年，木星移一辰次为岁。而或合诸人事,势必同始异终。惜二千五百年前,已能知其常变之理,而迄今仍多执之迷之者,不及士文伯远矣。或见不及此,决不可亦决不能通《周易》之象。故此节尤为论《左传》与易学者所不可不知。

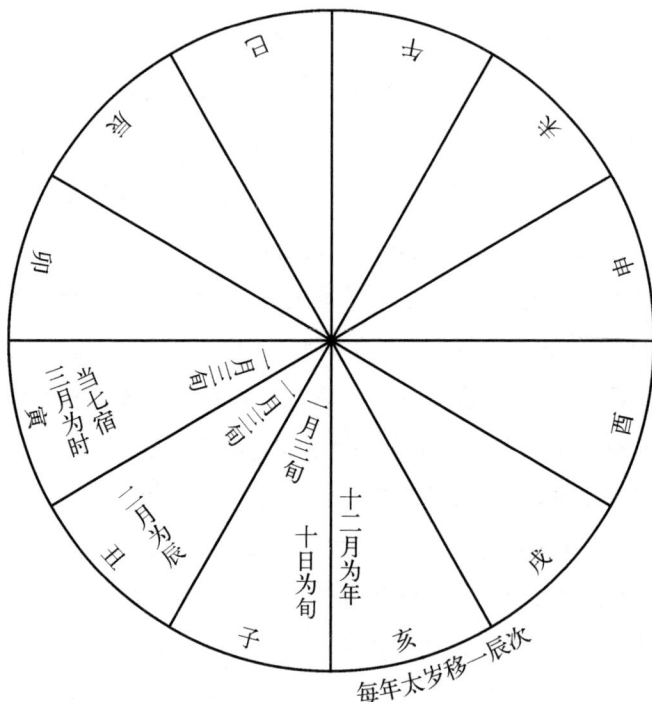

每年太岁移一辰次

二十三、昭公七年(前 535) 《左传》:"卫襄公夫人姜氏无子,嬖人婤姶生孟絷。孔成子梦康叔谓己:立元。余使羁之孙圉与史苟相之。史朝亦梦康叔谓己:余将命而子苟与孔烝钼之曾孙圉相元。史朝见成子,告之梦,梦协。晋韩宣子为政聘于诸侯之岁,婤姶生子,名之为元。孟絷之足不良能行。孔成子以《周易》筮之,曰:元尚享卫国,主其社稷。遇屯。又曰:余尚立絷,尚克嘉之。遇屯之比。以示史朝。史朝曰:元亨,又何疑焉?成子曰:非长之谓乎?对曰:康叔名之,可谓长矣。孟非人也,将不列于宗,不可谓长。且其繇曰:利建侯。嗣吉，何建？建非嗣也。二卦皆云，子其建之。康叔命之，二卦告之，筮袭于梦，武王所用也，弗从何为？弱足者居。侯主社稷，临祭祀，奉民人，事鬼神，从会朝，又焉得居？各以所利，不亦可乎？故孔成子立灵公。"此孔成子与史朝二人之故弄玄虚，当时《易》筮之作用可见。如是之《易》，尚属传统的卜筮，决非三晋地区编成《周易》后的卜筮思想，亦非传至齐鲁地区的齐鲁易。然传统的卜筮必仍流行于各国。易学免秦火之灾即赖此卜筮，此一史实，未可小视。

二十四、昭公十二年(前 530)　《左传》："南蒯枚筮之，遇坤之比，曰：黄裳元吉。以为大吉也。示子服惠伯，曰：即欲有事，何如？惠伯曰：吾尝学此矣，忠信之事则可，不然，必败。外强内温，忠也；和以率贞，信也。故曰黄裳元吉。黄，中之色也；裳，下之饰也；元，善之长也。中不忠，不得其色；下不共，不得其饰；事不善，不得其极。外内倡和为忠，率事以信为共，供养三德为善，非此三者弗当。且夫《易》不可以占险，将何事也？且可饰乎？中美能黄，上美为元，下美则裳，参成可筮。犹有阙也，筮虽吉，未也。"由此节与四十余年前穆姜之占同，可喻齐鲁易，且认为《易》不可以占险，始得易旨，与纯粹卜筮之理大异。

二十五、昭公十二年(前 530)　《左传》："……左史倚相趋过。王曰：是良史也，子善视之！是能读《三坟》、《五典》、《八索》、《九丘》。对曰(指子革)：臣尝问焉，昔穆王欲肆其心，周行天下，将皆必有车辙马迹焉。祭公谋父作《祈招》之诗以止王心，王以是获没于祇宫。臣问其诗而不知也。若问远焉，其焉能知之？"按此必须重视者，可理解民族文化的不同。子革唯以周史为主，若倚相所读者属楚文化。此四书之全佚，至为可惜。以书名论，颇重象数，汉扬雄之《太玄》，或有所继承长江流域的巴蜀、荆楚文化。或以三才、五行、八卦、九畴当之，仅以数论，未可谓之穿凿。

二十六、昭公十三年(前 529)　《春秋》："夏四月，楚公子比自晋归于楚，弑其君虔于乾溪。"《左传》："……平王……召观从，王曰：唯尔所欲。对曰：臣之先佐开卜。乃使为卜尹。……初，灵王卜曰：余尚得天下！不吉。投龟，诟天而呼曰：是区区者而不余畀，余必自取之。民患王之无厌也，故从乱如归。"由此记录可见当时之重视卜筮。凡灵王之一切任意孤行，竟敢因不吉而投龟，其罪莫大。然则卜筮者地位崇高，岂后世卜筮者可比。考先秦之易学必为卜筮者所掌握，而或讳言卜筮，其何能见先秦之易学。或必以卜筮分言，亦未合先秦之史实。此虽未言筮，作用全同。

二十七、昭公十七年（前 525） 《春秋》："冬，有星孛于大辰。"《左传》："冬，有星孛于大辰，西及汉。申须曰：彗所以除旧布新也。天事恒象。今除于火，火出必布焉。诸侯其有火灾乎！梓慎曰：往年吾见之，是其征也。火出而见，今兹火出而章，必火入而伏，其居火也久矣，其与不然乎？火出于夏为三月，于商为四月，于周为五月。夏数得天。若火作，其四国当之，在宋、卫、郑、陈乎！宋，大辰之虚也；陈，大皞之虚也；郑，祝融之虚也。皆火房也。星孛及汉，汉，水祥也。卫，颛顼之虚也，故为帝丘，其星为大水，水，火之牡也。其以丙子若壬午作乎！水火所以合也。若火入而伏，必以壬午，不过其见之月。郑裨灶言于子产曰：宋、卫、陈、郑将同日火。若我用瓘斝玉瓒，郑必不火。子产弗与。"此因天有星孛而论其应，子产弗与，当时已有知其不可信者。然申须、梓慎、裨灶等，能掌握当时已能理解的天文知识，其间有正确者，迄今仍在应用，则何可全部否定之。特取其二点，亦已成为易学之原。

其一，"火出于夏为三月，于商为四月，于周为五月。夏数得天。"是即三正，乃岁首问题。此见东周时，各国的岁首不一定相同。是年孔子仅二十七岁，若干年后"颜渊问为邦，子曰行夏之时……"（《论语·卫灵公》），实贵"夏数得天"。其后秦以代周，自异于三代，乃取建亥。汉武帝太初三年（前 104）起恢复夏时，二千余年未变，此有与于农业生产，已影响于我国的民族性。至于今日世界通行的公历,则实同周正,故亥、子、丑、寅的岁首问题,我国于二千余年前早已确切理解,无丝毫迷信成分,此不可不明辨之。

其二,天干地支的应用问题。今于殷墟甲骨中,已得六十甲子之排列,这一思想的来源,当有一段极长时间。且自殷周以来除用作纪日外,主要已能作为时空坐标。凡十天干为中央四方各分阴阳,实即阴阳五行的空间坐标,十二地支为周流于四方的时间坐标。要在观其时空的结合,此所谓丙子、壬午是其义。详以下图示其义。

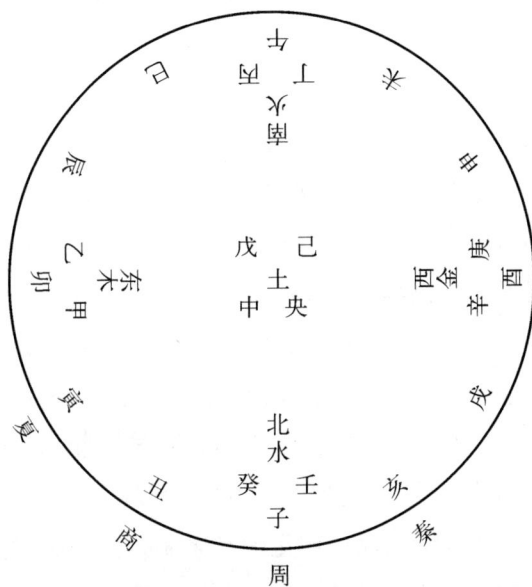

戊 己 土 中 央
北 水 癸 壬 子
东 木 甲 乙
西 金 庚 辛
周

此时空结合的坐标,殷代可能早在应用。其后春秋时代渐由数字卦变成阴阳符号卦,自然可代入此一时空坐标(另详)。必以文献为准,则梓慎之言即据此图,已绝无可疑。故其天人之应可不取,而其所应用的时空坐标有其特色,宜加以阐明。

二十八、昭公十七年(前525) 《春秋》:“楚人及吴战于长岸。”《左传》:“吴伐楚,阳匄为令尹,卜战,不吉。司马子鱼曰:我得上流,何故不吉?且楚故,司马令龟,我请改卜。令曰:鲂也以其属死之,楚师继之，尚大克之！吉。战于长岸，子鱼先死，楚师继之，大败吴师，取其乘舟余皇。"此观卜筮之吉、不吉由人为主，卜筮者已不易为。司马以死令龟，何能不吉！为维持卜筮的正确，子鱼不可不死。事实上因子鱼死而记此。子鱼令龟而卜，当然亦可能有其事。总之，卜筮的作用已在起变化。又楚以卜为主，郑国之事，每卜筮并称(于昭公十八年有言"卜筮走望")。此仅形式有异，实质全同。

二十九、昭公二十年（前 522） 《左传》："齐侯至自田，晏子侍于遄台。……曰：……先王之济五味、和五声也，以平其心，成其政也。声亦如味，一气、二体、三类、四物、五声、六律、七音、八风、九歌以相成也，清浊、小大、短长、疾徐、哀乐、刚柔、迟速、高下、出入、周疏以相济也。君子听之，以平其心。心平，德和，故《诗》曰：德音不瑕。"此节宜重视之者，明分九数，又以阴阳两端相济，此与《洪范》之九畴有关，以九数分阴阳奇耦，明堂位之数至迟在此时已可完成。

三十、昭公二十九年（前 513） 《左传》："秋，龙见于绛郊。魏献子问于蔡墨。……对曰：……龙，水物也，水官弃矣，故龙不生得。不然，《周易》有之，在乾之姤曰：潜龙勿用；其同人曰：见龙在田；其大有曰：飞龙在天；其夬曰：亢龙有悔。其坤曰：群龙无首，吉；坤之剥曰：龙战于野。若不朝夕见，谁能物之？"由此节可知爻名九、六之变，实为三晋易之整体。自春秋中期，卦爻辞已逐渐完备，及蔡墨之时，已有"用九"，亦当有"用六"，则能总结六十四卦之三百八十四爻，故编辑成四百五十条的卦爻辞不晚于此，且当在三晋地区。

三十一、昭公三十二年（前 510） 《左传》："赵简子问于史墨曰：季氏出其君而民服焉，诸侯与之；君死于外而莫之或罪，何也？对曰：物生有两，有三，有五，有陪贰。故天有三辰，地有五行，体有左右，各有妃耦。王有公，诸侯有卿，皆有贰也。天生季氏，以贰鲁侯，为日久矣。民之服焉，不亦宜乎！鲁君世从其失，季氏世修其勤，民忘君矣。虽死于外，其谁矜之？社稷无常奉，君臣无常位，自古已然。故诗曰：

高岸为谷,深谷为陵。三后之姓,于今为庶,主所知也。在《易》卦,雷乘乾曰大壮,天之道也。昔成季友,桓之季也,文姜之爱子也。始震而卜,卜人谒之,曰:生有嘉闻,其名曰友,为公室辅。及生,如卜人之言,有文在其手曰友,遂以名之。既而有大功于鲁,受费以为上卿。至于文子、武子,世增其业,不废旧绩。鲁文公薨,而东门遂杀适立庶,鲁君于是乎失国,政在季氏,于此君也四公矣。民不知君,何以得国?是以为君慎器与名,不可以假人。"此亦为季氏立言。内提及季友事,然未提卜楚丘之父。皆未可信,时已相隔约二百年,皆有意为季氏造舆论。既借史墨之口,更逆推而插入卜楚丘及其父之事,莫非《左传》作者的安排。若谓"三后之姓,于今为庶",诚是。观春秋时代之层层失权,反见具体掌握生产力者在下层,失权于下,实为生产力日有发展的现象。《左传》作者之有见于此,处处为大夫言,可想象其生前的处境,此所以能有应于易学。

三十二、哀公六年(前 489) 《春秋》:"秋七月庚寅,楚子轸卒。"《左传》:"是岁也,有云如众赤鸟,夹日以飞三日。楚子使问诸周大史。周大史曰:其当王身乎!若禜之,可移于令尹、司马。王曰:除腹心之疾,而寘诸股肱,何益?不穀不有大过,天其夭诸?有罪受罚,又焉移之?遂弗禜。初,昭王有疾,卜曰:河为祟。王弗祭。大夫请祭诸郊。王曰:三代命祀,祭不越望。江、汉、睢、漳,楚之望也。祸福之至,不是过也。不穀虽不德,河非所获罪也。遂弗祭。孔子曰:楚昭王知大道矣。其不失国也,宜哉!《夏书》曰:惟彼陶唐,帅彼天常,有此冀方。今失其行,乱其纪纲,乃灭而亡。又曰:允出兹在兹。由己率常,可矣。"考孔子是时年六十三,正在楚,迨昭王卒而返卫。故《左传》记此,相隔约百年,当有所据。或有美化昭王之感,而美之之理,正与孔子述《春秋》之义相合。其后齐鲁易之不同于三晋易,正有其名分在,故《周易》已非卜筮书(然决不可忽视《周易》之原文,实为卜筮而作)。若谓楚子使问诸周大夫,以周大夫之言观之,纯属传统之卜筮方法。

既未能以理断之,宜其地位自春秋而战国又将下降一级。事实如是,何必为周室悲,处处可见《左传》作者之基本观点。

三十三、哀公九年(前 486) 《左传》:"晋赵鞅卜救郑,遇水适火,占诸史赵、史墨、史龟。史龟曰:是谓沈阳,可以兴兵,利以伐姜,不利子商。伐齐则可,敌宋不吉。史墨曰:盈,水名也;子,水位也。名位敌,不可干也。炎帝为火师,姜姓其后也。水胜火,伐姜则可。史赵曰:是谓如川之满,不可游也。郑方有罪,不可救也。救郑则不吉,不知其他。阳虎以《周易》筮之,遇泰之需,曰:宋方吉,不可与也。微子启,帝乙之元子也。宋、郑,甥舅也。祉,禄也。若帝乙之元子归妹而有吉禄,我安得吉焉? 乃止。"此节并用筮、龟,亦为重要之资料。于《洪范》仅知雨、霁、蒙、驿、克五者,准此更知有五者相遇之象,是即《内经》、《灵枢》等医籍准之而有五五二十五种不同之情况。识此方能知五行生克之理。阳虎以《周易》筮,可证是时三晋地区辑成之《周易》早已通行于齐鲁地区,唯用法渐有不同。若形成齐鲁地区之《周易》,必待完成《彖》与《小象》,此已当战国中晚期。

三十四、哀公十七年(前 478) 《左传》:"卫侯梦于北宫,见人登昆吾之观,被发北面而噪曰:登此昆吾之墟,绵绵生之瓜。余为浑良夫,叫天无辜。公亲筮之,胥弥赦占之,曰:不害。与之邑,寘之而逃,奔宋。卫侯贞卜,其繇曰:如鱼窥尾,衡流而方羊。裔焉大国,灭之将亡。阖门塞窦,乃自后逾。"此时已出《春秋》,《左传》尚及之。魏侯因梦而兼取卜筮,合《周礼》中太卜所掌者,确属当时用以决疑之法。若胥弥赦占之而与之邑,可见仍有地位。然不得不逃而奔宋,国君之尊重卜筮者,已大不如前。此种地位,终战国之世二百数十年未变。因结束战国的秦始皇犹信之,焚书未及《周易》,幸赖其属于卜筮,坑儒生四百六十余人,犹胥弥赦之类。此见出于卜筮之《周易》,秦始皇时仍以卜筮视之,何况在《春秋》之末。而卜筮者的地位,由受尊重之太史,渐成为各诸侯之弄臣。

　　总上略加选择之三十四节文献,可概见春秋时代《周易》发展的情况。其间有的经《左传》作者加工,时间宜移后。经此整理,则最早而尚可信者,为晋秦诸筮,其时尚未编定《周易》,然已知取卦象,其法当为西周数字卦所本有,故易学之本实在象数。以今存之十翼论,《说卦》最古亦最重要,汲冢存有"卦下《易经》一篇,似《说卦》而异"者属此类。或以卜筮而轻《说卦》,未知最可贵的整体易学,实孕育于卜筮,发展于易象中。卜徒父为秦伯占,已知贞悔当内外卦之卦象,当先有卦辞,然辞尚不同,此可见秦易之一斑。至于史苏之占,在晋献公时,其繇辞有同有异,实为《周易》之初稿。由筮短龟长而有韩简子之言,可认为初步明确卜筮之理。约同时之郭偃,亦兼能卜筮,对认识其理又推进一步。唯其有作用,故能逐步辑成四百五十条之《周易》。晋文公之于郭偃,犹齐桓公之于管仲,而郭偃之作用秦汉后多忽之。今以郭偃之断观之,实能知象数之理而深入事物以辨之。既不废象数,又不为象数所囿,斯为易学摆脱迷信之关键所在。而郭偃确能认识,宜继之有王子伯廖、荀首之不待卜筮而用《易》。至于刘康公之言,犹有西周遗风,因时而发展,可代表当时之传道者聘鲁以传其道,不可不认为直接影响于齐鲁之易学及数十年后将生之孔子。若鄢陵之战中之小插曲,实用另一占书。用爻、不用爻之辨,当时确已存在。至于用爻之中,又有用一爻与用数爻之不同,当时亦同时存在,宜《左传》与《国语》所记有所不同。而记成《左传》者仅重视一爻变,此与辑成《周易》者之思想结构较近。更由三晋地区而及齐鲁地区,始有穆姜之自知,陈文子之玩辞,及子服惠伯之论《易》不可以占险,则易学之哲理渐备。更以自然科学论,鲁梓慎、郑裨灶皆知太岁超辰,此为重要之天文现象。可证当时早知以十二年为周期,此实为用六十花甲纪年的基础。郑游吉之断,属发展用《易》。秦医和之《易》、医并论,得在已识卦象。韩宣子聘鲁见易象与鲁《春秋》,实即巫与史两大学术。周公之德记在鲁《春秋》为史,周之所以王尚继于三代之巫,此二者同属于礼。观《左传》之作者,偏护于晋之魏、齐之田氏、鲁之季氏,并以后事编入前人之说,既以神化易学,借此以愚民,可使毕氏、田氏、季氏之夺位合法化。然亦合乎春秋转入战国之时代趋势,由晋郑学者之用《易》及蔡墨之言可证。四百五十条之《周易》,实编成于三晋地区。若易学之哲理,由三晋至齐鲁,有一明显之发展,即卜筮所得之象莫不可变其义以断之,则卜筮渐成形式,其精义全在断者。其后之发展,主要成《文言》,与子思之《中庸》相应。若《彖》与《小象》之可贵处,即不问卦爻辞本义,旨在玩辞而已,更属继承子思、孟子之学派者所作。凡《史记》所记之传《易》者,基本为齐鲁易,以理为主,与重象数之三晋易早已不同。且春秋时代的易学,基本以象数为主。不知象数,义理无所据,此为理解《周易》的主旨,尤其是《左传》中所述的易学。

论《周易》爻名作者的思想结构

自马王堆帛书《周易》出土后，对认识二千年前之《周易》，可开一比较正确之方向。益以数字卦之发现，更能为研究三千年前殷、周之际之易学，提供一具体资料。惟其由数字卦转化成阴阳符号卦，故对《周易》之数，尤宜重视。乃观帛书《周易》之卦象，似尚为一、八二数，以作为阴阳之代表。更进而论数，此"一"字可作为"七"字，七、八二数正代表阴阳之不变，宜卦象用之。而于爻已有爻名，且更有总结于乾卦之"用九"与坤卦之"用六"，凡九、六为阴阳之变。知九、六之所指，庶可确切理解爻名之义。

考马王堆三号墓下葬于公元前 168 年，十二爻名与"用九"、"用六"已全同今本，而卦名反多不同，可喻《周易》重视爻名之数。当春秋晚期简化数字卦成七、八、九、六四字，进而分为卦爻，则七、八示卦象，九、六示爻象，卦象指阴阳之不变，九、六指阴阳之变，马王堆帛书《周易》正似此义。若以阴阳符号代数字后，于西汉逐步兴起之经学易则仅知阴阳二种符号，根本不重视数。宜对"用九"、"用六"不甚理解，爻名尤多忽视。惟保持利用卜筮者，仍知七、八、九、六之作用。实则《周易》早已重视阴阳之变与不变，于尚未知用大衍之数之时，已知七指阳之不变，八指阴

97

之不变,九指阳之变,六指阴之变。此用爻变之思想,宜以《左传》为证。

《左传·昭公二十九年》(前513):

> 秋,龙见于绛郊。魏献子问于蔡墨曰:"吾闻之,虫莫知于龙,以其不生得也,谓之知,信乎?"对曰:"人实不知,非龙实知。……龙,水物也,水官弃矣,故龙不生得。不然,《周易》有之:在乾之姤,曰'潜龙易用';其同人曰'见龙在田';其大有曰'飞龙在天';其夬曰'亢龙有悔';其坤曰'见群龙无首,吉';坤之剥曰'龙战于野'。若不朝夕见,谁能物之?"

按昭公二十九年孔子仅三十九岁,是时《周易》卦爻辞基本已完成,且示有"见群龙无首,吉",则用爻之理亦同。然是否已有十二爻名及"用九"、"用六",尚未敢肯定。且据蔡墨之言,爻变之例亦已清晰。然不言"在乾之初九,曰潜龙勿用",而曰"在乾之姤",故未能肯定当时是否已有爻名。然确知当时视六爻之辞在言阴阳之变,且能说明爻变后之卦象为乾之姤,即乾之"初九潜龙勿用",以爻变之理明之。以下诸爻同例。且既有爻名,又有能总结阴阳爻变之"用九"、"用六"。幸蔡墨论龙已及"用九",于卦象为乾之坤,尤见其为六次一爻变之相合。除乾、坤为"用九"、"用六"之纯,其他六十二卦皆为阴阳相杂,而爻变之例当同。然则爻变之极致,各卦皆成旁通卦,故蔡墨之言,既可视为解释爻名,亦可视为编辑成《周易》者根据蔡墨之言以定爻名。为郑重计,爻名之成或在蔡墨后。若汲冢本之《易》(当魏襄王之二十年),似可肯定已有爻名。故爻名之成约当战国初期之三晋地区,其大义以下图示之:

爻 名 结 构 图

五爻用九 一爻用六

复 二三四五上用九初用六	大过 上九	鼎 九五	巽 九四	讼 九三	遯 九二	乾 初六	姤
师 初三四五上用九二用六	革 上九	离 九五	家人 九四	无妄 九三	乾 六二	遯 初九	同人
谦 初二四五上用九三用六	兑 上九	睽 九五	中孚 九四	乾 六三	无妄 九二	讼 初九	履
豫 初二三五上用九四用六	需 上九	大畜 九五	乾 六四	中孚 九三	家人 九二	巽 初九	小畜
比 初二三四上用九五用六	大壮 上九	乾 六五	大畜 九四	睽 九三	离 九二	鼎 初九	大有
剥 初二三四五用九上用六	乾 上六	大壮 九五	需 九四	兑 九三	革 九二	大过 初九	夬

四爻用九 二爻用六

临 三四五上用九初二用六	咸 上九	旅 九五	渐 九四	否 九三	姤 六二	同人 初六	遯
明夷 二四五上用九初三用六	困 上九	未济 九五	涣 九四	姤 六三	否 九二	履 初六	讼
震 二三五上用九初四用六	井 上九	蛊 九五	姤 六四	涣 九三	渐 九二	小畜 初六	巽
屯 二三四上用九初五用六	恒 上九	姤 六五	蛊 九四	未济 九三	旅 九二	大有 初六	鼎
颐 二三四五用九初上用六	姤 上六	恒 九五	井 九四	困 九三	咸 九二	夬 初六	大过
升 初四五上用九二三用六	随 上九	噬嗑 九五	益 九四	同人 六三	履 六二	否 初九	无妄
解 初三五上用九二四用六	既济 上九	贲 九五	同人 六四	益 九三	小畜 六二	渐 初九	家人

四爻用九　二爻用六

本卦							末卦
坎（初三四上用九　二五用六）	丰 上九	同人 六五	贲 九四	噬嗑 九三	大有 六二	旅 初九	离
蒙（初三四五用九　二上用六）	同人 上六	丰 九五	既济 九四	随 九三	夬 六二	咸 初九	革
小过（初二五上用九　三四用六）	节 上九	损 九五	履 六四	小畜 六三	益 九二	涣 初九	中孚
蹇（初二四上用九　三五用六）	归妹 上九	履 六五	损 九四	大有 六三	噬嗑 九二	未济 初九	睽
艮（初二四五用九　三上用六）	履 上六	归妹 九五	节 九四	夬 六三	随 九二	困 初九	兑
萃（初二三上用九　四五用六）	泰 上九	小畜 六五	大有 六四	损 九三	贲 九二	蛊 初九	大畜
晋（初二三五用九　四上用六）	小畜 上六	泰 九五	夬 六四	节 九三	既济 九二	井 初九	需
观（初二三四用九　五上用六）	大有 上六	夬 六五	泰 六四	随 九三	丰 九二	恒 初九	大壮

三爻用九　三爻用六

本卦							末卦
泰（四五上用九　初二三用六）	萃 上九	晋 九五	观 九四	遯 六三	讼 六二	无妄 初六	否
归妹（三五上用九　初二四用六）	蹇 上九	艮 九五	遯 六四	观 九三	巽 六二	家人 初六	渐
节（三四上用九　初二五用六）	小过 上九	遯 六五	艮 九四	晋 九三	鼎 六二	离 初六	旅
损（三四五用九　初二上用六）	遯 上六	小过 九五	蹇 九四	萃 九三	大过 六二	革 初六	咸
丰（二五上用九　初三四用六）	坎 上九	蒙 九五	讼 六四	巽 六三	观 九二	中孚 初六	涣

三爻用九　三爻用六

本卦	上	五	四	三	二	初	
既济（二四上用九初三五用六）	解 上九	讼 六五	蒙 九四	鼎 六三	晋 九二	睽 初六	未济
贲（二四五用九初三上用六）	讼 上六	解 九五	坎 九四	大过 六三	萃 九二	兑 初六	困
随（二三上用九初四五用六）	升 上九	巽 六五	鼎 六四	蒙 九三	艮 九二	大畜 初六	蛊
噬嗑（二三五用九初四上用六）	巽 上六	升 九五	大过 六四	坎 九三	蹇 九二	需 初六	井
益（二三四用九初五上用六）	鼎 上六	大过 六五	升 九四	解 九三	小过 九二	大壮 初六	恒
恒（初五上用九二三四用六）	屯 上九	颐 九五	无妄 六四	家人 六三	中孚 六二	观 初九	益
井（初四上用九二三五用六）	震 上九	无妄 六五	颐 九四	离 六三	睽 六二	晋 初九	噬嗑
蛊（初四五用九二三上用六）	无妄 上六	震 九五	屯 九四	革 六三	兑 六二	萃 初九	随
困（初三上用九二四五用六）	明夷 上九	家人 六五	离 六四	颐 六三	大畜 六二	艮 初九	贲
未济（初三五用九二四上用六）	家人 上六	明夷 九五	革 六四	屯 六三	需 六二	蹇 初九	既济
涣（初三四用九二五上用六）	离 上六	革 六五	明夷 九四	震 九三	大壮 六二	小过 初九	丰
咸（初二上用九三四五用六）	临 上九	中孚 六五	睽 六四	大畜 六三	颐 九二	蒙 初九	损
旅（初二五用九三四上用六）	中孚 上六	临 九五	兑 六四	需 六三	屯 九二	坎 初九	节

	本卦							
三爻用九	渐 初二四用九 三五上用六	睽 上六	兑 六五	临 九四	大壮 六三	震 九二	解 初九	归妹
三爻用六	否 初二三用九 四五上用六	大畜 上六	需 六五	大壮 六四	临 九三	明夷 九二	升 初九	泰
	大壮 五上用九 初二三四用六	比 上九	剥 九五	否 六四	渐 六三	涣 六二	益 初六	观
	需 四上用九 初二三五用六	豫 上九	否 六五	剥 九四	旅 六三	未济 六二	噬嗑 初六	晋
	大畜 四五用九 初二三上用六	否 上六	豫 九五	比 九四	咸 六三	困 六二	随 初六	萃
	兑 三上用九 初二四五用六	谦 上九	渐 六五	旅 六四	剥 九三	蛊 六二	贲 初六	艮
二爻用九	睽 三五用九 初二四上用六	渐 上六	谦 九五	咸 六四	比 九三	井 六二	既济 初六	蹇
四爻用六	中孚 三四用九 初二五上用六	旅 上九	咸 六五	谦 九四	豫 九三	恒 六二	丰 初六	小过
	革 二上用九 初三四五用六	师 上九	涣 六五	未济 六四	蛊 六三	剥 九二	损 初六	蒙
	离 二五用九 初三四上用六	涣 上六	师 九五	困 六四	井 六三	比 九二	节 初六	坎
	家人 二四用九 初三五上用六	未济 上六	困 六五	师 九四	恒 六三	豫 九二	归妹 初六	解
	无妄 二三用九 初四五上用六	蛊 上六	井 六五	恒 六四	师 九三	谦 九二	泰 初六	升
	大过 初上用九 二三四五用六	复 上九	益 六五	噬嗑 六四	贲 六三	损 六二	剥 初九	颐

鼎（初五用九 二三四上用六）	益 上六	复 九五	随 六四	既济 六三	节 六二	比 初九	屯
巽（初四用九 二三五上用六）	噬嗑 上六	随 六五	复 九四	丰 六三	归妹 六二	豫 初九	震
讼（初三用九 二四五上用六）	贲 上六	既济 六五	丰 六四	复 九三	泰 六二	谦 初九	明夷
遯（初二用九 三四五上用六）	损 上六	节 六五	归妹 六四	泰 六三	复 六二	师 初九	临

（二爻用九 四爻用六）

夬（初二三四五用六上用九）	坤 上九	观 六五	晋 六四	艮 六三	蒙 六二	颐 初六	剥
大有（初二三四上用六五用九）	观 上六	坤 九五	萃 六四	蹇 六三	坎 六二	屯 初六	比
小畜（初二三五上用六四用九）	晋 上六	萃 六五	坤 九四	小过 六三	解 六二	震 初六	豫
履（初二四五上用六三用九）	艮 上六	蹇 六五	小过 六四	坤 九三	升 六二	明夷 初六	谦
同人（初三四五上用六二用九）	蒙 上六	坎 六五	解 六四	升 六三	坤 九二	临 初六	师
姤（二三四五上用六初用九）	颐 上六	屯 六五	震 六四	明夷 六三	临 六二	坤 初九	复

（一爻用九 五爻用六）

乾 用六	剥 上六	比 六五	豫 六四	谦 六三	师 六二	复 初六	坤

（纯用六）

用九用六	三百八十四爻	爻数九六	六十四卦 卦数七八

上图之成，先准蔡墨之言，由乾之姤、之同人、之大有、之夬四爻推及六爻，增乾之履与乾之小畜，仍可认为是蔡墨之义。蔡墨所以未言

者,因三、四二爻不言龙字。且合乾卦六次一爻变为"用九",卦象为乾之坤,义更明白,即变成旁通卦。旁通卦者,义指卦象所示之阴阳相反。而此爻变法,可由乾卦推及其他各卦者,因三百八十四爻各有爻名,爻名既同,自然应有相同之内容。故合蔡墨之言与爻名之本义,认为战国初期产生此图于三晋地区,殊可无疑。今宜更进一步阐明爻名之所指。

考定此爻名,似可认为编辑成《周易》后之总结工作。爻名与爻辞并不完全对应,而于阴阳符号卦之变化,基本能掌握其原理。凡卦数七、八、爻数九、六早在通行。视九、六爻变为用,使三百八十四爻归诸"用九"、"用六",且九、六杂用而各各相应于旁通卦,又见卦爻之联系,此属《周易》卦爻辞之整体。其间一卦因爻变而各变六卦,故以乾、坤为两端。其间实已形成截然有序之网络结构,由乾卦初至上为次,由爻变之次相次。更观其爻变,即乾初爻变为姤,故继乾次姤,以观姤之一爻变。如是相次,不期而有六十四卦之次。是皆阴阳符号卦本身宜有之次序,定爻名者或未必画出此图,而神思已及此旨,始能循名责实。然第一部注此爻辞之《小象》,大义遵此而爻变法更从象辞,较此更复杂。乃蔡墨及定爻名者之思想结构,殊未引起西汉人注意,犹随马王堆帛书《周易》同时失传,因武帝时起基本已重视《象》与《小象》,而忽视编辑成《周易》者之思想。及五代宋初之陈抟(890? —989)出,始能直探阴阳符号卦之卦象。李之才(? —1048)继之而作卦变图,即同此一爻变之卦次。邵雍(1011—1077)又继之而明一爻变之网络结构,乃悉合于爻名之义。以时间论,相隔一千四五百年而更为阐明之,亦何足为怪。而此爻名之义,除用此九、六爻变外,尚须明辨初、上及二、三、四、五。凡用爻之层次有三:第一层次为初、上,第二层次为九、六,第三层次为二、三、四、五。当定爻名时,以第一层次之初、上为本,由初、上而以第二层次之九、六分辨之,故曰初九、初六、上九、上六。既以一、二两层次以定初、上二位之名,更以第三层次之二、三、

四、五以辨六爻之位,故曰九二、六二、九三、六三、九四、六四、九五、六五。或不辨层次,乃有何以不称九一、一九而曰初九,何以不称二九、二六而称九二、六二之疑。今以三个层次观之,庶见定爻名以总结卦爻辞间之联系,实具深义。

取"初"字者,字义相对曰"终",初、终以时间言。取"上"字者,字义相对曰"下",上、下以空间言。《庄子·庚桑楚》:"有实而无乎处者,宇也;有长而无本剽者,宙也。"此宇宙之义犹时空,当战国时之哲人对此早有深刻之认识,决非限于庄子一人,若编辑以成《周易》变、不变之整体者,即能以时空为认识基础。观睽卦六三有言:"其人天且劓,无初有终";巽卦九五亦有言:"无初有终,先庚三曰,后庚三曰,吉。"此初、终之义,同指时间之过去与未来。《易》贵原始,特取初字以概终。观小过卦辞有曰:"飞鸟遗之音,不宜上,宜下,大吉。"解卦上六则曰:"公用射隼于高墉之上。"凡上、下指位之高低,取上字以概下。又以位之上应于时之初,义与位之下以应于时之终亦同,所以结合时位,贯宇宙为一。此取初、上之大义,而为《周易》卦爻辞之整体。有此整体以辨阴阳之变,故曰:初九、初六;上九、上六。即对时位之合,能以九六辨之。时则古往今来,位则上下四方,莫不有九六在其中。凡九六所示之阴阳之变,皆原诸时位,宜先言初上而后及九六。至于既能以时位为基础而观阴阳之变,则对初上九六之进一步分析,自然须于无初无终之时间长流中、无上无下之空间巨细中,规定其数量级,乃有二三四五之爻等。故物无巨细,时兼久暂,今所谓宏观微观,莫不可纳入其中,此即《系辞下》所谓:"其初难知,其上易知,本末也。初辞拟之,卒成之终。若夫杂物撰德,辨是与非,则非其中爻不备。"考作此节《系辞》者,已见象辞。然对爻名分本末与中爻,仍合定爻名者之思想。即本末明时位之理,中爻乃进一步分析时位之数量级。宜中爻必本于阴阳之变而名九二、六二;九三、六三;九四、六四;九五、六五。因知定此爻名者,实有其整体之思想结构,爻名凡十二,各及三十二爻,用九、用六兼六位而各为一百九十二爻。其间本末一百二十八爻,中四位二百五十六爻,时物井然,庶可作为天地人三才之道之基本坐标,凡取初时为天,上位为地,中爻为人。详以图表示之。

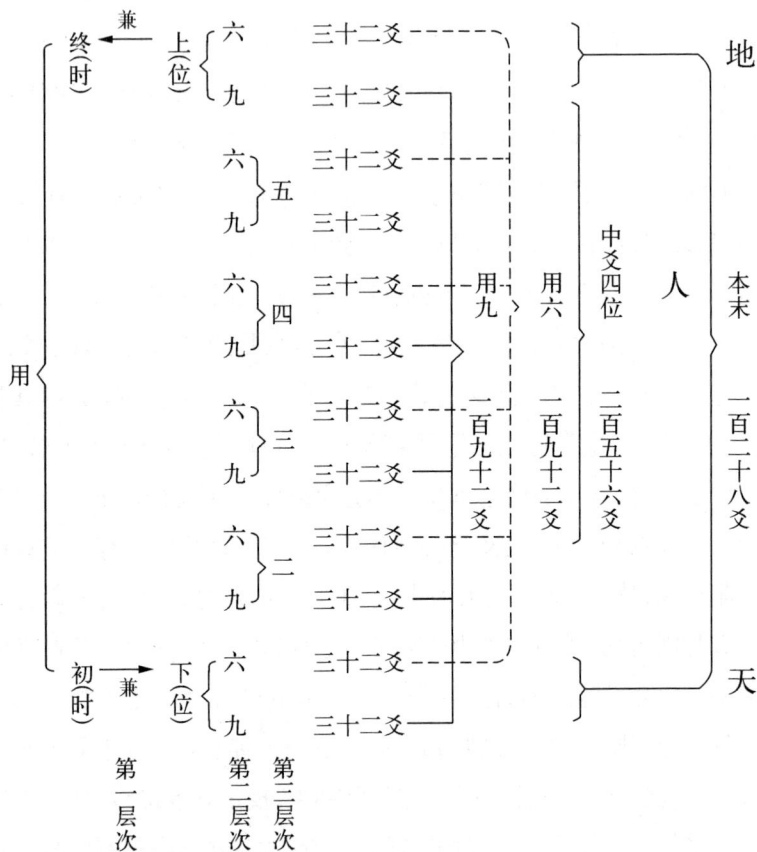

兼　终(时)　　上(位)　六　三十二爻
九　三十二爻

五　六　三十二爻
九　三十二爻

用

四　六　三十二爻
九　三十二爻　　用九　一百九十二爻

三　六　三十二爻
九　三十二爻

二　六　三十二爻
九　三十二爻　　用六　一百九十二爻

初(时)　兼　下(位)　六　三十二爻
九　三十二爻

中爻四位　二百五十六爻

本末　一百二十八爻

地

人

天

第一层次　　第二层次　第三层次

至于六爻之当天地人三才,可有各种配合法。此以爻名观之,初以时兼位为天,上以位兼时为地,此已取天地上下终初相交,犹《易》贵天地交泰而不贵天地不交否,而中四爻犹人,可包括人与天地及人与人之间种种不同时位之情况。

识此定爻名者之思想结构,庶可了解编辑成《周易》卦爻辞之整体思想。

论编辑成《周易》者的思想结构

研究《周易》，决不可忽视卦爻辞而仅论卦爻象，亦不应仅知卦爻辞而不知卦爻象。前者成为术数易之弊，后者成为经学易之失。观术数易之所以为识者所轻视，因未足以了解我国具体思想文化的发展过程及其变化规律。于术数易本身的发展，亦蒙然无知，知其一而不知其二，仅执一鳞半爪，其何以见易学象数之蕴。经学易之蔽，在过分重视文字的研究，孜孜于小学而终身未能得全书之旨，读《诗》、《书》、《春秋》等书且不可，何况《周易》。且虽由文字以得一卦一爻之旨，或未知其与卦爻象的关系，仍难通贯全书，亦未足以喻易学之理。况治经学易者，每承刘向、刘歆之误，坚执《二篇》文王、《十篇》孔子之言，未见客观史迹，何以研究当时的思想文化，此为经学易最大缺点。二千年来重重附会，流弊仍有所存在。今幸已得殷周之际的数字卦，于数字卦下亦发现系有一辞，今后还可能有其他发现。然而这种散碎系辞的资料，其价值不能和已形成整体的卦爻辞相比。因知《周易》共四百五十节文辞，资料来源虽甚早，必经逐步积累，决非成于一时。故编辑成《周易》时，要在选择资料系入卦爻之中，尚须补入若干自撰者，或全以古史考之，何能不为编者所噬。因《周易》非史学作品，乃兼及文史哲之哲学作品,或以哲学之哲学视之,斯有整体之象。故易学可贵处,就在能结合象数义理为一而决不可分。而究其时代背景,当合诸编辑成《周易》者所处的客观环境。不宜见数字卦甚早而忽视文字,亦不宜视一卦一爻的文字内容而误认为成书甚早。事实上安排古代史迹及民风琐事,益以种种基本概念,方能编辑成适合时代需要的《周易》。由是以观编者的思想结构,确有超人的智慧,使纯属龟卜蓍筮之占辞可脱离筮占而独立存在。更可重视的是,仍本筮占之理,故未究筮占之象数者,决难明其内容的含义。今初步考定编辑者不可能是一人,其初收集资料以完成卦爻辞,约当《公羊》分《春秋》三世中的"所闻世"(前 626—前 542);及"所见世"(前 541—前 481)中期,始可编成有整体结构的《周易》。此编成者与《左传》作者当有联系,因作《左传》者不但已见《周易》,且大力宣传之、神化之,故或系其私淑之师,或为其上辈。《左传》昭公二十九年(前 513)载蔡墨言龙,非但爻辞同,亦有乾之坤"见群龙无首吉"。故可认为四百五十节之《周易》整体是时已编成,其年孔子三十九岁。在此之前,若伯廖(前 603)、知庄子(前 597)等之用《易》,可证已有较近今本之卦爻辞。然未必已有用九、用六之辞,故整体犹未备。当蔡墨时,始可完成由数字卦转化成阴阳符号卦,从而确立《周易》卦爻的整体象数。但其时十二爻与用九用六几十四爻名是否已有,尚难肯定。至少《左传》作者未见爻名,故爻名约在春秋战国之际(前 480—前 404)完成。因战国初期(前 403—前 356)有法子思《中庸》成《文言》的可能,于《文言》中引用《周易》已有爻名。自战国起《周易》渐有独特的地位,其他筮占书已不可并论。

故编成《周易》的时代,初步定为公元前六〇〇年左右已完成卦爻辞;继之于公元前五一四至公元前四一五百年间乃完成《周易》的整体结构。此百年间亦可能经数代人,不仅父作子述,然决非文王周公。编成者为春秋战国之际的学者,地点似当在魏国,极可能与毕万的后裔有关。当魏献子与于六卿分公族之时(前 514),约当蔡墨言龙之时,已可编成《周易》的整体。继当魏文侯师卜子夏、田子方、段干木辈,爻名已可完成。以上初步窥得成书之时间及地域,相继的编辑者必属当时有识之士。以下概论《周易》四百五十节之内容及其结构,庶可进一步了解编辑者的思想结构及其应用的具体情况。

观此四百五十节的《周易》文字,可分三部分:其一,卦辞六十四节;其二,每卦分六爻,有爻辞三百八十四节;其三,爻用之变化唯二,凡一百九十二节阳爻之变合于乾卦名"用九",一百九十二节阴爻之变合于坤卦名"用六"。故全书以卦爻及二用合成,为编辑成《周易》者最基本的思想结构。此结构完成,自然可从数字卦变化成阴阳符号卦。

今已得殷周之际的数字卦,有近四十例,所用的数字凡五,即一、五、六、七、八。合诸殷周之际盛行龟卜的情况论,此五个数字,可能与五行之理有关。以五个数字的组合计之,则三个数字有一百二十五种不同的情况(5^3),六个数字当有一万五千六百二十五种不同的情况(5^6),此数殊大,非殷周之际的巫史所注意。或仅本五行之象,化成奇耦之数以占之。取三个数字或六个数字,似与对分与四分十二地支数有关。以地支合诸月数论,亦即相应于冬至夏至及季祀的周期。所用的五个数字中,最重要者在五($\rlap{\times}\Xi$)字。此五字既与五行有关,又有阴阳交午之象,通于阴阳与五行之间,有以结合阴阳五行为一。当殷周之际,五行之卜,阴阳之筮,似各有所偏重,然非各自独立,尤其在殷周地域。故五个数字的来源,或亦可能与龟之裂文有关。今据《书·洪范》"雨、霁、蒙、驿、克"之象,约可当数字卦之"一、五、六、七、八"五字,示如下:

一	$\rlap{\times}\Xi$	∧	+	八
霁	克	驿	蒙	雨

凡天象晴霁为一,由晴霁而阴蒙为七(+),阴蒙而将雨为八(八),雨将止而道可通行为六(∧)犹驿,天或渐晴即复为霁一。此于晴雨变化的周期中,须见其交午之克,故五($\rlap{\times}\Xi$)克的概念最宜重视。至于当

时具体应用数字卦,今限于资料,不应加以妄测,唯取五个数字可与五行联系,乃当时风气所尚,况以干支为时空坐标,用十天干合诸五行,正合殷周之际的文化水平(另详《论天干地支与数字卦》)。今以数字卦转变成阴阳符号卦论,关键在《洪范》的五行数。当"一水二火三木四金五土"的五行数既通行,则一至五的五数即属五行,而五字不在阴阳变化之中。且中五以筮数论,成为筮者的观点,二个五字(✕)以合成爻字,正所以考察阴阳变化的情况。计入中五与否,即五行与阴阳的基本分辨处。所以当数字卦的数字,由五个数字,减成四个数字,可认为已以阴阳为主,与五行的关系似觉疏远。四个数字的三次变化有六十四种不同,六次变化有四千又九十六种不同,此在东西周之际的巫史者视之,或仍以为太复杂,此所以有卦、爻之分。凡卦取阴阳不变的两端,犹霁与雨。爻取两端间的变化,犹蒙与驿。然阴阳的概念,决不为气象所限,故早已抽象为数。凡不变为贞,阳数七、阴数八;变者名悔,阳数九、阴数六。由是以卦言,变化数二,故六次变化仅有六十四种不同,此所以有卦数七八之说。当马王堆本的卦象,仍有用七八两字的痕迹。此基于二数以组合成六十四种不同的情况,各系以辞,是即所谓卦辞。且六十四卦的形成,须经六次变化,于每次变化中,尚宜考察其两端间的变化。上已以气象为喻,即由霁而蒙,天有将雨之象;由雨而驿,天有将晴之象。观其霁雨两端间的蒙驿变化而抽象以数,即有爻数九六之说。计卦经六次变化而六十四,于每次变化中各有两端间的变化,宜爻辞六倍于卦辞而有三百八十四节。故合于卦爻所用的七八九六四数,犹于数字卦中提出中五以自居,此全本《洪范》中"五皇极"之象。且四方之四数,由一六七八,变成六七八九,亦有意避开《洪范》的五行数(另见"论《洪范》作者的思想结构")。故由五个数字简化成四个数字,由四个数字而分成卦爻,方有适合于系辞的卦爻象。此对卦爻象的认识,与系于数字卦者相比,已由不易掌握其规律的数,变成有规律的卦爻。凡卦象七八之数,观其六次组合的变化中,除纯七纯八二卦外,皆为七八相杂。编辑者即本此二卦纯、六十二卦相杂之象,选择史料或自加增补而系以辞。故研读卦辞而不观七八纯杂的情状及其形成卦象的原委,如何能理解《周易》卦辞之旨,亦何以认识编辑者的思想。继之宜究七八纯杂之中尚有变化之爻,爻属于卦,于整个卦象中可见所处的地位。故于每卦中的变化各有六种不同,如不本卦辞的纲领,其何以分辨六爻地位的情况。《左传》中有二例,可见根据整个卦象卦辞大义而用爻辞的方法。

其一,宣公六年(前603):

郑公子曼满与王子伯廖语,欲为卿。伯廖告人曰:"无德而贪,其在《周易》丰之离,弗过之矣。"间一岁,郑人杀之。

此未引丰卦上六爻辞,而其义全本爻辞。爻辞曰:"丰其屋,蔀其家,窥其户,阒其无人,三岁不觌,凶。"今读此爻辞,先宜了解其属于丰卦,且其位在上。丰卦卦象卦辞所指的客观情况,是当物质丰富的环境,位且在上,更属坐享其成者,孟子曰"富岁子弟多赖"有其象。故爻辞大义极易明白,谓上层阶级处于物质丰富的环境中,其屋已丰大,然家庭成员难免各有所蔽,故旁观其户虽熙熙攘攘而言不及义,仍同阒无一人。如是之上层阶级,不知幡然省悟而有所作为,及三岁而犹不觌其人,必凶无疑。即此一爻之辞,已可喻编辑《周易》者之思想情况。至于伯廖引用此爻,乃针对郑公子曼满的行为而加以推测。若郑公子曼满者,非但处于丰屋蔀家窥户无人的环境中,更思为卿以丰大其屋,故伯廖总结其为人乃"无德而贪"。如此身处火上(下卦离火)的上层阶级,其行动过中(当上卦震动之上)而贪心无已,何能不为郑人所杀。至于伯廖以实例测之,所以用《易》。而易理之旨,决不为卦爻所限,然不可不知卦爻之象与卦爻之辞。

其二,宣公十二年(597):

　　知庄子曰:"此师殆哉。《周易》有之,在师之临,曰:'师出以律,否臧凶。'执事顺成为臧,逆为否。众散为弱,川壅为泽。有律以如己也,故曰律。否臧,且律竭也。盈而以竭,夭且不整,所以凶也。不行之谓临,有帅而不从,临孰甚焉,此之谓矣。果遇,必败。嬖子尸之,虽免而归,必有大咎。"

　　此谓知庄子在晋军中,见嬖子不奉帅命独自出师,故以师卦初爻当之。爻辞曰"师出以律,否臧凶",义指行师之初,先当以律为本。有律之师为臧,否臧犹失律,若嬖子之私自出师,故知其必凶。

　　由以上二例,所以明爻辞之义,当属卦辞之下。或舍卦辞而仅论爻辞,至少非初步编辑成《周易》者的思想结构。当宣公时,约公元前六〇〇年前后,《周易》已不待卜筮而有应用价值。故知于卦爻的象数,已由数字卦的五个数字减成四个数字。九六的具体所指,仅以丰之离、师之临二例,示其数如下:

```
八 -- 六   七 ——      八 --      八 --
八 --      八 --       八 --      八 --
七 ——      七 ——       八 --      八 --
七 ——      七 ——       八 --      八 --
八 --      八 --       七 ——      七 ——
七 ——      七 ——       八 -- 六   七 ——
```

丰之离　　　　　　　　**师之临**

　　在当时数字卦的形式仍通用,或尚无阴阳符号的形象,仅以一(即七)八两字已可见六十四卦相杂的情况。当阴画而阴爻,数为八而六,阳画而阳爻,数为七而九。此数本由数字卦简化而成,故不待说明七、八、九、六之数。而卦名正在逐步肯定,故《左传》所引及的《周易》皆曰某卦之某卦。今已得马王堆帛书《周易》本(下葬于前168),卦名尚与传统本有异,何况更早四百年。然每卦卦辞当已完成,乃以卦辞之大义以定卦名,故如"同人于野"、"艮其背"等,并不先言同人与艮作为卦名,可证卦名实取于卦辞中。宜马王堆本的卦名虽仍有异,而卦辞相应于卦象的原则早已固定。既能理解各卦的所指不同,始可进一步由卦以分观其爻。约当宣公(前608—前591在位)时,正在由数字变成阴阳符号的卦爻象。于卦象以定卦名为主;尚未知用爻名,故取某卦之某卦以代表爻辞。即于七八相杂的卦象中,当某爻变化后,整个卦象又成另一卦象,是名"之卦"。以当时合诸爻辞的情况论,任一卦象仅能之六卦,如丰之离外,尚可丰之革、丰之明夷、丰之震、丰之大壮、丰之小过。详以下图示之:

```
八 ━ ━ 六 ━━━    八 ━ ━      ━ ━    八 ━ ━      ━ ━
八 ━ ━      ━ ━    八 ━ ━ 六 ━━━    八 ━ ━      ━ ━
七 ━━━      ━━━    七 ━━━      ━━━    七 ━━━ 九 ━ ━
七 ━━━      ━━━    七 ━━━      ━━━    七 ━━━      ━━━
八 ━ ━      ━ ━    八 ━ ━      ━ ━    八 ━ ━      ━ ━
七 ━━━      ━━━    七 ━━━      ━━━    七 ━━━      ━━━
     丰之离               丰之革               丰之明夷

八 ━ ━      ━ ━    八 ━ ━      ━ ━    八 ━ ━      ━ ━
八 ━ ━      ━ ━    八 ━ ━      ━ ━    八 ━ ━      ━ ━
七 ━━━      ━━━    七 ━━━      ━━━    七 ━━━      ━━━
七 ━━━ 九 ━ ━    七 ━━━      ━━━    七 ━━━      ━━━
八 ━ ━      ━ ━    八 ━ ━ 六 ━━━    八 ━ ━      ━ ━
七 ━━━      ━━━    七 ━━━      ━━━    七 ━━━ 九 ━ ━
     丰之震               丰之大壮              丰之小过
```

其他六十三卦同例。此见初步编辑成《周易》者的思想结构,实能于繁赜的数字卦中,简化出六十四卦和三百八十四爻,条理井然,不可不认为对阴阳的认识已有创见。然更研究卦爻辞的内容,不乏有来源于系于数字卦者,则数字卦的变化,即以抽出中五论,仍须全面贯通七、八、九、六四数,何可一卦仅能"之"六卦而为三百八十四爻爻辞所限。此由象数以充实卦爻辞的内容,即易学的特色,学易者当知"观象系辞"之理而不可以辞拘象。故如伯廖、知庄子之用《易》,仅属易学的部分结构,尚未可谓已得数字卦转化成阴阳符号卦的整体。今认为《周易》整体的完成,须明确用爻的变化纲领,究其要即在"乾之坤"与"坤之乾"的二用。

当伯廖、知庄子之时,是否已有二用之辞,或亦可能有,奈无文献证明,未可以意而定。若当蔡墨言龙时,已具体明"见群龙无首吉"为乾之坤,则尚可依例而推知当有坤之乾"利永贞"。龙为阳气,"见群龙无首吉"描写各种不同的阳气一齐发展变化,有满园皆春、日进无疆之象。"利永贞"描写时空的无穷变化中,仍有不衰不竭的种子在。能有此二辞以总结三百八十四爻之爻辞,以合于卦辞的"元亨利贞",始可完备"之卦"之理,于七八卦辞、九六爻辞,亦能得其整体。下以乾坤二卦之变化示之:

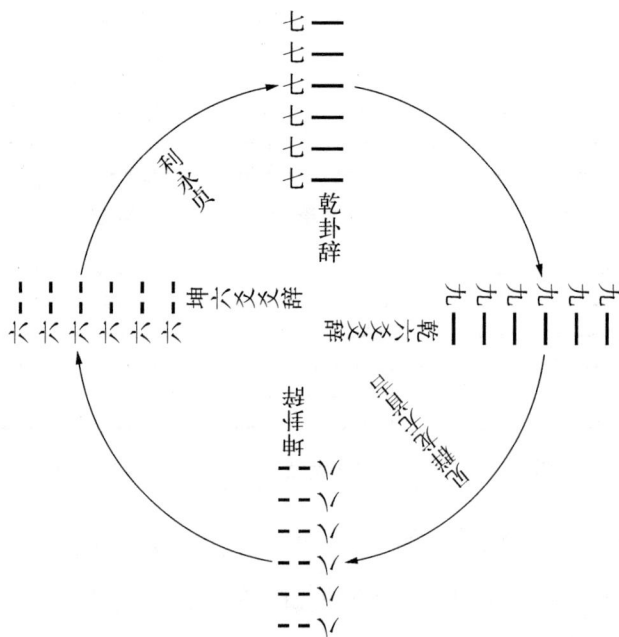

（乾坤二卦之变化示意图）

七—　七—　七—　七—　七—　七— 乾卦辞
九—　九—　九—　九—　九—　九— 乾六爻辞
利永亨
之卦用九爻变辞
之卦用六爻变辞
坤六爻辞
坤卦辞
见群龙无首吉

唯有能兼合六爻的变化,始可使一卦不限于仅之六卦,因于六爻间必须兼合数爻同时变化的形象。既有纯阴纯阳的乾坤二卦为例,知六爻可同时变化,则其他阴阳相杂的六十二卦,自然亦可六爻同时变化而成阴阳相反的卦象。其间有用九用六的不同,故于一爻变可相对于五爻变,就是一爻用九,五爻用六,相对于一爻用六,五爻用九;二爻变可相对于四爻变,就是二爻用九,四爻用六,相对于二爻用六,四爻

用九;三爻变可相对于三爻变,就是三爻用九,三爻用六,相对于三爻用六,三爻用九;凡此皆可同时变化。仍以丰、师二卦为例:

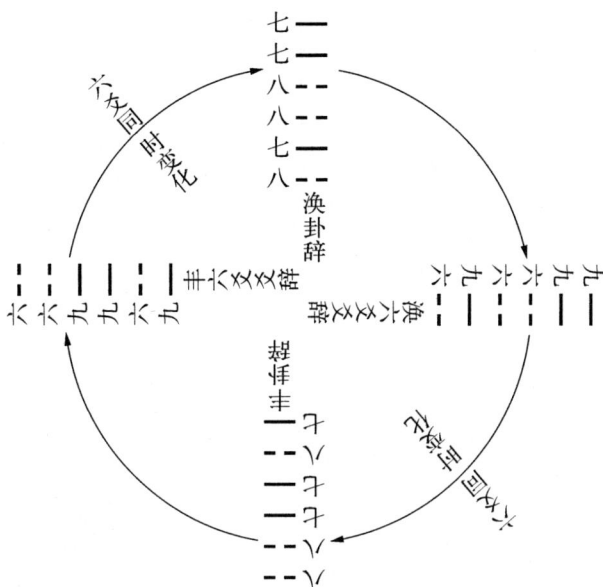

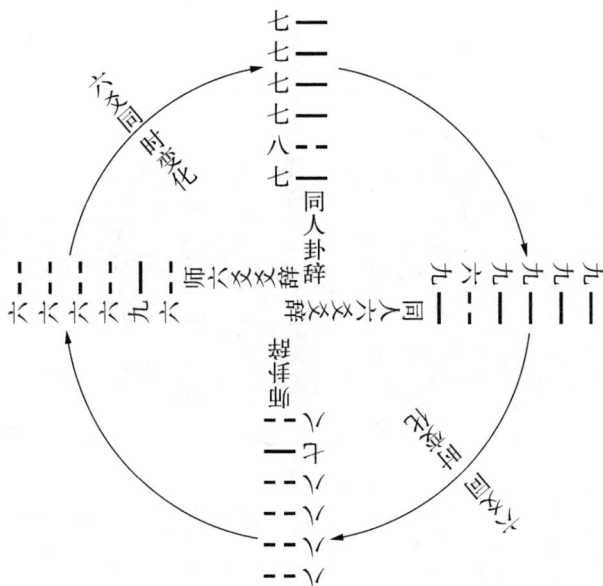

七 一
七 一
八 --
八 --
七 一
八 --
涣卦辞

六六九九六九　丰六爻辞
　　　　　　九六九六六　涣六爻辞

趋辟丰

同人卦辞

七 一
七 一
七 一
七 一
八 --
七 一
同人卦辞

六六六六九六　师六爻辞
　　　　　　九九九六九六　同人六爻辞

趋辟师

且当时可无阴阳符号的形象，仅以数字可示四百五十节《周易》文字所相应的卦爻象，详以下图示之：

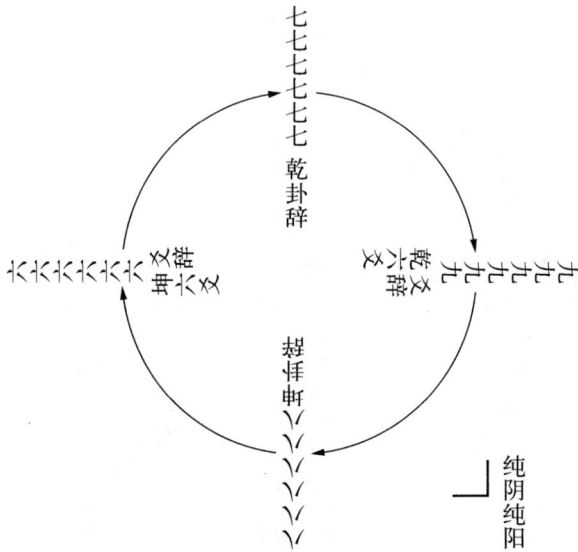

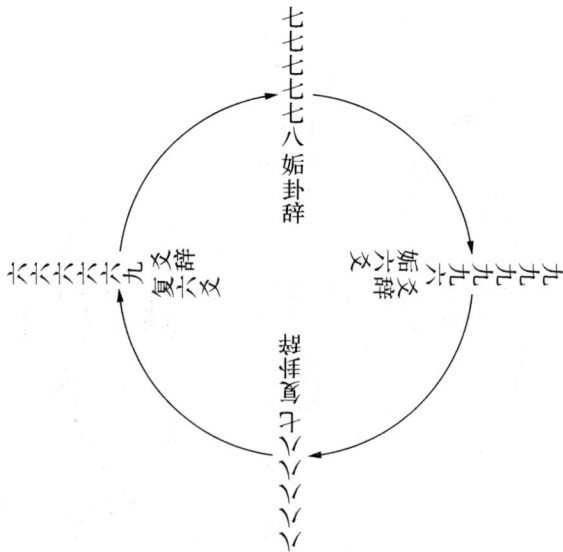

七七七七七七 乾卦辞

乾六爻爻辞 九九九九

坤六爻爻辞 八八八八八八

坤卦辞

纯阴纯阳

七七七七七八 姤卦辞

姤六爻爻辞 九九九九

复六爻爻辞 八八八八八九

复卦辞

116

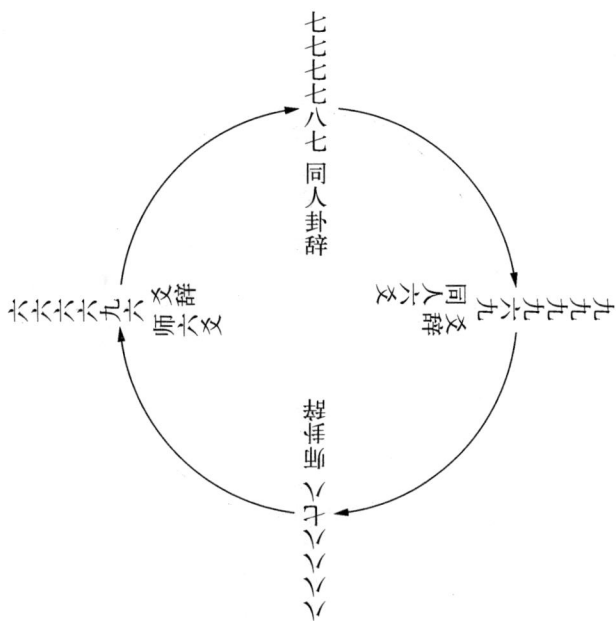

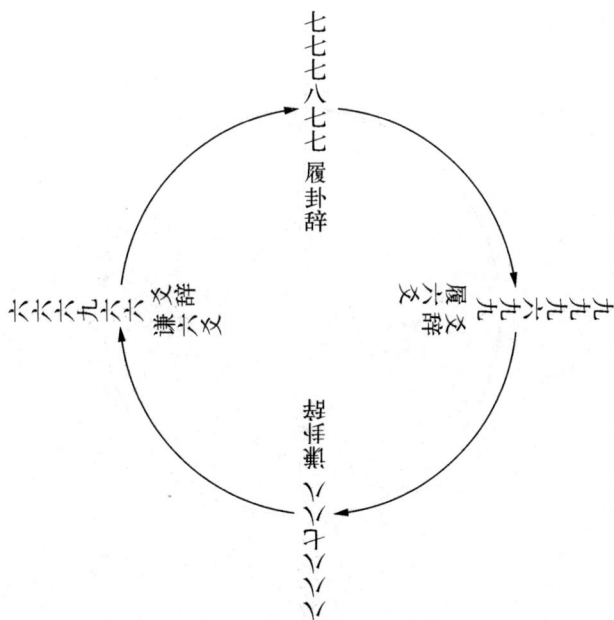

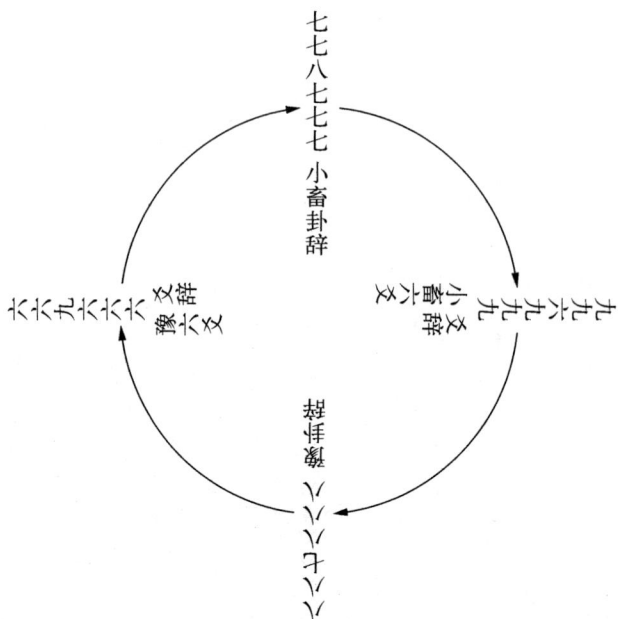

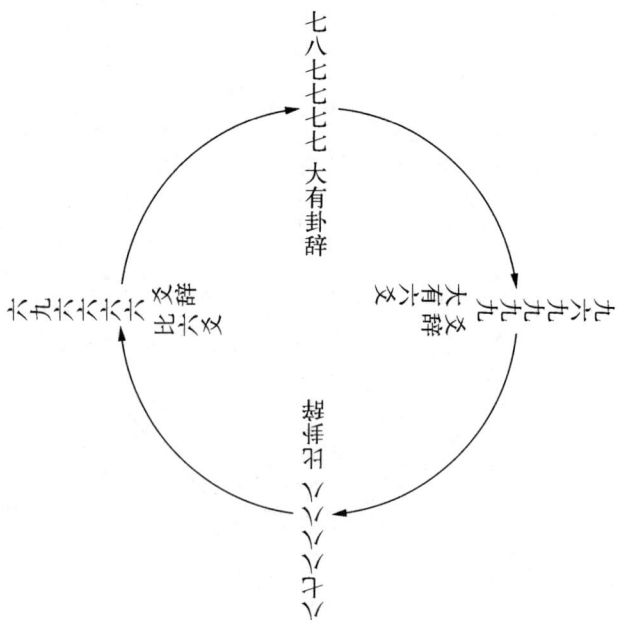

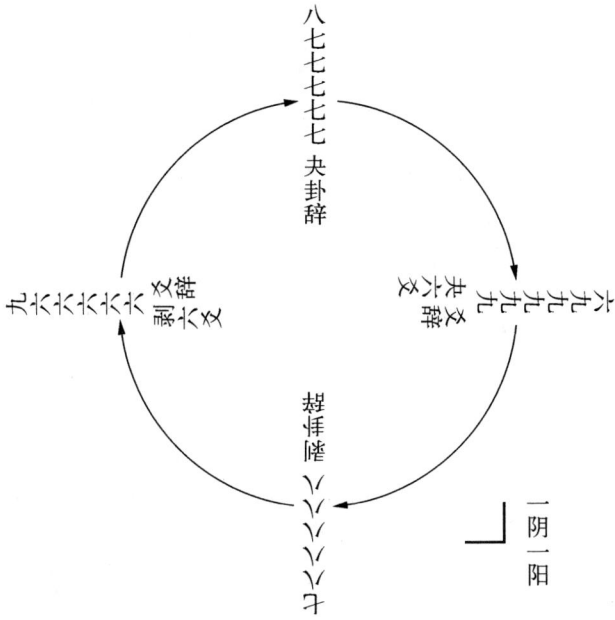

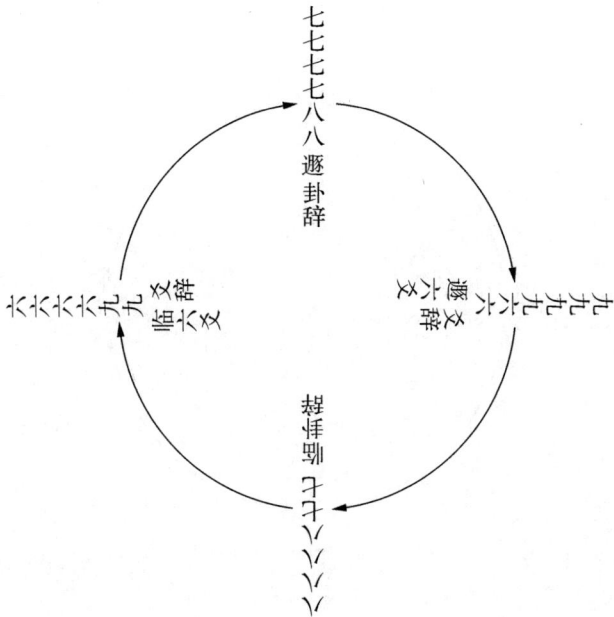

119

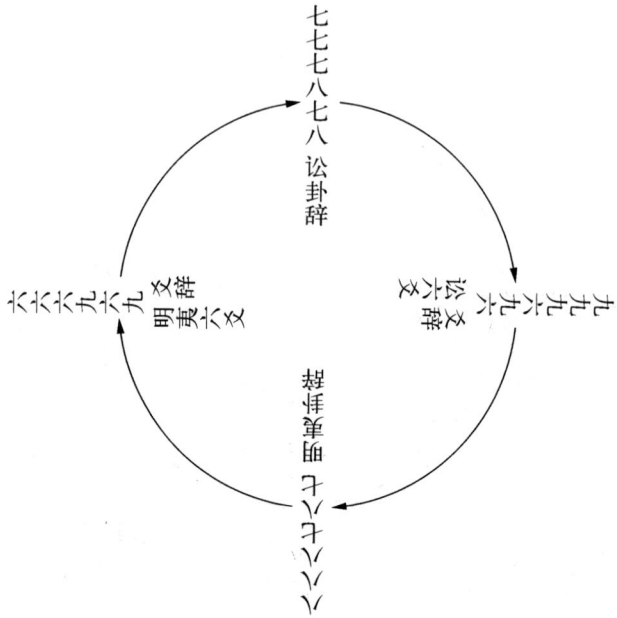

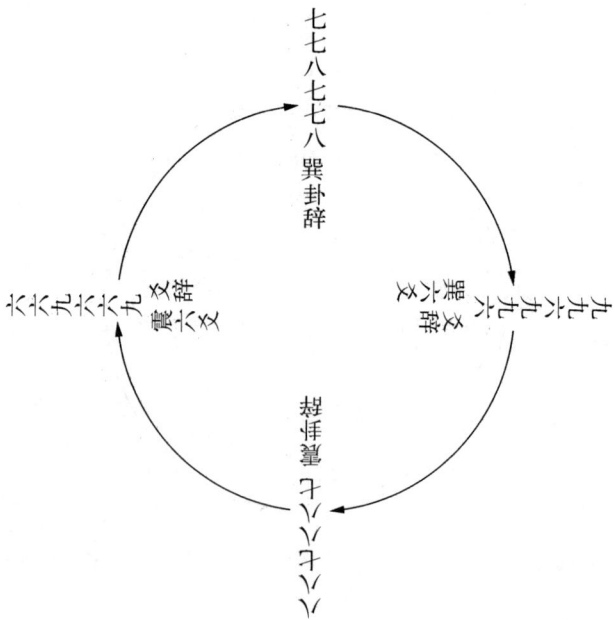

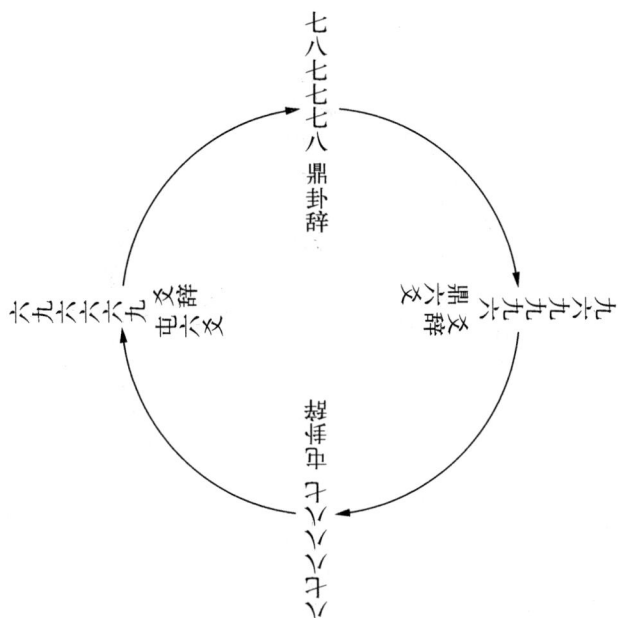

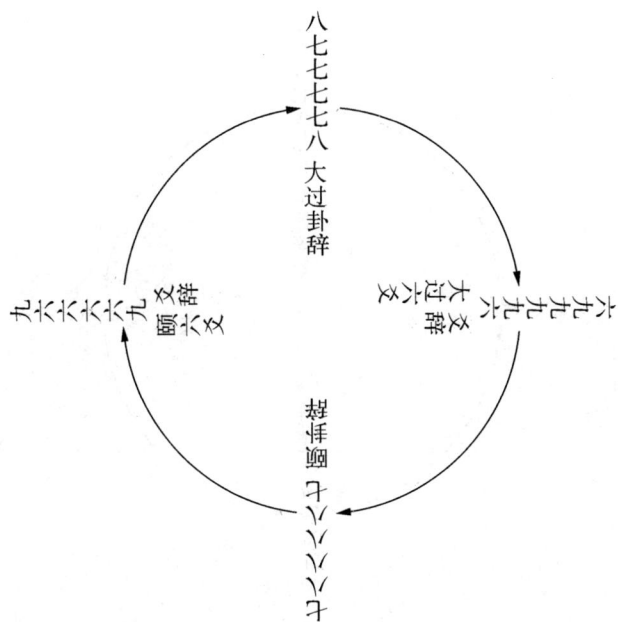

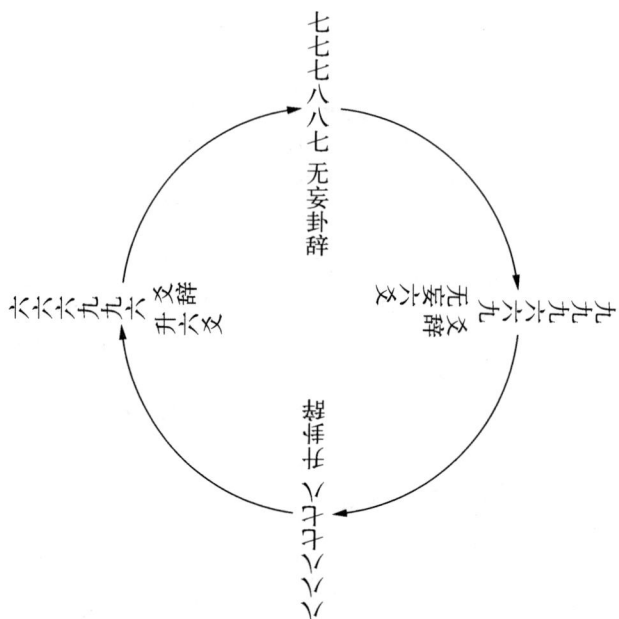

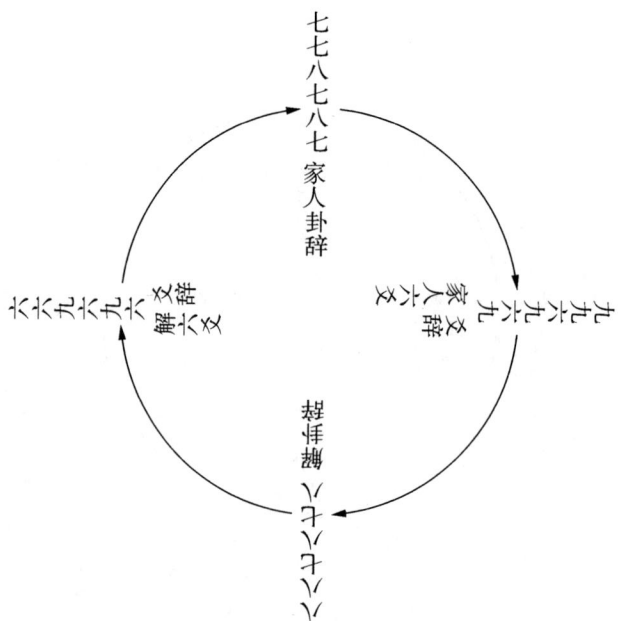

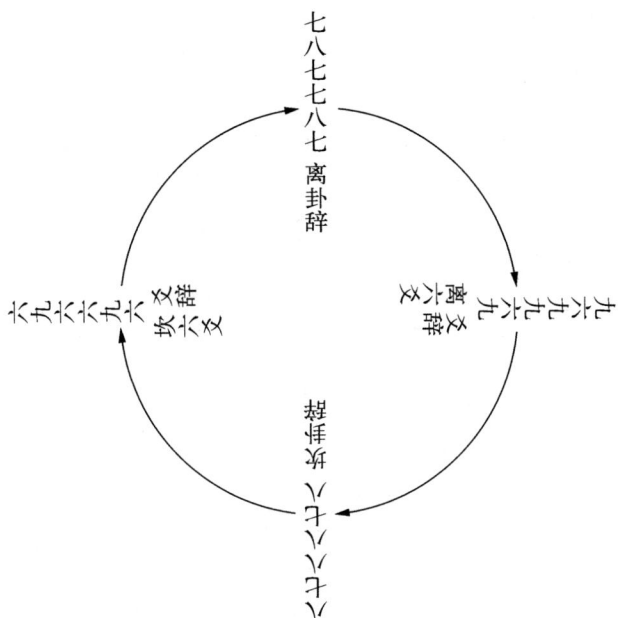

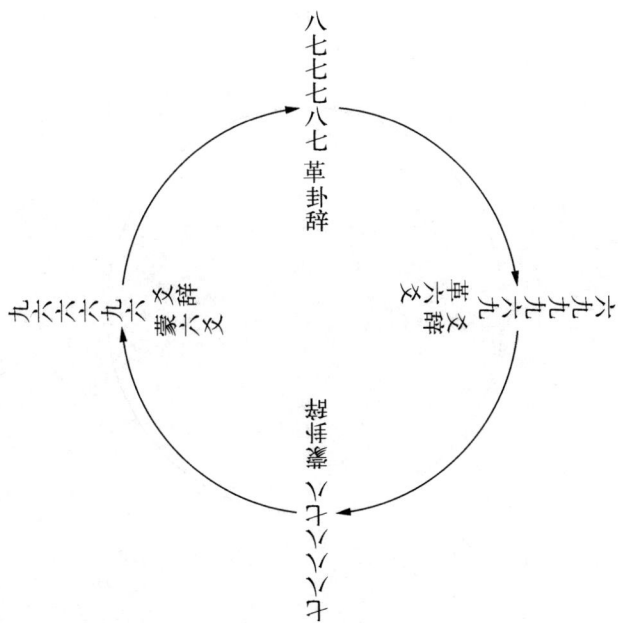

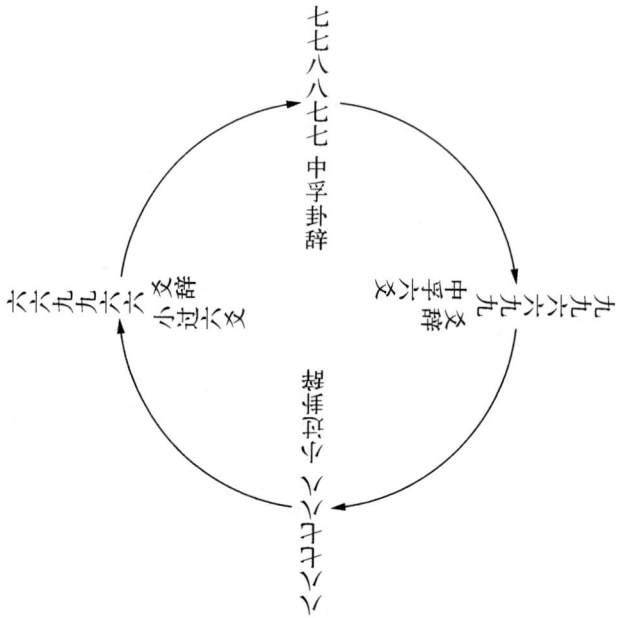

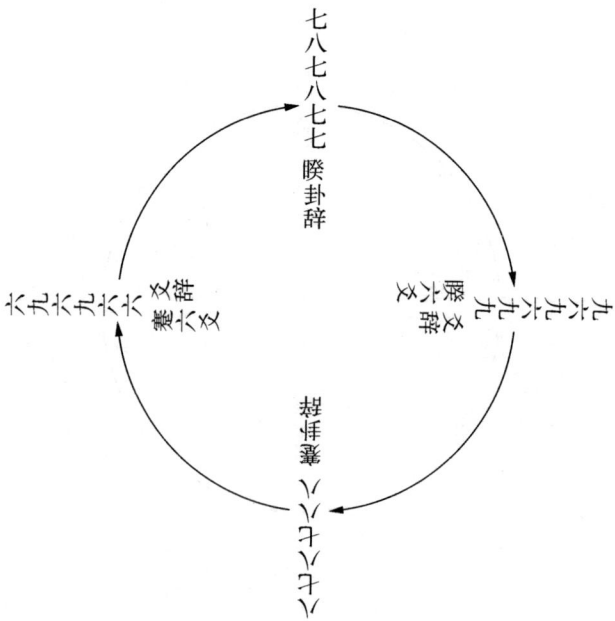

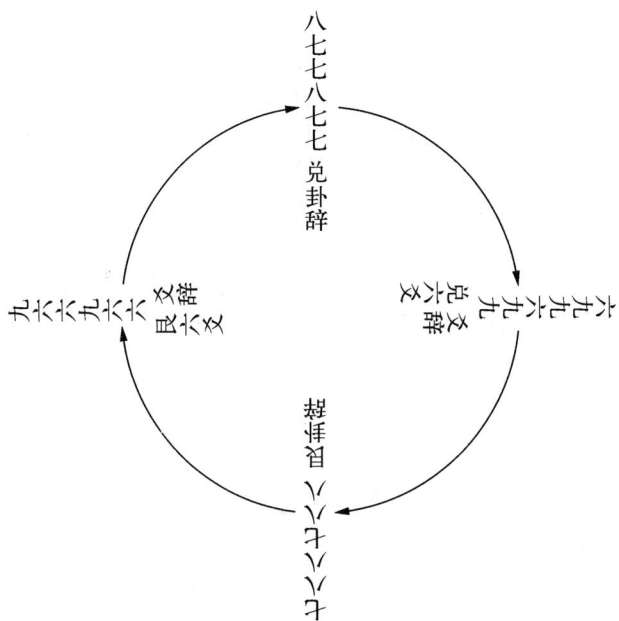

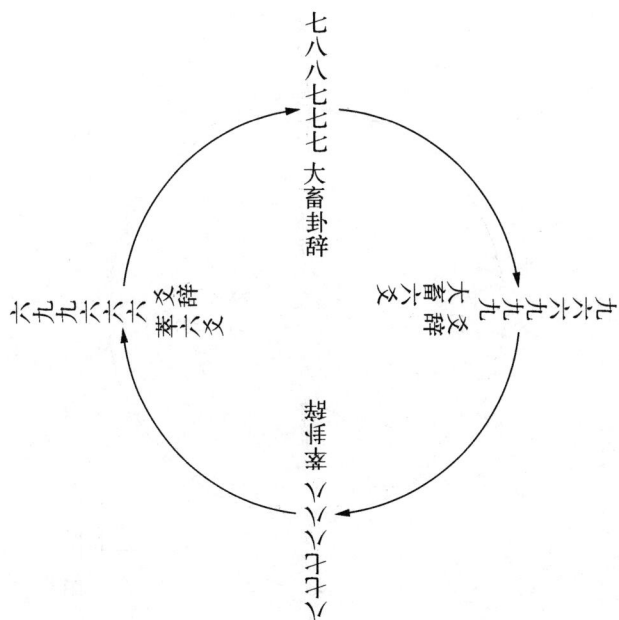

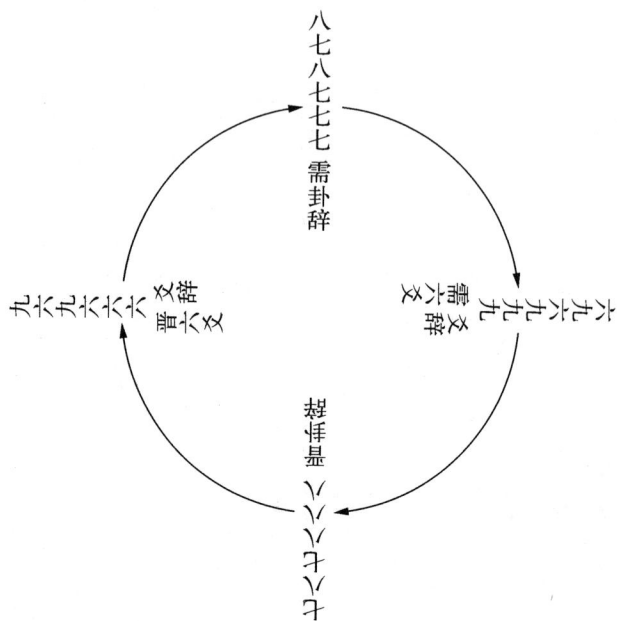

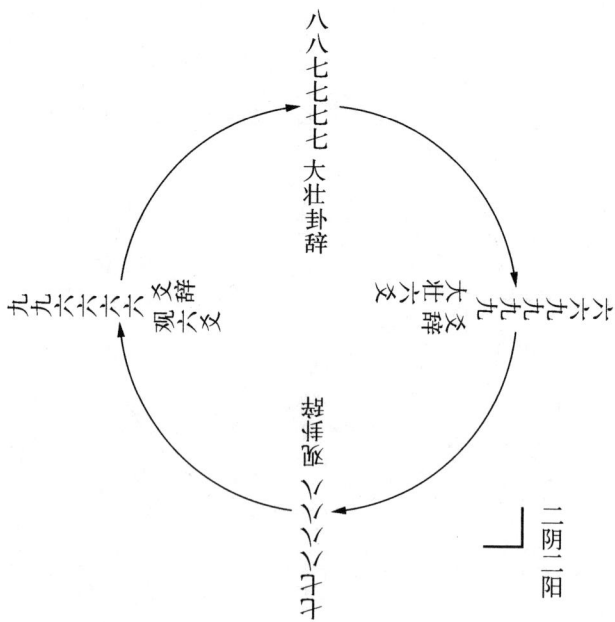

八七八七七七 需卦辞

六九九六六六 晋六爻辞

六九九六九九 需六爻辞

七八八八八八 恒卦辞

八八七七七七 大壮卦辞

九九六六六六 观六爻辞

六六九九九九 大壮六爻辞

七八八八八八 豫卦辞

二阴二阳

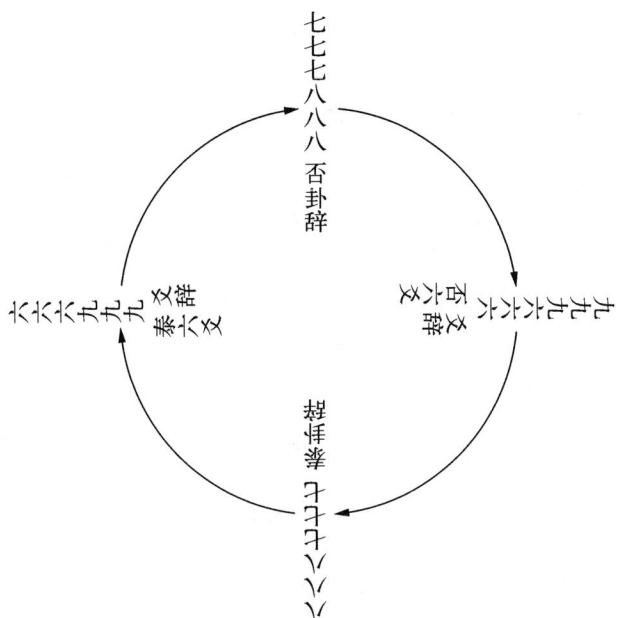

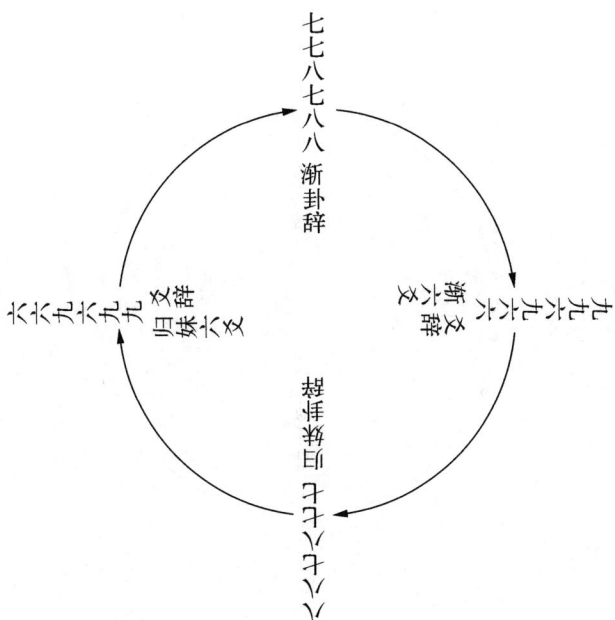

127

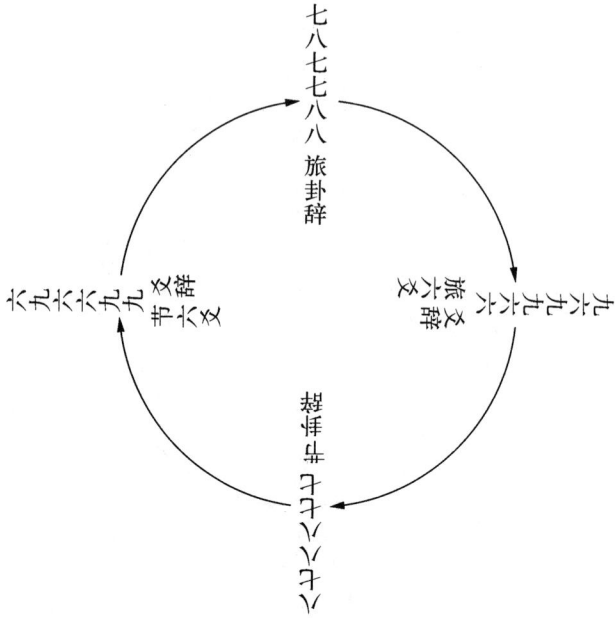

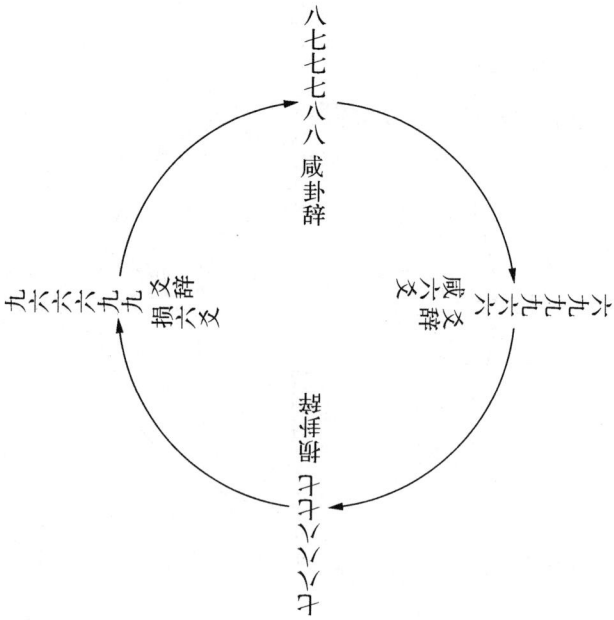

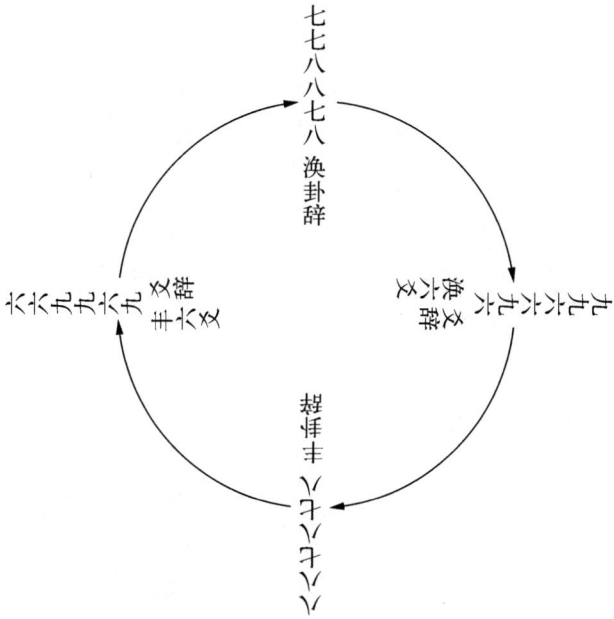

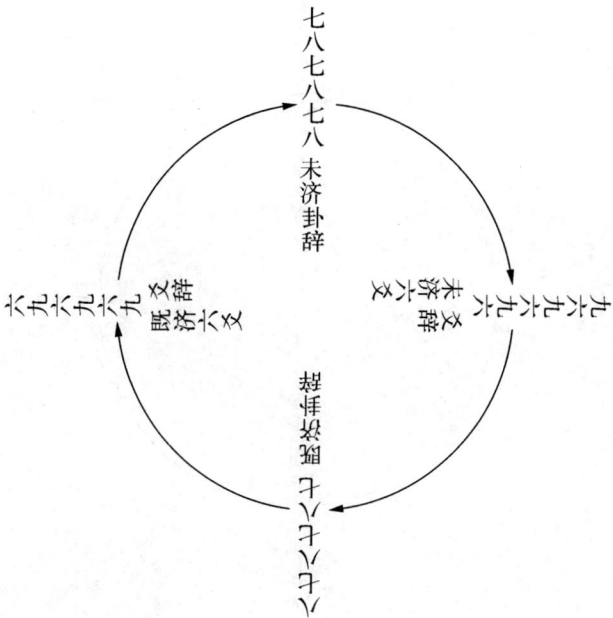

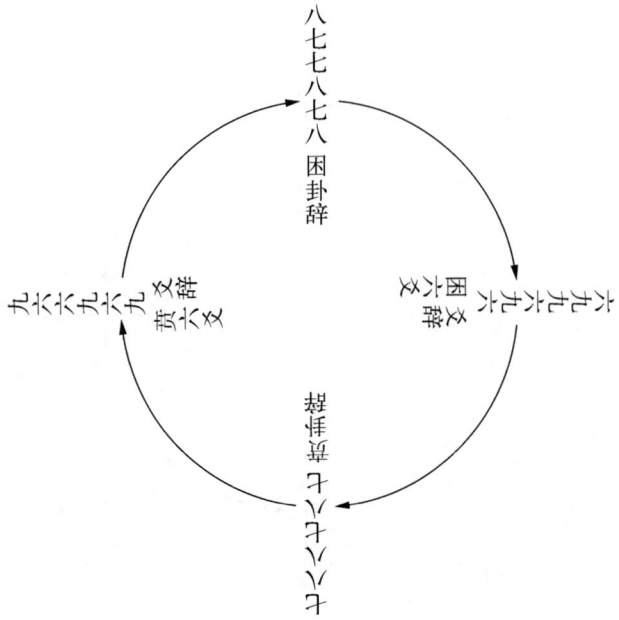

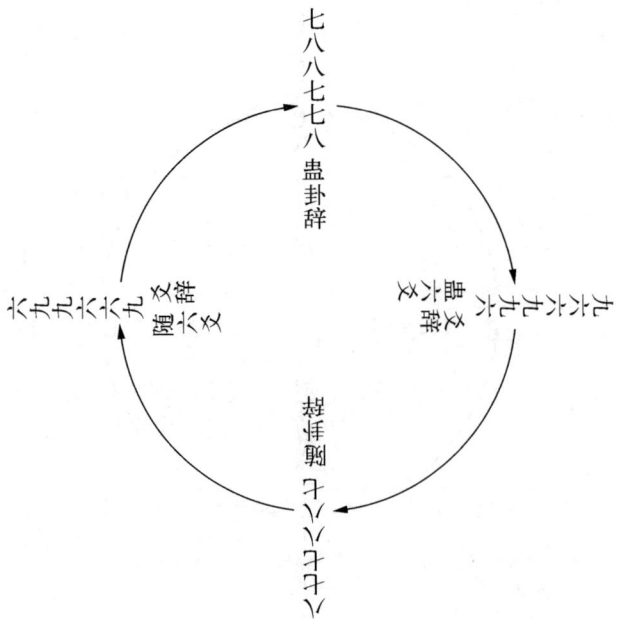

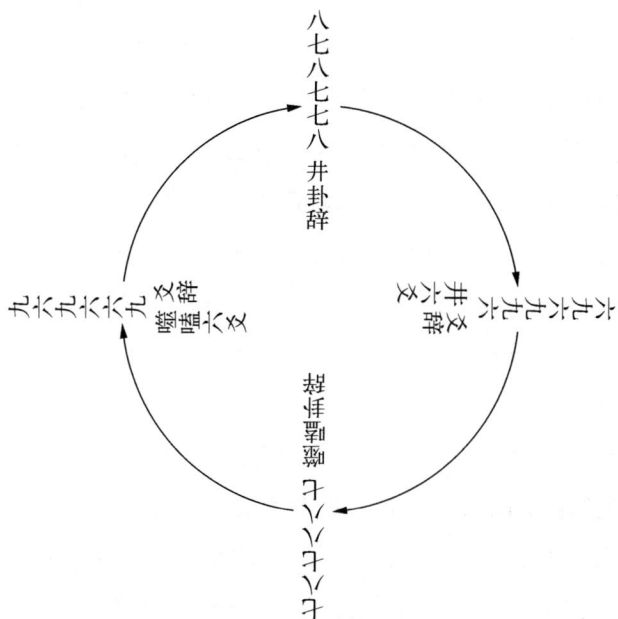

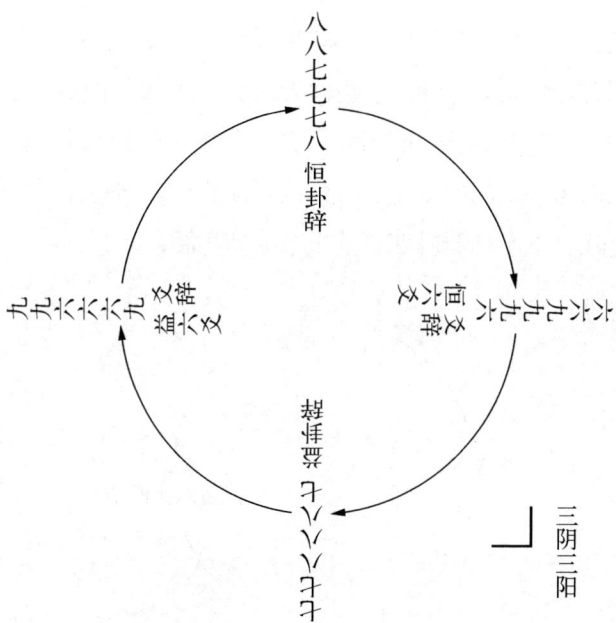

三阴三阳

　　由上图可喻仅增乾之坤与坤之乾两辞，而使阴阳相反的卦象皆可相通，其作用甚大，所谓相反相成是其义。阴阳转化之理即在其中，易学之整体亦由是而现，故不观此象而读卦爻辞，何以能识其旨。且于阴阳转化之际，非徒限于一爻变与六爻同时可变，其间二爻变和五爻变当然亦可同时变化，故卦辞与卦辞间、卦辞与爻辞间、爻辞与爻辞间，更可有种种联系，而决无一卦卦辞不能与其他卦辞相应，亦无一爻爻辞限于变成一象之拘，始可得易学整体的概念。故易象不妨由数字卦逐步变成阴阳符号卦的简单形式，而其内容仍包含数字卦之旨，五行之理即在八、六、七、九阴阳变化之中。故仅有蓍筮，已含龟卜，秦汉以来龟卜虽绝而兼及五行的蓍筮法特盛，决非偶然。且《周易》形成兼及龟卜的整体，正赖其有四百五十节的文字，于文字的含义已全书贯通，始能示变化多端的天下之赜。故仅增乾之坤与坤之乾两辞，足以总结三百八十四爻的变化纲领，且完备"之卦"之理而加强卦爻辞之间的联系。既有截然不同且绝不可紊乱的变化法，更有决不会不可能变通的渠道，故善学《易》者必先了解"见群龙无首吉"与"利永贞"的形象及其作用，自然可得《周易》之整体大义。六十四卦散成三百八十四爻，爻变的纲领归诸阴阳，阴阳经六次组合乃成六十四卦，要在其中有七八九六以当卦爻间的变化。故仅以三部分之辗转周流，亦足以示三才易道之几。下示《周易》四百五十节的结构图：

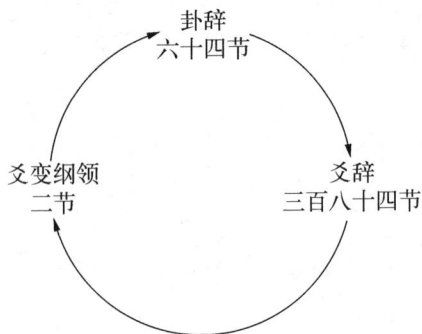

卦辞
六十四节

爻辞
三百八十四节

爻变纲领
二节

　　当蔡墨准此以言龙,亦即魏献子与于六卿以分公族之时。是时的形势,王室有王子朝与敬王之乱。王子朝于敬王四年(前516)奔楚,至敬王十五年(前505)始为"王人杀子朝于楚"。而敬王之成,全赖晋之支持。然晋国内部亦在变化,当韩宣子卒而魏献子为政(前514),实有以更新。蔡墨犹魏献子之智囊,其时鲁昭公亦为季氏所逐而薨于乾侯(前510),蔡墨之言亦偏袒季氏。因魏献子之更新晋国,与季氏在鲁之作风相似,此见晋六卿之所以必分公族。以楚国言,定公四年"冬,吴入郢"(前506),唯因楚乱,敬王始能杀王子朝,若平定楚国又赖"申包胥以秦师至"(前505)。此见当时天下的形势,正有大动荡大改组大反复的变化,而魏献子当其机,能定敬王、和六卿以分公族,蔡墨辈则能抽象其事以归诸理,且其理非新创,仍属其来已久的数字卦。由数字卦之辞,变成《周易》的卦爻辞,亦已通行近百年。唯仅限于一卦之六卦之象,尚难适应形象大变的事实,乃增加或重视乾之坤与坤之乾二辞,确已能探得爻变的纲领,庶见八、六、七、九阴阳变化之全貌,故《周易》之整体结构,必须完备四百五十节的文字。此唯重视卦爻象数者方能喻其理,识其理者又何可不究文字所指之内容。

　　当编辑成四百五十节文字之《周易》后,示卦象乃用(一)七(八)八两字;示爻象必须用某卦之某卦。于乾之坤与坤之乾两辞,如以数示之,自然可用六个九字与六个六字(详见上图)。此七、八、九、六之数皆与筮法相应,当时具体所应用的筮法,尚难肯定。至于迄今流传的大衍筮法,或产生于战国,亦可能已当西汉初。然大衍筮法虽或后起,仍可深信当时的筮法已在应用七、八、九、六四数。此四数之当四时,自东周起既已通行五行数,自然有冬六春八夏七秋九之象。筮数用之尚可能更早,今由数字卦可推得其变化的概貌。故当《春秋》之"所见世"用此,基本可适合当时的时代背景。然以用卦名的"之卦"法示爻象的变化,难免使卦爻混淆,乃有继其理以定爻及二用之名者。

约于数十年后,可有初九、九二、九三、九四、九五、上九,初六、六二、六三、六四、六五、上六,用九、用六凡十四爻名。以十四爻名视四百五十节的《周易》文字,更可脱离筮法而独立存在,则研习《周易》者莫不可有伯廖、知庄子之知。然研习时,决不可忽视其文字所相应的象数及象数所适应的客观事实。唯有此出入象数的能力,乃可使四百五十节文字,有其适应于各种时空结构的内容。以今日的知识论,必须了解编码法,方能起电子计算机的作用。于象数的研究,不啻在研究软件。反观历代研究《周易》文字而重视卦爻象数者,实有软件的意义,故极有继承和发展的价值。定此十四爻名者的思想,确有见于时空结构之蕴。上已提及定爻名者约当春秋战国之际,然成于战国初期的《左传》尚用"之卦"法而不知用爻名,可认为当时已有爻名,唯《左传》作者犹未见。因既有爻变的纲领,九六方可与七八相对,则除七八以当卦象外,必须有九六的爻象。故增加爻名之时,不可能与完成《周易》整体结构相隔太远,但可认为孔子决未见爻名。再者爻名作者的思想结构,其特点在取初上二位与中爻四位分观之,其理极精深可观,乃发展《周易》的观象法,然于卦爻辞未必相应。《周易》编辑完成在先,定爻名在后,此不可不知。今论《周易》整体结构的具体内容,当以四百五十节文字为主,既可应用爻名以代"之卦",然不必以爻名的结构为主(另详"论《周易》爻名作者的思想结构")。

以上阐明《周易》整体结构之完成,当由三部分组成,进而论其具体内容,宜明确三部分文字的同异。先以卦爻辞论,自刘向、刘歆误认为是文王所作,未久有马融等皆认为卦辞文王、爻辞周公。此改变仅差一代人,仍未足以合于史迹,但可见卦爻辞的内容实有所不同,然非作者的时代,乃基本的范畴有异,故不可不分视之。以今而论,卦辞明其总纲,以理为主,观其文字,颇多编辑者所加之增补;爻辞论其得失,以事为主,观其文字,颇多保存数字卦下的系辞。然此仅相对论其多寡之比例,故卦辞中亦间有古辞,爻辞中亦有新增者。且编成之时,虽有百余年之差,对卦爻的认识尚能一致,或补足二用者,尚有所裁成。要而言其定本(今以马王堆本为最早),卦辞之理,基本尽于乾卦卦辞之"元亨利贞"四字。爻辞之事,基本应于六位当三才之整体,主于"吉凶悔吝厉咎"等诸字之断。此十余字必数字卦下本用之字,然经编辑者之相继安排,庶能逐步相应于卦爻以当时空结构之象。凡卦重时间之终始,爻重六位之上下,时空既定,庶知人事之变。以人事合诸客观条件,此卦爻辞之内容,所以可宛转相应于各种客观事实而有无穷的变化。归诸天地人三才之道,则于无穷之变化中,其间仍有易简的规律。下以乾卦为例,以喻其三才时空之变。

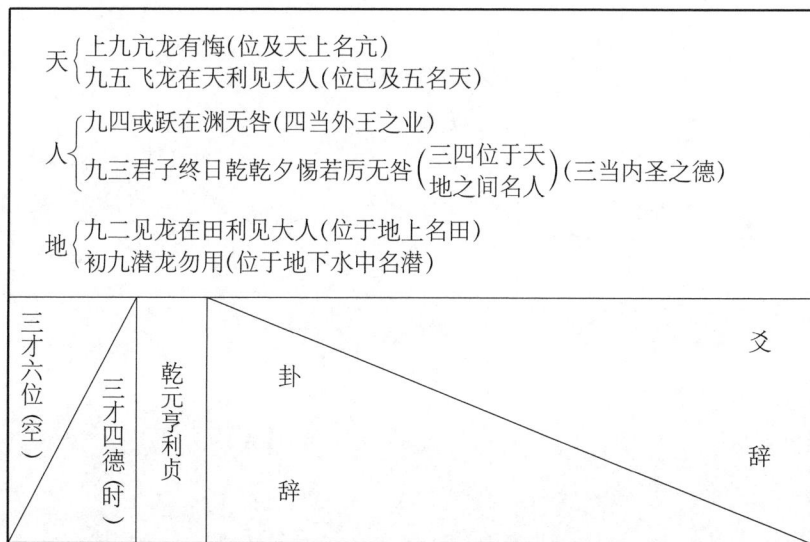

天 {上九亢龙有悔(位及天上名亢)
　　九五飞龙在天利见大人(位已及五名天)

人 {九四或跃在渊无咎(四当外王之业)
　　九三君子终日乾乾夕惕若厉无咎(三四位于天地之间名人)(三当内圣之德)

地 {九二见龙在田利见大人(位于地上名田)
　　初九潜龙勿用(位于地下水中名潜)

三才六位(空)　三才四德(时)　乾元亨利贞　卦辞　爻辞

考乾卦的卦爻辞,确为其他六十三卦卦爻辞的特例,亦可视为编辑成《周易》者之旨。即此三才时空结构,正属全部《周易》文字的大义。能循此大义,则于《周易》四百五十节文字,始可贯通而得其整体。而其整体,不外天地间之关系,人与人之关系,及人与天地间之关系。准此以观《周易》之辞,则于编辑成《周易》者的思想结构,虽不中或亦不远。出于卜筮而不为卜筮所限,有事可象,有理可喻,必须以玩辞之道,作为读四百五十节《周易》文字之方法。循此以进,殊可由文字抽象成卦爻及三才四时六位之象数,则非仅执文字者所能理解。合象数义理为一而决不可分,此《周易》一书所以能有可贵的整体。

论《周易·象》作者的思想结构

　　《周易》之成书，当有六十四卦卦辞及三百八十四爻爻辞与用九用六。今得最早之原文为马王堆之帛书本，下葬于公元前一百六十八年。《晋书》记载所得之汲冢本亦可深信，以杜预之说为准，下葬于公元前二百九十九年。此二种《周易》原文，皆无《象》。汲冢本已未详六十四卦之次。故原文既全，复存其次者，今唯有马王堆本。此外之卦次，仅扬雄（前53—前18）《太玄》用卦气图，他本今皆用《序卦》。

　　考《史记》记及孔子于《易》有"序《象》"之事。《象》之成，于《周易》六十四条卦辞有划时代之认识，而对《周易》面貌亦有改观。且既成六十四段《象》以解六十四条卦辞，自然宜有排列之次序，则卦辞之本来排列是否有变，亦不可不加考虑。今知于西周用数字卦，已得古物为证，然与《周易》之卦爻辞与用九用六，已有极大之差别。若由数字卦变成阴阳符号卦，当在春秋后期，且宜在齐鲁地域。今论作《象》及"序《象》"，其内容基本已脱离数字卦，全由阴阳符号卦之形式加以解释。此宜直接研究六十四条卦辞与六十四段《象辞》之相应处及发展处，以见作《象辞》者之思想结构，故由《象辞》而考其"序《象》"，亦为其思想结构之重要部分。

　　观六十四条卦辞中，于十二辟卦之十二条，其中有联系，扶阳抑阴亦极明显。《彖》之释此十二条，亦能明其理，此见《易》与卦气图之关系。其中乾坤二卦之《彖》，实为全《彖》之主。下为列表以示之：

乾　姤　遯　否　观　剥　坤　复　临　泰　大壮　夬

（十二卦《彖》之表解见附表一）

　　总观六十四条卦辞，主要重视乾卦卦辞"元亨利贞"四字，基本分散而遍及各卦卦辞，详以下表示之：

卦辞与"元亨利贞"关系表

	乾	坤	屯	蒙	需	讼	师	比	小畜	履	泰	否	同人	大有
元	✓	✓	✓	✓				✓						✓
亨	✓	✓	✓	✓			✓	✓	✓				✓	✓
利	✓	✓	✓								✓	✓		
贞	✓	✓	✓			✓	✓					✓		

	谦	豫	随	蛊	临	观	噬嗑	贲	剥	复	无妄	大畜	颐	大过
元	✓		✓	✓	✓						✓			✓
亨		✓	✓	✓	✓		✓	✓		✓	✓			✓
利			✓	✓	✓						✓	✓		
贞					✓						✓			

	坎	离	咸	恒	遯	大壮	晋	明夷	家人	睽	蹇	解	损	益
元													✓	
亨	✓	✓	✓	✓	✓			✓	✓		✓	✓		✓
利	✓	✓	✓	✓	✓						✓	✓	✓	✓
贞	✓	✓	✓	✓	✓			✓						

	夬	姤	萃	升	困	井	革	鼎	震	艮	渐	归妹	丰	旅	巽
元			✓	✓									✓		✓
亨		✓	✓	✓	✓		✓	✓	✓				✓	✓	✓
利	✓		✓	✓						✓	✓				✓
贞			✓		✓					✓					

	兑	涣	节	中孚	小过	既济	未济
元							
亨	✓	✓		✓	✓	✓	
利	✓	✓	✓			✓	
贞	✓	✓	✓	✓			✓

由上表之统计,可见"元亨利贞"四字,实为编辑成《周易》之纲领。或更合以爻辞,则任何一卦必及此四字。且四字各可结合其他各字,"元"如"元吉"、"元夫"等,"亨"如"吉亨"、"用亨"等,"利"如"利有攸往"、"利涉大川"等,"贞"如"贞吉"、"贞凶"等。故深入分析《周易》四百五十条之大义,不可不重视"元亨利贞"四字。特于乾卦卦辞仅系此四字,决非偶然(详见"论编辑成《周易》者的思想结构")。至于此四字之内容,作《周易》者与系《彖辞》者,当然不同。因非一人之作品,时代地域亦各有不同。乾《彖》虽于此大加发挥,而"元亨利贞"之四分法,必须承认本属《周易》之纲领,而非作《彖》者之思想结构。

详观坤卦卦辞,犹二次论"元亨利贞"。自首至"君子有攸往"为第一节,自"先迷"至末为第二节。"先迷"指迷于坤元而不知乾元,"后得主"指不先而后,则得以乾元为主而坤元可贞。《彖》所谓"先迷失道,后顺得常",即指"乃顺承天"而"品物咸亨"。以下"利贞"更明显,可不待解释。准坤《彖》以读坤卦卦辞,理实相承。可见作《彖》者对卦辞本身,确有深刻之认识。由是方可使乾坤二元自然合一,而成《周易》首乾之原则。此本属《周易》之旨,而《彖》以"乃统天"与"乃顺承天"分析之,归诸"资始"、"资生"、"大哉"、"至哉",义极精深,实为作《彖》者之思想中心。一物二面之可分可合,有先有后,知终知始,能变能化,其或得或丧,莫不有性命各正之理,故于先后之时、西南东北之位,贵识六位时成之乘。以现代语汇言之,位犹空间,时犹时间。合诸卦象,宜分六位以示宇宙之终始变化。乃以卦象之变,示客观事物之变化,然则《周易》六十四卦卦象间之变化犹一数学模式,模式所示之变化规律,可代入种种客观事物,此《周易》一书所以能流传不已。故《彖》所谓"统天"之哲理,历代注《易》者颇多发挥,于"御天"之哲理,实具有数学与自然科学知识,虽有发挥者,而历史上每为经学易所否定,今后更宜重视之。特先录十二辟卦者,正以见作《周易》与作《彖辞》者早已注意此阴阳消息,而为"序《彖》"之核心。

卦辞于泰曰"小往大来",于否曰"大往小来",则知阳为大,阴为小,于内卦为来,于外卦为往,其概念系卦辞者已用之。而于复曰"七日来复",自然指由乾而姤为一日,由姤而遯为二日,直至由坤而复为"七日来复"。以下图示之：

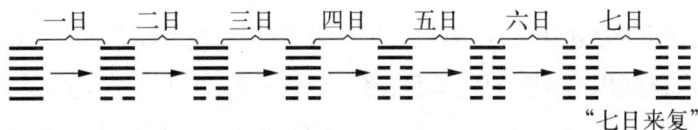

"七日来复"

由上图以观,所谓"七日来复"之义,必须合诸卦象以明其理。《彖》以"刚反"及"天行也"明之,实能阐明卦辞之原义。凡"亨"指通,已贯通于全部卦爻辞,其合诸卦象,宜各卦不同,故于"复亨"以"刚反"解之,犹上图之由剥坤而复。剥上九之刚爻,由消息经坤而反于复卦之初爻。合而观之,即"反复其道七日来复"之"天行也"。

更以消息言,复后为临,宜《彖》解"利有攸往"为"刚长也"。此须说明,卦辞每言"利有攸往",各有相合于卦象之"利"。此复卦之"利有攸往",自然指"刚长"成临。此《彖》之足成卦辞,亦为卦象本具之阴阳消息。必如是以观卦象间之关系,方足以见《周易》卦辞与《彖辞》间之联系。继之卦象由复而临,于临《彖》曰"临刚浸而长",正指复《彖》"刚长"之继续。又以"大亨以正"解"元亨利贞",即以"大"释"元",以"正"释"贞",明作《彖》者之认识贞元。且以"天之道也"作结论,庶见乾《彖》之兼及人事,必以天道为本,此又见作《彖》者之思想,必以人事合诸天道。若《周礼》所设想之社会组织,必本天地春夏秋冬六官,大义全同,亦可喻作《彖》者之思想当属齐鲁文化,与稷下派之学说有关。唯见天道之周流,乃有消息之吉凶,卦辞曰"至于八月有凶"。此辞既对于"七日来复"言,于卦象已见及十二辟卦之循环。当作卦辞时,早已认识一年之周期,历法除闰月外,以十二地支当十二月,及东周后已成为基本常识。以易学论,于数字卦变成阴阳符号卦后,唯其有十二辟卦之符号,正合于一年之天行。乃以乾卦姤卦间当夏至,坤卦复卦间当冬至,以之配合于十二地支,自然与《月令》相合。然必须理解地域之不同,若《彖》发展卦辞之义,当在齐鲁,故三晋地域发展《月令》之思想,则有吕不韦及其门客在秦著成《吕氏春秋》,然尚取十二纪而未及十二辟卦之"卦气图"。因战国晚期之《易》,在西北秦国及西南楚国,尚有盛行数字卦之痕迹,筮占与龟卜仍密切相合,与齐鲁地域由卦爻辞以发展成《彖》与《小象》,对《易》之认识有极大差别。故认识《吕氏春秋》之十二纪即十二辟卦,未可谓是。而十二辟卦以当十二地支之《月令》,至迟在成《周礼》前早已形成,在齐稷下派学术中,当为完成《彖辞》之客观条件。故临卦辞之"至于八月有凶",自然本复卦辞之"七日来复"而言,复既当七,临则为八。若据《彖辞》之义,因已密合于《月令》,故于消息之象更有明确之观象法,凡七日由姤起,八月由复当子月起,详示如下:

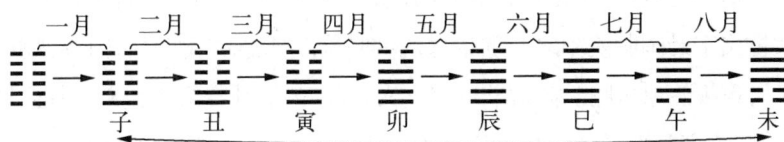

此于临卦卦辞之"至于"二字,甚可玩味。凡临卦是否已是八月,确未肯定,唯既有息,必有消,故临有息之吉,难免有消之凶,八月指何卦之象,当然亦可有变化。若《彖》言"消不久也",则已可当十二地支之消息。凡由子至巳为息,由午至亥为消,此有冬至夏至之客观标准,则八月未之卦象为遯,正与临卦阴阳相异。或以三正言,建子周正,宜为作《彖》者所用。又临《彖》曰"刚浸而长",遯《彖》仅曰"浸而长",亦见浸长虽同,不可不知有刚柔消息之异。是皆阴阳符号卦之本义,而非《彖》及注者之附会。

今以客观事实言,日指地球自转。月虽当月之绕地,然以知闰月而合诸冬至夏至,义指地之公转。易学之取象,在当时不必知地之自转与公转,然确已理解一日一月一年之客观事实,准此事实而为阴阳之标准,故未可忽视易学对阴阳变化周期之认识。

卦辞以七日、八月之周期变化合诸人事,乃有泰否之大小往来。由"吉亨"与"不利君子贞"之卦辞观之,作《周易》者早已是息而非消,是君子而非小人,重内而轻外,贵本而贱末。此实为我国民族之独特性格,盖有应于复初之乾元。若《彖》释泰否卦辞之不同处,主要能提出天地、上下、内外交不交之问题,此即由六十四卦推本于八卦。以下、上两八卦之象观六画之六十四卦,与纯以六画消息所成之十二辟卦,有不同之思想结构。这一不同之情况,二千年来早已存在,亦即卦爻辞与《大象》有不同之思路。今观泰、否卦辞之大小往来,要在指六画之消息。而《彖辞》考察泰、否之吉凶,已归诸上下两体之交不交。此由辟卦消息而推及两体之交不交,且合于人事之变化,虽不出客观时间之消息,而自有人之作用。宜《彖》之内容虽有取法于卦气图之周期,实未为所限,乃能通观六十四卦而明天地人三才之理,非徒固执于十二辟卦,此方为《彖》之可贵处。

观姤之卦辞,全论消之非。而《彖》则不得不以"不可与长"释之,然大量文字乃阐明阴阳之必须相遇,承坤《彖》之"品物咸亨"而曰"品物咸章",重视姤象可喻。此似非卦辞之义,而实为姤卦卦象之大义。凡由坤元之"咸亨",当经姤之"咸章",乃能"品物流形",而成乾元"首出庶物,万国咸宁"。此始为作《彖》者之目的。然"咸宁"必本"咸亨"、"咸章"而来,此见先秦易学之言皆有物,治国平天下之王道,必以咸物为本。咸,感也,咸品物而感万国,斯易学之所以能结合三才之道而有其整体。

又姤、遯之象同以"时义大矣哉"作结,明君子于消息之时,宜无入而不自得,则姤、遯未尝非,或未见天地之心而以临当八月,则复、临亦未尝是。此即《彖辞》有以发展卦辞之义,而实相咸于自然现象云。

又观与大壮卦象之义亦与消息之理不同。因当观之消,九五尚大观在上;当大壮之息,六五犹足以伤阳,故大壮利贞以正五,庶可见天地之情,亦为作《彖辞》者之情。观则坚持九五之阳待其下观而化,然既知"四时不忒"之"神道",而圣人设教以服天下之"神道",实不同于天时之消息。"顺而巽"且"中正",曲达人定胜天之象,此为吾国重视人生而不重宗教之表现,或未识辟卦卦象之消息,亦难喻其理。

若剥之"不利有攸往",《彖》以"小人长也"释之,可云全合卦辞之义。而归诸"君子尚消息盈虚天行也",又见自然之道实未可违,故夬之"利有攸往",必如《彖》所谓"刚长乃终也"。

总上十二辟卦言,可证卦辞已有通贯各卦之理,及作《彖辞》者更能进一步发挥其理,且不限于十二辟卦,使六十四卦结合成整体,斯为易学之一大进步。

《彖》重六画之消息外,又重上下两体,所言及两体之文句,详以下表示之:

《彖》言两体表

屯	——动乎险中	同人	——文明以健
蒙	——山下有险	大有	——刚健而文明
	险而止	豫	——顺以动
需	——险在前也	随	——动而说
	刚健而不陷	蛊	——巽而止
讼	——险而健	临	——说而顺
师	——行险而顺	观	——顺而巽
小畜	——健而巽	噬嗑	——动而明
履	——说而应乎乾		雷电合而章
泰	——天地交	贲	——文明以止
否	——天地不交	剥	——顺而止之
复	——动而以顺行	解	——险以动,动而免乎险
无妄	——动而健	益	——动而巽

大畜	能健止		夬	健而说
大过	巽而说行		萃	顺以说
习坎	重险也		升	巽而顺
离	重明		困	险以说
咸	止而说		井	巽乎水而上水
恒	雷风相与，巽而动		革	文明以说
大壮	刚以动		鼎	以木巽火
晋	明出地上		渐	止而巽
	顺而丽乎大明		归妹	说以动
明夷	明入地中		丰	明以动
	内文明而外柔顺		旅	止而丽乎明
睽	火动而上泽动而下		巽	重巽以申命
	说而丽乎明		节	说以行险
蹇	见险而能止		中孚	说而巽

由上表可见《彖》言两体与《大象》论两体，其理不同。《大象》必以两体立义，《彖》仅提及两体之象。而《彖》之重要处，在包括此两体之卦变外，尚有乾、坤、比、谦、姤、颐、遯、家人、震、艮、兑、小过、损、涣、既济、未济十六卦不言两体而大义仍见。此明四十八卦之言两体，尚属《彖》之部分思想而非主要之旨，若《彖》之旨以成此六十四卦之卦象为主，不以既成此卦后之两体为主。既已成其卦象，当然亦不可不知两体之象。《彖》所取八卦之卦象，不外八种自然现象与八种生物性质。前者与《大象》相似，后者出《大象》之外。详见《彖》取八卦卦象表：

《彖》取八卦卦象表

	自然现象	生物性质				
乾	天	健	刚			
坤	地	顺	柔顺			
震	雷	动				
巽	风	巽	木			
坎	水	险	陷			
离	火	明	电	大明	文明	
艮	山	止				
兑	泽	说				

以两体言,如泰否之明天地交不交,确为泰否之要义,而《彖》之重点,尚须注意泰否之消息。故由两体以见一卦之大义,更具卦变升降六位时成之法,准之以统观六十四卦之整体,斯为《彖》之旨,《史记》所谓"序《彖》"是其义。

《彖》于习坎、离、巽曰"重险"、"重明"、"重巽",于乾、坤、震、艮、兑皆未言两体,此见作《彖》者虽知由八卦相交成六十四卦而未取之,已直接观六画之卦象。而于六十四卦间,又继辟卦之消息以兼及六位间之上下升降,是即所谓卦变。故卦变者,须以阴阳多寡相同者而观之,此实为作《彖辞》者所用之"序《彖》"法。以下分类录之。

计一阳一阴之卦各六,辟卦中已及剥、复、夬、姤四卦,其他八卦见下。

☷☵ 师　☷☵ 比　☶☷ 谦　☷☳ 豫　☲☰ 同人　☰☲ 大有　☰☴ 小畜　☱☰ 履

(八卦《彖》之表解见附表二)

以上八卦作《序卦》者使其外围于泰否,以见一阴一阳之上下消息。然据《彖》义观之,有一重要之不同点,即《序卦》已全部利用"反复"之象排列,而《彖》义尚未重视反复。先以上述之十二辟卦论,于剥《彖》曰"君子尚消息盈虚天行也",合诸复《彖》之"复亨刚反"观之,其间必经坤象,方合七日之义。又夬《彖》曰"刚长乃终",故继夬者必指乾,而姤《彖》曰"天地相遇",则自然是指由乾而姤,下以卦象示其义:

《彖辞》所指 …… 剥 → 坤 → 复   …… 夬 → 乾 → 姤
　　　　　　　　　剥　坤　复　　　　　夬　　乾　姤
　　　　　　　　　蛊　　　　　　　　　骒

《序卦》所指 　　　剥　　　　　　　　　夬

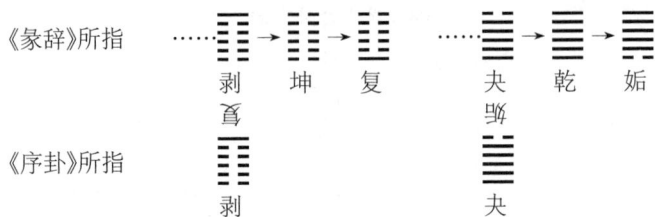

此见若以《序卦》之次论《彖辞》之次，则何以见剥《彖》与复《彖》、夬《彖》与姤《彖》间之关系。此所以不可不分"序《彖》"与《序卦》为二（详见"论《序卦》作者的思想结构"）。若一阴一阳之其他八卦，当与剥、复、夬、姤同类，凡此十二卦实即乾坤十二爻。以理而断，今传十翼中之《文言》乃出于子思之弟子，宜于《中庸》之理什九相应，而《彖辞》之成，时间似晚于《文言》。《文言》有言："六爻发挥，旁通情也。"而此一阴一阳之十二卦，犹明乾、坤十二爻之发挥。《彖辞》之继《文言》，所以阐明六十四条卦辞而序之，乃能得卦爻之整体。下示一阴一阳十二卦以当乾坤十二爻之乾坤六位表：

乾坤六位表

柔乘五刚 夬	上八 ←	上九 —	上 - -	上六 →	上七 剥	柔变刚
柔得尊位大中 而上下应之 大有	八五 ←	九五 —	五 - -	六五 →	七五 比	以刚中也 上下应也
柔得位 而上下应之 小畜	八四 ←	九四 —	四 - -	六四 →	七四 豫	刚应而志行
说而应乎乾 履	八三 ←	九三 —	三 - -	六三 →	七三 谦	天道下济而光明 地道卑而上行
柔得位得中 而应乎乾 同人	八二 ←	九二 —	二 - -	六二 →	七二 师	刚中而应
柔遇刚 天地相遇 姤	初八 ←	初九 —	初 - -	初六 →	初七 复	刚反 复其见天地之心乎
《彖》		六爻 乾	六位	坤 六爻		《彖》

以上所引之《象》，皆属作《象辞》者既释卦辞后，更详察阴阳符号卦之形象，且以分析六位间之关系。凡六位之名不变，爻数阳九阴六，则变其阴阳为九而八、六而七，乃以一阴一阳卦中之一刚一柔升降于六位，以喻其旁通之情，乾《象》所谓"六位时成"是其义。惜《象辞》虽在，早为《序卦》所割裂，整体概念埋没已久。宜提及"卦变"莫衷一是，今全准《象》之原文以求作者之思想结构，可免种种误解。故知一阴一阳卦十二，实即乾坤十二爻。两端之四卦，属十二辟卦中出入之机，中间八卦乃当中爻云。考《序卦》之作者必见及此，特取此八卦排列于泰否两侧，尚合"序《象》"之义。以下既先论泰否之卦变，可更进一步理解"六位时成"之旨。

计三阴三阳卦共二十，辟卦中已及泰、否，凡由泰、否，可各变九卦，分示如下：

一、泰所变之九卦：

☷☳ 归妹　☵☳ 节　☶☱ 损　☳☲ 丰　☵☲ 既济　☶☲ 贲　☶☴ 恒　☵☴ 井　☶☴ 蛊

（九卦《象》之表解见附表三）

以上九卦，皆从泰卦变化而来，宜逐卦说明之。于归妹卦特言"天地不交而万物不兴"，象指否卦由天地不交而交，万物乃不兴而兴，是为天地之大义。然此以上下两体分指天地，更以六画分三才言，则五上为天，初二为地，三四为人，故由否而泰，天地已交，奈九三六四之人位犹未交，而归妹者，泰之三四变，恰当"人之终始"。此与卦辞之"征凶无攸利"殊无关，属作《象辞》者之思想，然与阴阳符号卦之卦象确有密切联系。且经此联系后，似属无关之卦辞，反由卦象而可得其解。即归妹所以"征凶"者，起于九四之位不当。所以"无攸利"者，起于六三之"柔乘刚"。而由泰之九三、六四变成归妹之九四、六三，乃"人之终始"。此见时之变化，必得失互见，各有是非。而卦变之重要，属易学哲理之不可分割部分，实奠基于作《彖辞》者。

"节亨"之义，《彖》指通泰卦之三五。泰卦之象，下三爻同为刚，上三爻同为柔，今使其三刚五柔相分，则三刚处九五为"刚得中"，五柔处三为"兑说"，其象乃由泰卦变成节卦。

损《彖》曰"损下益上其道上行"，义指损泰下卦之三刚以上益泰上卦上柔，则泰卦变成损卦，亦即《彖》所谓"损刚益柔有时"。

丰卦辞有"宜日中"，指六二。《彖》为之论日月盈虚之理，而此爻乃由卦变而来，即泰四柔来成六二之日中。若"丰大也"之大，则指九四为动之主。

既济《彖》曰"既济亨，小者亨也，利贞，刚柔正而位当也"，此言与乾《彖》相应。凡所谓卦变者，即乾《彖》之"乾道变化"。于变化之道，不可不法十二辟卦之天行，而于阴阳消息之周期中，贵能得阴阳之各正性命，则阴正阴之性命，阳正阳之性命，唯能各正，则阴阳自然相须而保合太和，是之谓"利贞"。至于"利贞"之象何指，于卦爻辞中及"利贞"者甚多，如大壮卦卦辞仅曰"利贞"，可否谓"利贞"之象即大壮卦。然大壮《彖》曰："大壮利贞，大者正也，正大而天地之情可见矣。"乃仅指正大之情，由息阳而归诸乾，此首乾之情而非保合太和之各正性命。此外遯之"小利贞"，乃属坤元之情，继姤之"女壮"，同为时义之大而非各正性命。可知周流于辟卦之消息者，未足以喻保合太和之"利贞"。此《彖辞》之作者，特于既济卦之"利贞"释以"刚柔正而位当"，始说明"六位时成"之象宜以既济卦当之。必得时位相合之象，庶可通观时位之变而不为一时一位所囿。然则各正乾坤之性命，如未知既济之"利贞"，其何以知《彖》之旨，亦何以得"六爻发挥旁通"之"情"。更以卦辞论，遯与既济之"亨小利贞"实无异。而作《彖辞》者，有意于断句加以分辨，遯作"亨，小利贞"，既济作"亨小，利贞"，庶见"利贞"之义必归既济。由姤而浸长成遯，当遯之亨。然九二变柔，二虽正位，仅可为"小利贞"，尚未合六位之刚柔正。至于既济之"亨小"，系指泰六五来居六二,以六二"柔得中"为主,是谓"小者亨也"。

于贲卦卦辞,亦有断句问题。共六字,或断作"亨,小利有攸往"。或断作"亨小,利有攸往"。此两种断句法,当以《象》为准。今据《象》之行文及句法结构,当以"亨小"断句。于"故亨"、"故小"两者,正指泰二上之变,是之谓"贲亨"。

恒《象》曰"刚上而柔下",指泰初之刚上之四,泰四之柔下之初,乃有泰卦变成恒卦之雷风相与。

井《象》曰"巽乎水而上水",以卦变观之,象指泰六五下之初成巽,而泰初九上之五成坎水为上水。如是以理解"巽乎水而上水",始有动态之意义。而易学哲理之可贵,全在表示动态之过程,包括数字卦于数字之变化。成阴阳符号卦后,亦重在观其变化,逐步系以卦爻辞,于文字之内容亦具有相互之联系。迨编成四百五十条之《周易》,尤在其已有整体。故因卦辞而系以《象辞》者,其思想结构早有整体之认识。或不从《象》之全文,仅以一卦为言,决不可能了解其思想,亦决不能反映出战国中晚期对易学之认识程度。如此句仅以井卦之象论,则上卦为坎水,下卦为巽。以巽入乎水之下,可使水上出,亦未尝不可。然能合以其他诸卦所谓"刚上柔下"之义观之,则可兼及如何巽乎水,水如何形成,又如何因巽乎水而上水,即所以成井卦之象,乃在泰六五与初九之变动。此卦变之理,实具事物之发展过程,而作《象辞》者确已深入考察六十四卦间阴阳六位升降变化之规律。用此以充实卦气图中之十二辟卦,使六十四卦成一严密之网络结构。

蛊《象》曰:"刚上而柔下",象指泰初九之刚上之上九,泰上六之柔下之初六,则卦由泰变成下卦巽风上卦艮止之蛊。此指卦变,义极明显。总之《象》之文字,必须以动态喻之。或忽乎于六位间之上下流动,则"刚上"即谓蛊之上九,"柔下"即谓蛊之初六,乃全失活泼泼之易学,其何以见《象辞》之情。

总上九卦,可以下表示之:

上	五	四	柔 ╲ 刚
䷨ 损	䷻ 节	䷵ 归妹	三
䷕ 贲	䷾ 既济	䷶ 丰	二
䷑ 蛊	䷯ 井	䷟ 恒	初

䷊ 泰卦卦变表

二、否所变之九卦

䷎ 渐　䷷ 旅　䷠ 咸　䷸ 涣　䷿ 未济　䷜ 困　䷩ 益　䷔ 噬嗑　䷐ 随

（九卦《象》之表解见附表四）

以上九卦，皆从否卦变化而来，《象》之文辞确有可据。渐《象》以"渐之进"解"女归吉"，且曰"进得位"、"进以正"，皆指否六三之柔进得六四，乃以正得位，以"女归"之事喻之。至于不解"利贞"之义，因渐之初上，位与既济相比，尚未当。奈仅知既济而止之，则知位而不知时，必成"终止则乱"之"道穷"。若渐象之止而巽，反能"动不穷"，此初上之位与中爻之位，不可不辨，既不可忽视初上无位，亦未可固执六位而不知天地当剥、复、夬、姤之自然消息。

旅《象》以"柔得中乎外而顺乎刚"解卦辞"旅小亨"。小指否六三亨通之五位，是谓"柔得中乎外"，更能"顺乎刚"者，刚指否九五。既之三位成艮止之主，六五亦能顺之，乃成"止而丽乎明"之旅象，是以"旅小亨旅贞吉也"。旅卦时义之大，可与遯卦相通。遯为九五、六二之时义，消息由遯而否，否而旅，乃成六五与九三之时义。

咸《彖》曰"咸感也,柔上而刚下",指否六三之柔,上之上六,否上九之刚,下之九三,卦象由否而咸,乃成山泽"二气感应以相与"。否塞由不交而交,卦象本诸三上当上下两体之天位,明天道之自然感应。作卦辞者已本少男少女之情喻之,与《诗》始《关雎》同义。而作《彖》者更由阴阳自然之感应,推广至圣人以自然之理感人心而使天下和平,则与乾《彖》之"首出庶物,万国咸宁"可通。乾坤本自然科学言,咸本生物学之人以及人类之社会科学言,作《序卦》、《杂卦》者,皆以乾坤咸三卦为天地人之代表,而作《彖》者已有此义。

"涣亨"之义,《彖》以"刚来而不穷,柔得位乎外而上同"释之,实指否九四之刚来之九二成坎,坎水润下不已,故曰"不穷"。而否六二之柔,上之外卦六四,二四同属柔位,故曰"柔得位乎外而上同"。

《彖》于未济之卦辞,断句于"亨"而不断句于"亨小",亦未见其有必然之理。或取否而未济,其亨由六二至六五尊位,故不可与既济之"亨小"同例。不得已,乃以"小"字属诸狐而成"小狐"。至于以"亨"指二五相通,可无疑。若以未济与既济同观,可见六位当与不当之两端。若曰"虽不当位,刚柔应也",乃知作《彖》者之思想,于位既重其当,而六位间之关系,尤须了解处于初四、二五、三上之位者,是否已成一阴一阳。或已能阴阳相应,则不当位者自然可升降变化以使未济成既济。而或于相应之位,尚系二刚二柔,乃必为一位当而一位不当,于不当位者且无应,则其处境尚未及未济。故当位与有应两者,亦当详为分辨,方可尽旁通之情。

困《彖》以"刚弇也"释困,实已深观困卦之象。困由否二上变化而成,当否卦之象为天地不交,然阳刚在上之位未弇,及由否而困,则四五之刚为上所弇,九二之刚既为三弇又为初三所陷,且九二虽陷而坎水仍为阳刚,奈其位在下,又为上卦兑泽之阴柔所弇,此见困之所以为困,全在"刚弇"。若君子能不失其所亨者,仍在九二之刚中,决不可舍刚用柔,尚上六之兑口,斯"乃穷也"。

否上卦之九四，下之下卦之初，是益《彖》"自上下下"之义，卦即由否成益。若于损益之《彖》同曰"与时偕行"，且损曰"损下益上"，益曰"损下益上"。或合而观之，于否、泰之上下，亦可视为损当损泰之初，上之泰上之上，其象为损。益当损否之上，下之否下之下，其象为益。于是成另一种卦变法。于损益间亦可以此例相通，然与"刚上柔下"，"刚下柔上"之例不同。其后《杂卦》作者已知用此例取互象，虞翻之卦变法于损、益、无妄、大畜亦用此例，不可不认为皆受作《彖》者之观象法影响。故《彖》之文义，确在用二爻升降之卦变法，亦不可不认为已知用一爻之卦变法。此法示如下，以备参考：

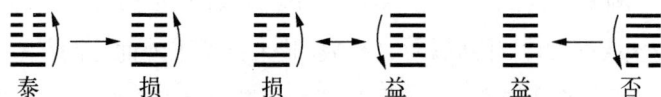

泰 —→ 损　　损 ←→ 益　　益 ←— 否

考《彖》作者之观象法，殊能分合兼备，既可分成一爻以观其上下之变，亦能合成下上两三画卦以明其理，尤要者更能以六画卦之间观其同异，若乾、坤、既济、未济、损、益之间皆是。而于颐卦与噬嗑卦之间的联系，乃从直观形象取义。凡"制器尚象"之利用易学，今犹自然科学家之用《易》；以颐与噬嗑之结合，今犹社会科学家之用《易》。观颐卦之所以名颐，与阴阳符号卦之形象有关，或合上下之阳连中爻阴断之形，恰如人之口，"求口实"所以为颐养。而噬嗑卦之形象，有九四一阳梗于口中，宜《彖》曰"颐中有物曰噬嗑"。且噬嗑之义，本指噬物以合之。求口实以自养，固为生物所必需。而噬嗑卦之卦辞曰"利用狱"，此见编成《周易》之时，下上之矛盾已甚。而《彖》之作者既说明噬嗑与颐之关系，又以卦变六位之道说明用狱之理。凡噬嗑由否卦来，故噬嗑而亨，所以分否下柔之初六上之六五，是为"柔得中而上行"，而否上刚之九五下之初九，乃成"动而明，雷电合而章"。当亨成噬嗑之象，利用狱者为六五，狱不可不用而五位不当亦不可不知，此正《中庸》"以人治人，改而止"之思想。能明确执法用狱之本诸颐养，实当战国时之可贵学说。

随由否上初往来而成,然《彖》曰"刚来而下柔",未言"柔往而上刚",此可例推。或不信有例推之义,则否之"刚来而下柔",乃成益卦而非随卦。然既曰"随刚来而下柔",且成"动而说随",其为二爻往来无疑。凡初上当天地之位,故否、泰之变初上,于蛊随二卦,包括卦辞与《彖》,皆极重视之,"蛊元亨而天下治也","大亨贞无咎而天下随时"。时义之大,犹终则有始之天行。上初犹剥、复、夬、姤,此又见十二辟卦之消息,实为由数字卦变成阴阳符号卦后之主要应用处。

总上九卦,又可以下表示之:

上	五	四	刚／柔
䷞ 咸	䷷ 旅	䷲ 渐	三
䷮ 困	䷿ 未济	䷺ 涣	二
䷐ 随	䷔ 噬嗑	䷩ 益	初

否卦卦变表

直接从《彖辞》中认识所谓"卦变",于三阴三阳卦之来自泰、否,实属作《彖》者之思想,绝非注者之附会。然《彖辞》之内容变化多端,或仅执其一端,势难通贯全《彖》。今论"序《彖》"必从十二辟卦说起者,因十二条卦辞十二节《彖辞》,于卦象确有所指。乃于一阴一阳卦与三阴三阳卦之《彖辞》,基本全可认识其内容。间有言外之旨,密合于卦象,故可肯定其意义。尤重要者,尚在对二阴二阳卦之认识。考历代之论卦变者,莫不欲求其原,奈或汉或宋,其失皆在以一例求,未能客观研究《彖辞》作者之思想。对二阴二阳卦变之纷纭，莫不各有固执之例，乃成各时代易注之思想而非作《彖辞》者之思想。此文全准《彖辞》以论，或能进一步了解作《彖辞》时对卦象卦次认识之情况。观《彖辞》之义，确重视十二辟卦之消息，然以卦气图论，十二辟卦当十二个月，尚有四时卦在外。故《太玄》之法《易》实仅法六十卦，且使六十卦之数通以花甲数。然以阴阳符号卦论，当以六十四卦为主。若卦气图之重视六画卦，尚忽视其可来源于三画八卦。当卦气图之成立，定已法于三画八卦之方位图，乃取其二分二至卦以当四时，故配六画卦时，即舍此四卦。此见卦气图之合乎卦象，唯十二辟卦之消息。于十二辟卦外之五十二卦中，竟舍去四时卦，以所存之四十八卦平分于十二月，每月选取四卦之象，既缺四卦，复任意选取，则如何能表示出阴阳符号卦卦象之意义。而"序《彖》"者，及其后来排列《序卦》、《杂卦》之卦次者，则纯属观卦象入手，与排六十卦成卦气图者实未可同日而语，此不可不辨。以"序《彖》"者论，已注意上下两体，则对两体相同之八卦，自然有其地位。于卦气图中，乾、坤已属于十二辟卦，震、离、兑、坎则属于四时卦而舍之。又使巽以继否，艮以继剥，皆无理可喻。而"序《彖》"者，除主乾坤及重视十二辟卦外，更在重视两体相同之重卦。

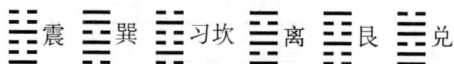

☳☳震　☴☴巽　☵☵习坎　☲☲离　☶☶艮　☱☱兑

（六卦《彖》之表解见附表五）

观以上六卦之《彖》，其文句之结构，与十二辟卦、一阴一阳卦、三阴三阳卦等，完全相同，其为一人所作无疑。然论各卦间之关系，实各有不同。于十二辟卦，乃以乾坤为主，以明阴阳消息之周期变化。于一阴一阳卦，所以足成十二辟卦中之剥、复、夬、姤，恰合成乾、坤十二爻之旁通。于三阴三阳卦，可见泰、否各变九卦之刚柔升降。唯于二阴二阳卦，不可以一例概之。此六卦之《彖》，言"重巽"、"重险"、"重明"，即谓重卦中其象相同者。而取震"出可以守宗庙社稷以为祭主"，又取"重巽"为"柔皆顺乎刚",故能"申命",此正合以震、巽继承乾、坤二元之象。震出以主性,巽入以申命,乃有应于乾《彖》"各正性命"之义。凡乾坤二元各具性命,取其所偏重,乃复震为性,姤巽为命。而六画震、巽,不同于复、姤中三画震、巽者,彼言性命之消息,是之谓"出入无疾",此言性命之各正,宜取刚巽乎中正者为祭主。故震之象犹复、豫之合,巽之象犹姤、小畜之合。更观以下四卦,其义尤显。

坎《彖》之"习坎重险",离《彖》之"离丽"以达"重明以丽乎正"之象,皆指二五两位之阴阳变化。又坎《彖》论"天险"、"地险"与"王公设险";离《彖》本"丽天"、"丽地",经"柔丽乎中正","乃化成天下";全在说明天地人三才之道。且以人法天地之理,取则于险丽之象,可喻其来源于乾、坤二五之交,更属"六位时成"中之主要步骤。

艮《彖》之要,在阐明"艮止"之象。能由"时止则止"而见及"时行则行"亦为止,则当时对艮止之理解,已极深刻。归结于"动静不失其时,其道光明",又得《彖》所以明时之旨。以上下两体言,贵能得阴阳刚柔之相与。凡相应之位(初与四,二与五,三与上)为一阴一阳一刚一柔则相与而有应,然两体相同之八卦必为阴阳刚柔相同,《彖》特重"艮止"、"止其所"之原则,为之说明"上下敌应,不相与也"之理。观阴阳符号卦中之"上下敌应"卦,当与恒《彖》所谓"刚柔皆应"卦并论,同属分两体后之重要观象法,而概念于《彖》中已备,可见当时之观象程度。以艮《彖》言,所以重视三上之刚,合诸兑《彖》之"刚中而柔外"论三上之柔,此见艮、兑之变在三上。故坎犹师、比之合,离犹同人、大有之合,艮犹谦、剥之合,兑犹夬、履之合,凡此敌应卦即六子卦。示如下图(见下页)。

观归妹之卦象为上卦震兄归下卦兑妹,则知编辑成卦爻辞四百五十条《周易》者,已知重视阴阳符号卦卦象下上两体之含义。又咸《彖》所谓"男下女",亦即下卦艮为少男下上卦兑为少女。以咸感之象当《关雎》,且可合诸爻辞,此证以六子之卦象取义,其来甚古。今本《说

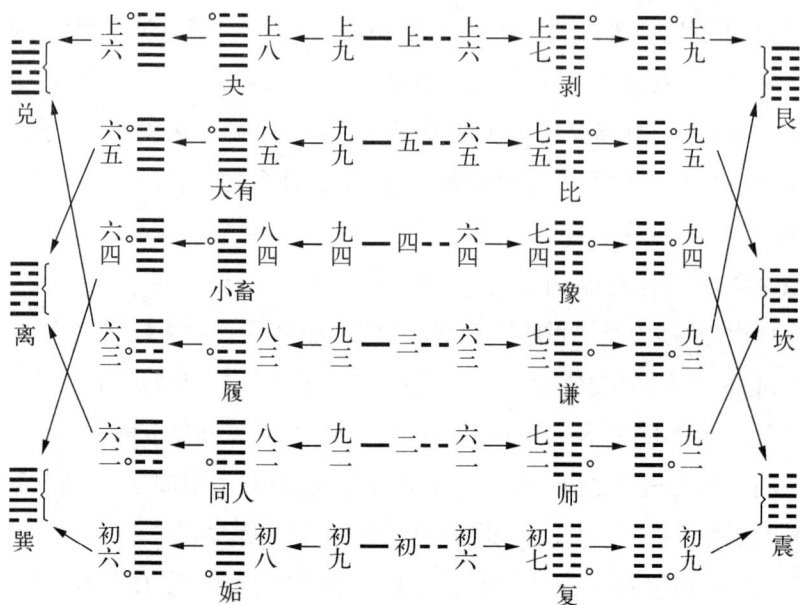

兑　离　巽

上六　夬　上八　上九　上六　上七　剥　上九　艮
六五　大有　八五　九五　六五　七五　比　九五　坎
六四　小畜　八四　九四　六四　七四　豫　九四
六三　履　八三　九三　六三　七三　谦　九三
六二　同人　八二　九二　六二　七二　师　九二
初六　姤　初八　初九　初六　初七　复　初九　震

乾六位坤

六子卦卦变图

卦》有云："乾天也,故称乎父;坤地也,故称乎母。震一索而得男,故谓之长男;巽一索而得女,故谓之长女;坎再索而得男,故谓之中男;离再索而得女,故谓之中女;艮三索而得男,故谓之少男;兑三索而得女,故谓之少女。"此节之文字不妨后出,而编成《周易》时,已在考虑乾坤六子之象。且以父母六子观卦象,基本以三画卦言,重在以人事论《易》。若卦气图之取易象,基本以六画卦之消息为主,重在以自然现象论《易》。此两大知识于卦爻辞中早有反映,及"序《彖》"者实能进一步加以结合。故于十二辟卦之序全准卦气图,而于父母六子之象,乃在发展下上两体之三画卦合成一六画卦。究其来源,全在乾坤之相索。由乾坤十二爻,结合成"敌应"之六卦,与全《彖》之义一致。凡一阴一阳卦重视其一阴一阳,于"敌应"卦重视其六子相敌之二阴二阳,此皆为阴阳符号卦之自然变化,作《彖辞》者确已理解。唯"敌应"卦本身为二阴二阳卦,与"皆应"卦本身为三阴三阳卦不同。或有执十二辟卦以起卦变者,有例可援,未尝不可自成体系而为一家之言,然殊非作《象》者之思想。故"敌应"之六子卦,当然亦可视为来自临、观、遯、大壮,然不可强认为《象》之文字中已有其义,此与三阴三阳卦之来自泰、否完全不同。而于二阴二阳卦中,亦确有来自临、观、遯、大壮者,皆须直接研读《象辞》以知其旨,切忌以某家之注为准。进而究其旨,必须分辨三阴三阳卦与二阴二阳卦之不同意义。此不仅作《象辞》者已知之,即编辑《周易》者亦能取其义作为安排卦爻辞之根据。先当以六位分辨三才之理明之。

观乾卦九三爻辞曰"乾乾",习坎六三爻辞亦曰"来之坎坎"。"习"即重习义,故三爻位当下上两体之际,乃记其相同之卦象,以明其乾乾坎坎之理(见附图一)。而两个三画卦之三画,各指天地人三才,乃有相应之位。如乾初取"潜龙"之象,九四又取"或跃在渊"之象。其曰"在渊"之指初位,确属爻辞之本义,是即当初四地位之相应;又乾二五爻皆曰"利见大人"乃指二五人位之相应;三上当两体之上位,三爻取于日夕之天时,宜与上爻属天位之相应(见附图二)。

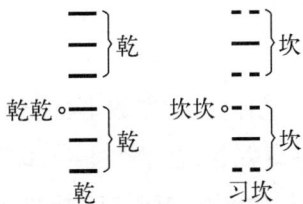

(附图一)

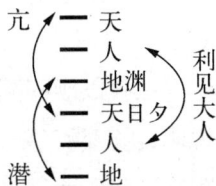

(附图二)

其他各卦中,有此三才卦位之义者甚多(另详"论《周易·卦爻辞》作者的思想结构")。而三阴三阳卦之刚柔往来,犹两体之三才以起各种变化。于两体本身,因刚柔相同,虽变而仍未变(见附图三)。至于二阴二阳卦之刚柔往来,于三才之位,已有不同之概念。观乾卦初九为"潜龙",九二为"见龙在田",潜于水下至地上之田,同属三才之地位;九三为

"君子",九四亦不提龙,同属三才之人位;九五为"飞龙在天",上九为"亢龙",同属三才之天位。《说卦》曰"立天之道曰阴与阳,立地之道曰柔与刚,立人之道曰仁与义"是其义。此合二位以分三才,自然与二阴二阳之卦变可通。合诸十二辟卦,即属临、观、遯、大壮(见附图四)。

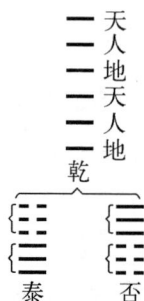

(附图三)

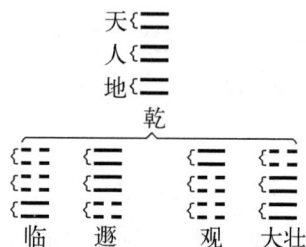

(附图四)

临、遯当天人相同而与地位之各种变化,观、大壮当人地相同而与天位之各种变化,故同为《彖辞》中所论之卦变。或未能分辨其阴阳之多寡,实难理解作《彖辞》者之思想。今以数学明之,六画卦之配合三才有二式:

其一　2(下上两体)×3(三才)＝6

其二　3(三才)×2(阴阳)＝6

由上二式以观三阴三阳与二阴二阳之卦变,于象数不可能相同。上已说明,由三阴三阳之卦变,凡泰否各变九卦,合泰否本身,即为三阴三阳卦二十。而于二阴二阳卦之卦变,如仅知三阴三阳卦变之例,则临、观、遯、大壮每卦各变八卦,合临、观、遯、大壮本身,为三十六卦。而二阴二阳卦共为三十,故必然有重复,且有中孚、小过二卦不能变出。此卦象之自然,何足为怪。亦知卦变之来源,除三阴三阳卦外,未可仅限于辟卦。上已论及一阴一阳卦,未尝皆由剥、复、夬、姤来,作《彖辞》者,亦绝对无此思想。以算式示之,凡三阴三阳之卦变数为:

$$3 \times 3 = 9$$

二阴二阳之卦变数为：

$$2 \times 4 = 8$$

以二阴二阳卦论,如据象数之自然,卦变之来源,宜增加中孚、小过。则以泰、否为例,二阴二阳之卦变表如下示:

上	五	四	三	柔＼刚
颐	屯	震	明夷	二
蒙	坎	解	升	初

临卦卦变表

上	五	四	三	刚＼柔
大过	鼎	巽	讼	二
革	离	家人	无妄	初

遯卦卦变表

上	五	二	初	柔＼刚
艮	蹇	升	明夷	四
晋	萃	解	震	三

小过卦卦变表

上	五	二	初	刚＼柔
兑	睽	无妄	讼	四
需	大畜	家人	巽	三

中孚卦卦变表

四	三	二	初	柔＼刚
萃	蹇	坎	屯	上
晋	艮	蒙	颐	五

观卦卦变表

四	三	二	初	刚＼柔
大畜	睽	离	鼎	上
需	兑	革	大过	五

大壮卦卦变表

据上六表,计卦变所得之二阴二阳卦同为二十四,其中必二卦相同,即任一卦皆可由三卦中之二卦变来。以二阳卦言,坎、屯、蒙、颐可同从临、观变来;明夷、震、升、解可同从临、小过变来;蹇、艮、萃、晋可同从观、小过变来(二阴卦可例推)。唯其为一与二比之矩阵而非一与一比之方阵,乃或为每表二位三表合成六位,或为每表四位三表合成六位之二倍,宜可从二处变来。故合二阴二阳之卦数共为三十,以当六卦变成二十四卦,方可与三阴三阳卦之卦变同例,全合卦象中二爻升降之理。而或未及中孚、小过,仅取从临、观、遯、大壮来,自然于屯、蒙、革、鼎、坎、离、颐、大过八卦可从二卦来,于中孚、小过不可能从他卦变来,则似觉紊乱。事实上以《彖辞》论,二阴二阳卦之卦变,亦不必与三阴三阳卦同例。其后由《彖辞》之义,发展成孟氏易。传孟氏易至虞翻(170—239),因虞注尚存,方见其有卦变之例,然未及《彖辞》意义之更为淳厚。上已论及,六子卦之《彖辞》并非言来自临、观、遯、大壮。此外尚有特殊之四卦,反与其他诸卦有联系,先录原文如下:

(四卦《象》之表解见附表六)

以上四卦,极重视上下六位,先示大过卦于下:

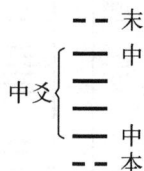

大过《象》曰:"本末弱也",又曰"刚过而中",乃以下为本,以上为末。定其本末,方可论其中爻以辨三才之位。或以下上两体言,宜中在二五而以三四为不中(见小过《彖》)。若仅以大过言,三四亦可名中,《系辞下》之作者,实有据于颐与大过之卦象与《彖辞》,乃有中爻之名。

《系辞下》曰:"《易》之为书也,原始要终以为质也。六爻相杂,唯其时物也。其初难知,其上易知,本末也。初辞拟之,卒成之终。若夫杂物撰德辨是与非,则非其中爻不备。噫,亦要存亡吉凶,则居可知矣。智者观其《彖辞》,则思过半矣。二与四同功而异位,其善不同,二多誉,四多惧,近也。柔之为道不利远者,其要无咎,其用柔中也。三与五同功而异位,三多凶,五多功,贵贱之等也。其柔危,其刚胜邪。"

此节《系辞》明言《彖辞》,可见作者所读之易书,已非汲冢本与马王堆帛书本,且已能总结《彖辞》之大义。所谓"原始",指乾《彖》"万物资始"之始;所谓"要终",指坤《彖》"乃终有庆"之终。合诸爻位,犹泰而蛊,指"终则有始,天行也",以当初上之终始。凡终指上,始指初。"六爻相杂唯其时物"者,指乾、坤六爻之相杂所以成六十四卦,当取其"六位时成"之万物。犹一阴一阳卦十二,合诸十二辟卦之天行,唯有剥、复、夬、姤乃初上之位即始终,亦即本末于卦象为颐(☷)与大过(☰)。由是知以中四爻言,颐犹同人、履、小畜、大有之合;大过犹师、谦、豫、比之合。若初上本末,则颐犹复、剥;大过犹姤、夬。更以中爻观之,上已分辨二种三才之位,《系辞下》作者早以"同功异位"之理为之说明。因上位为天,初位为地,此为不变者。而于中爻自然有三才之变,以刚位三五言,当天与人之变;以柔位二四言,当地与人之变。人与天地互变而备于中爻,所以有天地不变之象。然仅指本末与中四爻,由是以论人事,乃与初上无关,犹仅论社会科学而未及自然科学。其于卦象限于颐、大过,实属作《彖辞》之部分思想,所谓六爻相杂,尚不限此。故颐、大过者,当一阴一阳卦以分本末中爻三类当天地人三才而归诸二阴二阳卦。或执中爻以辨是非,即为人事所限未得易道之全。自王弼准此而曰"初上无位",影响于后世极大，然此非王弼之思想，乃作此节《系辞下》者之思想。更总观《彖辞》，又见作此节《系辞》者之思想，实继承作《彖辞》者之思想结构中由一阴一阳卦结合成二阴二阳卦之部分思想。而于二阴二阳卦中，除颐、大过外，自然更有中孚、小过可通于六子，且进一步明六爻相杂之理。

由大过《彖》之"大者过"，合诸小过《彖》之"小者过"，以观大小过之卦象，其辨唯在二五中爻之异。由二五而及三四，所以有"中爻"之名。更进而论其理，必须推原于编辑成《周易》者之思想。凡颐之卦辞有"自求口实"之象，大过之卦辞有"栋桡"之象。盖此非作《彖辞》者之重视颐、大过两象，编辑《周易》者早已重视之。颐以取食，大过以取住，此为人生之两大基本问题。然如何求食？如何安居？此于春秋战国时，因自然科学之认识论进步，生产力提高，生活之物质条件亦相应提高，而人间之关系日趋复杂。《彖辞》作者，以"养正"释"颐贞吉"，又以"所养"释"观颐"，"自养"释"自求口实"。且以三才言，即分"天地养万物"及"圣人养贤以及万民"。下以卦象示之：

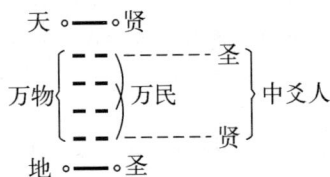

今知《彖辞》作者以观玩阴阳符号卦之卦象，为其作《彖辞》之基本动力。先有此三才之爻位、辟卦之消息，庶能观其卦变而"序《彖》"，乃得六十四卦之整体理论。故《易》之为书，必以卦象为本。如颐卦之象，于自然界之万物，犹人类社会之万民，万物归诸天地，万民归诸圣贤。分六位于天地则上天下地，中爻为万物。阴阳贵交，则下本上末，下圣上贤，中爻为万民。更以人属中爻，乃五圣二贤三四为民。识此天地圣贤万物万民之象，庶可论"所养"、"自养"之是否得"正"。剥、复之间,有颐象在其中,颐之时岂不大哉。更以大过论,取象于栋桡,所以喻屋将崩。屋崩因栋桡,《象》明栋桡之理为本末弱。本末所以弱者,象当夬、姤之间。上阴未去而下阴又遇,乾阳为阴弱之本末所拘,栋安得不桡。故颐、大过之相应剥、复、夬、姤,有得于消息之几,同为时之大,实有所指。识此一阴一阳卦结合成二阴二阳卦后,于二阴二阳卦中,自有其三才之位。以大过卦论,其变化之几在"刚过而中"。或使由刚而柔,过即由大而小。定此大小过之卦名,本属编辑成《周易》者之思想,作《象辞》者乃进一步以三才之理加以分析。卦辞"可小事,不可大事"之义,《象》以"柔得中"与"刚失位而不中"释之。可知大事指刚中,小事指柔中,亦即刚位为圣,柔位为贤,由中爻而及初上,更能得颐养之正而栋可不桡。小过有飞鸟之象,中孚又取豚鱼之象。或执于人类社会而不知自然界之生趣,其何能知《易》。故颐大过者,结合一阴一阳消息卦之剥、复、夬、姤,中孚、小过者,结合二阴二阳消息卦之临、观、遁、大壮。《中庸》有言:"《诗》云:'鸢飞戾天,鱼跃于渊',言其上下察也。"正有应于中孚、小过之象。宜中孚豚鱼之利贞在应乎天,飞鸟上翔之遗音又以宜下为大吉,皆贵上下之交。所以扩大人之识见,由人类以及整个生物界,庶能进一步解决食宿问题。以卦变论,除二四、三五之同功异位,当知刚位由三以及初,柔位由四以及上。凡六位利贞为既济(䷾),此《象》之大义,决不可以渐(䷴)、家人(䷤)、蹇(䷦)亦为利贞。故未察上下而仅论中爻,犹知颐、大过而尚未知中孚、小过云。

中孚《象》曰"柔在内而刚得中",凡刚得中指二五,他卦同义,然位以三四为内,为他卦所未言。兑《象》曰"刚中而柔外",因三上为上下卦之外,则内当指初四。而于中孚卦,特于三四为内,其不取上下卦可知,乃以三四在二五刚中之内,则外当指初上。识此内外之变,庶能由中爻而及初上。或以中孚、小过论,即成震、艮、巽、兑,且自然可及颐、大过,详以下图示之:

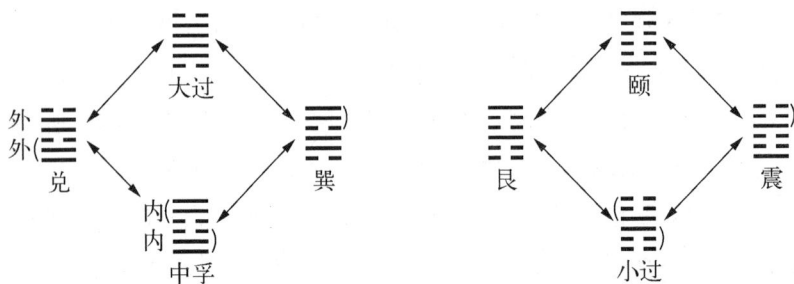

外外(
兑　　大过　　巽

内内)
中孚

颐
艮　　　　震

小过)

　　由内外位之变化,既可知中孚、小过与震、巽、艮、兑之关系,亦即知由震、巽、艮、兑可联系于颐、大过与中孚、小过。故《象辞》于六爻之关系,本以应为主,由三阴三阳卦之刚柔皆应观之,确属初与四、二与五、三与上之位名"应"。然一阴一阳卦所谓"上下应"(比、大有、小畜),乃指任何一位与其他五爻之关系。或以"六位时成"、"六爻相杂"之义喻之,《象辞》作者之所谓"应",乃指广义之应,并不限于两体之应。奈自《乾凿度》说明"应"之定义,且确属《象辞》作者之部分思想,而于其他爻位间之关系皆略而不言。又从《系辞下》"同功异位"之思想,则限于中爻而忽乎初上。若此内外位之变化,宜以中孚与兑之《象辞》核实于卦象,则《象辞》确已注意三四、二五、初上之关系,然当时尚无专名,后人则以反复名之。若《序卦》者,亦仅阐发"序《象》"者之部分思想。而"序《象》"者之明辨阴阳爻画之多寡,说明"六位时成"之义理,确可信而有征。其中变化最复杂者,即此二阴二阳卦。而其复杂之关键,乃此震、巽、艮、兑与颐、大过、中孚、小过间之卦变,亦即在于初三四上之变可由中四爻推及全卦六爻。凡论易理与他书不同者,《易》有卦象为准。既得易象所指之内外,宜可由中孚卦得反复之应。"卦气图"特取始于中孚者,实由颐当剥、复之际,进而取中孚当临、观之际。然临、观合成中孚,遁、大壮合成小过,其理全同于剥、复合成颐,夬、姤合成大过。而与上述之二阴二阳卦变表不同者,因由一阴一阳之夬、姤、剥、复,自然合成二阴二阳之大过、颐。由二阴二阳之遁、

164

大壮、临、观,自然合成四阴四阳小过、中孚。若以卦变论,当分辨二阴二阳,故二阴宜合于四阴之中孚,二阳宜合于四阴之小过。故既合之后,小过、中孚本身又宜相交,方合卦变之分类。此理汉虞翻尚知之,其注颐卦曰:"反复不衰与乾、坤、坎、离、大过、小过、中孚同义,故不从临、观四阴二阳之例。"注中孚卦曰:"此当从四阳二阴之例,遯阴未及三,而大壮阳已至四。"注小过卦曰:"当从四阴二阳临、观之例,临阳未至三,而观四已消也。"当作《象辞》时,或未立"反复不衰"之名,而早已理解此八卦有特殊之形象。此颐、大过、中孚、小过之卦变,自然不当从临、观、遯、大壮来。今以《系辞下》所谓"本末"、"中爻"证之,颐、大过实来自剥、复、夬、姤之合,中孚、小过之合于临、观、遯、大壮,则虞注言之甚明,当属孟氏易所继承作《象辞》者之思想。详以下图示之:

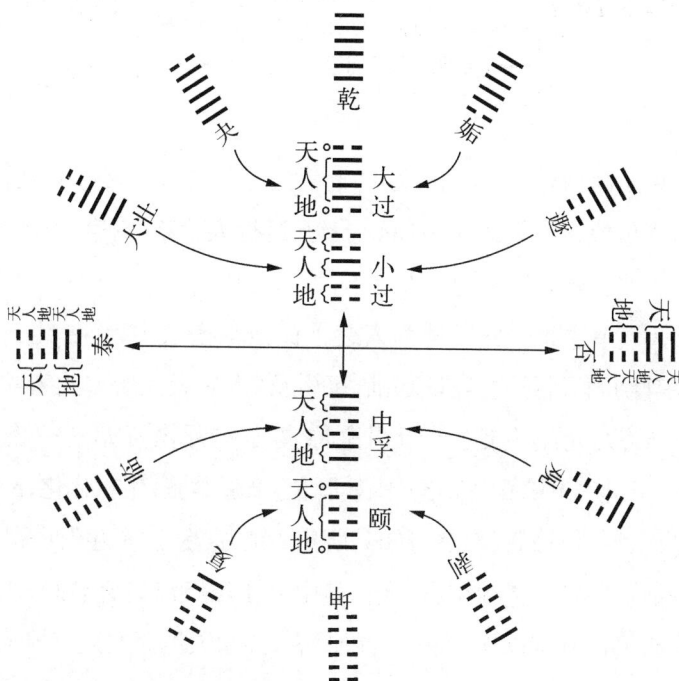

由上图可知中孚、小过相交以当消息之理,或合诸乾、坤十二爻,则

小过犹谦、豫之合，中孚犹履、小畜之合。然除此三四爻，及颐、大过之初上爻外，更不可忽视二五爻相合之坎离。上已提及，坎、离之《彖辞》主要明天地人三才之道。而其位，即本泰、否下上两体之三才。进而以初三、四上之变化合诸坎离之象，则震、艮、巽、兑自然成小过、颐与中孚、大过，而坎、离仍为坎、离。唯三四变成在二五人位之内，当然亦可视之为地，乃初上在二五人位之外为天。准此三才之位，于天象之认识，乃理解浑天仪之思想基础，不可不认为与作《彖辞》者无关。由"序《彖》"而《序卦》纯以反复为主，实于六位之中心，由初位之下归诸三四爻之际。此二者之变化，作《彖辞》者皆已掌握，故坎、离之象，又可以下图示之：

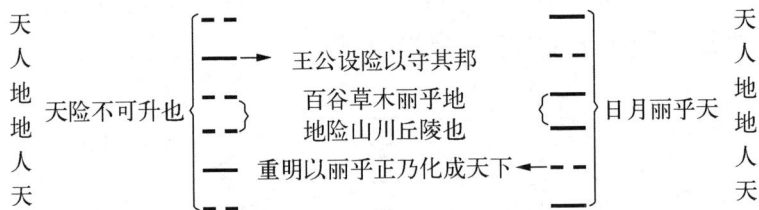

考唐王冰取以补足《内经》之"七篇大论"，虽非《内经》原文，实为极有科学价值之秦汉医学古籍。于《五运行大论》中有言："帝曰：地之为下否乎？岐伯曰：地为人之下，太虚之中者也。帝曰：冯乎？岐伯曰：大气举之也。"此以地为人之下而当太虚之中，正合此三才之位。又其阴阳五行等之理论基础，每引及《太始天元册》，此为古之天文书。于《天元纪大论》中所引之原文为："万物资始……揔统坤元。……曰阴曰阳，曰柔曰刚，幽显既位，寒暑弛张，生生化化，品物咸章。"凡已读《彖辞》者，自然可知其所出，由"资始"、"资生"而姤"遇"，故曰"品物咸章"。天地相遇，人在其中。作《彖辞》者之思想，由天地而及人事。准其理以作《太始天元册》者，亦由天地而及人。虽七篇大论之理仅从生物学之范围以论人，与《彖辞》之又从社会学范围以论人事不同，而认为人之一切必与天地相关则未尝不同。故读《彖辞》而未察六位与三才之种种变化,殊难得《彖辞》之旨。今由上图而更及坎、离,又当乾、坤二五之变,尤可见应爻(初四、二五、三上)与反复爻(初上、二五、三四)之会通处。详以下图示之:

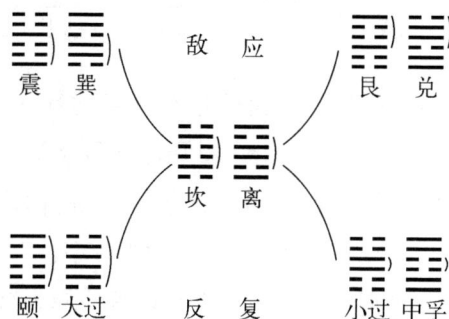

上图所示之十卦,实为卦变之重要部分。《彖辞》作者之思想,可观此以见对天地人三才之道之认识。于六十四卦中,亦赖此十卦为连接一阴一阳、二阴二阳、三阴三阳三大类之关键。其中心坎、离当乾、坤二五之交,乾、坤二五交成坎、离,泰、否二五交成既济、未济,由坎离而既济、未济,是当由时而位,合"六位时成"之义。

凡二阴二阳卦之卦变所以复杂者,不可能全从临、观、遯、大壮来。实则《彖辞》作者本无此义。乃历代易注各自立例,众说纷纭,又未能直接从观象中来,以致《彖辞》之原义反不为读《易》者所理解。今于二阴二阳卦之卦变,先为详细说明其原委,解决《彖辞》中认识以上十卦(六子卦与反复不衰卦四)之本义,则此外十六卦之卦变,皆可迎刃而解。先录无妄、大畜、萃、升之《彖辞》。

(四卦《彖》之表解见附表七)

无妄、大畜之卦变,可与损益相通。既可以二爻往来而变,亦可变于一爻之周流。凡此二种卦变法中，似以二爻往来为主，然亦忌于执一。下示无妄、大畜之二种卦变法，皆自遯、大壮来。

合诸《系辞下》所谓"周流六虚"之义，实与此卦变法可通。虞注于损、益、无妄、大畜之卦变，尚用此一爻周流，颇合《彖辞》之本义。至于萃、升二卦之卦变，可兼从临、观或小过来。于《彖辞》皆曰"刚中而应"，乃重视九二、九五，则与卦变之爻有关。故萃取小过三之五，五为刚中，升取小过四之二，二为刚中。且萃之三与四五成巽为命，有"顺天命"之象。升之四来自二，又合"柔以时升"之义。虽然，《彖辞》之有此义，亦未可谓不可另有他卦来。若荀爽(128—190)注升卦，已及"一体俱升"之象。能由升而观，由观而升，已备"周流六虚"之义。见下图：

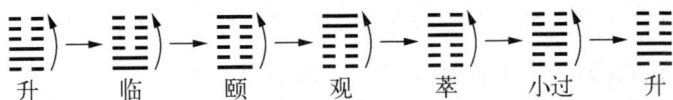

此逐爻周流，经六次而仍为本卦。当周流三次时，即为下上两体易位。作《彖辞》者，已知其象。然必待《杂卦》出，始可证明已有具体应用"周流六虚"之观象法，作《彖辞》时，仅知用一次三次之周流。当荀注时已有《杂卦》，如知此法，亦未足怪。若谓由小过初之上之上而成升，以解"柔以时升"义，与损、益、无妄、大畜同。然"柔以时升"义，是否可推及萃卦。萃卦是否亦可用初六之上之上，或上六之下之下而变得。若三阴三阳卦之损、益，已可用周流之变，而咸、恒之《彖辞》，明确用二爻之往来。此二阴之无妄、大畜，虽仍可视为二爻往来，然实在用一爻之周流。且二阳之升卦又有"柔以时升"之辞，则柔爻亦未尝不可用作一爻周流之变。唯刚柔爻皆可周流，此法始成，故周流之卦变，乃草创于《彖辞》之作者,然则此四卦不妨视为同用一爻周流法之卦变。及《系辞下》言及"周流六虚",其法始备。《杂卦》据于"周流六虚"而用及互卦之周流,又使此四卦连续相次,亦不可谓不受"刚自外来"与"柔以时升"之启发。

此外十二卦,二阴与二阳各六卦,兼取反复,自然形成三类。先录原文如下:

家人　睽　蹇　解　需　讼　晋　明夷　屯　蒙　革　鼎

（十二卦《彖》之表解见附表八）

家人卦来自中孚,中孚而家人,六三成六二为"女正位乎内",九二成九三为"男正位乎外"。既成家人卦,九五、六二为父母。九五父对九三、初九皆为父父子子;二子间初九位震兄九三位艮弟为兄兄弟弟,初九应六四为夫夫妇妇。正家而天下定,指上九正成既济。详以下图示之:

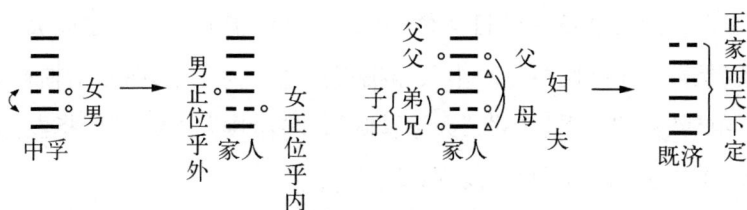

凡《彖》之言卦,先由卦变成本卦,更由本卦之"六位时成"而同归既济。于卦变之法,以卦辞及《彖》之义为主。于同归既济之法,则始于《彖》而更以爻辞及《小象》为主。然皆已属作《彖辞》者之思想结构,上示家人卦,特举一例以例其余。又睽卦本中孚卦之四五变化,六四之五为"柔进而上行"。六五得中以应乎九二刚,是以"小事吉"。蹇以"往得中"释"利西南",解以"得中"释"其来复吉",可知五中由四往,二中由三来,故视此二卦皆由小过来。虽然视为由临、观来亦未尝不可,要在必须能说明卦变之理。因总观六十四节《彖辞》之言,实有其整体,从每卦相对之独立,归结成六十四卦间之完整网络。故二阴二阳卦之必可从二卦来,又为不同于一阴一阳与三阴三阳卦之网络结构。此家人、睽、蹇、解四卦属社会组织之家庭基础,对我国人民之民族性,迄今仍有极大影响。作《彖辞》后,更有作《序卦》《杂卦》者,皆连续取此四卦,作为反复旁通之结合体,决非偶然。《彖辞》之男女正位,柔进上行,蹇往解来,从整体以观之,实有大义在其中。解曰"时之大",睽蹇同曰"时用"之大。凡此三卦之"时大",皆以正家而言,此亦为作《彖辞》者思想结构中重要部分之一。

需《彖》之"位乎天位","往有功"皆指卦由大壮四之五;讼《彖》之"刚来而得中"实指卦由遯三之二。晋《彖》之"柔进而上行"指观四之五。且由"明出地上"与"明入地中"对言观之,既指下上两体,或分至六爻言,明即来源于观四之五与临三之二。故以上四卦之来自临、观、遯、大壮,可毫无疑问是作《彖辞》者之思想。

最后为屯、蒙、革、鼎四卦,可兼从临、观、遯、大壮来。若鼎《彖》曰"柔进而上行",当指遯二之五,而非指大壮上之初。革《彖》曰"巳日乃孚,革而信之",谓革信巳日之位,则其来自然指大壮五之二成离日。又蒙《彖》曰"蒙亨以亨行时中",当指观五之二为时中,而非指临初之上。屯《彖》曰"动乎险中","天造草昧",于"险中"、"天造"皆指九五,故"刚柔始交"于二阳卦,可以临二之五当之。

以上三类十二卦中,于第一类之睽《彖》曰"柔进而上行",欲以小事正家;于第二类之晋《彖》曰"柔进而上行",欲以康侯正国;于第三类之鼎《彖》曰"柔进而上行",欲以鼎象正三才。而其反复卦,唯因三才不正而桀纣在上,乃有汤武顺天应人之革命。唯当纣时,正国者非康侯,乃有文王箕子之明夷。唯不知由睽而同之时用,家何能正。或未知"六位时成"之首乾,又未解"柔进上行"之重要,乃成二女同居于睽、革。此因六十四卦中,唯睽、革二卦为中女离与少女兑相交。知阴而不知阳,未足以言《易》。而《彖》之可贵,分析已由卦及爻,乃能六位时成。凡于一切时物中,必具阴阳两方面,是之谓"六爻相杂"。《彖》以明六爻三才之位,由位以知时,实有其象。《系辞下》曰:"《易》者象也,象也者像也;彖者材也;爻也者效天下之动者也,是故吉凶生而悔吝著也。"按作此者已读《彖辞》,故能言《易》与彖爻之关系。虞翻注此曰:"《彖》说三才,则三分天象以为三才,谓天地人道也。"汉末尚能以三才之道合诸卦象以读《彖》,然《彖》非卦辞。"爻效天下之动"之各种变化,大部分亦由《象》分析六爻成《小象》与《文言》中来,仅小部分为爻辞中所本有。虽然当既有《象》与《小象》及《文言》,确备三才之道之易象,较虞注之言内容更多,然必须从《彖辞》原文中来。

总上六十四节《彖辞》以究其旨,可确信作此《彖辞》者有其统观六十四卦之整体思想。然而,自读《易》者为《序卦》所囿,始终未有能明其"序《彖》"之结构者。幸有扬雄重视卦气图之事实,又详玩《彖辞》之文义,方能明辨"序《彖》"与《序卦》为二而彻底否定《彖辞》必以《序卦》为次。至于《彖辞》之旨及序《彖》之次,准上所述,总结成以下八点:

一、《彖辞》以乾坤两卦为主。且准首乾之理,要在以时位阐明天地人三才之道之变化。

二、作《彖辞》者,已能明辨一阴一阳卦、二阴二阳卦、三阴三阳卦三大类。且分类以观其刚柔爻于六位间之往来。

三、序《彖》以卦气图中之十二辟卦为主。

四、一阴一阳卦十二,当乾坤十二爻各主一卦。合诸十二辟卦,即一阴一阳卦中之剥、复、夬、姤。

五、三阴三阳卦二十,由三阴三阳辟卦泰否刚柔往来,各变九卦而成。

六、二阴二阳卦三十,除二阴二阳辟卦临、观、遯、大壮外,凡二十六卦宜分十六卦与十卦两部分。十六卦之卦变与三阴三阳卦同例,十卦之卦变为结合辟卦与三大类之关键。

七、《彖辞》之卦变原理,由辟卦之刚柔类聚,因变而形成刚柔群分,象示对事物作深入之分析,以明其来踪去脉。此分析法密切与时间联系,斯最可贵。

八、《象辞》之卦变方法,以二爻往来为主。虽已有一爻周流之象,然尚未完成"周流六虚"之义。

最后可成"《象辞》结构图"。此图之理,全准《象辞》原文而直接观察卦象而得。虽或有取于《系辞》作者,且略及荀虞之注,然什九得自《象》。此图可当"序《象》"者之思想结构。进而以数学之二项式观之,当六次方。合示如下:

$$(a+b)^6 = a^6 + 6a^5b + 15a^4b^2 + 20a^3b^3 + 15a^2b^4 + 6ab^5 + b^6$$

$$(阳+阴)^6 = 阳^6 + 6\,阳^5\,阴 + 15\,阳^4\,阴^2 + 20\,阳^3\,阴^3$$
$$+ 15\,阳^2\,阴^4 + 6\,阳阴^5 + 阴^6$$

乾 + 6 个一阴五阳卦 + 15 个二阴四阳卦 + 20 个三阴三阳卦
+ 15 个四阴二阳卦 + 6 个五阴一阳卦 + 坤

考数学中之二项式定理,牛顿(1642—1727)曾大加发挥,而其原来自十三世纪之阿拉伯人。实则自数字卦改成阴阳符号卦后,此六十四卦之卦象,自然为阴阳六次方之排列组合。理解此六十四卦卦象间之关系,即排列组合间之种种变化。自卦气图已知用十二辟卦,犹知六次方之基本升降,惜于其他五十二卦实未知其数学作用。当推本于八卦,实即三次方,合示如下:

$$(a+b)^3 = a^3 + 3a^2b + 3ab^2 + b^3$$

$$(阳+阴)^3 = 阳^3 + 3\,阳^2\,阴 + 3\,阳阴^2 + 阴^3$$
$$乾 + 3 个阴卦 + 3 个阳卦 + 坤$$

此父母六子之象,早已明确。惟六次方之关系,配合卦气图者尚未知。而作《象辞》者之创立卦变,乃已知二项式定理之系数,孜孜于推考六位上下之变,犹在考虑分辨系数以明乘法不可交换律。此实为阴阳符号卦之重要作用(如 $3a^2b$ 中能分辨 aab、aba、baa 而不可通作 $3a^2b$)。而最初完成分辨六次方之系数者,即《象辞》作者之伟大成就。

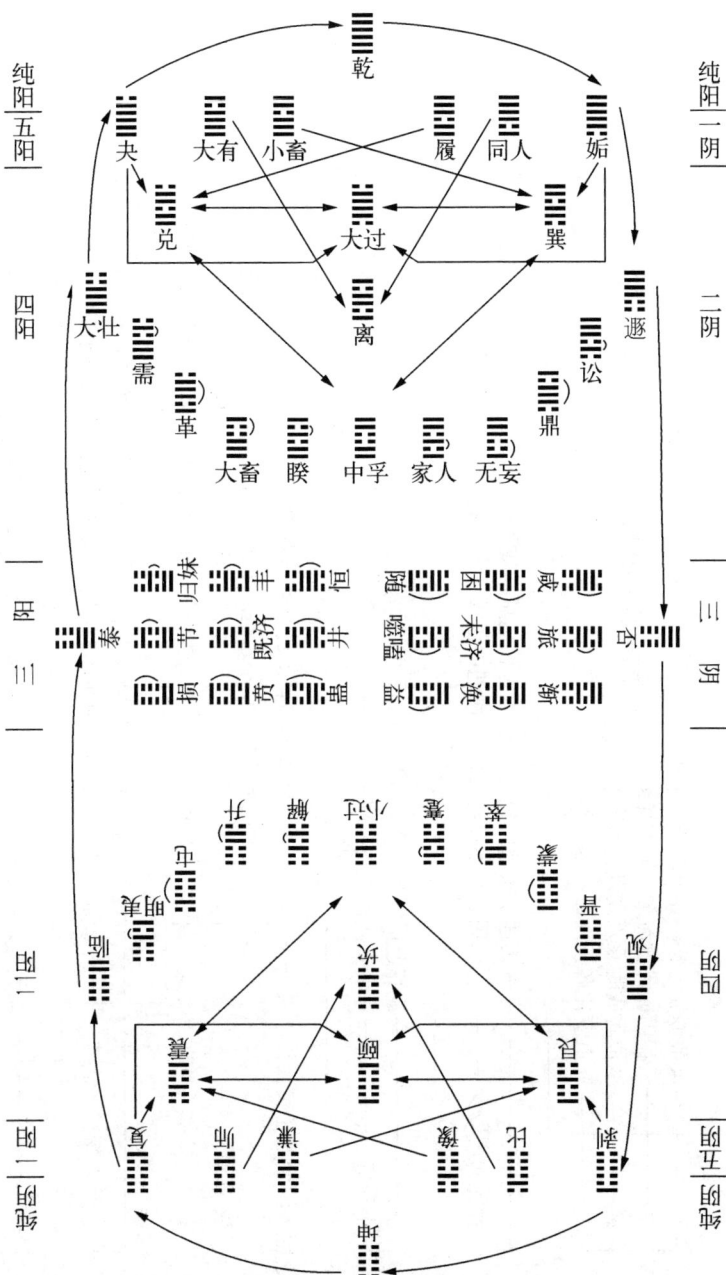

象辞结构图

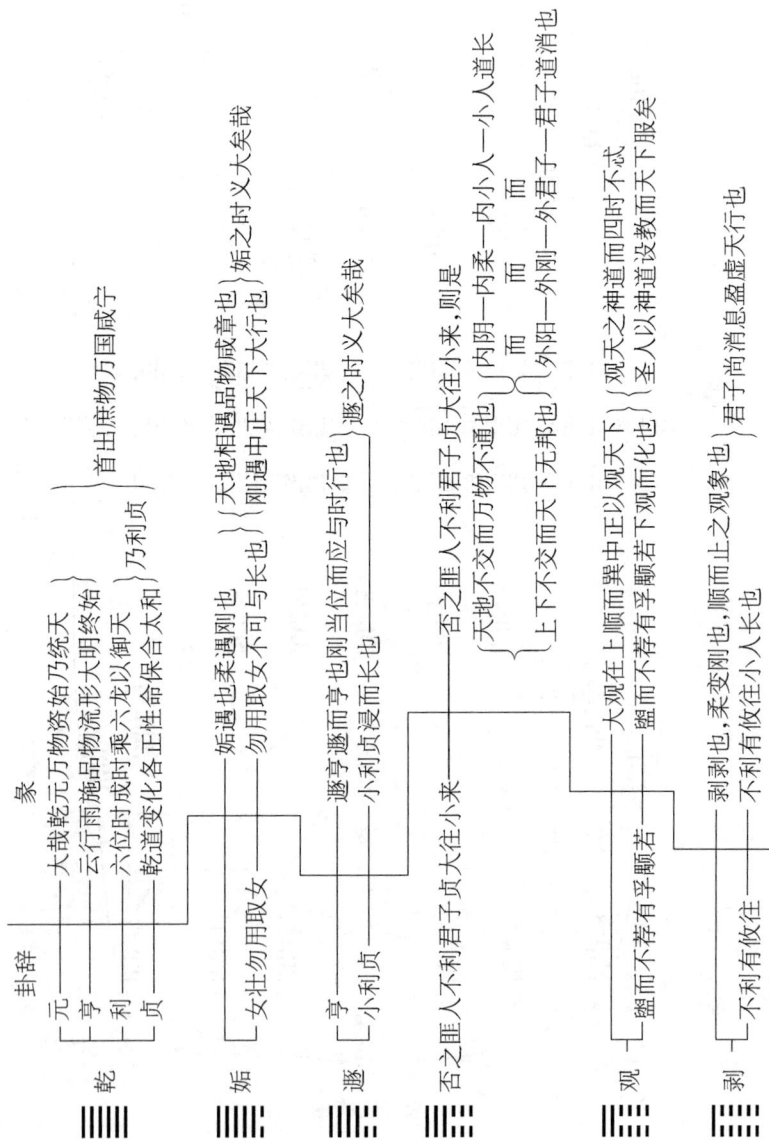

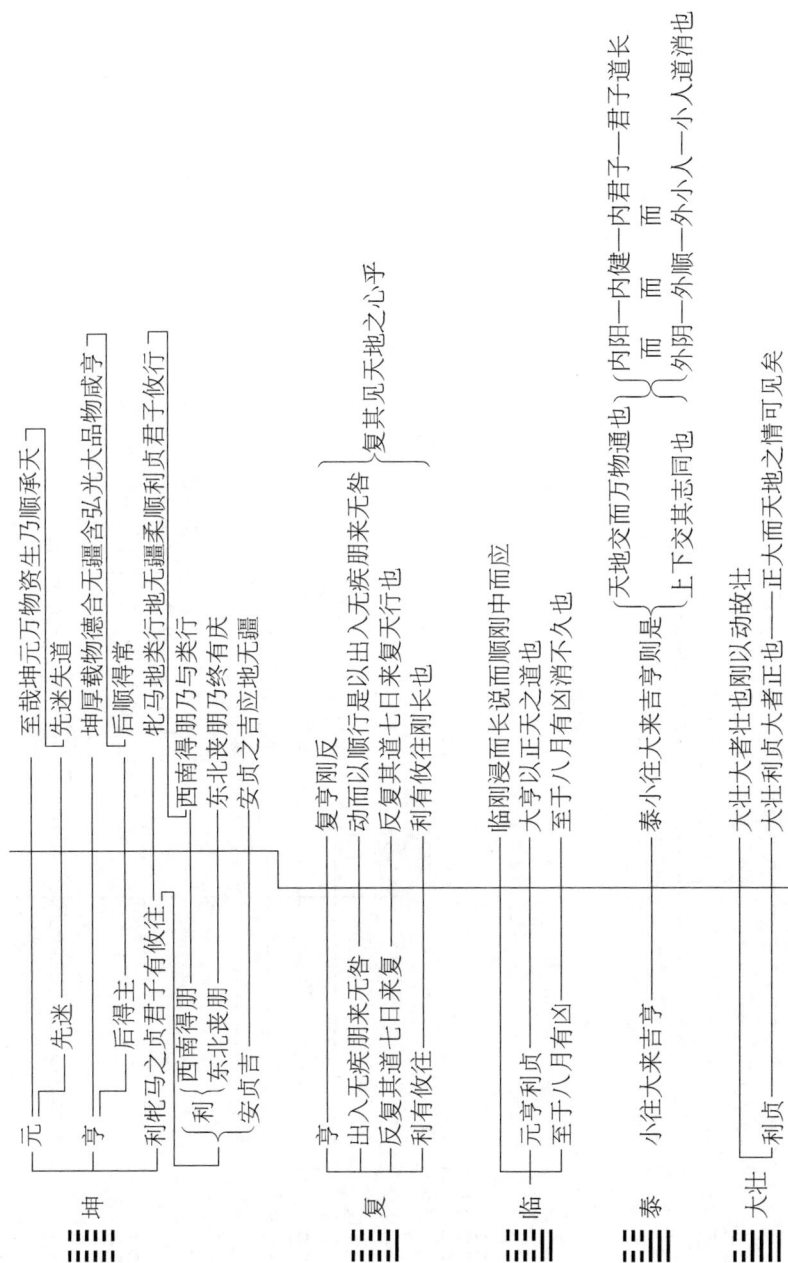

坤 ䷁
元 —— 至哉坤元万物资生乃顺承天
亨 ┬ 先迷 —— 先迷失道
　　└ 后得主 —— 后顺得常
坤厚载物德合无疆含弘光大品物咸亨
利牝马之贞君子有攸往 —— 牝马地类行地无疆柔顺利贞君子攸行
利 ┬ 西南得朋 —— 西南得朋乃与类行
　 └ 东北丧朋 —— 东北丧朋乃终有庆
安贞吉 —— 安贞之吉应地无疆

复 ䷗
亨 —— 复亨刚反
出入无疾朋来无咎 —— 动而以顺行是以出入无疾朋来无咎 ┐
反复其道七日来复 —— 反复其道七日来复天行也 　　　　　├ 复其见天地之心乎
利有攸往 —— 利有攸往刚长也

临 ䷒
元亨利贞 —— 临刚浸而长说而顺刚中而应
　　　　　　大亨以正天之道也
至于八月有凶 —— 至于八月有凶消不久也

泰 ䷊
小往大来吉亨 —— 泰小往大来吉亨则是 ┬ 天地交而万物通也
　　　　　　　　　　　　　　　　　└ 上下交而其志同也
内阳—内健—内君子—君子道长
而　　而　　而
外阴—外顺—外小人—小人道消也

大壮 ䷡
利贞 ┬ 大壮大者壮也刚以动故壮
　　 └ 大壮利贞大者正也 —— 正大而天地之情可见矣

附表二

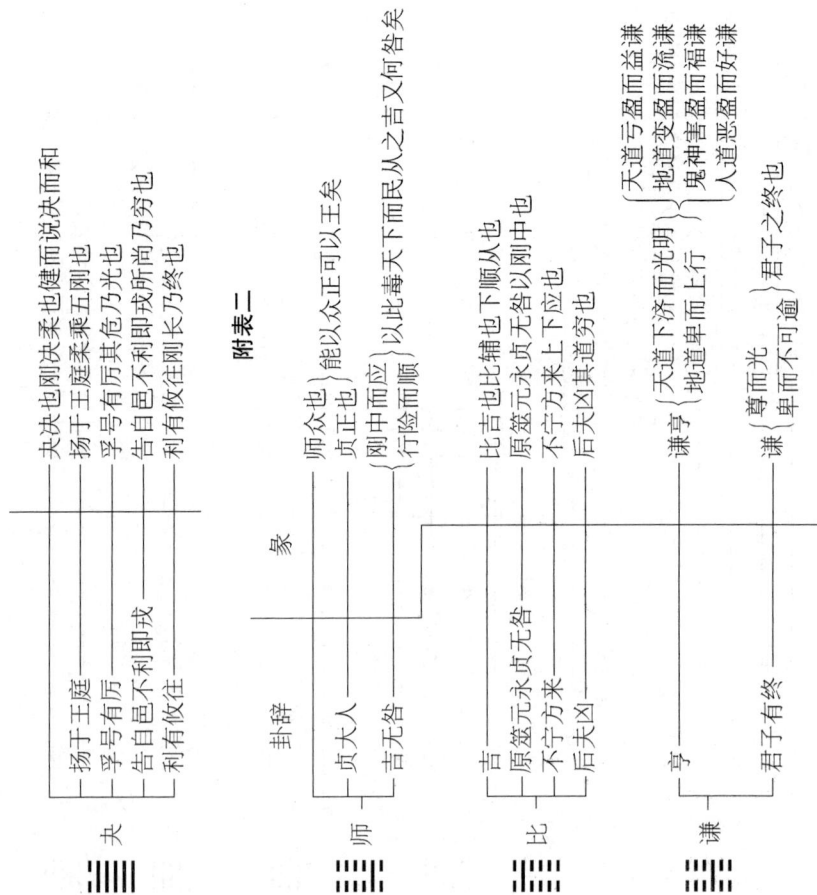

卦	卦辞	象
夬	扬于王庭 孚号有厉 告自邑不利即戎 利有攸往	夬决也刚决柔也健而说决而和 扬于王庭柔乘五刚也 孚号有厉其危乃光也 告自邑不利即戎所尚乃穷也 利有攸往刚长乃终也
师	贞大人 吉无咎	师众也 贞正也 } 能以众正可以王矣 刚中而应 行险而顺 } 以此毒天下而民从之吉又何咎矣
比	吉 原筮元永贞无咎 不宁方来 后夫凶	比吉也比辅也下顺从也 原筮元永贞无咎以刚中也 不宁方来上下应也 后夫凶其道穷也
谦	亨 君子有终	谦亨 { 天道下济而光明 地道卑而上行 } 君子之终也 谦 { 尊而光 卑而不可逾 } 君子之终也 天道亏盈而益谦 地道变盈而流谦 鬼神害盈而福谦 人道恶盈而好谦

豫 ䷏ ——利建侯行师——豫刚应而志行—顺以动豫
——豫顺以动故天地如之而况建侯行师乎 {天地以顺动故日月不过而四时不忒}{圣人以顺动则刑罚清而民服} 豫之时义大矣哉

同人 ䷌ ——于野亨利涉大川——同人柔得位得中而应乎乾曰同人
——同人曰同人于野亨利涉大川乾行也
——利君子贞——{文明以健}君子正也—唯君子为能通天下之志
中正而应

大有 ䷍ ——元亨——大有柔得尊位大中而上下应之曰大有
——其德{刚健而文明}{应乎天而时行}是以元亨

小畜 ䷈ ——亨——小畜柔得位而上下应之曰小畜
——健而巽刚中而志行乃亨
——密云不雨——尚往也
——自我西郊——施未行也

履 ䷉ ——虎尾不咥人亨——履柔履刚也
——说而应乎乾是以履虎尾不咥人亨
——刚中正履帝位而不疚光明也

附表三

卦辞　　　　　　彖

归妹 ䷵ ——{归妹天地之大义也}—天地不交而万物不兴
——归妹人之终始也—说以动所归妹也
——征凶——征凶位不当也
——无攸利——无攸利柔乘刚也

177

节 ䷻

节亨 —— 节亨刚柔分而刚得中 { 说以行险 / 当位以节 中正以通 } 天地节而四时成 —— 节以制度 { 不伤财 / 不害民 }

苦节不可贞 —— 苦节不可贞其道穷也

损 ䷨

损有孚元吉无咎可贞利有攸往 —— 损损下益上其道上行 / 损而有孚元吉无咎可贞利有攸往

曷之用二簋可用享 —— 二簋应有时 { 损益盈虚与时偕行 / 损刚益柔有时 }

丰 ䷶

亨 —— 丰大也明以动故丰 / 王假之 —— 王假之尚大也 / 勿忧宜日中 —— 勿忧宜日中宜照天下也 { 日中则昃 / 月盈则食 } 天地盈虚与时消息 { 而况于人乎 / 况于鬼神乎 }

既济 ䷾

亨小 —— 既济亨小者亨也 / 利贞 —— 利贞刚柔正而位当也 / 初吉 —— 初吉柔得中也 / 终乱 —— 终止则乱其道穷也

黄 ䷕

亨小 —— 贲亨 { 柔来而文刚故亨 / 分刚上而文柔故小 } 文明以止 人文也 { 观乎天文以察时变 / 观乎人文以化成天下 }

利有攸往 —— 利有攸往 —— 刚上而文柔 天文也

恒 ䷟

亨无咎利贞 —— 恒久也 { 刚上而柔下 / 雷风相与 / 巽而动 / 刚柔皆应 } 恒 —— 恒亨无咎利贞久于其道也 —— 天地之道恒久而不已也 { 日月得天而能久照 / 四时变化而能久成 / 圣人久于其道而天下化成 } 观其所恒而天地万物之情可见矣

利有攸往 —— 利有攸往 —— 利有攸往 终则有始也

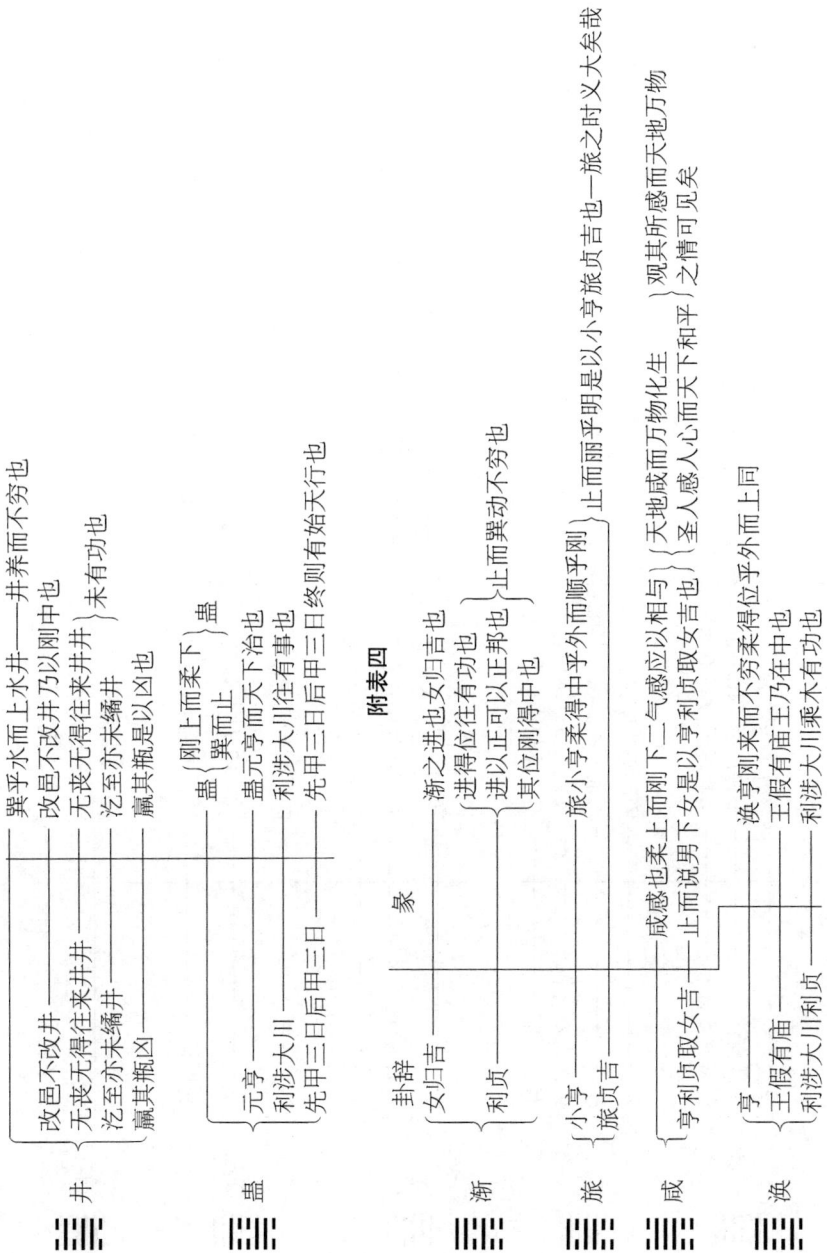

附表四

卦	卦辞	彖
井	改邑不改井 无丧无得往来井井 汔至亦未繘井 羸其瓶凶	巽乎水而上水—井 井养而不穷也 改邑不改井乃以刚中也 无丧无得往来井井 } 未有功也 汔至亦未繘井 羸其瓶是以凶也
蛊	元亨 利涉大川 先甲三日后甲三日	蛊 {刚上而柔下} 蛊 {巽而止} 蛊元亨而天下治也 利涉大川往有事也 先甲三日后甲三日终则有始天行也
渐	女归吉 利贞	渐之进也女归吉也 进得位往有功也 进以正可以正邦也 } 其位刚得中也 止而巽动不穷也
旅	{小亨 旅贞吉}	旅小亨柔得中乎外而顺乎刚 止而丽乎明是以小亨旅贞吉也 } 旅之时义大矣哉
咸	{亨 利贞取女吉}	咸感也柔上而刚下二气感应以相与 止而说男下女是以亨利贞取女吉也 {天地感而万物化生 圣人感人心而天下和平} 观其所感而天地万物 之情可见矣
涣	亨 王假有庙 利涉大川利贞	涣亨刚来而不穷柔得位乎外而上同 王假有庙王乃在中也 利涉大川乘木有功也

179

未济
亨 { 小狐汔济 ／ 濡其尾无攸利 }

未济亨柔得中也
小狐汔济未出中也
濡其尾无攸利不续终也
} 虽不当位刚柔应也

困
亨
贞大人吉无咎
有言不信

困刚掩也险以说
困而不失其所亨其唯君子乎
贞大人吉以刚中也
有言不信尚口乃穷也

益
利有攸往
利涉大川

益 { 损上益下民说无疆 ／ 自上下下其道大光 }
利有攸往中正有庆
利涉大川木道乃行
{ 益动而巽日进无疆 ／ 天施地生其益无方 }
凡益之道与时偕行

噬嗑
亨
利用狱

颐中有物曰噬嗑
噬嗑而亨刚柔分 { 动而明 ／ 雷电合而章 }
柔得中而上行虽不当位利用狱也

随
元亨利贞无咎

随 { 刚来而下柔 ／ 动而说 }
大亨贞无咎而天下随时
} 随时之义大矣哉

附表五

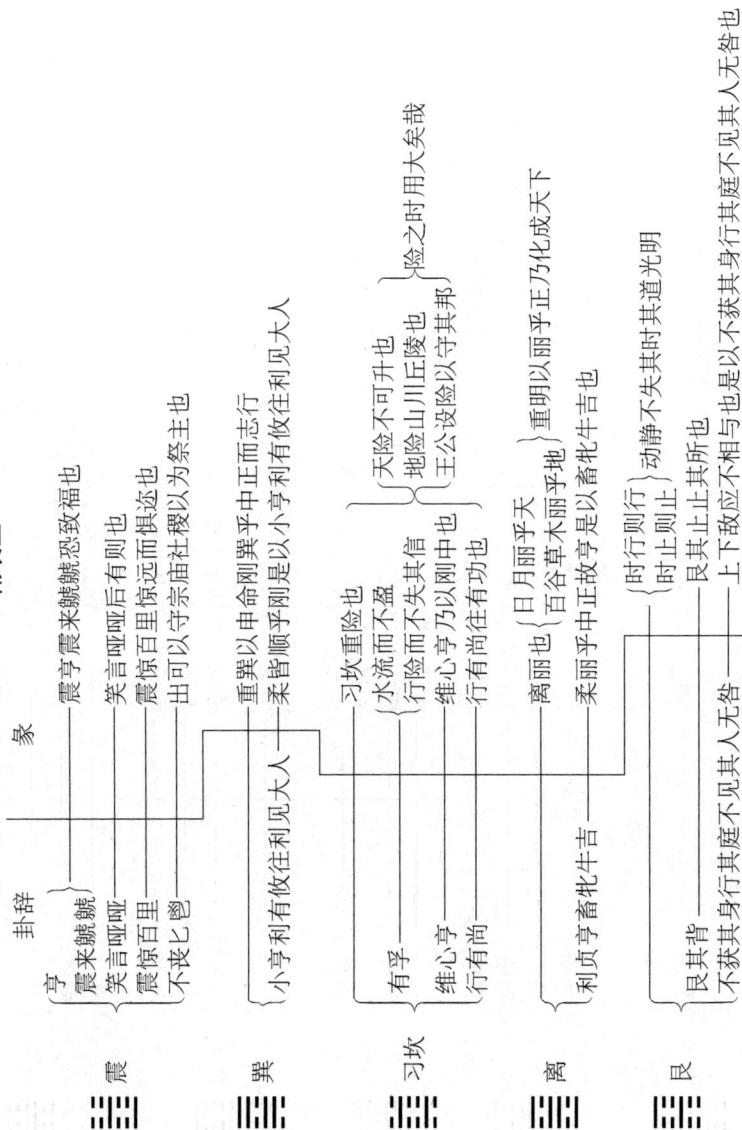

附表六

	卦辞	彖
兑 ䷹	亨 利贞	兑说也刚中而柔外 / 说以利贞是以｛顺乎天 而 应乎人｝ — ｛说以先民民忘其劳 / 说以犯难民忘其死｝说之大民劝矣哉
颐 ䷚	贞吉 观颐 自求口实	颐贞吉养正则吉也 / 观颐观其所养也 / 自求口实观其自养也 — ｛天地养万物 / 圣人养贤以及万民｝颐之时大矣哉
大过 ䷛	栋桡 利有攸往亨	大过大者过也 / 栋桡本末弱也 / ｛刚过而中 巽而说行｝利有攸往乃亨 — 大过之时大矣哉
中孚 ䷼	豚鱼吉 利涉大川 利贞	中孚｛柔在内而刚得中 说而巽｝孚乃化邦也 / 豚鱼吉信及豚鱼也 / 利涉大川乘木舟虚也 / 中孚以利贞乃应乎天也
小过 ䷽	亨 利贞 可小事 不可大事 飞鸟遗之音不宜上宜下大吉	小过小者过而亨也 / 过以利贞与时行也 / 柔得中是以小事吉也 / 刚失位而不中是以不可大事也 / 有飞鸟之象焉 — 飞鸟遗之音不宜上宜下大吉 — 上逆而下顺也

附表七

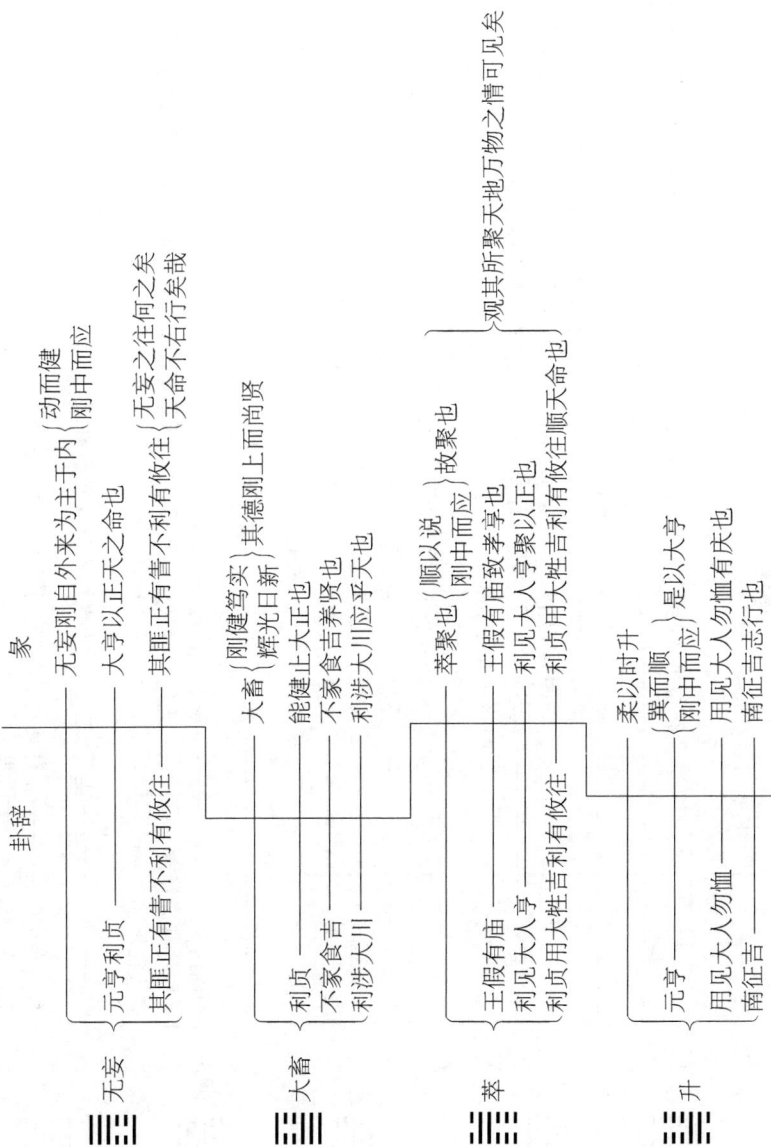

附表八

	卦辞	彖
家人 ䷤	利女贞	家人—男女正位乎内／男女正位乎外—男女正位天下之大义也—家人有严君焉父母之谓也—父父子子、兄兄弟弟、夫夫妇妇—而家道正—正家而天下定矣
睽 ䷥	小事吉	睽｛火动而上、泽动而下｝二女同居其志不同行—说而丽乎明—柔进而上行得中而应乎刚—是以小事吉—天地睽而其事同也—男女睽而其志通也—万物睽而其事类也—睽之时用大矣哉
蹇 ䷦	利西南、不利东北、利见大人、贞吉	蹇｛难也、险在前也｝见险而能止知矣哉—蹇利西南往得中也—不利东北其道穷也—利见大人往有功也—当位贞吉以正邦也—蹇之时用大矣哉
解 ䷧	利西南、无所往其来复吉、有攸往夙吉	解｛险以动、动而免乎险｝解—解利西南往得众也—无所往其来复吉乃得中也—有攸往夙吉往有功也—天地解而雷雨作雷雨作而百果草木皆甲坼—解之时大矣哉
需 ䷄	有孚光亨贞吉、利涉大川	需｛须也、险在前也｝刚健而不陷其义不困穷矣—需有孚光亨贞吉位乎天位以正中也—利涉大川往有功也

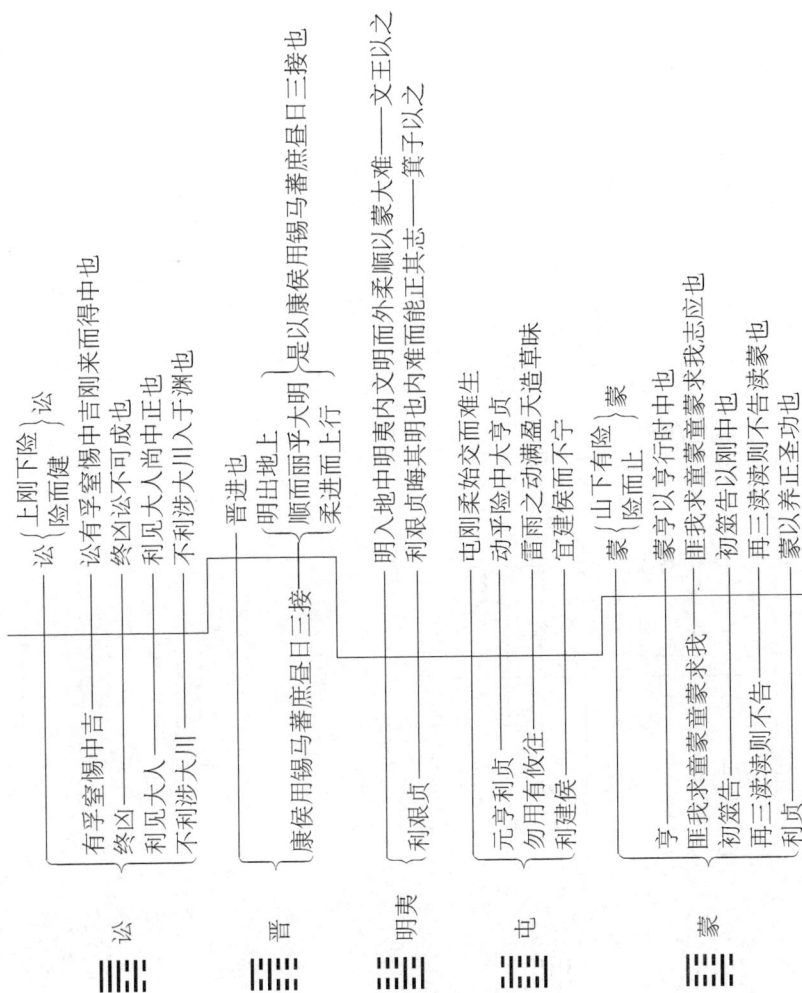

革

革 {水火相息}
{二女同居其志不相得} 曰革

已日乃孚 ——— 已日乃孚革而信之
元亨利贞 ——— 文明以说大亨以正
悔亡 ——— 革而当其悔乃亡

天地革而四时成
汤武革命 {顺乎天 而 应乎人}
革之时大矣哉

鼎

鼎象也以木巽火亨饪也 {圣人亨以享上帝 大亨以养圣贤}

元吉亨 ——— 巽而耳目聪明
柔进而上行
得中而应乎刚 } 是以元亨

论《周易·小象》作者的思想结构

有《彖辞》以释卦辞，必当有《小象》以释爻辞。卦爻辞及用九用六合成《周易》，《彖》与《小象》合成第一部解释《周易》的文献。考《周易》的成书，系博采当时世传之各种文献及传说加以编辑而成，合诸数字卦所用数字的发展情况观之，组织成文以配入卦爻象，时间当在春秋中晚期（另详"论编辑成《周易》者的思想结构"）。晋初太康二年(281)得汲冢本《周易》，杜预(222—284)等皆谓与《周易》上下经同，然未知是否用《序卦》之次。汲冢书记魏事及魏襄王二十年(前299)，当时在魏国尚无《彖》、《象》。一千六百余年后，于1973年又得长沙马王堆帛书《周易》(下葬于汉文帝前元十二年，前168)，属今存最早的《周易》原本，仍无《彖》、《象》，卦次亦不准《序卦》。汉初在长沙地区尚不知有《彖》、《象》，已成为不可或疑之事实。故第一部解释《周易》之《彖》与《小象》，成书可能在战国中期的齐鲁地区，而在各地通行基本已当武帝(前140—前87在位)时。司马迁认为孔子于《易》曾作四事，即"序彖、系象、说卦、文言"。若马王堆出土之《周易》文献中，除《周易》外，可认为已有"说卦、文言"。至于"序《彖》"当《彖辞》，因《彖辞》论卦变，自有其整体及其次序，故"序《彖》"殊非《序卦》(另详)。至于"系《象》"

问题，因郑学之徒所数之十翼，已合大、小《象》为一，其实《大象》和《小象》各有其旨，未可混杂。唯迁之所谓"系象"何指，似难肯定。然不外三种情况：其一指《小象》；其二指《大象》；其三兼指大、小《象》。然《象》与《彖》对言，《彖》既准卦辞，《象》当准爻辞，故指《小象》为是。退一步论，即使司马迁的"系《象》"已兼指大、小《象》，然决不可能仅指《大象》。考《大象》之成文，当在战国末年的三晋地区，作者可能与吕不韦的食客有关。司马迁如果见到，可能纳入"说卦"中，也可能知其行世未久，尚不认为孔子所作。故《大象》与《小象》，必须分辨。至于《彖》与《小象》，虽非孔子所作，然早在齐鲁地区流行。考卦爻辞的辑成于三晋地区，第一部解释《周易》的《彖》、《象》则完成于齐鲁地区，宜汲冢本及马王堆本皆无《彖》、《象》。及汉杜田生西迁(汉高祖九年，前198)授徒，始广为传布。至于作《小象》者的情况及其思想，必须具体研究《小象》原文。其如何发展爻辞之理？如何认识卦辞之理？与《彖辞》、《文言》、《说卦》、《系辞》等之关系如何？以下逐步阐明之。

《周易》分卦辞和爻辞，最后当为一人辑成，因全文确有整体，决非后人所能附会。更究其卦爻的分辨，主要在数，特加用九、用六二条，所以总结爻辞之理。或仅以文字观之，卦爻辞尚相似；或以数核之，则卦数七八，爻数九六，有截然不同之旨。今以《彖》、《象》论，文体意义更不相同，然于卦爻辞各有所据。故以《彖》、《象》之文以观卦爻辞，亦自然可发现卦爻辞本身，虽相似而确有不同，即卦辞指卦，爻辞指爻。东汉马融(79—166)等已指出卦辞作者为文王，爻辞作者为周公。这一见解，较《汉志》已能进一步分辨卦爻之异。实则以二篇为文王作已误认作者，因辑成《周易》者当为一人。马融之见，已详究《彖》与《小象》而知其异，乃悟及卦爻辞之作者已非一人。更进而观之，卦爻辞虽有不同之旨，仍可一人辑成。马融等认为爻辞有文王后事，故知非文王所作，然尚多周公后事，乃至有春秋之事，故辑成四百五十节《周易》者，当在春秋中后期。若《彖》与《小象》之各以卦爻之理发挥之，注释之，贵能理解卦爻之异,其文非一人所作,基本可定为《彖》在前,《小象》在后。作《小象》者,似已先见《彖》与《文言》。然必有《小象》,庶可完成对卦爻辞之解释,以使原属卜筮为主之卦爻辞,转化成探求哲理为主之卦爻辞,且有处世应用的大作用。故《小象》的价值,历代读《易》者尚不够重视,实可当由数字卦变成阴阳符号卦后的一大进步。今总观《小象》原文,可了解作者之旨,实已得全部爻辞之精义。故《小象》之辞足与《彖辞》并存,亦为能利用抽象概念第一次概括爻辞而明其整体者。

凡爻辞三百八十四条,要在有用九、用六两条总结。用九者,用一百九十二阳爻;用六者,用一百九十二阴爻。用之者,用其阴阳而变其阴阳。观六十四卦中,六爻皆阳而同为用九者唯乾卦,宜于乾卦六爻之后,更及用九;又六爻皆阴而同为用六者唯坤卦,宜于坤卦六爻之后,更及用六。此外六十二卦之六爻,同为阴阳相杂而兼用九六。然则当先知用九、用六之大义,方可知三百八十四爻中阴阳爻之相杂及爻变之原则,观《小象》之文义,全准此旨。再者"序《彖》"非《序卦》,《彖》有其次,若所系之《小象》,亦有其次。其次如何,首当知之。今知以用九、用六为纲领,故宜取乾坤始,视为九六之两端。

考爻名定于最后辑成卦爻辞者,其时孔子已死,且《左传》作者,虽已知其理,尚未能加以应用。计爻名凡十有二,每名三十二见,故共为三百八十四爻,更益以用九、用六,以示九六为用。"用九,见群龙无首吉",所以明用爻之法。反观作《彖辞》者,特曰"首出庶物,万国咸宁",此见卦爻之大异。以卦言,决不可不知首乾之理,是之谓《周易》。以爻言,贵在知变。乾六爻以龙为象,《彖》言"时乘六龙以御天"是其义。于爻辞中仅言"潜龙"、"见龙"、"飞龙"、"亢龙",三四爻当人位未言龙,然人所具之阳气,亦当法龙之善变,如"日乾夕惕"、"或跃在渊"皆言变,宜《象》即以"六龙"称之。"六龙"者,犹言六位之变。当编成爻辞而于用九泛言"群龙",义已概括"六龙"于六位间的关系。此以阴阳符号卦卦象喻之,即以当阴阳变化,是之谓爻之用。用阳爻而阴,故曰

"无首",阴阳保合太和,是以"吉"。而《小象》全准阴阳爻互用之原则,系其辞曰"天德不可为首也"。识此"不可为首"与"首出"之辨,庶见卦爻辞之不同及《彖》与《小象》之各有其旨。

更以用六言,"利永贞"者,永于"利牝马之贞"以当"乃顺承天"。而《小象》又能发挥之曰"以大终也"。此"大终"犹终则有始,由贞以起元。或能识天德之不可为首,地德利永贞以大终,则阴阳之间如无端之环。此爻变之旨,决非卦变所可尽。况用九者,非仅用乾卦之六爻,一百九十二阳爻莫不可用;用六者,亦非仅用坤卦之六爻,一百九十二阴爻亦莫不可用。由是以观六十四卦之象,时时准爻变以通之。故《彖》据辟卦之消息以论卦变,所以明时。爻据六爻之九六相杂以变之,所以明位。"六位时成",论爻变不可不知卦变。究卦变不可不知消息,而消息者,又可属诸六爻之爻变,且非徒乾坤之十二辟卦而已。此见时位之互为因果,卦爻变之息息相关,易道之整体或在其中。究辑成卦爻辞及用九、用六者,早已具此思想结构。迨《彖》与《小象》出,则能进一步认识时位之变。故必先阐明"不可为首"与"大终"二用之释义,方可了解作《小象》者有整体概念之思想结构。

或谓先秦时是否已理解卦爻变之旨,则据《彖辞》所云之刚柔往来,其言卦变实为作《彖辞》者之思想结构。而《小象》之用九用六,义亦畅然明白。且爻变之象,《左传》中可援昭公二十九年(前513)蔡墨释龙之言为例。蔡墨以用九为乾之坤,宜天德有不可为首之象。考《小象》之成,当在成《彖辞》之后,而《小象》所主的爻变,反更合乎卦爻辞及用九、用六之本义。故辑成《周易》时,已能利用数字以分辨卦爻之不同思想。时当蔡墨后,始完成《周易》于三晋地区。其后传至齐鲁地区,为之作《彖辞》以发展卦辞者,基本已在子思以后。而作《小象》者,既准《彖辞》之旨,又能继承《周易》爻变之本义,故"不可为首"与"大终",实已中爻变之的,例可推及三百八十四爻。历代忽视《小象》者,皆未知爻变的重要。《系辞下》曰:"《易》之为书也,原始要终,以为质也。六爻相杂,唯其时物也。"又曰:"道有变动,故曰爻;爻有等,故曰物。物相杂,故曰文。文不当,故吉凶生焉。"按《系辞下》凡三言"《易》之为书也",作此之时基本在汉,所谓《易》书已兼及《彖》及《小象》。故曰"原始",据《彖》之发展卦辞;曰"要终",亦已据《小象》之发展爻辞。宜其"以为质"之质,虽指乾坤,实指乾坤之彖与"不可为首"与"大终"之爻用。故"唯其时物"者,时犹彖,物即爻位六等。观乾坤阴阳物相杂以成其他六十二卦,故曰文。文以对质,唯六爻相杂之时,文有当不当,此所以生吉凶。然则非《小象》进一步以明六位当不当之爻变,亦何以见相杂之文。凡定爻名者以初上当时位,尚不知有《彖》、《象》。继之以《彖》为时,以《小象》为位,所以发展定爻名者的思想。故爻变结构图(另详)当产生于三晋地区,传至齐鲁地区时,未必全部应用此法。今读《小象》之文,于二用之原则虽同蔡墨,于具体之爻变殊多不同。此因《小象》之作者,既已继承三晋地区的爻变法,又准《彖辞》之义理解本末中爻及既济利贞之象,此为《小象》之特色。以下仍准乾坤之《小象》明之。

据蔡墨之爻变法,乾初九为乾之姤,然《小象》不取姤之阴在下,而取不变之"阳在下",此已准既济《彖辞》"利贞刚柔正而位当"之理,故有当不当生吉凶之思想。谓当其爻位者,可自主其变不变,这一思想产生在齐鲁地区,已与爻名之原义不同。其后以《小象》为主而不知基本之爻变法,乃对爻名的理解不甚明确,对用九用六更异说纷纭。是皆先秦时已存在,如不以地域辨之,不以作者的思想结构说明之,恐永不能得其实。

《小象》以"潜龙勿用"为"阳在下",乃更发挥"勿用"之义,以相对于九六之用。"勿用"为阳七、阴八,犹卦之数。凡用初九即爻变为姤,以数言,乾初九变成之姤,其数为八。如"勿用"初九,即为初七,当乾卦之初。此以卦爻合七八九六之数,疑定爻名者已见及其义。四数之周流示如图。

下图所示之次,为筮法所遵循者,来源于九宫数,似当数字卦发展成阴阳符号卦之最后一步。《易纬·乾凿度》卷下:"阳动而进,阴动而退,故阳以七、阴以八为彖。《易》一阴一阳合而为十五之谓道。阳变

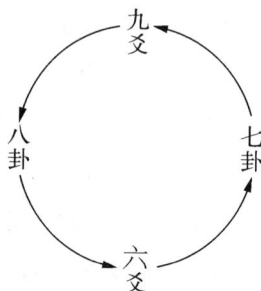

七之九，阴变八之六，亦合于十五，则象变之数若一。阳动而进，变七之九，象其气之息也，阴动而退，变八之六，象其气之消也。故太一取其数以行九宫，四正四维皆合于十五。"考《乾凿度》之成书，不得不认为已在西汉。而其部分内容实传自战国，且保存有重要之思想为其他文献中所无者。此明七之九、八之六之次，且说明其可通于九宫等，皆属数字卦发展成阴阳符号卦最后一步之痕迹。今据马王堆帛书《周易》，知爻名早已定型。但卦象是否为七八，虽形象似一八，然一何以可作为七，此皆须详为说明（另详）。而此书早有"阳以七、阴以八为象"之言，则可直接证明七八为象，九六为爻之义，且四数周流之次，自然可通于九宫之位。然此周流之次，与《小象》取"勿用"之义大异。故乾之姤为八，当初九之用，《小象》取"勿用"乃逆其次，仍使阴阳不变而阳为九之七，阴为六之八。此即第一部解释《周易》之《小象》已不同于三晋易，而成为齐鲁易之特点。清代所恢复之汉易略能见及此，然仅知齐鲁易而未见其初已有三晋易，亦未为是。今要而分辨之，三晋易以定《周易》之文献，乃以爻名合其时位而得其整体。齐鲁易继《周易》卦爻辞而另为"序《彖》、系《象》"，则以《彖》与《小象》为时位。唯三晋易视爻名为时位之合，故爻变自然有卦变，三百八十四爻之用九用六任属自然，人其奈何，贵能自择其时位之宜。当进而有《彖》与《小象》之齐鲁易，则九六之用，勿用在我，然贵在知象时之象与爻位之变相应。若乾《彖》所谓"六位时成，时乘六龙以御天"之旨，必须结合既济

《彖》所谓"刚柔正而位当"之象。凡此《彖辞》以结合时位之整体，相隔若干年，或经一二代继承后，由作《小象》者足成之。唯知有既济位当之象，庶可作为变、不变即用、勿用之标准。故乾初勿用为"阳在下"，义指位当之象。初为阳，推至六位即初三五奇位为阳，二四上偶位为阴。合观当位之卦名既济，不当位之卦名未济，此属辑成《周易》时已有之思想。《彖》以"刚柔正而位当"释既济卦之"利贞"，方可说明六位时成之变化法。《文言》释乾初为"确乎其不可拔，潜龙也"，亦明初九不变之象。《小象》继其旨，先以乾初阳在下示"勿用"之爻变法，于"用"与"勿用"之辨，即本既济之"位当"。计散在三百八十四爻的《小象》原文中，说明"中正"、"正中"、"位不当"、"位正当"者凡四十余处，占全部《小象》约八之一，可明爻变之鹄的。凡洗心寡过以归诸无咎之理，贵法既济之位，义亦畅然明确。此《小象》之文，虽似无所独见，全准爻辞而衍述之，安知内含"位"字之大宝以散及一切，此所以能使易学全部脱离卜筮之用而归诸处世之应用。因既济之象来自时位之结合而当用者目下之时位，故人之所处莫不有既济，而既济之象又莫不在准时位而变，此易理之所以能万古如新。而《小象》继《彖》与《文言》，以平淡无奇之文句，使不可捉摸之爻辞，化诸日常应用之事物，由《文言》之玩辞合诸爻辞本文之吉凶悔吝而以位处之，则不待卜筮而自择于三百八十四爻之间。考《左传》中早有不待卜《易》而能用《易》之例（另详），而此理实完成于《小象》之作者。因《文言》仅及乾坤十二爻，推而广之则上下《系》中共有约二十节，更益以《乾凿度》中亦仅数节。而《小象》之文，虽仅数字，然已具玩辞之旨，且能化爻辞之义成一般通用之内容，全以位之得失为准。观得失位之情况，共有四种：

其一，凡得位之初九、九三、九五，此三爻用九而勿用。故以卜筮言，得九必之八，以蔡墨之爻变言，亦为乾初用九而成姤，而以《小象》言，则曰"阳在下"。合诸《文言》的"确乎其不可拔"，故仍取在下之阳。以象数言，当位初三五之阳皆不变而九返之七。

其二，得位之六二、六四、上六，此三爻用六而勿用。故以卜筮言，得六必之七，以蔡墨之爻变言，亦为坤上用六而成剥，以《小象》言，则曰"其道穷也"，以明坤上之位不当变。或以卦言，夬必"刚长乃终"，故从于爻位则失卦时，从于卦时则失爻位，此所以为"其道穷"。"穷则变"乃重视卦时之消息或重视爻位之既济，变从时或从位，视处之者的条件决定。

其三，失位之初六、六三、六五，此三爻用六而变，与卜筮及蔡墨之爻变全同。然坤初曰"阴始凝"，而《文言》又明积善、积不善之理。可见"阴始凝"合诸姤卦言，犹"天地相遇"而"品物咸章"，自然消息未可谓非。以爻言则初六失位，故不可不明辨善、不善之积。

其四，失位之九二、九四、上九，此三爻用九而变，亦与卜筮及蔡墨之爻变全同。然乾上曰"盈不可久也"，《文言》亦有"知进而不知退，知存而不知亡，知得而不知丧"之戒。此与积善、积不善之义全同。因或以卦视之，或以爻视之，其情截然相反。剥上之硕果，势必为人重视之，善于重视者，非反诸地下以待其贞下起元，则何能保此硕果，此所以"盈不可久"。因上当阴位，上九而上八，孰能止之。

合上四类十二爻以下图示之：

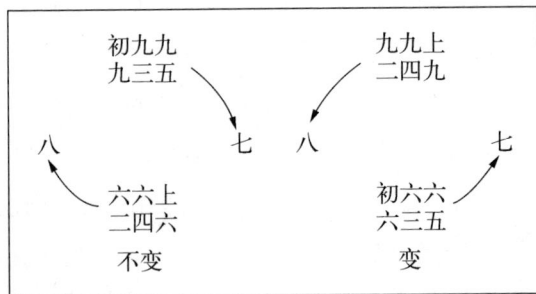

此为《小象》之大义，所以通于既济《彖》所谓"利贞，刚柔正而位当也"。至于初九，初六、上九、上六之用、勿用，属正位与消息之际，处之者尤有多端的变化，故为本末之象而非杂物撰德辨是与非之中爻。中爻可有明确的是非，初上则有卦爻之异，必须注意消息，非固守一位者可得整体之象。虽然,本末仍有位之得失,既济之象决非家人、蹇、渐三卦可比,读《小象》者仍当以六位为准。识此《小象》之纲领,则三百八十四爻之爻义可任意"玩辞",而辞之大义虽有万千之异,其旨仍同。此理保存至东汉末,迨王弼扫象而失传,幸唐李鼎祚保存虞注等以成《周易集解》,此《小象》之旨犹存。宋朱熹门人林至之《易裨传》,能绘出《小象》爻变图",惜未究汉易之取象法,则此图未起作用。直至清惠栋之《周易述》首释利贞曰:"乾六爻二四上匪正,坤六爻初三五匪正,乾道变化各正性命保合太和乃利贞,《传》曰:利贞,刚柔正而位当也。"始能由王弼恢复至虞翻。虽然,此仅《小象》之旨,属爻变法之一,于《象》尚有卦变法,更有通贯卦爻变的消息等义。其后焦理堂更能独具匠心,用此《小象》之旨以沟通虞翻王弼之旨,其易学有发展之趋势而可免抱残守阙之讥,惜尚未对先秦汉末的具体情况加以说明。

《彖》发明卦变之结构,以传卦辞,《小象》亦明确六位得失之结构,以传爻辞。由此形成第一部解释《周易》之旨的文献。下示"《小象》结构图"可喻《小象》与爻辞之关系。其次以得失位多寡为准,先取三爻得失二十卦,继以四爻得失三十卦,五爻得失十二卦,而总结于六位失位之未济以归于六爻得位之既济。

《小象》结构图

三 爻 得 失

阴阳爻数	卦名	三爻得位	三爻失位
纯阳	乾	初三五	二四上
	震	初二上	三四五
	坎	四五上	初二三
	艮	二三四	初五上
	临	初四上	二三五
二阳四阴	小过	二三上	初四五
	观	二四五	初三上
	升	三四上	初二五
	萃	二五上	初三四
	颐	初二四	三五上
		勿用	用

阴阳爻数	卦名	三爻失位	三爻得位
纯阴	坤	初三五	二四上
二阴四阳	巽	初二上	三四五
	离	四五上	初二三
	兑	二三四	初五上
	遯	初四上	二三五
	中孚	二三上	初四五
	大壮	二四五	初三上
	无妄	三四上	初二五
	大畜	二五上	初三四
	大过	初二四	三五上
		用	勿用

四 爻 得 失

阴阳爻数	卦名	四爻得位	二爻失位
三阳三阴	咸	二三五上	初四
	泰	初三四上	二五
	益	初二四五	三上
	井	三四五上	初二
	随	初二五上	三四
	贲	初二三四	五上
	节	初四五上	二三
	丰	初二三上	四五
	渐	二三四五	初上
一阳五阴	比	二四五上	初三
一阴五阳	夬	初三五上	二四
	复	初二四上	三五
	同人	初二三五	四上
	谦	二三四上	初五
	小畜	初三四五	二上
		勿用	用

阴阳爻数	卦名	四爻失位	二爻得位
三阴三阳	损	二三五上	初四
	否	初三四上	二五
	恒	初二四五	三上
	噬嗑	三四五上	初二
	蛊	初二五上	三四
	困	初二三四	五上
	旅	初四五上	二三
	涣	初二三上	四五
	归妹	二三四五	初上

一阴五阳	大有	二四五上	初三
	剥	初三五上	二四
	姤	初二四上	三五
一阳五阴	师	初二三五	四上
	履	二三四上	初五
	豫	初三四五	二上
		用	勿用

五 爻 得 失

阴阳爻数	卦名	五爻得位	一爻失位
	蹇	二三四五上	初
	需	初三四五上	二
二阳四阴	屯	初二四五上	三
二阴四阳	革	初二三五上	四
	明夷	初二三四上	五
	家人	初二三四五	上
		勿用	用

阴阳爻数	卦名	五爻失位	一爻得位
	睽	二三四五上	初
	晋	初三四五上	二
二阴四阳	鼎	初二四五上	三
二阳四阴	蒙	初二三五上	四
	讼	初二三四上	五
	解	初二三四五	上
		用	勿用

六 爻 得 失

阴阳爻数	卦名	六爻得位
三阳三阴	既济	初二三四五上
		勿用

阴阳爻数	卦名	六爻失位
三阴三阳	未济	初二三四五上
		用

观此"《小象》结构图"可见旁通卦之重要,相反相成而同归于既济,是之谓"殊途而同归,百虑而一致"。有此简明之六位,憧憧往来之心其可已乎,此位所以为圣人之大宝云。

以下更作爻辞与《小象》相应之表,读之可见《小象》的整体结构。至于爻名以下及上,相应于人之由生至死,事之由始至终。今于文字特依爻名爻辞之次,于每卦不妨由下读至上,庶见《周易》爻辞的特色。至于小象中如需上六当位而曰"虽不当位,未大失也",实谓三人之不当位,象指九二,非指上六,故不碍于《小象》所创立的六爻正位于既济的结构。附为说明之以见王弼主张初上无位之说,虽可通于消息,然利贞既济之象,属易学之变不变的大义,决不可为中互辨是非所代替。

爻辞《小象》表解

		爻辞二用	小象
六爻用九 乾	用九	见群龙无首吉	用九天德不可为首也
	上九	亢龙有悔	亢龙有悔盈不可久也
	九五	飞龙在天利见大人	飞龙在天大人造也
	九四	或跃在渊无咎	或跃在渊进无咎也
	九三	君子终日乾乾夕惕若厉无咎	终日乾乾反复道也
	九二	见龙在田利见大人	见龙在田德施普也
	初九	潜龙勿用	潜龙勿用阳在下也
六爻用六 坤	用六	利永贞	用六永贞以大终也
	上六	龙战于野其血玄黄	龙战于野其道穷也
	六五	黄裳元吉	黄裳元吉文在中也
	六四	括囊无咎无誉	括囊无咎慎不害也
	六三	含章可贞 / 或从王事 / 无成有终	含章可贞以时发也 / 或从王事知光大也
	六二	直方大 / 不习无不利	六二之动直以方也 / 不习无不利地道光也
	初六	履霜 / 坚冰至	初六履霜阴始凝也 / 驯至其道至坚冰也
二爻用九 四爻用六 震	上六	震索索视矍矍 / 征凶震不于其躬于其邻无咎 / 婚媾有言	震索索中未得也 / 虽凶无咎畏邻戒也
	六五	震往来厉 / 亿无丧有事	震往来厉危行也 / 其事在中大无丧也
	九四	震遂泥	震遂泥未光也
	六三	震苏苏 / 震行无眚	震苏苏位不当也
	六二	震来厉 / 亿丧贝跻于九陵勿逐七日得	震来厉乘刚也
	初九	震来虩虩 / 后笑言哑哑	震来虩虩恐致福也 / 笑言哑哑后有则也

四爻用九
二爻用六

☴巽

上九	巽在床下	巽在床下上穷也
	丧其资斧贞凶	丧其资斧正乎凶也
九五	贞凶悔亡无不利	
	无初有终先庚三日后庚三日吉	九五之吉位正中也
六四	悔亡田获三品	田获三品有功也
九三	频巽吝	频巽之吝志穷也
九二	巽在床下	
	用史巫纷若吉无咎	纷若之吉得中也
初六	进退	进退志疑也
	利武人之贞	利武人之贞志治也

二爻用九
四爻用六

☵坎

上六	系用徽纆寘于丛棘三岁不得凶	上六失道凶三岁也
九五	坎不盈祇既平无咎	坎不盈中未大也
六四	樽酒簋贰用缶	樽酒簋贰刚柔际也
	纳约自牖终无咎	
六三	来之坎坎	来之坎坎终无功也
	险且枕入于坎窞勿用	
九二	坎有险求小得	求小得未出中也
初六	习坎入于坎窞凶	习坎入坎失道凶也

四爻用九
二爻用六

☲离

上九	王用出征	王用出征以正邦也
	有嘉折首获匪其丑无咎	
六五	出涕沱若戚嗟若吉	六五之吉离王公也
九四	突如其来如焚如死如弃如	突如其来如无所容也
九三	日昃之离	日昃之离何可久也
	不鼓缶而歌则大耋之嗟凶	
六二	黄离元吉	黄离元吉得中道也
初九	履错然敬之无咎	履错之敬以辟咎也

二爻用九
四爻用六

☶艮

上九	敦艮吉	敦艮之吉以厚终也
六五	艮其辅言有序悔亡	艮其辅以中正也
六四	艮其身无咎	艮其身止诸躬也
九三	艮其限列其夤厉薰心	艮其限危薰心也
六二	艮其腓不拯其随	不拯其随未退听也
	其心不快	
初六	艮其止无咎利永贞	艮其止未失正也

四爻用九
二爻用六
☱兑

上六 引兑	上六引兑未光也
九五 孚于剥有厉	孚于剥位正当也
九四 商兑未宁介疾有喜	九四之喜有庆也
六三 来兑凶	来兑之凶位不当也
九二 孚兑吉悔亡	孚兑之吉信志也
初九 和兑吉	和兑之吉行未疑也

二爻用九
四爻用六
☷临

上六 敦临吉无咎	敦临之吉志在内也
六五 知临大君之宜	大君之宜行中之谓也
六四 至临无咎	至临无咎位当也
六三 甘临无攸利既忧之无咎	甘临位不当也既忧之咎不长也
九二 咸临吉无不利	咸临吉无不利未顺命也
初九 咸临贞吉	咸临贞吉志行正也

四爻用九
二爻用六
☶遯

上九 肥遯无不利	肥遯无不利无所疑也
九五 嘉遯贞吉	嘉遯贞吉以正志也
九四 好遯君子吉小人否	君子好遯小人否也
九三 系遯有疾厉畜臣妾吉	系遯之厉有疾惫也
六二 执之用黄牛之革莫之胜说	执用黄牛固志也
初六 遯尾厉勿用有攸往	遯尾之厉不往何灾也

二爻用九
四爻用六
☳小过

上六 弗遇过之飞鸟离之凶是谓灾眚	弗遇过之已亢也
六五 密云不雨自我西郊 公弋取彼在穴	密云不雨已上也
九四 无咎弗过遇之	弗过遇之位不当也
往厉必戒勿用永贞	往厉必戒终不可长也
九三 弗过防之从或戕之凶	从或戕之凶如何也
六二 过其祖遇其妣 不及其君遇其臣无咎	不及其君臣不可过也
初六 飞鸟以凶	飞鸟以凶不可如何也

四爻用九
二爻用六
☱中孚

上九 翰音登于天贞凶	翰音登于天何可长也
九五 有孚挛如无咎	有孚挛如位正当也
六四 月几望马匹亡无咎	马匹亡绝类上也
六三 得敌或鼓或罢或泣或歌	或鼓或罢位不当也
九二 鸣鹤在阴其子和之 我有好爵吾与尔靡之	其子和之中心愿也
初九 虞吉有它不燕	初九虞吉志未变也

	上九 观其生君子无咎	观其生志未平也
	九五 观我生君子无咎	观我生观民也
二爻用九	六四 观国之光利用宾于王	观国之光尚宾也
四爻用六	六三 观我生进退	观我生进退失道也
䷓观	六二 窥观利女贞	窥观女贞亦可丑也
	初六 童观小人无咎君子吝	童观小人道也

	上六 羝羊触藩不能退不能遂无攸利	不能退不能遂不详也
	艰则吉	艰则吉咎不长也
四爻用九	六五 丧羊于易无悔	丧羊于易位不当也
二爻用六	九四 贞吉悔亡藩决不羸	藩决不羸尚往也
䷡大壮	壮于大车之腹	
	九三 小人用壮君子用罔贞厉	小人用壮君子罔也
	羝羊触藩羸其角	
	九二 贞吉	九二贞吉以中也
	初九 壮于趾征凶有孚	壮于趾其孚穷也

	上六 冥升利于不息之贞	冥升在上消不富也
二爻用九	六五 贞吉升阶	贞吉升阶大得志也
四爻用六	六四 王用亨于岐山吉无咎	王用亨于岐山顺事也
䷭升	九三 升虚邑	升虚邑无所疑也
	九二 孚乃利用禴无咎	九二之孚有喜也
	初六 允升大吉	允升大吉上合志也

	上九 无妄行有眚无攸利	无妄之行穷之灾也
	九五 无妄之疾勿药有喜	无妄之药不可试也
四爻用九	九四 可贞无咎	可贞无咎固有之也
二爻用六	六三 无妄之灾或系之牛	行人得牛邑人灾也
䷘无妄	行人之得邑人之灾	
	六二 不耕获不菑畬则利有攸往	不耕获未富也
	初九 无妄往吉	无妄之往得志也

	上六 赍咨涕洟无咎	赍咨涕洟未安上也
	九五 萃有位无咎匪孚元永贞悔亡	萃有位,志未光也
二爻用九	九四 大吉无咎	大吉无咎位不当也
四爻用六	六三 萃如嗟如无攸利往无咎小吝	往无咎上巽也
䷬萃	六二 引吉无咎孚乃利用禴	引吉无咎中未变也
	初六 有孚不终乃乱乃萃	乃乱乃萃其志乱也
	若号一握为笑勿恤往无咎	

四爻用九 二爻用六 ☰☰ 大畜	上九	何天之衢亨	何天之衢道大行也
	六五	豶豕之牙吉	六五之吉有庆也
	六四	童牛之牿元吉	元吉有喜也
	九三	良马逐利艰贞日闲舆卫	
		利有攸往	利有攸往上合志也
	九二	舆说輹	舆说輹中无尤也
	初九	有厉利已	有厉利已不犯灾也

二爻用九 四爻用六 ☶☳ 颐	上九	由颐厉吉利涉大川	由颐厉吉大有庆也
	六五	拂经居贞吉不可涉大川	居贞之吉顺以从上也
	六四	颠颐吉	颠颐之吉上施光也
		虎视眈眈其欲逐逐无咎	
	六三	拂颐征凶十年勿用无攸利	十年勿用道大悖也
	六二	颠颐拂经于丘颐征凶	六二征凶行失类也
	初九	舍尔灵龟观我朵颐凶	观我朵颐亦不足贵也

四爻用九 二爻用六 ☱☴ 大过	上六	过涉灭顶凶无咎	过涉之凶不可咎也
	九五	枯杨生华	枯杨生华何可久也
		老妇得其士夫无咎无誉	老妇士夫亦可丑也
	九四	栋隆吉有它吝	栋隆之吉不桡乎下也
	九三	栋桡凶	栋桡之凶不可以有辅也
	九二	枯杨生稊	老夫女妻过以相与也
		老夫得其女妻无不利	
	初六	藉用白茅无咎	藉用白茅柔在下也

三爻用九 三爻用六 ☱☶ 咸	上六	咸其辅颊舌	咸其辅颊舌滕口说也
	九五	咸其脢无悔	咸其脢志末也
	九四	贞吉悔亡	贞吉悔亡未感害也
		憧憧往来朋从尔思	憧憧往来未光大也
	九三	咸其股	咸其股亦不处也
		执其随往吝	志在随人所执下也
	六二	咸其腓凶居吉	虽凶居吉顺不害也
	初六	咸其拇	咸其拇志在外也

三爻用九 三爻用六 ☶☱ 损	上九	弗损益之无咎贞吉	弗损益之大得志也
		得臣无家	
	六五	或益之十朋之龟弗克违元吉	六五元吉自上右也
	六四	损其疾使遄有喜无咎	损其疾亦可喜也
	六三	三人行则损一人一人行则得其友	一人行三则疑也
	九二	利贞征凶弗损益之	九二利贞中以为志也
	初九	已事遄往无咎酌损之	已事遄往上合志也

三爻用九 三爻用六 泰	上六	城复于隍勿用师 自邑告命贞吉	城复于隍其命乱也
	六五	帝乙归妹以祉元吉	以祉元吉中以行愿也
	六四	翩翩不富以其邻 不戒以孚	翩翩不富皆失实也 不戒以孚中心愿也
	九三	无平不陂无往不复艰贞无咎 勿恤其孚于食有福	无平不陂天地际也
	九二	包荒用冯河不遐遗 朋亡得尚于中行	包荒得尚于中行 以光大也
	初九	拔茅茹以其汇征吉	拔茅征吉志在外也

三爻用九 三爻用六 否	上九	倾否先否后喜	否终则倾何可长也
	九五	休否大人吉 其亡其亡系于包桑	大人之吉位正当也
	九四	有命无咎畴离祉	有命无咎志行也
	六三	包羞	包羞位不当也
	六二	包承小人吉大人否亨	大人否亨不乱群也
	初六	拔茅茹以其汇贞吉	拔茅贞吉志在君也

三爻用九 三爻用六 益	上九	莫益之 或击之 立心勿恒凶	莫益之遍辞也 或击之自外来也
	九五	有孚惠心勿问元吉 有孚惠我德	有孚惠心勿问之矣 惠我德大得志也
	六四	中行告公从 利用为依迁邦	告公从以益之也
	六三	益之用凶事无咎有孚 中行告公用圭	益用凶事固有之矣
	六二	或益之十朋之龟弗克违永贞吉 王用享于帝吉	或益之自外来也
	初九	利用为大作元吉无咎	元吉无咎下不厚事也

三爻用九 三爻用六 恒	上六	震恒凶	震恒在上大无功也
	六五	恒其德贞妇人吉 夫子凶	妇人贞吉从一而终也 夫子制义从妇凶也
	九四	田无禽	久非其位安得禽也
	九三	不恒其德或承之羞贞吝	不恒其德无所容也
	九二	悔亡	九二悔亡能久中也
	初六	浚恒贞凶无攸利	浚恒之凶始求深也

三爻用九 三爻用六 ䷯井	上六	井收勿幕有孚元吉	元吉在上大成也
	九五	井洌寒泉食	寒泉之食中正也
	六四	井甃无咎	井甃无咎修井也
	九三	井渫不食为我心恻	井渫不食心恻也
		可用汲王明并受其福	求王明受福也
	九二	井谷射鲋瓮敝漏	井谷射鲋无与也
	初六	井泥不食	井泥不食下也
		旧井无禽	旧井无禽时舍也

三爻用九 三爻用六 ䷔噬嗑	上九	何校灭耳凶	何校灭耳聪不明也
	六五	噬乾肉得黄金贞厉无咎	贞厉无咎得当也
	九四	噬乾胏得金矢利艰贞吉	利艰贞吉未光也
	六三	噬腊肉遇毒小吝无咎	遇毒位不当也
	六二	噬肤灭鼻无咎	噬肤灭鼻乘刚也
	初九	履校灭趾无咎	履校灭趾不行也

三爻用九 三爻用六 ䷐随	上六	拘系之乃从维之王用亨于西山	拘系之上穷也
	九五	孚于嘉吉	孚于嘉吉位正中也
	九四	随有获贞凶	随有获其义凶也
		有孚在道以明何咎	有孚在道明功也
	六三	系丈夫失小子随有求得	系丈夫志舍下也
		利居贞	
	六二	系小子失丈夫	系小子弗兼与也
	初九	官有渝贞吉	官有渝从正吉也
		出门交有功	出门交有功不失也

三爻用九 三爻用六 ䷑蛊	上九	不事王侯高尚其事	不事王侯志可则也
	六五	干父之蛊用誉	干父用誉承以德也
	六四	裕父之蛊往见吝	裕父之蛊往未得也
	九三	干父之蛊小有悔无大咎	干父之蛊终无咎也
	九二	干母之蛊不可贞	干母之蛊得中道也
	初六	干父之蛊有子考无咎厉终吉	干父之蛊意承考也

三爻用九 三爻用六 ䷕贲	上九	白贲无咎	白贲无咎上得志也
	六五	贲于丘园束帛戋戋吝终吉	六五之吉有喜也
	六四	贲如皤如白马翰如	六四当位疑也
		匪寇婚媾	匪寇婚媾终无尤也
	九三	贲如濡如永贞吉	永贞之吉终莫之陵也
	六二	贲其须	贲其须与上兴也
	初九	贲其趾舍车而徒	舍车而徒义弗乘也

三爻用九 三爻用六　䷮困

上九	困于葛藟于臲卼	困于葛藟未当也
	曰动悔有悔	动悔有悔吉行也
九五	劓刖困于赤绂	劓刖志未得也
	乃徐有说	乃徐有说以中直也
	利用祭祀	利用祭祀受福也
九四	来徐徐困于金车吝有终	来徐徐志在下也
		虽不当位有与也
六三	困于石据于蒺藜	据于蒺藜乘刚也
	入于其宫不见其妻凶	入于其宫不见其妻不祥也
九二	困于酒食朱绂方来	困于酒食中有庆也
	利用享祀征凶无咎	
初六	臀困于株木入于幽谷三岁不觌	入于幽谷幽不明也

三爻用九 三爻用六　䷻节

上六	苦节贞凶悔亡	苦节贞凶其道穷也
九五	甘节吉往有尚	甘节之吉居位中也
六四	安节亨	安节之亨承上道也
六三	不节若则嗟若无咎	不节之嗟又谁咎也
九二	不出门庭凶	不出门庭失时极也
初九	不出户庭无咎	不出门庭知通塞也

三爻用九 三爻用六　䷷旅

上九	鸟焚其巢旅人先笑后号咷	以旅在上其义焚也
	丧牛于易凶	丧牛之凶终莫之闻也
六五	射雉一矢亡终以誉命	终以誉命上逮也
九四	旅于处	旅于处未得位也
	得其资斧我心不快	得其资斧心未快也
九三	旅焚其次丧其童仆贞厉	旅焚其次亦以伤矣
		以旅与下其义丧也
六二	旅即次怀其资得童仆贞	得童仆贞终无尤也
初六	旅琐琐斯其所取灾	旅琐琐志穷灾也

三爻用九 三爻用六　䷶丰

上六	丰其屋蔀其家	丰其屋天际翔也
	窥其户阒其无人三岁不觌凶	窥其户阒其无人自藏也
六五	来章有庆誉吉	六五之吉有庆也
九四	丰其蔀	丰其蔀位不当也
	日中见斗	日中见斗幽不明也
	遇其夷主吉	遇其夷主吉行也
九三	丰其沛日中见沫	丰其沛不可大事也
	折其右肱无咎	折其右肱终不可用也
六二	丰其蔀日中见斗往得疑疾	有孚发若信以发志也
	有孚发若吉	
初九	遇其配主虽旬无咎往有尚	虽旬无咎过旬灾也

三爻用九 三爻用六 ䷺涣	上九	涣其血去逖出无咎	涣其血远害也
	九五	涣汗其大号涣王居无咎	王居无咎正位也
	六四	涣其群元吉	涣其群元吉知光大也
		涣有丘匪夷所思	
	六三	涣其躬无悔	涣其躬志在外也
	九二	涣奔其机悔亡	涣奔其机得愿也
	初六	用拯马壮吉	初六之吉顺也
三爻用九 三爻用六 ䷴渐	上九	鸿渐于陆其羽可用为仪吉	其羽可用为仪吉不可乱也
	九五	鸿渐于陵妇三岁不孕	终莫之胜吉得所愿也
		终莫之胜吉	
	六四	鸿渐于木或得其桷无咎	或得其桷顺以巽也
	九三	鸿渐于陆	
		夫征不复	夫征不复离群丑也
		妇孕不育	妇孕不育失其道也
		利用御寇	利用御寇顺相保也
	六二	鸿渐于磐饮食衎衎吉	饮食衎衎不素饱也
	初六	鸿渐于干小子厉有言无咎	小子之厉义无咎也
三爻用九 三爻用六 ䷵归妹	上六	女承筐无实士刲羊无血无攸利	上六无实承虚筐也
	六五	帝乙归妹其君之袂不如其娣之袂良 月几望吉	帝乙归妹不如其娣之 袂良也 其位在中以贵行也
	九四	归妹愆期迟归有时	愆期之志有待而行也
	六三	归妹以须反归以娣	归妹以须位未当也
	九二	眇而视利幽人之贞	利幽人之贞未变常也
	初九	归妹以娣	归妹以娣以恒也
		跛而履征吉	跛而履吉相承也
一爻用九 五爻用六 ䷇比	上六	比之无首凶	比之无首无所终也
	九五	显比	显比之吉位正中也
		王用三驱失前禽	舍逆取顺失前禽也
		邑人不诫吉	邑人不诫上使中也
	六四	外比之贞吉	外比于贤以从上也
	六三	比之匪人	比之匪人不亦伤乎
	六二	比之自内贞吉	比之自内不自失也
	初六	有孚比之无咎	比之初六有它吉也
		有孚盈缶终来有它吉	

五爻用九
一爻用六
☲ 大有

	上九	自天右之吉无不利	大有上吉自天右也
	六五	厥孚交如	厥孚交如信以发志也
		威如吉	威如之吉易而无备也
	九四	匪其彭无咎	匪其彭无咎明辨皙也
	九三	公用亨于天子小人弗克	公用亨于天子小人害也
	九二	大车以载有攸往无咎	大车以载积中不败也
	初九	无交害匪咎艰则无咎	大有初九无交害也

五爻用九
一爻用六
☱ 夬

	上六	无号终有凶	无号之凶终不可长也
	九五	苋陆夬夬中行无咎	中行无咎中未光也
	九四	臀无肤其行次且	其行次且位不当也
		牵羊悔亡闻言不信	闻言不信聪不明也
	九三	壮于頄有凶君子夬夬	君子夬夬终无咎也
		独行遇雨若濡有愠无咎	
	九二	惕号莫夜有戎勿恤	有戎勿恤得中道也
	初九	壮于趾往不胜为咎	不胜而往咎也

一爻用九
五爻用六
☶ 剥

	上九	硕果不食	
		君子得舆	君子得舆民所载也
		小人剥庐	小人剥庐终不可用也
	六五	贯鱼以宫人宠无不利	以宫人宠终无尤也
	六四	剥床以肤无咎	剥床以肤切近灾也
	六三	剥之无咎	剥之无咎失上下也
	六二	剥床以辨蔑贞凶	剥床以辨未有与也
	初六	剥床以足蔑贞凶	剥床以足以灭下也

一爻用九
五爻用六
☳ 复

	上六	迷复凶有灾眚用行师终有大败	迷复之凶反君道也
		至于十年不克征	
	六五	敦复无悔	敦复无悔中以自考也
	六四	中行独复	中行独复以从道也
	六三	频复厉无咎	频复之厉义无咎也
	六二	休复吉	休复之吉以下仁也
	初九	不远复无祗悔元吉	不远之复以修身也

五爻用九
一爻用六
☴ 姤

	上九	姤其角吝无咎	姤其角上穷吝也
	九五	以杞包瓜含章	九五含章中正也
		有陨自天	有陨自天志不舍命也
	九四	包无鱼起凶	无鱼之凶远民也
	九三	臀无肤其行次且厉无大咎	其行次且行未牵也
	九二	包无鱼无咎不利宾	包有鱼义不及宾也
	初六	系于金柅贞吉有攸往见凶	系于金柅柔道牵也
		羸豕孚蹢躅	

五爻用九 一爻用六 ䷌同人	上九	同人于郊无悔	同人于郊志未得也
	九五	同人先号咷而后笑 大师克相遇	同人之先以中直也 大师相遇言相克也
	九四	乘其墉弗克攻吉	乘其墉弗克攻也其吉则困而反则也
	九三	伏戎于莽升其高陵 三岁不兴	伏戎于莽敌刚也 三岁不兴安行也
	六二	同人于宗吝	同人于宗吝道也
	初九	同人于门无咎	出门同人又谁咎也

一爻用九 五爻用六 ䷆师	上六	大君有命开国承家 小人勿用	大君有命以正功也 小人勿用必乱邦也
	六五	田有禽利执言无咎 长子帅师弟子舆尸贞凶	长子帅师以中行也 弟子舆尸使不当也
	六四	师左次无咎	左处无咎未失常也
	六三	师或舆尸凶	师或舆尸大无功也
	九二	在师中吉无咎 王三锡命	在师中吉承天宠也 王三锡命怀万邦也
	初六	师出以律否臧凶	师出以律失律凶也

一爻用九 五爻用六 ䷎谦	上六	鸣谦 利用行师征邑国	鸣谦志未得也 可用行师征邑国也
	六五	不富以其邻利用侵伐无不利	利用侵伐征不服也
	六四	无不利撝谦	无不利撝谦不违则也
	九三	劳谦君子有终吉	劳谦君子万民服也
	六二	鸣谦贞吉	鸣谦贞吉中心得也
	初六	谦谦君子用涉大川吉	谦谦君子卑以自牧也

五爻用九 一爻用六 ䷉履	上九	视履考祥其旋元吉	元吉在上大有庆也
	九五	夬履贞厉	夬履贞厉位正当也
	九四	履虎尾愬愬终吉	愬愬终吉志行也
	六三	眇而视 跛而履 履虎尾咥人凶 武人为于大君	眇而视不足以有明也 跛而履不足以与行也 咥人之凶位不当也 武人为于大君志刚也
	九二	履道坦坦幽人贞吉	幽人贞吉中不自乱也
	初九	素履往无咎	素履之往独行愿也

五爻用九 一爻用六 ䷈小畜	上九	既雨既处尚德载妇贞厉 月几望君子征凶	既雨既处德积载也 君子征凶有所疑也
	九五	有孚挛如富以其邻	有孚挛如不独富也
	六四	有孚血去惕出无咎	有孚惕出上合志也
	九三	舆脱辐夫妻反目	夫妻反目不能正室也
	九二	牵复吉	牵复在中亦不自失也
	初九	复自道何其咎吉	复自道其义吉也

䷏ 豫 一爻用九 五爻用六

上六	冥豫成有渝无咎	冥豫在上何可长也
六五	贞疾恒不死	贞疾乘刚也恒不死中未亡也
九四	由豫大有得勿疑朋盍簪	由豫大有得志大行也
六三	盱豫悔迟有悔	盱豫有悔位不当也
六二	介于石不终日贞吉	不终日贞吉以中正也
初六	鸣豫凶	初六鸣豫志穷凶也

䷦ 蹇 二爻用九 四爻用六

上六	往蹇来硕吉 利见大人	往蹇来硕吉志在内也 利见大人以从贵也
九五	大蹇朋来	大蹇朋来以中节也
六四	往蹇来连	往蹇来连当位实也
九三	往蹇来反	往蹇来反内喜之也
六二	王臣蹇蹇匪躬之故	王臣蹇蹇终无尤也
初六	往蹇来誉	往蹇来誉宜待时也

䷥ 睽 四爻用九 二爻用六

上九	睽孤见豕负涂载鬼一车 先张之弧后说之弧往遇雨则吉	遇雨之吉群疑亡也
六五	悔亡厥宗噬肤往何咎	厥宗噬肤往有庆也
九四	睽孤遇元夫交孚厉无咎	交孚无咎志行也
六三	见舆曳其牛掣其人天且劓 无初有终	见舆曳位不当也 无初有终遇刚也
九二	遇主于巷无咎	遇主于巷未失道也
初九	悔亡丧马勿逐自复见恶人无咎	见恶人以避咎也

䷄ 需 四爻用九 二爻用六

上六	入于穴有不速之客三人 来敬之终吉	不速之客来敬之终吉虽不当位 未大失也
九五	需于酒食贞吉	酒食贞吉以中正也
六四	需于血出自穴	需于血顺以听也
九三	需于泥 致寇至	需于泥灾在外也 自我致寇敬慎不败也
九二	需于沙 小有言终吉	需于沙衍在中也 虽小有言以吉终也
初九	需于郊 利用恒无咎	需于郊不犯难行也 利用恒无咎未失常也

䷢ 晋 二爻用九 四爻用六

上九	晋其角惟用伐邑厉吉无咎贞吝	惟用伐邑道未光也
六五	悔亡失得勿恤往吉无不利	失得勿恤往有疾也
九四	晋如硕鼠贞厉	硕鼠贞厉位不当也
六三	众允悔亡	众允之志上行也
六二	晋如愁如贞吉 受兹介福以其王母	受兹介福以中正也
初六	晋如摧如贞吉罔孚 裕无咎	晋如摧如独行正也 裕无咎未受命也

二爻用九 四爻用六 ䷂屯	上六	乘马班如泣血涟如	泣血涟如何可长也
	九五	屯其膏小贞吉大贞凶	屯其膏施未光也
	六四	乘马班如求婚媾往吉无不利	求而往明也
	六三	即鹿无虞惟入于林中	即鹿无虞以从禽也
		君子几不如舍往吝	君子舍之往吝穷也
	六二	屯如邅如乘马班如	六二之难乘刚也
		匪寇婚媾女子贞不字十年乃字	十年乃字反常也
	初九	盘桓利居贞利建侯	虽盘桓志行正也
			以贵下贱大得民也

四爻用九 二爻用六 ䷱鼎	上九	鼎玉铉大吉无不利	玉铉在上刚柔节也
	六五	鼎黄耳金铉利贞	鼎黄耳中以为实也
	九四	鼎折足覆公𫗦其刑渥凶	覆公𫗦信如何也
	九三	鼎耳革其行塞	鼎耳革失其义也
		雉膏不食方雨亏悔终吉	
	九二	鼎有实	鼎有实慎所之也
		我仇有疾不我能即吉	我仇有疾终无尤也
	初六	鼎颠趾	鼎颠趾未悖也
		利出否得妾以其子无咎	利出否从贵也

四爻用九 二爻用六 ䷰革	上六	君子豹变	君子豹变其文蔚也
		小人革面	小人革面顺以从君也
		征凶居贞吉	
	九五	大人虎变未占有孚	大人虎变其文炳也
	九四	悔亡有孚改命吉	改命之吉信志也
	九三	征凶贞厉革言三就	革言三就又何之矣
	六二	巳日乃革之征吉无咎	巳日革之行有嘉也
	初九	巩用黄牛之革	巩用黄牛不可以有为也

二爻用九 四爻用六 ䷃蒙	上九	击蒙不利为寇利御寇	利用御寇上下顺也
	六五	童蒙吉	童蒙之吉顺以巽也
	六四	困蒙吝	困蒙之吝独远实也
	六三	勿用取女见金夫不有躬无攸利	勿用取女行不顺也
	九二	包蒙吉纳妇吉子克家	子克家刚柔接也
	初六	发蒙利用刑人用说桎梏以往吝	利用刑人以正法也

二爻用九 四爻用六 ䷣明夷	上六	不明晦	
		初登于天	初登于天照四国也
		后入于地	后入于地失则也
	六五	箕子之明夷利贞	箕子之贞明不可息也
	六四	入于左腹获明夷之心于出门庭	入于左腹获心意也
	九三	明夷于南狩得其大首不可疾贞	南狩之志乃大得也
	六二	明夷于左股用拯马壮吉	六二之吉顺以则也
	初九	明夷于飞垂其翼君子于行三日不食	君子于行义不食也
		有攸往主人有言	

四爻用九 二爻用六 ䷅讼

爻	爻辞	小象
上九	或锡之鞶带终朝三褫之	以讼受服亦不足敬也
九五	讼元吉	讼元吉以中正也
九四	不克讼复即命渝安贞吉	复即命渝安贞吉不失也
六三	食旧德贞厉终吉 或从王事无成	食旧德从上吉也
九二	不克讼归而逋其邑人三百户无眚	不克讼归逋窜也自下讼上患至掇也
初六	不永所事 小有言终吉	不永所事讼不可长也 虽小有言其辨明也

四爻用九 二爻用六 ䷤家人

爻	爻辞	小象
上九	有孚威如终吉	威如之吉反身之谓也
九五	王假有家勿恤吉	王假有家交相爱也
六四	富家大吉	富家大吉顺在位也
九三	家人嗃嗃悔厉吉 妇子嘻嘻终吝	家人嗃嗃未失也 妇子嘻嘻失家节也
六二	无攸遂在中馈贞吉	六二之吉顺以巽也
初九	闲有家悔亡	闲有家志未变也

二爻用九 四爻用六 ䷧解

爻	爻辞	小象
上六	公用射隼于高墉之上获之无不利	公用射隼以解悖也
六五	君子惟有解吉有孚于小人	君子有解小人退也
六四	解而拇朋至斯孚	解而拇未当位也
六三	负且乘 致寇至贞吝	负且乘亦可丑也 自我致戎又谁咎也
九二	田获三狐得黄矢贞吉	九二贞吉得中道也
初六	无咎	刚柔之际义无咎也

三爻用九 三爻用六 ䷾既济

爻	爻辞	小象
上六	濡其首厉	濡其首厉何可久也
九五	东邻杀牛不如西邻之禴祭 实受其福	东邻杀牛不如西邻之时也 实受其福吉大来也
六四	繻有衣袽终日戒	终日戒有所疑也
九三	高宗伐鬼方三年克之小人勿用	三年克之惫也
六二	妇丧其茀勿逐七日得	七日得以中道也
初九	曳其轮濡其尾无咎	曳其轮义无咎也

三爻用九 三爻用六 ䷿未济

爻	爻辞	小象
上九	有孚于饮酒无咎濡其首有孚失是	饮酒濡首亦不知节也
六五	贞吉无悔君子之光有孚吉	君子之光其晖吉也
九四	贞吉悔亡震用伐鬼方三年 有赏于大国	贞吉悔亡志行也
六三	未济征凶利涉大川	未济征凶位不当也
九二	曳其轮贞吉	九二贞吉中以行正也
初六	濡其尾吝	濡其尾亦不知节也

论《周易·说卦》作者的思想结构

今归于"十翼"中的《说卦》，基本在西汉初最后形成。司马迁《史记》已提及《说卦》之名，内容是否完全相同，虽难肯定，然大体当相似。先以今本文义，略加组合，可列成六表，计理、位、象各二表。

表一

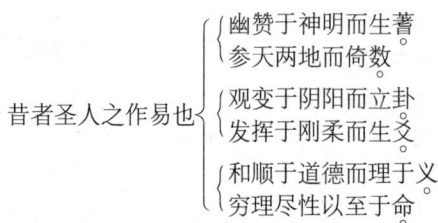

表二

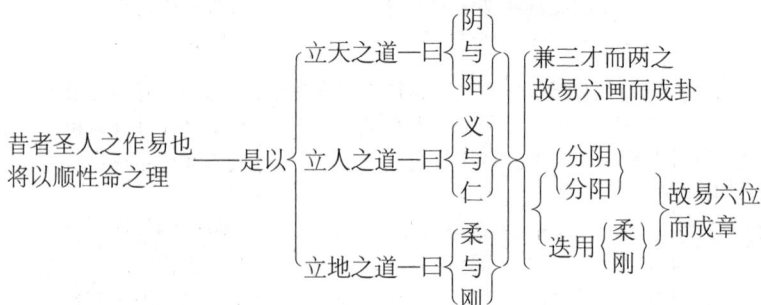

表三

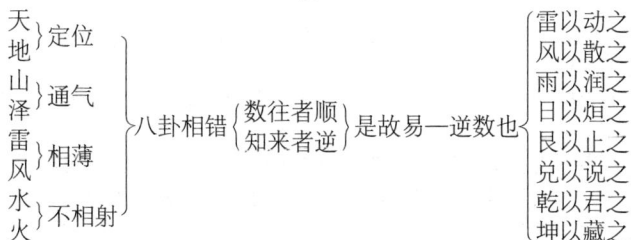

表四

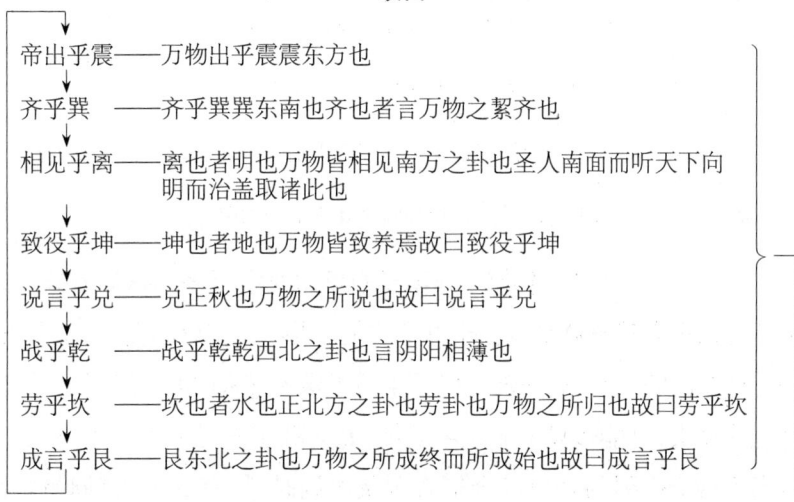

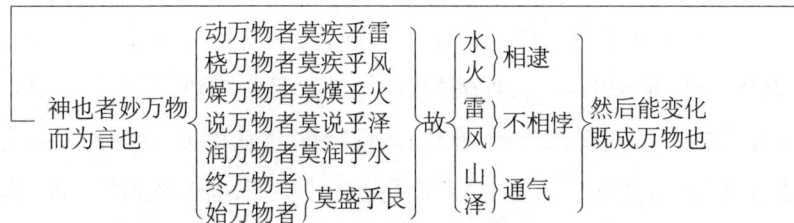

表五

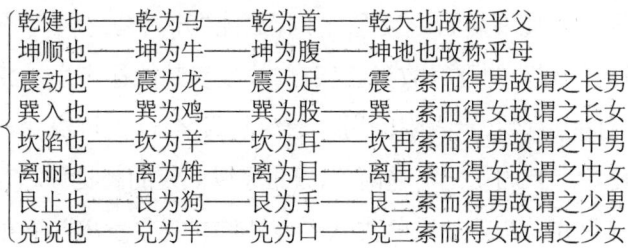

表六

乾为天为圜为君为父为玉为金为寒为冰为大赤为良马为老马为瘠马为驳马为木果

坤为地为母为布为釜为吝啬为均为子母牛为大舆为文为众为柄其于地也为黑

震为雷为龙为玄黄为敷为大涂为长子为决躁为苍筤竹为萑苇其于马也为善鸣为异足为作足为的颡其于稼也为反生其究为健为蕃鲜

巽为木为风为长女为绳直为工为白为长为高为进退为不果为臭其于人也为寡发为广颡为多白眼为近利市三倍其究为躁卦

坎为水为沟渎为隐伏为矫輮为弓轮其于人也为加忧为心病为血卦为赤其于马也为美脊为亟心为下首为薄蹄为曳其于舆也为多眚为通为月为盗其于木也为坚多心

离为火为日为电为中女为甲胄为戈兵其于人也大腹为乾卦为鳖为蟹为蠃为蚌为龟其于木也为科上槁

艮为山为径路为小石为门阙为果蓏为阍寺为指为狗为鼠为黔喙之属其于木也为坚多节

兑为泽为少女为巫为口舌为毁折为附决其于地为刚卤为妾为羊

　　由上六表，可知今本《说卦》作者的思想非常严密，对《周易》卦象义理的认识有其整体结构。于"理"、"位"、"象"三部分的资料，来源不一。说"理"的资料，有一部分已见于马王堆帛书本中的《系辞》。八卦卦位的序次，可能形成于战国中后期，然与数字卦已无关。最早的资料当重视所排列的卦象。今知春秋及西周时，早有卜筮的《周易》存在，其形式为数字卦。理解数字卦的内容，本与易象有关。《左传》："昭公二年(前540)春，晋侯使韩宣子来聘，且告为政，而来见，礼也。观书于太史氏，见易象与鲁《春秋》，曰：'周礼尽在鲁矣，吾乃知周公之德与周之所以王也。'"按昭公二年孔子仅十二岁，尚未及志学之年，而韩起已见鲁有易象，此所谓易象宜以数字卦当之，因数取象，内含阴阳五行之理。唯其不与晋之易象全同，故能"知周公之德与周之所以王"。其时《洪范》的五行数当已盛行，故数字卦能逐步发展相应于一二三四五的五行数，于阴阳仅用六七八九四字，以当贞悔变不变的卦爻。由是数字卦的变化日趋简单，方可系以固定的卦爻辞。且于自古应用的易象亦以八卦加以分类，《系辞》所谓"观象系辞"，确指春秋末年编辑成《周易》四百五十节卦爻辞的情况。而于数字卦的易象有用之，亦有舍而不用者，故今本《说卦》中所保存的易象，既有见于《周易》卦爻辞中者，亦有卦爻辞中不再取用者，如乾为圜、坤为布等。此因保存数字卦的易象在鲁，即今本《说卦》所取用者，而编辑成四百五十节《周易》的地区在三晋，三晋地区当然亦有易象，然未必全同，计有什之六七相同。且非但卦爻辞，就是卦名亦本诸易象而定。如易象兑为少女，艮为少男，艮下兑上卦名咸，就是取少男居下好逑于少女的初恋情况而为人伦之本，故咸卦可与《诗经·关雎》的意义等观。如易象震为长男，兑为少女，由长兄主婚以归其妹，故兑下震上卦名归妹。更取乾元有上出的形象，坎水离火有润下炎上的物性，则坎下乾上的卦象或下或上其见不一，故卦名讼；离下乾上的卦象其性同为向上，故卦名同人。略举数例，可喻《周易》的文字自题卦名起全以卦象为本，不知卦象而读《周易》的卦爻辞，决不能得其实。及魏王弼扫象而注《易》，其义尚虚，宋程颐扫象而注《易》，其义尚理。尚虚尚理的观点，以《周易》观之，同为注者所加，于易学本属"玩辞"一道，此道变化无穷，岂仅尚虚尚理而已。及朱熹读《易》以卜筮为本，庶能略见易学之源。朱于《说卦》最后一表曰："此章广八卦之象，其间多不可晓者，求之于经亦不尽合也。"短短数语，注得极好。因朱熹能理解广八卦之象与卜筮有关，核对卦爻辞中所取的易象，因地域有三晋与齐鲁的不同（自孔子后如子贡等早已传易象之齐，战国时鲁之易象基本在齐），宜其亦不尽合。多不可晓者，本属取象中所包含的格致原理，后世读《易》者或为卦爻辞所限，不知离文字以观象，易学之所以未能发展。幸尚存卦爻辞中未取的卦象，庶见编辑成《周易》前的观象情况。故读《说卦》者首当重视五、六两表，此为十翼中仅存的精华，亦即"周公之德与周之所以王也"。

　　以上略述理、位、象三部分资料的来源。于西汉初作《说卦》者，始能综合以贯通之。于阴阳五行之象化成八类，所以重加分析，以显阴阳符号卦代替数字卦后的基本作用。凡取得资料重加分析以成文，当注意其不同的时间。如《周易》卦爻辞的资料,有早及夏商的情况,而编辑成书且兼及能用哲理深邃的九六爻名,其时间不能早于春秋战国之际。《说卦》取用的资料,于易象方面亦可上及殷末与西周初,而能纯熟地结合阴阳符号卦的概念,其文字的形成必须定在西汉初,方合客观史实。而作者的思想已在总结先秦的整体易学以归诸卦象。故《说卦》一翼,已成为由数字卦变化成阴阳符号卦后的唯一重要文献,作者可能是杨何辈。然《说卦》大部分资料确出于先秦时的齐鲁地区,何况易象更在孔子前,故司马迁认为是孔子所作。其实孔子对易学的理、位、象三方面并未深入研究,即使有"韦编三绝"的精神,也仅在读四百五十节的卦爻辞,并未注意文字以外的易象及八卦的方位。且《说卦》之理以生蓍为本,与孔子主张"不占而已矣"亦截然不侔,故《说卦》非孔子作已不待深辩。然虽非孔子作,《说卦》作者的思想结构对二千余年来的中华民族已起了深远的影响,尤其是八卦方位图。今当依次阐明其内容。

凡《周易》以八卦为基础,八卦来源于生蓍,生蓍为数,周初的卦亦为数。当春秋战国之际,数字卦已简化成六七八九,故《说卦》作者能取阴阳符号卦合诸数字卦,产生"参天两地而倚数"的概念。就是阴阳符号卦的八种符号,取阴阳画三与二的比例,阳画连为三,阴画断为二,准此例名曰"倚数"。乾为三三得九,坤为二三得六,三男为一三二二得七,三女为一二二三得八。详以下表示之:

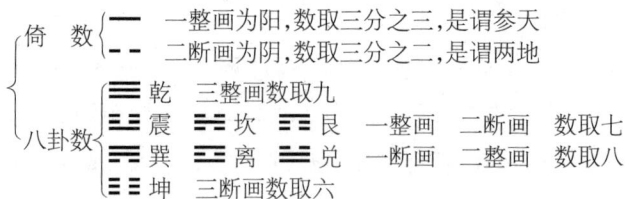

| 倚　数 | ━━ 一整画为阳,数取三分之三,是谓参天 |
| | ╍╍ 二断画为阴,数取三分之二,是谓两地 |

八卦数	☰乾 三整画数取九
	☳震 ☵坎 ☶艮 一整画 二断画 数取七
	☴巽 ☲离 ☱兑 一断画 二整画 数取八
	☷坤 三断画数取六

由生蓍而倚数,庶见数字卦的六七八九,可合诸阴阳符号卦。且阴阳符号卦的卦象,就是于六七八九四类中,于七八两类各可一分为三,所以卦象可分析数字卦的四类,以成阴阳符号卦的八类。考数字

卦的易象分类,根据《洪范》贞为七八犹卦,悔为九六犹爻,就是阴卦八阳卦七阴爻六阳爻九。或益以综合四方四时的中央,就成为五行。西汉末扬雄法《周易》而作《太玄经》,于卦象分为五类,尚有据于早期数字卦分类的方法。故知战国中后期已了解生蓍与倚数的关系,则数字卦与阴阳符号卦确能密合无间。宜自汉初以来读《易》者基本已不知本有数字卦,因数字卦之理,可包括在生蓍中。直至最近于殷墟周原发现数字卦后,才开始重新了解阴阳符号卦的来源,亦就是了解如何由殷周之际的一五六七八逐步变成六七八九的过程。二千余年来,不知以八卦的形象化成六七八九的数字而求之于古,宜其无所得。或不信数字卦而误认八卦形象有数千年历史,今必须纠正之。凡形成八卦的形象,可断定不早于春秋中后期,当时数字卦已取用六七八九四字,方能得倚数的概念而画成八卦。

继之宜明立卦、生爻的概念。此于后世的发展,就形成卦变与爻变。立卦犹卦变,生爻犹爻变,其法有种种不同,莫不属于七八卦与九六爻。第一部解释卦爻辞的文献,就是今属十翼中的《彖》与《小象》。详读《彖》与《小象》说明立卦与生爻,亦就是卦时爻位的种种变化。此蓍数卦爻四者,所以结构成《周易》的整体,具有变化多端的象数。人处于此四者之中,必须注意道德理性而合于义命。可见易理的义命,当以生蓍倚数的数和立卦生爻的象为本,不知象数决不能空说易理。更进而说明之,三才之道两之为六,亦就是由八卦而六十四卦。考两之之法有二,以数言就是二乘三与三乘二。二乘三为两个三画卦合成六画卦,三乘二为三个二画卦合成六画卦,以下表示之:

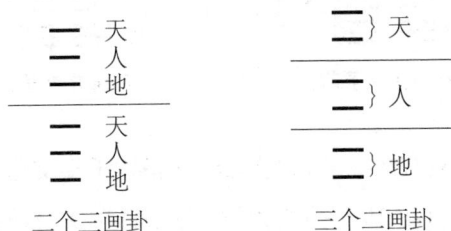

二个三画卦　　　三个二画卦

此两种方法亦可以视为二个三画卦有两种不同的相合方法,以当"分阴分阳"与"迭用柔刚"。下以乾坤二个三画卦为例,更示如下:

其一,乾坤合成泰否为"分阴分阳"。

其二,乾坤合成既济未济为"迭用柔刚"。

泰　　否　　既济　　未济

总之八卦三画以当三才,两之而六必将有阴阳相分(如泰否)与阴阳相间两种情况。相分起消息而相间明正位,仍属卦时爻位的概念。学《易》君子如何能善处于时位之间,这一问题万古长新,此易理所以无穷。且时位问题的原理仍属象数,以下论卦次卦位,所以深入说明时位的结合。然《说卦》仅论八卦的卦次卦位,若六十四卦的卦次卦位,于十翼中尚有《序卦》、《杂卦》,另文详之。以《说卦》论八卦之次,有"八卦相错"的阴阳相对(表三)及四方四时的八卦运行(表四)。于相错的八卦并未言明四方四时,于八卦运行之次全本四时五行的相生,亦不言阴阳相对。然于运行后,如不言乾坤则六子自然又可合成六卦相错,此亦说明相错与运行有可通之道。且言阴阳相对之次,必乾震坎艮在前坤巽离兑在后,此有《周易》首乾的形象。而乾坤可在六子前,亦可在六子后,见下表:

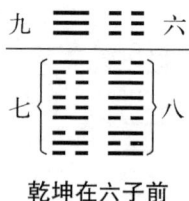

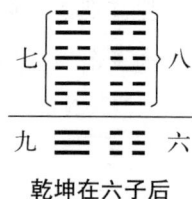

乾坤在六子前　　　　　乾坤在六子后

上表之义,兼有数往知来的顺逆,顺指六子知父母,逆指父母知六子,亦就是由七而九、由八而六为顺,由九而八、由六而七为逆。《易》

218

以用爻为主,故为逆数。然用与不用之际,不可不慎重,此所以必须了解天地定位和乾君坤藏两种情况。欲知逆数,而不知数往决不能知来,学《易》者首当明此。至于六子之次,既可准长、中、少之次,亦可提出坎离,以见震巽艮兑四卦,尚有反复可通之义。此于数字卦不可分辨,变成阴阳符号卦后,才有反复的形象。详示于下:

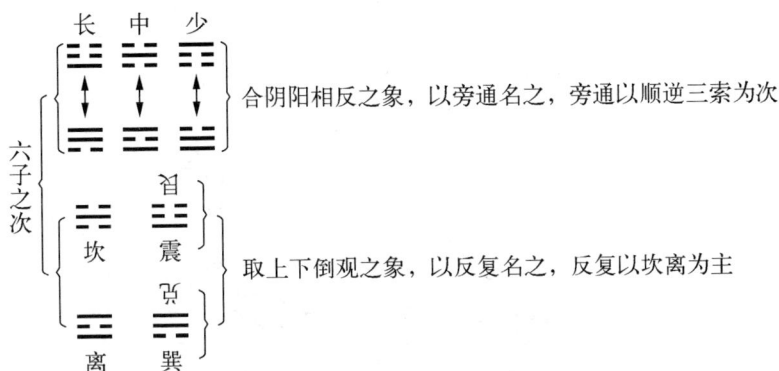

长　中　少

六子之次

合阴阳相反之象,以旁通名之,旁通以顺逆三索为次

坎　震
离　巽

取上下倒观之象,以反复名之,反复以坎离为主

　　且八卦亦可合诸五行之象。《说卦》:“乾为金……坤为地……震为苍筤竹……其于稼也为反生……巽为木……坎为水……离为火……艮为山……兑为毁折、为附决……。”其象乾为金,巽为木,坎为水,离为火,不必再作说明。唯坤为地、艮为山,当同为土;震为苍筤竹、为萑苇、于稼为反生,亦当为木;兑为毁折、为附决,同属金的性质。故八卦配五行的方法,于西汉初早已固定,除水火外各分阴阳,而坎离之兼及阴阳,进一步抽象就有阴阳互根之义。详示如下:

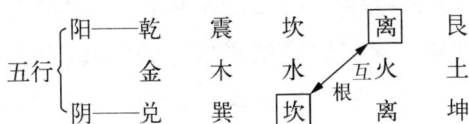

五行

阳——乾　震　坎　离　艮
　　　金　木　水　互火　土
阴——兑　巽　坎　离　坤
　　　　　　　　根

　　由是六子之次除三索之次外,又有以坎离为主而使山泽雷风相合。此所以取“定位”、“不相射”为始终而以“山泽”、“雷风”相继为次。

当表四不言乾坤时,亦以水火为首而使"雷风"、"山泽"相继。明此八卦中既有乾坤与六子的顺逆,又有旁通反复之象,故六子相次之理,又有重三索及重坎离的不同,凡此八卦之次,各有极深的义命,以运行的四方四时言,全本五行相生,可合天地十数以示如下:

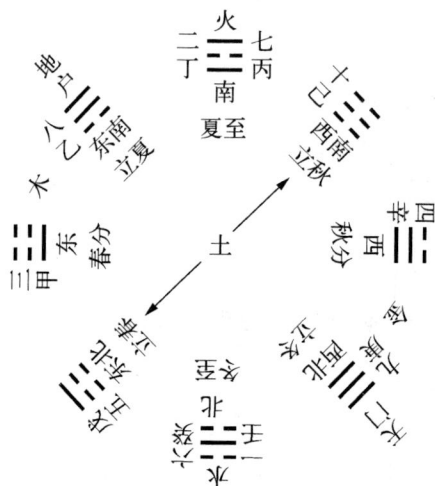

上图的基本特色,在于《说卦》作者所利用的资料,早已明示方位,且于兑曰"正秋",更以时间合于方位。凡时空结合成四维时空连续区的概念,为二十世纪爱因斯坦创立相对论的原则,不期中国在二千二三百年前已能认识。故牛顿以时间为绝对的思想,在中国不能接受,必及爱因斯坦建立相对论后,方能进一步与中国历代思想家有共同语言。而此图就是较早的文献,明确说明了当时的思想概念。上已提及《说卦》作者的思想结构,对二千余年来的中华民族已起了深远的影响。考其时空结合思想的形成,当然已有数千年经验文化的积累,及西汉初能形诸客观的文字,必须郑重加以说明。在时空结合的原则下,更重要的思想在能配合阴阳五行的象数。

《周易·系辞》有言:"天一、地二、天三、地四、天五、地六、天七、地八、天九、地十。"此二十字马王堆帛书本已有,属先秦之说已毫无问题。而五行数见诸《洪范》，合诸汉代已通行的生成数概念，详以下表示之：

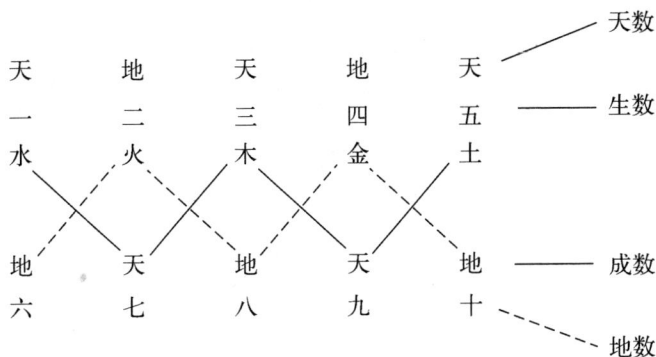

又于先秦早已将五行数配合于十天干。合诸天干之阴阳与天地数，更示如下：

天一壬	地二丁	天三甲	地四辛	天五戊
水	火	木	金	土
地六癸	天七丙	地八乙	天九庚	地十己

至于方位，先秦早已有东方甲乙木、南方丙丁火、中央戊己土、西方庚辛金、北方壬癸水的坐标。今分配于卦象的阴阳，由东及东南名地户，由西及西北名天门，因中国地势西高东低。更确切而言，则西北高名天门，乾当之，东南低名地户，巽当之。于中央戊己土分在西南与东北，此与坤卦辞的"西南得朋，东北丧朋"有关。坤阴卦合于土的阴阳，故"得朋"为坤卦与坤阴土同类，"丧朋"为坤卦与艮阳土异类，然或得或丧，各有处之之道，吉凶并不在得丧上，此为观象的基本原则（另详专文）。总上诸义，可喻八卦运行的时空方位，全本五行相生之次，就是东震及东南巽的甲乙木生南离丙丁火，火又生中央而分散于西南坤和东北艮的戊己土，土又生西兑及西北乾的庚辛金，金又生北坎壬癸水。水则再生甲乙木而辗转无已，然间及成终成始的中央戊土艮。

以易理言,扩大为六十四卦就是艮当剥上的"硕果"以"反生"复卦的震初,艮反复为震,亦就是农业社会一年稼穑的循环。而或不及乾坤而仅取六子,且艮土可置诸中央,自然形成六子的变化,以下图示之:

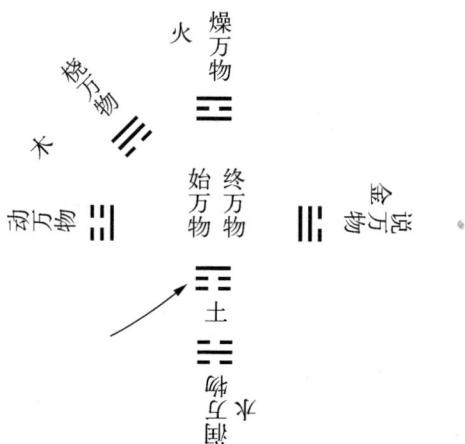

其间以水火为主,故"水火相逮"。以水生木,故"雷风不相悖"。以火生土又生金,故"山泽通气"。义取少女的辛金已可兼及乾的庚金,少男的戊土亦可兼及坤的己土。亦即父母能逆知子女之善继而自隐,子女亦能顺推父母之史迹而加以发展,二代同心,"然后能变化而既成万物也"。且抽象的易理,所谓乾坤父母与六子间,已成为九六与七八。爻用与卦体之间的时空变化,家庭两代人仅属其中之一。以易学的史实言,可以虞翻(170—239)与王弼(226—249)两代为例,唯王弼不取生而取克,乃造成清代的汉易家花出巨大的劳力以恢复由王弼而及虞翻的思想,然后能变化既成万物也。且数往何可不知来,故何可不知虞翻王弼之各有是非。更有陈抟(890?—989)发展《说卦》作者的思想,亦可当相隔千年的两代人。陈抟创立八卦之次,可云善继而善于变化。而必谓表三即"先天图"之次,则决非《说卦》作者所可逆料。此文仅论《周易·说卦》作者的思想结构,故不论陈抟的"先天图"。然汉初迄今二千余年来,仅陈抟一人能发展《说卦》作者的思想结构,论及宋易时宜详为叙述其作用,岂可更似清代汉学家之轻视陈抟。

且《说卦》最重要、最有价值的卦象资料,可云始终未受学《易》者重视,其原因不外为经传的概念所束缚。误认"二篇"经为文王作,"十翼"传为孔子作,前后相差数百年。如朱子的智慧,仍为此说所误,故不得不认为《说卦》的易象不尽合于经。其实经编辑完成已当春秋战国之际,而《说卦》所保存的易象实在其前。上已提及卦爻辞中所应用的资料,尚可能有夏商的史实,然已取综合之象,且已成文。若《说卦》所保存周初的易象资料,因为是原始的,尚属成文前的思想概念。两者相比,《说卦》所保存的易象,确在编辑成卦爻辞之前。故部分已为卦爻辞中所应用的易象可不论,未为卦爻中所应用的主要在最后一表,实为"传"早于"经"的最原始易象。现仍分八类,摘要以列于下:

乾为圜,为大赤,为老马,为瘠马,为驳马,为木果。

坤为布,为釜,为吝啬,为均,为子母牛,为大舆,为柄,其于地也为黑。

震为旉,为大涂,为苍筤竹,为萑苇,其于马也为善鸣,为馵足,为作足,为的颡,其于稼也为反生,其究为健,为蕃鲜。

巽为不果,为臭,其于人也为寡发,为广颡,为多白眼,为近利市三倍,其究为躁卦。

坎为矫輮,其于人也为加忧,为心病,为耳痛,为血卦,其于马也为美脊,为亟心,为下首,为薄蹄,其于舆也为多眚,其于木也为坚多心。

离为甲胄,为戈兵,其于人也为大腹,为鳖,为蟹,为蠃,为蚌,其于木也为科上槁。

艮为径路,为门阙,为果蓏,为阍寺,为黔喙之属,其于木也为坚多节。

兑为巫,为毁折,为附决,其于地也为刚卤。

以上诸象,基本不为卦爻辞所取用。合而观之,贵能根据易象取诸天地人三才之道而进一步考察自然界的动植物及人类本身。当时的交通工具以车马为主,宜于马有较详细的分类,舆亦有大小多眚与否的观察。离象取龟外,可兼及鳖、蟹、蠃、蚌,植物除木外,亦有竹、萑苇、稼、木果、果蓏等,且于木更有坚多心、科上槁、坚多节的不同,凡此皆可了解当时对动、植物分类的原则。人的形象于巽坎离诸卦亦取得极有情趣。且乾坤天地的形象,以圜、布二象喻之,乃能深入发挥方圆之义。此外诸象,皆可深思。故读《易》者,能由广象章入手,以研究易象所象的客观物象,方能了解易学之蕴。卜筮之道本属格致之理,可知发展至今日的易学必当合诸西方的自然科学。而于成文的卦爻辞中,尤宜根据《说卦》的易象合诸卦爻的象数,以明其文字的内容。于卦爻辞内容的究竟不可不归诸易象,如空说义理,则二千余年来前车可鉴,决非发展易学的主流。而象数之易,今尚方兴未艾,有无穷的前途。于今本《说卦》中,唯广象章中尚保存先于卦爻辞的资料,特为郑重指出,宜视为学《易》的入口处。

论《周易·大象》作者的思想结构

欲明《大象》，首先须明《大象》与传统所谓"十翼"之关系。于"十翼"由来之种种分合纠葛，亦宜细绎之而加以理解。

唐孔颖达于贞观十六年（公元 642 年）成《周易正义》，首有《八论》，于《第六论夫子十翼》曰：

> 其《彖》、《象》等十翼之辞以为孔子所作，先儒更无异论。但数十翼亦有多家。既文王《易经》本分为上下二篇，则区域各别，《彖》、《象》释卦亦当随经而分。故一家数十翼云：上《彖》一、下《彖》二、上《象》三、下《象》四、上《系》五、下《系》六、《文言》七、《说卦》八、《序卦》九、《杂卦》十。郑学之徒并同此说，故今亦依之。

以今日之知识观之，《正义》此说殊有欠缺。因基本已认识"十翼"非一时一人所著，是否孔子所作尤难证实。且先须追究"十翼"何指？东汉时数"十翼"已有多家，《正义》所取为其中"郑学之徒并同此说"之一家而已。考郑玄（公元 127—200）生当东汉末，取此十篇为"十翼"，虽对《易传》有深刻的认识，然是东汉中叶之思想，尚不同于西汉，何况先秦。

以西汉论，如司马迁(公元前 145—前 86?)于《史记·孔子世家》曰："……孔子晚而喜《易》，序《彖》、系《象》、《说卦》、《文言》，曰：假我数年，若是我于《易》则彬彬矣。"则尚无十篇之数。迨刘向(公元前 77—前 6)校书，始著录《易经》十二篇。其子歆(公元? —23)卒父业成《七略》，乃曰："孔子为之《彖》、《象》、《系辞》、《文言》、《序卦》之属十篇。"知以文王上下经二篇，合孔子十篇，是谓"《易经》十二篇"，然十篇篇目仅见五。与向、歆略同时之费直，有用十篇之记载。班固(公元 32—92)于《汉书·儒林传》有言：

> 费直字长翁，东莱人也。治《易》为郎，至单父令。长于卦筮，亡章句，徒以《彖》、《象》、《系辞》十篇之言解说上下经。

此见费直以卦筮为主，宜亡章句而徒以十篇文辞解说上下经。惟东汉盛行费氏易，始不重章句而重认为是孔子所著之十篇。重章句者重视二篇，《汉志》所谓"章句施、孟、梁丘氏各二篇"是其义。章句以训诂解释上下经经文为主，自然可有种种不同的解释，此所以同为《易经》十二篇而有施、孟、梁丘三家之不同。然早于三家易，已有丁宽作《易说》。《汉书·儒林传》：

> 景帝(公元前 156—前 141 在位)时，宽为梁孝王将军。拒吴楚，号丁将军，作《易说》三万言，训诂取大谊而已，今《小章句》是也。宽授同郡砀田王孙，王孙授施雠、孟喜、梁丘贺。由是《易》有施、孟、梁丘之学。

此可见解说《周易》卦爻辞，在三家易之《章句》前已有丁宽之《小章句》。《汉志》有"丁氏八篇"，似即丁氏三万言之《易说》。内容训诂取大谊，疑较三家之章句切于应用。若费氏易以用《易》为主，乃重十篇之理而不必详论卦爻辞之具体内容。由是卦爻辞之义理，以《彖》、《象》尽之；上下经之纲领，以《系辞》尽之。宜十篇之目，仅记录《彖》、《象》、《系辞》三。此费氏易之不同于三家易，实有应于丁氏之《易说》。然费氏易兴于民间，已在丁宽后百余年，十篇之内容大有不同。丁宽之训诂举大谊，决不拘于固定之十篇。因篇数既非十，每篇且有分合之不同。及费直时已有固定之十篇，或于东汉费氏易兴起后，始有为学者公认之十篇。疑传费氏易者重视十篇，乃为之题"十翼"之名。则"十翼"之名，约当起于二汉之际，然班固尚未用。由十篇而"十翼"，对十数之十起凝固概念，一如六十四卦依《序卦》而分上下经，已成为不可变化之二篇次序。事实上其解不止十篇，故数十篇各家有不同。六十四卦亦有种种分法，至少扬雄（前53—18）法《易》著《太玄》，其次尚不取《序卦》。故费氏易兴而囿于十篇，于先秦西汉之易学，损失殊多。于1973年马王堆帛书《周易》出土（下葬于公元前168），始可确知汉初在长沙地区尚不分上下经，且早有《易传》而非十篇。最大之分辨处，在未有《彖》、《象》，亦无《序卦》、《杂卦》。于《系辞》、《说卦》、《文言》，则有分合之不同，且有今本"十翼"中所无者。故今日研究《易传》，不可不知郑学之徒所数之十篇，尤不可不知尚有他法可数，且篇数未可以十数为限。当研究东汉后之经学易，须知二篇、十翼合为《易经》十二篇，有其特殊地位。或研究先秦西汉之易学，则于《易传》之认识绝不可为郑学所束缚。

由上述之观点，方可不为"十翼"所限以深入研究《周易·大象》作者之思想结构。总而言之，《大象》者，决不可合于《小象》，亦不应依《序卦》而分上下，当自成一文。

凡易学有三部分，其一卦象部分，刘歆所谓上古伏羲易；其二卦爻辞部分，刘歆所谓中古文王易；其三阐明一、二两部分，刘歆所谓下古孔子易。伏羲、文王、孔子与《易》的关系，今人多致疑义，当更为阐明。

若三圣之易学内容,与刘歆所认识者,可云什九不同,然歆以此三古当易学发展之三个阶段,仍合乎历史事实。今论《大象》属于第三部分,其所阐明之卦象为下上二体,即两个三画八卦组合成六十四卦,其所阐明之卦爻辞,仅取六十四卦之卦名。《易》凡爻辞之义出于卦辞,卦辞之旨卦名尽之,故作《大象》者虽仅论卦名之象,亦足以见卦爻辞之大义。若卦象之变化甚多,其由内外八卦以当贞悔之组合,固亦观象基本方法之一。《左传·僖公十五年(前645)》:"蛊之贞风也,其悔山也。"☶)悔☴)贞此见内外卦名贞悔,其来已古。《大象》作者于卦象取贞悔之变,准此原则,已可发挥其对整体易学之认识。

观《大象》之文,结构清晰,句法谨严。惜不准《序卦》后,殊难定其全文之次。今依先天图之次录其原文,虽非其本,亦可见整体。名之曰"《大象》析文表":

附录一 《大象》析文表

贞悔卦象	卦名	五 以	卦 德
天行	健	君子以	自强不息
泽上于天	夬	君子以	施禄及下居德则忌
火在天上	大有	君子以	遏恶扬善顺天休命
雷在天上	大壮	君子以	非礼弗履
风行天上	小畜	君子以	懿文德
云上于天	需	君子以	饮食宴乐
天在山中	大畜	君子以	多识前言往行以畜其德
天地交	泰	后 以	财成天地之道辅相天地之宜以左右民
上天下泽	履	君子以	辨上下定民志
丽泽	兑	君子以	朋友讲习
上火下泽	睽	君子以	同而异

（续表）

贞悔卦象	卦名	五 以	卦 德
泽上有雷	归妹	君子以	永终知敝
泽上有风	中孚	君子以	议狱缓死
泽上有水	节	君子以	制数度议德行
山下有泽	损	君子以	惩忿窒欲
泽上有地	临	君子以	教思无穷容保民无疆
天与火	同人	君子以	类族辨物
泽中有火	革	君子以	治历明时
明两作	离	大人以	继明照于四方
雷电皆至	丰	君子以	折狱致刑
风自火出	家人	君子以	言有物而行有恒
水在火上	既济	君子以	思患而预防之
山下有火	贲	君子以	明庶政无敢折狱
明入地中	明夷	君子以	莅众用晦而明
天下雷行物与	无妄	先王以	茂对时育万物
泽中有雷	随	君子以	向晦入宴息
电雷	噬嗑	先王以	明罚勑法
洊雷	震	君子以	恐惧修省
风雷	益	君子以	见善则迁有过则改
云雷	屯	君子以	经纶
山下有雷	颐	君子以	慎言语节饮食
雷在地中	复	先王以后	至日闭关商旅不行不省方
天下有风	姤	后以	施命诰四方
泽灭木	大过	君子以	独立不惧遯世无闷
木上有火	鼎	君子以	正位凝命
雷风	恒	君子以	立不易方

（续表）

贞悔卦象	卦名	五 以	卦 德
随风	巽	君子以	申命行事
木上有水	井	君子以	劳民劝相
山下有风	蛊	君子以	振民育德
地中生木	升	君子以	顺德积小以高大
天与水违行	讼	君子以	作事谋始
泽无水	困	君子以	致命遂志
火在水上	未济	君子以	慎辨物居方
雷雨作	解	君子以	赦过宥罪
风行水上	涣	先王以	享于帝立庙
水洊至	习坎	君子以	常德行习教事
山下出泉	蒙	君子以	果行育德
地中有水	师	君子以	容民畜众
天下有山	遯	君子以	远小人不恶而严
山上有泽	咸	君子以	虚受人
山上有火	旅	君子以	明慎用刑而不留狱
山上有雷	小过	君子以	行过乎恭丧过乎哀用过乎俭
山上有木	渐	君子以	居贤德善俗
山上有水	蹇	君子以	反身修德
兼山	艮	君子以	思不出其位
地中有山	谦	君子以	裒多益寡称物平施
天地不交	否	君子以	俭德辟难不可荣以禄
泽上于地	萃	君子以	除戎器戒不虞
明出地上	晋	君子以	自昭明德
雷出地奋	豫	先王以	作乐崇德殷荐之上帝以配祖考
风行地上	观	先王以	省方观民设教

（续表）

贞悔卦象	卦名	五　以	卦　　　德
地上有水	比	先王以	建万国亲诸侯
山附于地	剥	上　以	厚下安宅
地势	坤	君子以	厚德载物

由上表可见《大象》之文,逐卦一节,共六十四节。每节字数,最少者仅八字(屯卦),最多者亦仅二十二字(泰卦),可云易简。且每节文义皆分三层,其一贞悔卦象与卦名,所以明下上两卦之象,以见定此卦名之大义。其二"五以","以"者用也,"五"者,用卦象者凡五,曰先王、后、上、大人、君子。有此五类人格之一者,乃可各用其卦象。其三卦德,谓用此卦象者,当用此卦德以处此境,庶达《易》要无咎"之旨。以下相应分三层详论之。

凡由贞悔各八卦而组合成六十四卦,《大象》作者已用之。至于八卦之次,自宋初陈抟(公元890?—989)排列成先天图后,有应于阴阳二进位制之至理。今观《大象》之明两体,虽行文有变,而其实亦同。故第一层之理,不妨合诸先天方图以明之,详见"贞悔卦象和卦名总图"(附录二)。若《大象》于八卦之取象,皆本自然现象,计六十四卦分贞悔,共为三画八卦一百二十八象。凡乾天坤地兑泽艮山震雷五卦,贞悔之象皆同,于巽坎离三卦,则取象有变化,亦因贞悔而不同。详见"八卦贞悔卦象表"。

八卦贞悔卦象表

	乾	兑	离	震	巽	坎	艮	坤
悔卦数	天八	泽八	火明电五二一	雷八	风木七一	水云六二	山八	地八
贞卦数	天八	泽八	火明电五二一	雷八	风木四四	水泉雨六一一	山八	地八

附录二　贞悔卦象与卦名总图

悔＼贞	坤	艮	坎	巽	震	离	兑	乾
坤	坤 地势	剥 山附于地	比 地上有水	观 风行地上	豫 雷出地奋	晋 明出地上	萃 泽上于地	否 天地不交
艮	谦 地中有山	艮 兼山	蹇 山上有水	渐 山上有木	小过 山上有雷	旅 山上有火	咸 山上有泽	遯 天下有山
坎	师 地中有水	蒙 山下出泉	习坎 水洊至	涣 风行水上	解 雷雨作	未济 火在水上	困 泽无水	讼 天与水违行
巽	升 地中生木	蛊 山下有风	井 木上有水	巽 随风	恒 雷风	鼎 木上有火	大过 泽灭木	姤 天下有风
震	复 雷在地中	颐 山下有雷	屯 云雷	益 风雷	震 洊雷	噬嗑 电雷	随 泽中有雷	无妄 天下雷行 物与无妄
离	明夷 明入地中	贲 山下有火	既济 水在火上	家人 风自火出	丰 雷电皆至	离 明两作	革 泽中有火	同人 天与火
兑	临 泽上有地	损 山下有泽	节 泽上有水	中孚 泽上有风	归妹 泽上有雷	睽 上火下泽	兑 丽泽	履 上天下泽
乾	泰 天地交	大畜 天在山中	需 云上于天	小畜 风行天上	大壮 雷在天上	大有 火在天上	夬 泽在天上	乾 天行 健

《说卦》曰："天地定位,山泽通气,雷风相薄,水火不相射。"《大象》所取者基本全同。唯巽风外,又取巽为木。坎水外,又分贞悔,悔取云,贞取雨及泉。离火外,又取明与电。合诸《说卦》,亦有"巽为木"、"离为电",离位又为"向明而治"。坎水在上卦为云,在下卦为雨为泉,虽非《说卦》之文,然未尝不可联想。故《大象》作者所取之象皆属卦象所本有,先秦时早已应用。更观巽、坎、离三卦于取象之变化,则巽悔于艮山,贞于兑泽、离火、坎水、坤地皆称木;离于重离及贞悔于坤地皆称明,又贞悔于震雷皆称电;坎悔于震雷、乾天皆称云,贞于震雷称雨,贞于艮山又称泉,可见变在水火。由天一生水而地二生火,基于水火之变始能天三生木,犹无生物成生物之象。然则《大象》作者,特于坎取云雨泉,以见水在上下之变,离取火电明,又见火在上下之变。唯水火周流于天地间,乃由巽风而生巽木。然则三卦兼取数象者,其有意乎,无意乎?宜为指出,以见取象之精义。至于卦名之义,乃由贞悔八象之组合而见其理。故第一层虽仅用寥寥数字,义极深邃。

今尚可分析"贞悔卦象和卦名总图",凡可分五图。其一先取八纯卦言,八纯卦者,贞悔之卦象同,位当先天图中第一对角线之八卦。其间乾、坤、坎、离四卦先言卦象,故曰天行、地势、明两作、水洊至。于震、巽、艮、兑四卦则后言卦象,故曰洊雷、随风、兼山、丽泽。可见作《大象》者,已认识乾、坤、坎、离四卦之象与震、巽、艮、兑四卦之象宜加分辨。有此八卦为纲,再可分成四图。其二有及"天地定位"者,除乾坤外尚有二十六卦,主于天地交不交之泰否。其三有及"山泽通气"者,除艮、兑外尚有十八卦,文字极整齐者,曰"山上"、"山下"各五卦。"雷风相薄"与"水火不相射"可合一,除震、巽、坎、离外尚有十二卦,进而又可分水火与巽、水火与震各六卦。其四于水火则主于上下之辨,即水在火上既济、火在水上未济,乃同天地交不交之义。以合诸巽,在贞曰木,在悔曰风。其五合诸震,则卦象仅用二字,如雷风、风雷、雷电、电雷等。由是可见作《大象》取下上两卦之象,唯其已明确贞悔之

233

理,故不必见陈抟所画之先天方图,而其相应之处自然可合。

贞悔卦象与卦名总图分析图
一

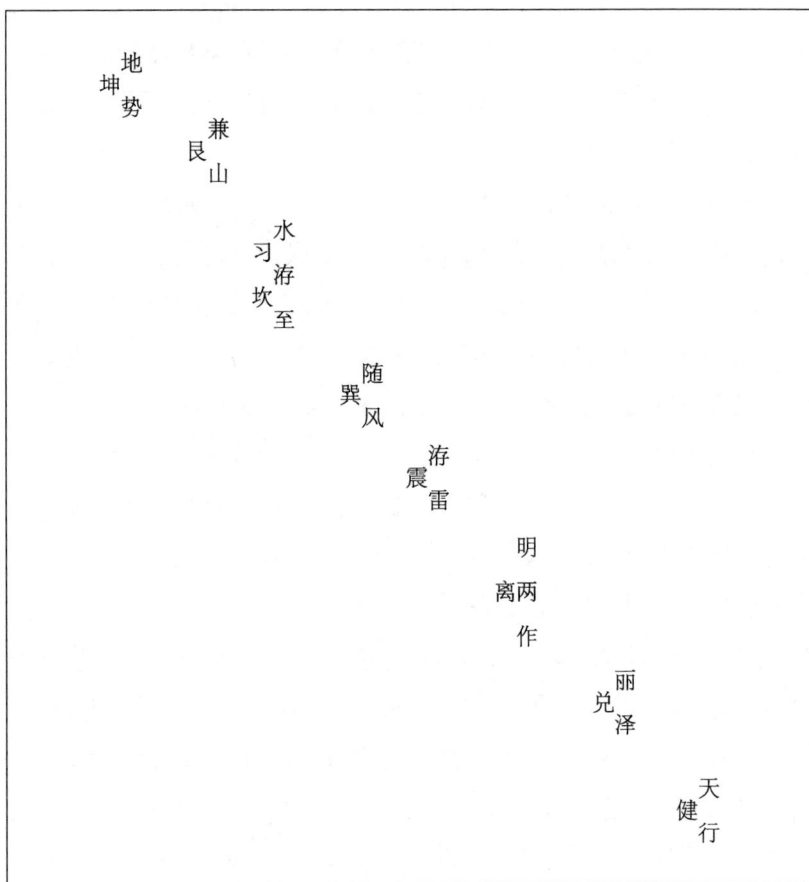

二

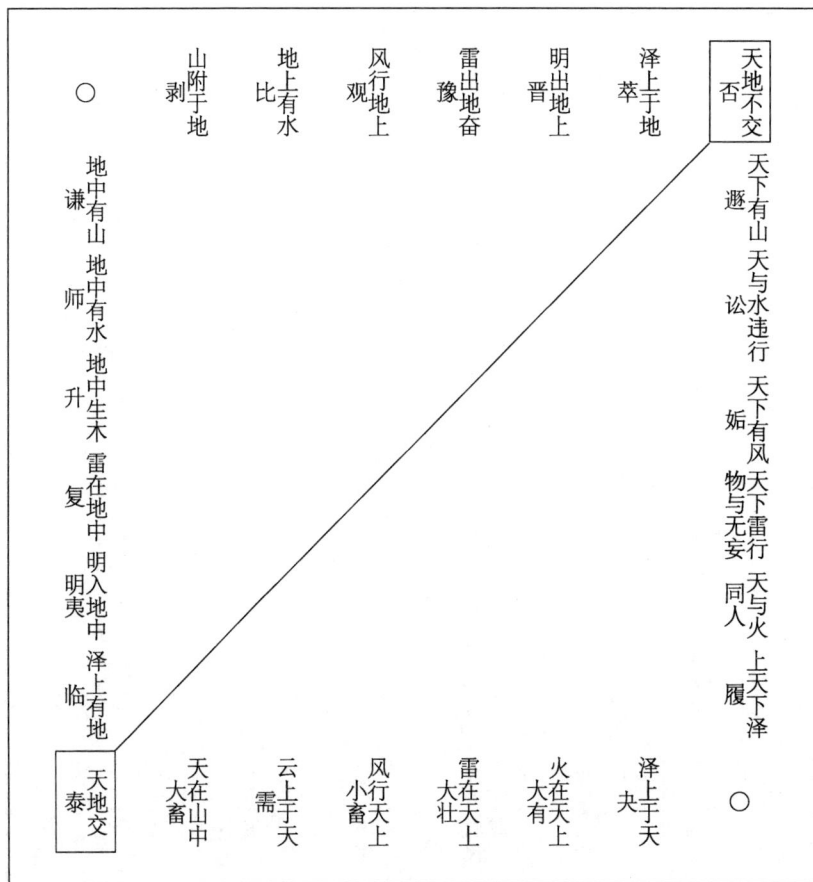

三

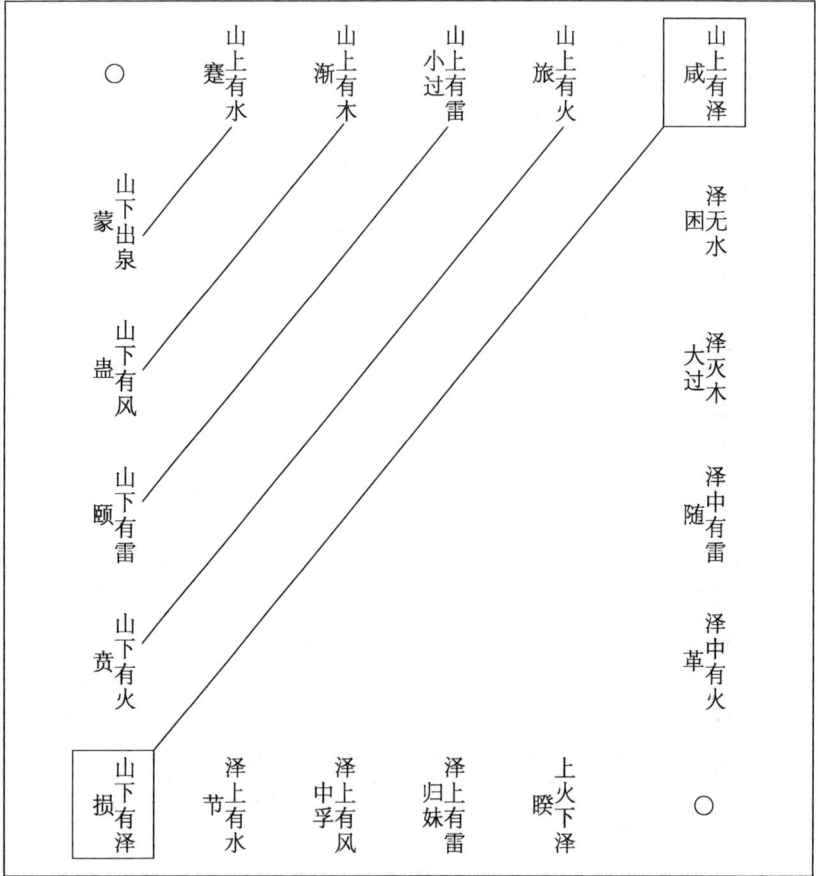

○　山上有水　山上有木　山上有雷　山上有火　　山上有泽
　　　蹇　　　　渐　　　小过　　　旅　　　　　咸

山下出泉　　　　　　　　　　　　　　　　　泽无水
　蒙　　　　　　　　　　　　　　　　　　　困

　　山下有风　　　　　　　　　　　　　　泽灭木
　　　蛊　　　　　　　　　　　　　　　大过

　　　山下有雷　　　　　　　　　　　　泽中有雷
　　　　颐　　　　　　　　　　　　　　随

　　　　山下有火　　　　　　　　　　泽中有火
　　　　　贲　　　　　　　　　　　　革

山下有泽　泽上有水　泽中上有风　泽上有雷　上火下泽　　○
　损　　　　节　　　中孚　　　归妹　　　睽

四

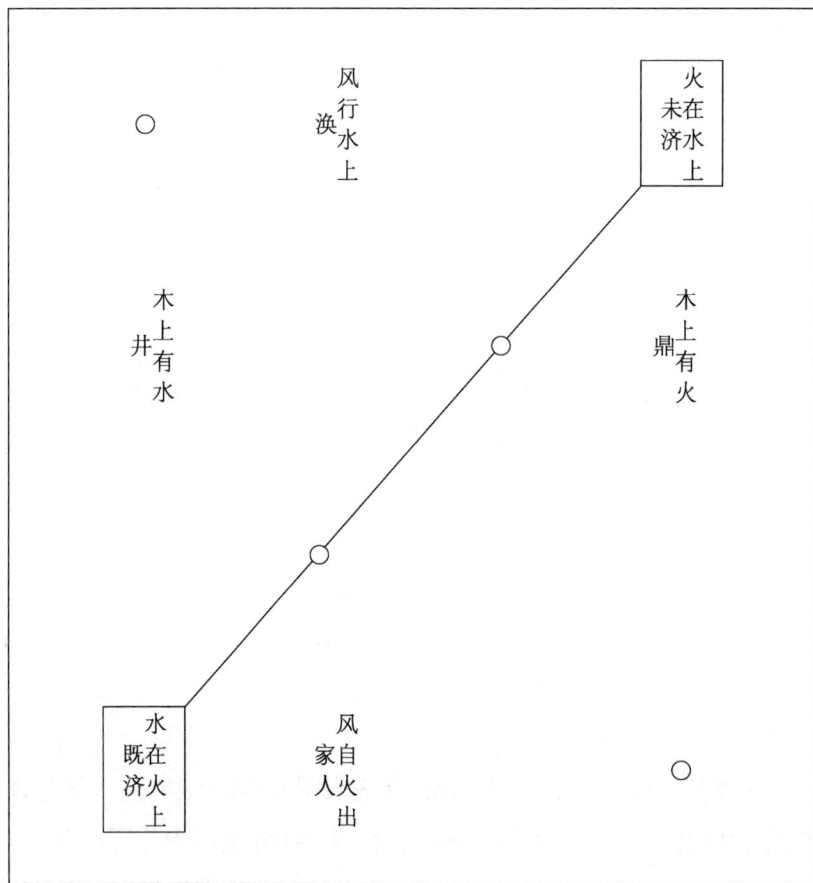

五

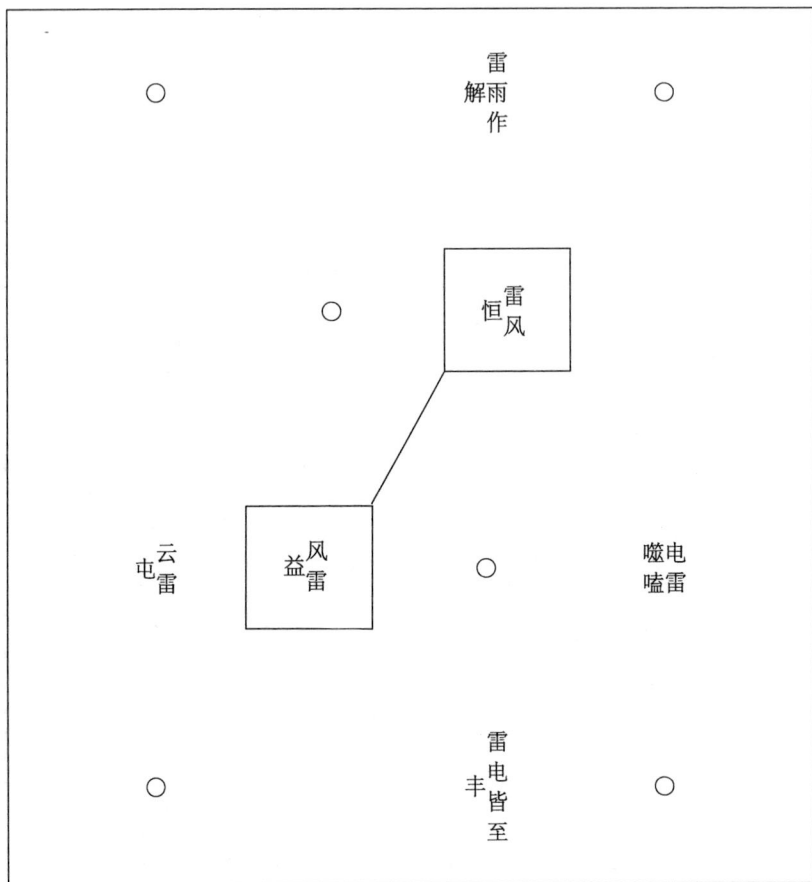

宋邵雍(公元 1011—1077)据陈抟先天图而作《大易吟》,今逐句合诸《大象》之贞悔,完全可通。并录于下,末四句略加注释以显其理:

天地定位——天行健,地势坤,

否泰反类——天地不交否,天地交泰。

山泽通气——兼山艮,丽泽兑,

咸损见义——山下有泽损,山上有泽咸。

雷风相薄——洊雷震,随风巽,

恒益起意——雷风恒,风雷益。

水火相射——水洊至习坎,明两作离,

既济未济——水在火上既济,火在水上未济。

四象相交成十六事——四象指天地一、山泽二、雷风三、水火四,八卦相错者相交,成以上十六卦即十六事。

八卦相荡为六十四——以八卦之象,遍及贞悔各八卦曰相荡为六十四卦,《大象》作者即用相荡之理。

以卦名论,曰"天行健",曰"水洊至习坎"。凡自汉起,前者基本作乾。乾坤于汉碑中屡见,如《说卦》"乾,健也",不知乾为健之德,因有《大象》于乾卦之天不称名而称德之后起义。自马王堆帛书出土,已确证乾卦本作键卦,键、健可通,然《大象》尚保持古名,可知《大象》之成文当在战国时。又六画之坎卦,据卦辞当作"习坎",然《序卦》、《杂卦》中皆作坎,唯《大象》保持"习坎"之卦名,又证《序卦》、《杂卦》宜较《大象》为后出。至于卦名之取义,有各种观象法。如复卦之"复"字,实有"七日来复"义,则复乃继坤而生。此消息义先秦时早已盛行,若《大象》作者仅以下上两卦取义,亦可全部说明,故其解释卦名之大义能自成体例。其释卦名有极妙者,如"天与水违行讼"、"天与火同人"、"明入地中明夷"、"明出地上晋"、"泽无水困"、"泽灭木大过"等等皆是。所以定名为讼卦者,即天气上出而水性下流,宜上下异趋而讼;如坎水变成离火炎上,即成天与火同人。又离明入于坤地之中,则光明被掩而名明夷;贞悔两象相易,就成为离明出于地上,东方日出,晋进无已。又如泽之止水处于上,下有坎之流水时时下注,终将成泽中无水而困;更观兑泽止于巽木之上,以成泽灭木,当洪水泛滥之象,是之谓大过。此外可启发深思处极多,皆准贞悔组合之大义以言。由《大象》作者之早已用之,故马王堆序次亦用贞悔,毫不为奇。然先天图出,方能完成以数学模式表示其逻辑思维,邵尧夫所谓"我终日言未尝出先天图者"正此义。至于《大象》作者之思想结构,既知取八种自然现象之组合,以成六十四种不同之环境;又以自然环境配合社会现象,乃成六十四种不同之社会结构。而人之处此社会结构中,自然有悲欢离合、吉凶得失,乃不得不思考一种最佳之处世法。此法须通观社会之变化及分析社会之实质。而《大象》作者似生当战国晚期,目睹数十年之社会变化,益以三代及春秋之史学知识,始能总结社会变化之原理及人生处世之标准。一切社会现象莫不归诸自然现象,为我国思想之独特成就。如《周礼》必本于天地春夏秋冬以置六官,《尚书》必始于尧典之天文历法,此《周易·大象》本八种自然现象之贞悔组合,其理皆同。识此崇尚自然之思维方式,乃可基于第一层之认识而论第二层之"五以"。

此"五以"中,基于"君子以"。其他"四以",莫不具备君子之德。唯仅以君子之德,尚未能处其他"四以"所处之环境。故当先论其他"四以"及其所处之环境。先示"五以"卦象卦数表:

五　以	卦　　　　　象	卦数
先王	无妄、比、豫、观、涣、噬嗑	6
后	泰、姤	2
先王、后	复	1
上	剥	1
大人	离	1
君子	健、坤、升、否、晋、小畜、大畜、谦、习坎、节、蒙、蹇、蛊、渐 家人、未济、同人、谦 革、艮、鼎、巽、困、大有 睽、随、需、归妹、讼 兑、震、咸、损、益、恒、既济 大壮、屯、履、师、临、遯、萃、井、丰、旅、贲、解、明夷 颐、小过、大过、中孚	53
六类		64 卦

由上表之卦次,可见《大象》作者之思想结构。且各卦间可相通以

成网络结构,决不如《序卦》之有固定次序。先以"五以"论,观《大象》作者之思想,最重先王。先王者,先于今已王天下者。孟子曰:"君子有三乐,而王天下不与存焉"(《尽心上》),此见王天下有其客观条件。因社会之变化,其相隔之时间与人之一生并不对称。观诸历史,凡百年中未遇天下统一乃常有之事,而君子者既未能际其时,何能身历王天下之境,然不可无王天下之象。且王天下之象必已有行之者,此行之者是名先王。若孟子之"言必称尧舜",犹以尧舜为先王。所论种种尧舜之事迹形象,实孟子所向往之先王,与史实未必相同。至于《大象》作者疑当在孟子后,早已不执行尧舜之传说,且能考虑先王之实际形象。今必须逐卦考察而得其旨。

其一为无妄之象(䷘)。《大象》曰:"天下雷行,物与无妄。先王以茂对时育万物。"观此象为天下雷行,人能法其雷行,有天工人代之象。唯此卦言卦名,加"物与"二字。此二字是否传抄误加,已未可考。然既加于卦名之上,确有理可言,且可于此卦之先王予以特殊重视。凡天下所有之万物,皆已与之,宜无妄者可王天下,此所以唯先王可处此境。若处之之道须"茂对时育万物",是犹《论语·尧曰》"天之历数在尔躬"之义。提先王而能不提尧舜,已由形而象,庶可总结战国时之思潮。故提出无妄之先王,确在注意发展自然科学,因时而培育万物,具有欣欣向荣之感。此与孟子之有执而自负,庄子之悲悯而旷达,皆有所不同。

其二为比卦之象(䷇)。《大象》曰:"地上有水,比。先王以建万国亲诸侯。"此为儒家之旨,外王之德莫大于此。若战国时之混乱,皆因诸侯不亲,所以不亲者,无人具外王之德为之建国。善者无赏,恶者无罚,此未成九五一阳居尊位所致。以下上两卦言,坎水之密比于坤地乃其本性。然坎中一阳已陷于上下二阴之间,润下非阳之本性,故我国之思想贵于发阳性之上出,于建国亲侯之实质,尚须动其一阳。

其三为豫卦之象(䷏)。《大象》曰:"雷出地奋,豫。先王以作乐崇德,殷荐之上帝以配祖考。"此亦儒家之旨。其象坎之一阳,已不陷于二阴之间。唯其在二阴之下,阳气方得其根,其气上出,二阴何能阻挡,宜震象为雷为动。雷出地奋,方能完成人代天工之德。由天下雷行而雷出地奋,即乾元震动于天地之间,是即《易》本天地人三才之道。至于处豫卦之象曰"作乐崇德",犹以礼乐治天下。未得时代之礼乐,其何能出地以行于天下,所崇之德,崇乾元上出而已。此理于人乃本诸父母之历代生生,更推诸天地乃出于对时育物。由无生物而生物,今所谓生命起源,战国时代之思想家亦早已思考此一问题,种种祭祀之能归诸祭祖,宜与有神论之宗教有辨。此句曰"殷荐之上帝"犹宗教,必曰"以配祖考",乃有推究生命起源之象。我国文化重视人类本身之研究,以及从生物学角度研究生命现象,实有其成就;而其哲学基础即在易象。《大象》论及自然现象与社会现象之交接处,每含有此类知识。

其四为观卦之象(☴☷)。《大象》曰:"风行地上,观。先王以省方观民设教。"此象与豫卦,上卦阴阳相反,由震雷变成巽风,风行地与雷出地,实有下施上出之异。豫以治上,故曰"殷荐之上帝以配祖考",观以治下,故曰"省方观民设教"。犹豫之作乐崇德为整顿上层建筑,至观乃以其风下施云。地势高下不同,风势亦随之而异,有因地而宜之象。经省方而察各地之民风,因民风之异所设之教亦不同,乃能奏治民之效,是即卦辞之"有孚颙若"。观者观风之谓,故《诗经》采十五国之国风,歌以宣之,舞以节之,八音克谐,八风以时,此儒家所称颂之先王至治。

其五为涣卦之象(☴☵)。《大象》曰:"风行水上,涣。先王以享于帝立庙。"此象与观卦,下卦由坤地变成坎水,即由风行地上可省方观民设教,于水上之设教,又将如何?《大象》作者之思想,能综合出地之豫象,完成其"殷荐之上帝"之理而曰"享于帝立庙"。豫上体天意,观下察民情,得上下二处之反馈,乃可立庙而建立精神机构。"殷荐之上帝"者,由下而上,"享于帝"者,由上而下,此豫涣之别。风行地上,风因地而异,风行水上,水因风而异,此观涣之别。立庙以聚四方之人心,行水以散中央之教化。所以有此思想者,当时之社会,各国莫不有庙,立庙以祀神祀祖,固为建国亲侯所必备之形式。《大象》作者能以涣象当之,且并豫观而同曰"先王",可窥其对先王之认识。唯能出地庶可行水,其风之无远弗届,斯之谓先王之正风。

其六为噬嗑卦之象(䷔)。《大象》曰:"电雷,噬嗑。先王以明罚勑法。"能以无妄之象与物,则建国亲侯有本。既兼上下以立庙设教,仍未能治则如何? 此所以又有噬嗑之先王。唯准噬嗑卦亦称"先王",可见著《大象》者已当战国中晚期,目睹世事之混乱,非明罚勑法,不足以定天下之是非。卦象天下雷行能示惊蛰之春景,万物各与,欣欣向荣,是谓无妄。而或变乾天为离日,象即不同,离日高挂以示为上者之威严,卦辞本曰"利用狱",《大象》继之曰"明罚勑法",此已有明显之法家思想。妙在亦曰"先王",以见儒法合流之旨。

合上六象,以下图示之:

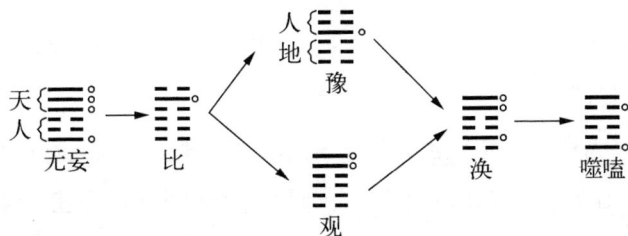

由上图可观先王之象。于主位各以圈示之,无妄、比、豫三卦之主,自不待言。若观与涣,似当主于四,然六四巽风既未可忽视,而先王当采风者,宜属五上之阳。相对于巽风之震人出于天地间,则当以一阳为主,自然亦不可不知其动力之来源有得于二阴者。又以噬嗑卦言,则离日之主必为六五,唯五电初雷之合,取电雷交加而当万事丛脞之象,治其杂乱,非勑法何能定是非以明罚。合此六卦以言,无妄有阴阳家、道家思想,噬嗑有法家思想,其他四卦基本属儒家思想。唯其同归于先王,庶可见著《大象》者思想结构之一方面。

当战国时,荀子已重视先王与后王之辨。若孟子之"言必称尧舜",不可不名之曰"法先王"。荀子否定孟子,义极明确。然荀子本人对先王后王之时间标准,尚有游移。惟可理解其已能分辨先王后王之实质,是对时间先后之认识,亦即对现在的认识。先王贵过去,后王重未来,此一哲学问题,于战国时之争论并不限于孟荀,基本秦风主后王,齐风主先王。秦始皇"功过三皇,德败五帝"之观点,犹法后王;齐人淳于越之说以引起焚书,犹法先王。可见战国时对先王后王以当时间顺逆之认识,何等严肃。荀子曰:"天地始者,今日是也。百王之道,后王是也。"此即荀子法后王之说经韩非李斯而为秦始皇所利用者(另详《荀子与易学》)。若《大象》作者对先王、后王之概念,早已了然于心。故用《易》者既有称先王,又有称后者。后为"继体君"(《说文》),犹指后王。后王之继先王,此时间之次,孰可否定之。《大象》作者既称先王又称后,并于卦象中示种种相继相承之脉络,不取先王与后王之截然对立,此为战国时孟荀之外的独立观点。然如何相继?何所继承?如何成后王之象?此正著《大象》者所思考之问题。由称后之二卦,可喻其理。

其一为泰卦之象(䷊)。《大象》曰:"天地交,泰。后以财成天地之道,辅相天地之宜,以左右民。"义谓后以继先王者,必在天地交泰以后。若天下雷行、地上有水、雷出地奋等六卦之象,皆所以为使天地交泰而尽人事之种种努力。不知天地交泰之理而以今日为天地始,此荀子之语病而为秦始皇所误解者。若三皇五帝之史迹,何可与发展至战国末年之文化相比,然则"功高三皇,德败五帝"之言,未尝无所依据。然而功德宜归往何处?归于何人?况无三皇五帝之基础,何来战国末年之文化。故论三皇五帝之功德,宜考察三皇五帝时代所处之客观条件。同样,论秦始皇之功德,亦当与同时代六国之君相比,乃能得其功过。嬴政妄以本身为始皇以当天地始,且忽乎百王之道皆后王而割断历史,仅以一人之子孙相传为后,无情之时代决不可能独厚嬴政。汉自武帝起,尊儒术以斥百家,于时既遵孔子《论语·卫灵公》"行夏之时"而建寅,其他莫不以孔子之言为准。奈经生所说《春秋》之微言大义,其固为孔子之原来思想乎?当然早经变化。而最根本之现象,自董仲舒后之所谓儒,法先王之思想大为流行。迄今已二千余年,仍深入民心。是古非今之情绪,处处可见,亦即过分否定秦始皇所造成。若《大象》作者之思想结构,特以泰卦称后,其重视后王及爱护今日可云至矣。故著此《大象》者于时代似略后于荀子,于地当在间于秦齐之三晋。观其思想既重先王可贵之史迹,又重善于继承之后。幸而有得于天地交泰之时位,乃能参天地而立,财成其道,辅相其宜,所以左右民。由此可证著《大象》之时宜当战国,唯其时各国继立君位者甚多,正盼有能用其理之后出。若嬴政之情况,著《大象》者当未见,否则不可能于泰卦称后。至于"财"字或作"裁"字,"裁成"虚言其理,以"财"字言,合诸《系辞下》"何以聚人曰财"观之,义有实指。考战国时之经济结构,货币早已形成,交泰之基础当具有实物。既有货币承载价值,财所以代实物以流通,起"类万物之情"之作用。故于泰卦后能以财成先王已相交之"天地之道",方能处其位。又辅者,与本相依而成,"辅相"亦非虚言相助,乃辅佐本而行。凡天地之宜,仍指相交。后继先王,如辅之依本,以相其宜,乃得治国平天下之至理。必如是以左右民,庶能尽其理而保泰,亦即《大象》作者对后之要求。

其二为姤卦之象(䷫)。《大象》曰:"天下有风,姤。后以施命诰四方。"此卦之象,所以观察阴阳变化之几,亦即相对于天下雷行。无妄与姤,于下卦阴阳相反。无妄称先王,以明"物与"之生气,然春天之生气遍及大地,必须有风以舒展其气,此犹后之继先王,宜姤卦称后。又姤以承观,姤、观二卦之象,一如无妄、豫之当天地人。无妄于震之一阳称先王,姤观于巽之一阴即称后,以下图示之:

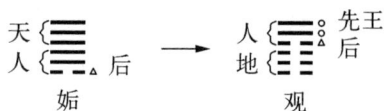

唯巽风之因地而异，故后继先王之观民设教，于所设之教不可不有所变。大则三代不袭礼不同乐，如以战国观之，因继位而变其教者甚多，是之谓命，故曰"后以施命诰四方"。若所施之命，是否合于四方之风，是即后处姤卦之责任。

《大象》作者对先王与后之思想，已阐述如上，尤要者能兼先王与后而一之，是当复卦之象（）。复者，殊可总结以上先王六卦与后二卦。复之《大象》曰："雷在地中，复。先王以至日闭关，商旅不行，后不省方。"此卦既称"先王以"，末又曰"后不省方"。后之省方，即观卦之"省方观民设教"。故复卦之象，犹反观与姤而言，闭关不行不省方。以儒家观点论学，有向内向外两方面。向内以学圣人为鹄的，是谓内圣，向外以王天下为鹄的，是谓外王。于学内圣，人皆可成，孟子所谓"人皆可以为尧舜"是其义。于学外王，须得时位之机，非人皆可得，此所以若干卦象不称君子而有其他四种称名。若先王与后之同异，又可于先王、后本人之内外析之。当入内以成圣，先王与后全同。唯当外出以王天下，始有先王与后之不同。先王者，准时位所同；后者，执时位之所异。所同者理，所异者事。识冬至日之一阳生，犹老子曰："万物并作，吾以观复。夫物芸芸，各复归其根，归根曰静，静曰复命。"唯能复归其根者，始见时位之所同。唯其能"归根曰静"，故闭关不行而不省方，是之谓理。唯其一阳既生，阴亦自然而至，理当有冬至势必有夏至，故"静曰复命"，犹后于姤象之施命诰四方，是之谓事。此见《大象》作者之合先王与后，已得阴阳消息之根，盖取于阴阳家、道家之说。故先王六卦由无妄而复，上卦由乾而坤，犹知白守黑之象。后三卦由复而泰、姤，犹既知天地阴阳之交会，又明微阳微阴出入之情状。所以老子云"复归于无极"，"复归于朴"，即先王不行后不省方。若"朴散则为器"，即后之施命。凡称"后"之三卦以下图示之。

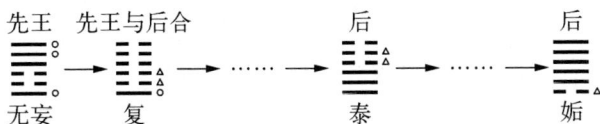

更合上言，由姤而观论之，义当施命之风已遍及大地，故先王不可不思反风。而或反风无效而风势及五，其象为剥（☶☷）。作《大象》者乃改"先王"曰"上"，剥《大象》曰："山附于地，剥。上以厚下安宅。"此象全准春秋战国时之弑君亡国现象而言，为上者之不厚于下，其宅何能安。故处上位且不安者称后已不可，遑论称先王，宜于剥卦独以"上"称，此诚有感于战国时所有之为上者。《史记·太史公自序》："春秋之中，弑君三十六，亡国五十二，诸侯奔走不得保其社稷者不可胜数，察其所以，皆失其本已。"春秋时已然，况战国时之为上者。危如累卵，何能安宅。而《大象》作者之思想结构，更能进一步论其厚下之法。其法在推原先王所设之教、后所施之命是否正确。若豫与涣属形上之道，唯噬嗑属形下之器，然则先王以明罚勑法，有不善乎？震雷之动不应于离日之电，震离之间孰为不明。乃变震雷亦成离电而取重离卦（☲☲）。其《大象》曰："明两作，离。大人以继明照于四方。"此变上为大人，其宅已安。安在省方所设之教，施命诰于四方之法，莫不为继明以照于四方。即其法本于明，因时位而照之，此大人之善于继明，犹"明明德"之义。所以称"大人"者，乾卦二五爻爻辞，皆曰"利见大人"。二五爻变，象为离卦，宜其称"大人"。唯有大人之德，庶免为上者之危，亦即设教施命之法，当以明为理，继明为事。形上形下，散器复朴，一本于明，此即大人之德。《大象》作者之南面术，合诸战国时之史实观之，唯吕不韦之《吕氏春秋》有其象。故著《大象》者或为吕氏门下之食客。其思想结构，确已总结战国各家之学说而有其整体观。总上四种称名，共十一卦，以下图示之：

先王 豫

先王 无妄 → 先王 比

先王 涣 → 先王 噬嗑

先王 观

上 剥　大人 离

先王、后 复 → 后 泰 → 后 姤

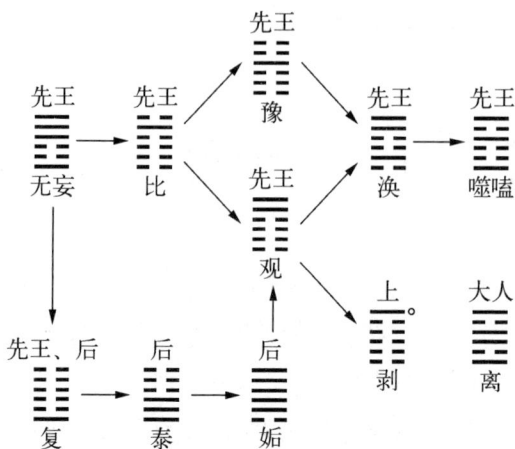

以上十一卦之卦象有其独特之条件,君子未必相遇,然当理解其条件。于其他五十三卦同称君子,君子者贵有其德,唯有其德,方能无入而不自得。此五十三卦之象,所以示种种不同之境,而君子处之莫不有其道。著《大象》者,正为君子谋,以明其处之之道。故学《易》而读《大象》,庶可见《易》之整体由自然现象而社会组织。要而言之,先王与后,当有王天下之德。或及上而不知恤下,犹乾上之"亢龙有悔"。非赖乾二五大人之继明,何能"明罚勅法"。若贯彻继明以照于四方者,须有日乾夕惕之乾三君子。君子者,基于谦而戒于亢,谦卦辞曰"君子有终",此所以著《大象》者乐为君子谋。至于君子之用《易》,当以乾坤为主。乾(☰)之《大象》曰:"天行健,君子以自强不息。"坤(☷)《大象》曰:"地势坤,君子以厚德载物。"此二象为君子用《易》之本。析而观之,自强不息,准之时位;厚德载物,原于德物。自知以德物合于时位之宜,斯即君子之象乎。下取德、物、时、位四象以论之:

观《大象》中论德者十二卦,论物者四卦,此十六卦全属坤卦。先以德言。

德贵厚,当如坤地之能载。究其德厚之原本于积,故于升卦(䷭)曰:"地中生木,升。君子以顺德,积小以高大。"象当巽木生于坤地之中,百尺之木起于微芽,积小之顺德,实为厚德之本。若于升之积小,由微芽而成巨木,于历程中何能无难,故当知积德宜俭,于否卦(䷋)《大象》曰:"天地不交,否。君子以俭德辟难不可荣以禄。"象当乾天位于上坤地位于下,尚分裂而未交,犹上下阻隔之社会,宜以俭德处之。用俭德以辟难,何可以禄为荣。或能知俭知辟必将时过境迁,此俭德之大用,属积德之要法。既顺且俭,以成明德,《大象》于晋卦(䷢)曰:"明出地上,晋。君子以自昭明德。"象谓离明之德,已出于坤地之上,则可上出交天以畜天德。此反否成泰之次,卦象为小畜、大畜。小畜卦(䷈)《大象》曰:"风行天上,小畜,君子以懿文德。"大畜卦(䷙)《大象》曰:"天在山中,大畜。君子以多畜前言往行以畜其德。"象指以巽风畜乾天之德,是之谓文德;以艮山畜乾天之德,是之谓史德。唯巽风善变,以见文风之异,是谓小畜;唯艮山静止以喻前言往行之已成史迹,识之以鉴之,所以为畜史德之大用。文德懿而史德多,属明德之实质。若于夬卦(䷪)之《大象》曰:"泽上于天,夬。君子以施禄及下,居德则忌。"尤见因象喻理之妙。象义谓天泽之下施,有其自然之性,故君子之施禄及下,何功之有。或居泽德而水止于天,则虽施而有功,其能久乎,能不为天所忌乎。此象之戒居德,理通老子"上德不德是以有德"之象。以上六卦,各具乾坤之象,由积德而及不居德,斯之谓明德欤。以下图示之。

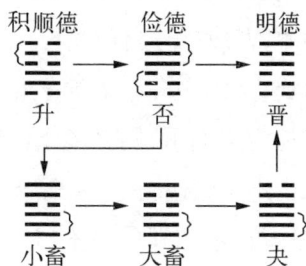

观乾坤之变化,庶及不居德之明德。相对而论,离明属炎上之火德,当有坎水润下之水德。《大象》作者,于离卦称"大人"者,以喻继明非君子所能,而于习坎归诸君子。习坎卦(䷜)之《大象》曰:"水洊至,习坎。君子以常德行习教事。"唯坎水之润下,为不容已之常德,君子法之以习教事,亦以常为贵。经常之德行,莫显于水之亲比于地而润下,老子誉之为"上善",德在利物而居恶。可见《大象》作者,于习坎之象本老子之说。然以整体论,并不主习坎,当流水经四渎而归海,润下当亦有所止,况静止之泽水随处可见,非仅江海之东流不已。故特于节卦(䷻)之《大象》曰:"泽上有水,节。君子以制数度,议德行。"德行须议,以本数度之制,此崇尚知识之原则,庶见制礼作乐之旨。且节坎水之流,岂忘润下之性。兑泽之"上于天"和"上有水",其辨精微,君子慎焉。识此理以行,知识犹德,德犹道,是谓育德。育德之象,分内外二卦。于蒙卦(䷃)《大象》曰:"山下出泉,蒙。君子以果行育德",此内圣之基。于蛊卦(䷑)《大象》曰:"山下有风,蛊,君子以振民育德",此外王之本。蒙卦两象易成蹇卦(䷦),其《大象》曰:"山上有水,蹇。君子以反身修德。"蛊卦两象易成渐卦(䷴),其《大象》曰:"山上有木,渐。君子以居贤德善俗。"惟泉之出山,既不可不出故曰"果行",而又不可不防其浊,故须"育德"。育内德之基,当观山上有水之象。其象为坎水之流被阻于艮山之上,处于违性之境是之谓蹇,则蹇以反身修德,视坎艮贞悔之变,育内德莫善焉。更由坎水而变巽风,犹先王之由此而观。君子处巽艮之变,象当巽风为艮山所阻,是犹《楚辞》之"悲回风"。安得风上山以生木,乃成"山上有木渐"。君子以居贤德善俗,其见效也渐,殊非一代可成,又为振民育外德之基。故能识坎水兑泽之德行,以辨巽风坎水于艮山之上下,则育德于内外,由坎陷而离明,树木树人同以上出为贵,由地中而达山上,德斯厚矣。居德与否,观象自辨,知则居德与不居德皆可,不知则居德不居德皆不可,故易学贵象。以上六卦,又以下图示之(图见下页):

由乾坤艮坎以观德,凡十二卦皆申厚德之旨。德愈厚所载之物愈多。若万物生于天地之间,宜加以分析,庶可论以德载物之理。《大

常德行 → 议德行 → 育德 → 修德 （育内德）
习坎　　　节　　　蒙　　　蹇

育德 → 居贤德 （育外德）
蛊　　　渐

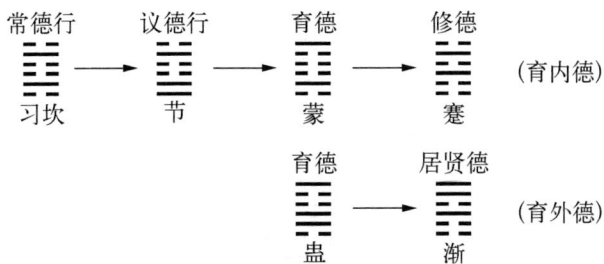

象》作者,择取四卦之象以论物。义谓以"有物"为本,"辨物"为则,"称物"为的。乃于家人卦(☲)之《大象》曰:"风自火出,家人。君子以言有物而行有恒。"凡有德斯有物,有物当有德。德以明德为本,故风自火出,其风正,风犹《诗经》二南之化乎,宜象取"风自火出"而卦名家人。有物有恒,言行有准,此身修而家齐之象。虽然,有物之物,何可不辨。辨物者所以济物而同人,乃于未济卦(☲)之《大象》曰:"火在水上,未济。君子以慎辨物居方。"因物未得其所而散乱,犹河水当道而未济,象取火在上而炎上不已,水在下而润下不已,上下愈趋愈远,一如天地不交之否。否则不利始生万物,未济则忽乎物之居方,故君子以慎辨物居方,以期物居其宜,辨之慎之,所以格物。物格而明德从天,其象同人,乃于同人卦(☲)之《大象》曰:"天与火,同人。君子以类族辨物。"以类族辨之,如火之炎上以从天,不啻水润下以比地,此见类族辨物以同人,实为建国亲侯之基础。空论道德之理何能同人,故以同人归诸类族辨物,可喻著《大象》者之重视外物。若辨物而类族之,有据于卦德之性,此易学之所以必本于象。有物而辨之,宜有德者载之。德厚物重,德薄物轻,间有相称之应,应之者唯君子。或无君子之德者,欲以德薄位尊,凶何能免。故谦卦(☷)之《大象》曰:"地中有山,谦。君子以哀多益寡,称物平施。"物得其平,戒君子以德骄人,恃才傲物。当变"山附于地"而为"地中有山",此谦谦君子所以能有终。子曰:"君子疾没世而名不称焉"(《论语·卫灵公》),"称"者物称于德之谓。以上四卦,图示如下。

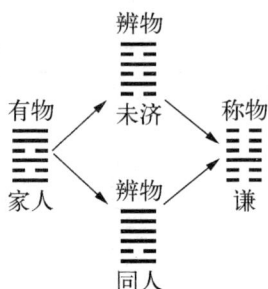

视己德之厚薄,以辨物而有之,有物而称物,地势乃显厚德载物之旨。积德辨物,殊非虚说。由地以从天,乾天行健之象亦有所指,曰"自强不息"者,盖本时位之理。革卦(䷰)《大象》曰:"泽中有火,革。君子以治历明时。"艮卦(䷳)《大象》曰:"兼山,艮。君子以思不出其位。"鼎卦(䷱)《大象》曰:"木上有火,鼎。君子以正位凝命。"《大象》作者唯于革卦提及时,时之象本诸历,必历治而时明,庶可掌握不可见之时间为可见。此须积德以知之,积德犹历代之积累知识。然德之为物,贤德可居而施禄及下之德忌于居。上已论渐夬之象,此又进一步知其本即为时。时当渐,宜取山上生木之德,虽渐必居,以成古木之参天。时当夬,必法泽象之施禄及下。其可居于在天之德而不施下乎!虽施下而可自居其功乎! 而或遭下之忌,犹贞卦乾天成离火之象(䷀→䷝),革象乃显。更合上先王以言,悔卦乾天成离火,即无妄而噬嗑(䷘→䷔)。噬嗑贵法自然之法治,革贵以知识治历而明时,此皆须大人处离以继明。今分析其上下之间,即此噬嗑与革之现象,恰可反映战国时代大动荡之客观事实,而《大象》作者能抽象得其理,准象理而明其所处之法,此易学之象所以能有其整体理论。凡读《大象》者,尤当综观六十四句卦德而忌断章取义。如知自强不息而不知据于时位,难免有著虚之感。如能核实以观其象,其不息者明时代之思潮决不或息,其自强者自思所处之位决不失正,因位明时,其力量源源不绝。此即《大象》作者所以取《论语·宪问》"曾子曰:君子思不出其位"之义用于"兼山艮"。观艮山所止之象以玩曾子之辞,庶知言有所指,易象之用岂不大矣哉。此文仅以观贞悔两卦之《大象》法玩《大象》之辞,于观卦爻象玩卦爻辞,理同而法异,另文详之。能合革与艮之卦德,自强不息庶有具体之实,然"君子以"与其他"四以"之辨,仍未可忽。乃鼎卦又有"正位凝命"之辞。此乃客观存在之时位,与人类自身之生物钟,有数量级之不同,况君子一生所处之时位,尚有历史条件所限,是之谓命。《论语·尧曰》:"不知命无以为君子也",孟子继其旨,故不以与于君子之三乐。唯《大象》作者亦见及此,宜于艮卦外,又取木上有火之鼎卦。其德既明"正位",又加"凝命"。观木上有火之象,所以得五行中"木生火"之客观事实。以火熟物而食,此人类进化史上之突变,已成为人与其他动物主要分辨处之一。继之以火制器,鼎器以烹饪,对人类文化有划时代之作用,由陶器而铜器至现代冶金,皆源于人对火的掌握。传说大禹铸九鼎,作为统一天下之象征,今虽尚未得实物,而商周古鼎比比皆是。以秦迁周鼎观之,视鼎为天下重器,其来实古,三代虽变,未尝不知火化之功。故卦名取鼎,以"正位凝命"见三代之所同;卦名取革,以"治历明时"识三代之所尚。尚忠、尚质、尚文,不可不知其异,而其实又不可不见其同。然则明时之变,岂可仅限于岁首之建寅、建丑、建子。或能以兼山之思,致力于时命之大业,斯方为君子法天行以自强不息之象。进而尚须观以正位所凝之命,《大象》作者又于三卦之象及之。于巽卦(☴)《大象》曰:"随风,巽。君子以申命行事。"于困卦(☱)《大象》曰:"泽无水,困。君子以致命遂志。"于大有卦(☲)《大象》曰:"火在天上,大有。君子以遏恶扬善,顺天休命。"或能随风以行事,犹在申巽命之风,此即相应于后之施命。奈风善变,八风之旋何能必随,不得不有致命遂志之君子,此准"君子固穷"而言,象当泽水润无底之坎水,终成泽中无水而困。虽然,命不可不致,其思时命大业之志,仍不可不遂。或申或致,象异而志仍同,贵在能知善恶之实,故归于大有卦之遏恶扬善顺天休命,象当红日高悬于天,是非明善恶清。由正位以顺天休命,可喻鼎所凝之命犹天命。

以象观之，贞卦巽命成乾天。日火既出，以熟物之爝火，何可比拟。此旨当战国时阴阳家、道家之思想，要在能合诸卦象，庶见天命之所指。亦见易象有结合自然现象与社会现象之作用。以上六卦，示如下图：

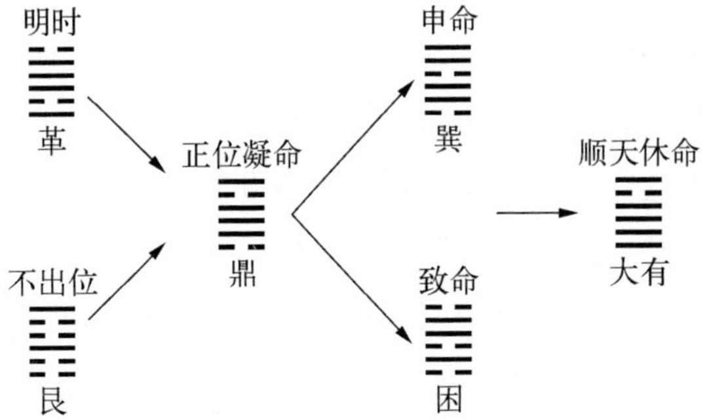

总上以观乾坤之“君子以”，即自强不息于厚德载物，犹准时位之命以积德称物，义乃承先王之对时育物以建国亲侯及后之施命云。详以下图示之：

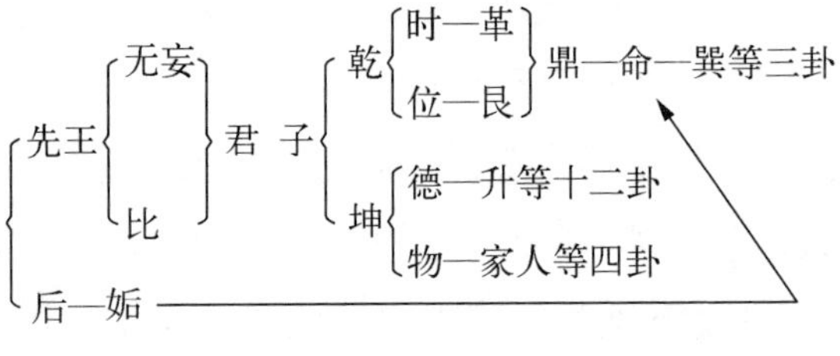

以上分析乾坤之时位德物又及命，其实早已得整体而合一，不可不认为是《大象》作者思想结构之重要部分。若于无妄、比二卦外，先王以豫、涣之象，所以勉君子以自觉；以观、噬嗑之象，所以教君子以觉他。由入而出，由内圣而外王，同归于后之泰；由出而入，又达出入无疾之境，乃同应于先王、后合一之复。至于内圣外王德业之辨，固为春秋战国时各种学派之思想家所共有。诸子百家之不同，唯在对德与业之认识不同。今以《大象》作者之思想结构论，其于德之认识，实以辨物、育物为基础。然物于天地间，何以辨之育之，盖以明时正位为准则。其于卦象既取革为明时,或于革卦变其贞悔,其象为睽(䷥)。睽卦《大象》曰:"上火下泽,睽。君子以同而异。"凡由异而同,所同者必大于异者,有归纳总结之象;由同而异,所异者必小于同者,有演绎分析之象。故物可同于时,尤不可不以时而观其异,大象于睽卦取"以同而异"者,因此卦卦辞言"小事吉"故云。唯火之炎于上泽之止于下,虽可各安其位而互不相让,此象确合于各有所主而各有所得,宜不言大事而唯"小事吉"。以学术思想言,犹各自分科独治,有科学之象。故明时之同者,犹当具此"以同而异"之认识观点,不妨自备矛与盾,得时则反身自攻而去其一,则对物之认识深一层,自身之德亦进一步,然永远有"以同而异"之现象,此所以学无止境,自觉者当有见于此,庶可应于豫、涣。时之于物宜有同异,我国历代有治历者,相承相革,变化殊多,皆与革、睽之象有关。《大象》作者欲以明时物之变化,尚于四卦言之。其于随卦(䷐)之《大象》曰:"泽中有雷,随。君子以向晦入宴息。"于需卦(䷄)之《大象》曰:"云上于天,需。君子以饮食宴乐。"此见时之异,故君子异其所处,唯其向晦,何必扰乱泽中震雷之生气,庶免夜气不足以存而牛山濯濯;唯其云上于天,故君子饮食宴乐以待天之雨,庶免揠苗无功而有害。是皆论养生之事而为内德之本。随卦变其贞悔为归妹(䷵)。归妹之《大象》曰:"泽上有雷,归妹。君子以永终知敝。"需卦变其贞悔曰讼(䷅),讼之《大象》曰:"天与水违行,讼。君子以作事谋始。"唯雷气已由泽中而及泽上,泽之止水何可无变。卦名"归妹"者所以戒失时,谓父当归女,不幸女尚未及归而父不在,乃有震长兄归兑小妹,其何可更失时。虽然,以兑泽随震雷之时,必将亦步亦趋而有瞠乎其后之失,故曰"永终知敝"。若由云而待雨水流下,自然与天之上出于水违行不同,讼曰"作事谋始",所以防归妹之"永终知敝",讼而无讼,知时之谓。故识震雷与兑泽、乾天与坎水之变,养生进德之理已在其中,君子勉之。以上明时之卦五,以下图示之:

晦息　　终敝
随　　　归妹

明时　　同而异
革　　　睽

宴息　　谋始
需　　　讼

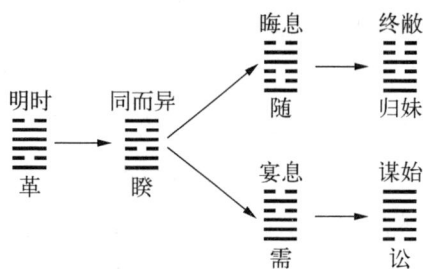

更以艮位言，当知山泽通气，而兑卦（☱）之《大象》曰："丽泽，兑。君子以朋友讲习。"以巽命言，又当知雷风相薄，而震卦（☳）之《大象》曰："洊雷，震。君子以恐惧修省。"唯有思不出其位之君子，庶有其德而来朋友。唯识时命而申之者，尤当以恐惧修省为其德。申正位所凝之天命，其于善恶之扬遏难免有不当，故必当以恐惧修省之。由是取震、巽、艮、兑之交而有恒、益、咸、损四卦。恒卦（☳）之《大象》曰："雷风，恒。君子以立不易方。"此以继艮而成其恒德。益卦（☴）之《大象》曰："风雷，益。君子以见善则迁，有过则改。"此随时而正其善恶。咸卦（☱）之《大象》曰："山上有泽，咸。君子以虚受人。"此所以能以同而异以异而同。损卦（☶）之《大象》曰："山上有泽，损。君子以惩忿窒欲。"此所以能慎始而免永终之敝。是皆自觉所必经之阶段。自觉之境坦然，犹积德以称物。称物者，必使辨物居方。居方而物辨，犹未济而济，此已达自觉之象，故于既济卦（☲）之《大象》曰："水在火上，既济。君子思患而豫防之。"君子而达此，已尽邵子所谓"四象相交成十六事"，亦即上承豫涣而识形上之道。能得此数卦之纲领，庶可由自觉而觉他。合上凡十六卦，以下图示之：

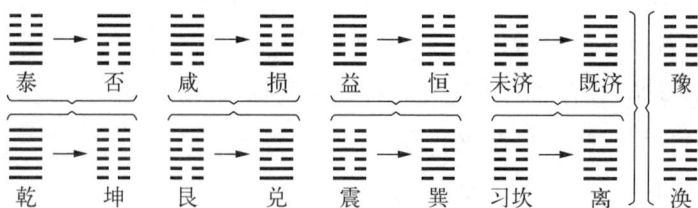

泰　→　否　　咸　→　损　　益　→　恒　　未济　→　既济　　　豫

乾　→　坤　　艮　→　兑　　震　→　巽　　习坎　→　离　　　涣

由自济以济未济者，当外王以觉他，上承观与噬嗑，观当以礼为法，此仍遵儒家之旨。于象观相对于大壮卦（䷡），大壮之《大象》曰："雷在天上，大壮。君子以非礼弗履。"由雷在地中而雷在天上，义由颜渊之克己复礼而至禹稷颜子之易地皆然。准此履礼以觉他，则屯难可治，故于屯卦（䷂）之《大象》曰："云雷，屯。君子以经纶。"屯象相对于鼎，正位所凝之命，君子有经纶之责，经纶之道治民而已。《大象》作者于履卦（䷉）之《大象》曰："上天下泽，履。君子以辨上下，定民志。"于师卦（䷆）之《大象》曰："地中有水，师。君子以容民畜众。"于临卦（䷒）之《大象》曰："泽上有地，临。君子以教思无穷，容保民无疆。"此见君子之爱民以德，亦见《大象》作者目睹战国时之为上者有轻用其民之失，是亦见君子小人之辨。于象履相对于谦，唯具君子之德者，庶能辨上下以定民志；师相对于同人，唯有类族辨物以称物之君子，方可率师以容民畜众。《大象》作者之重视师卦，有取于兵家之长，此亦可补儒家空论仁义之失。临相对于遁，义当君子之教思，容民保民之经纶，何能无阻，则于遁卦（䷠）之《大象》曰："天下有山，遁。君子以远小人，不恶而严。"于时既未见后能继临以开泰，则何可不隐遁以养其俭德。如庄子之作风盖有取于此，以《天下篇》观之，亦未尝不知"五以"之整体。先王不得已而用噬嗑，于象噬嗑相对于井卦（䷯），井卦之《大象》曰："木上有水，井。君子以劳民劝相。"此墨家之旨，亦为《大象》作者所兼容。卦象指木上之水，点滴雨露，取之殊劳，以井而言，辘轳引水，亦属劳象。若以劳民经纶之，不可不继之以刑法。故承噬嗑而变其贞悔，其卦为丰（䷶），丰卦之《大象》曰："雷电皆至，丰。君子以折狱致刑。"非以刑狱，何能守其丰硕之果。此属战国时之客观事实，幸有《大象》作者之言，犹可想象当时之情状。且于国内用刑狱，于各国间不得不用兵以防之。于象变临卦之贞悔，其卦为萃（䷬），萃卦之《大象》曰："泽上于地，萃。君子以除戎器，戒不虞。"此兵家之旨，于象欲守其地上之泽，乃与先王之比象，绝然不同。战国时各守其国，何能见平天下之象,则安得不用兵家以修除戒器,戒邻国不虞之侵伐。对外以兵,对内以刑,犹《周礼》之夏秋二官,已属战国时所不能不备者,盖有命焉,君子处此亦不得不以之。而于旅卦(䷷)之《大象》曰:"山上有火,旅。君子以明慎用刑而不留狱。"变其贞悔为贲卦(䷕),又于贲卦之《大象》曰:"山下有火,贲。君子以明庶政,无敢折狱。"此皆《大象》作者,有以救战国时之敝。虽不得不用刑狱,首当明慎用刑而不留狱。据此可见战国时,各国皆有狱满之患。由不留狱而进之,当观用刑是否明慎,既已明慎,更当明庶政,何必用刑狱。其极致,当取屯卦而变其贞悔,其卦为解(䷧),解卦之《大象》曰:"雷雨作,解。君子以赦过宥罪。"此亦为《大象》作者之思想结构,既主张用兵刑,又归诸赦过宥罪,似当战国晚期三晋之整体思潮。君子而处此时命之中,其象一如明夷(䷣)。明夷卦之《大象》曰:"明入地中,明夷,君子以莅众用晦而明。"盖时当明夷以莅众,不得不以晦为明。然未有"自昭明德"之象,何能莅众用晦,此尤见老子所谓"知白守黑"之悲,亦见内圣外王之德业,何可分而为二。以上五卦承观之先王,所以履礼保民。不得已而尚法,计有八卦,所以承噬嗑之先王。虽然,外王之兼及礼与法,于战国时自然已合,以上十三卦以下图示之:

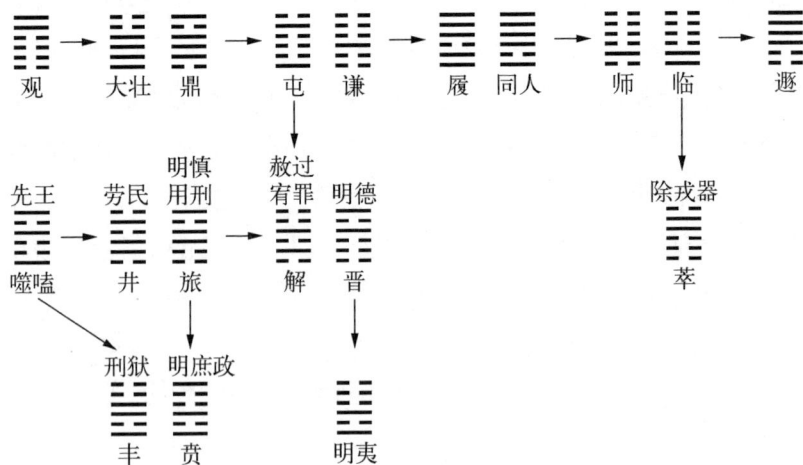

由上述十三卦完成其外王之德，其作于战国晚期绝无疑义，综合各家之思想，亦信而有征。最重要者尚有最后四卦之《大象》，于内圣既明处乱世之法，于外王更有平天下之志。此四卦之象为颐、小过、大过、中孚。

颐卦(䷚)之《大象》曰："山下有雷，颐。君子以慎言语节饮食。"小过卦(䷽)之《大象》曰："山上有雷，小过，君子以行过乎恭，尚过乎哀，用过乎俭。"大过卦(䷛)之《大象》曰："泽灭木，大过。君子以独立不惧，遯世无闷。"中孚卦(䷼)之《大象》曰："泽上有风，中孚。君子以议狱缓死。"前二卦之象为山雷之变，当有雷在山下，山止决不因雷而崩，于作《大象》者之认识，山崩在剥。故于颐象之君子，虽当山雷动静之际，仍能坦然处之，唯动出应慎言语，静入应节饮食，义通《老子》之闭口实腹。此确为养生之本务，亦为处世之通则。自觉以之，觉他亦须觉此，非徒处乱世而已。更观雷在山上之象，震动之影响亦相应较大，故非徒慎言语，又须注意行动。故君子"行过乎恭，丧过乎哀，用过乎俭"。此为深一层的养生处世，自觉以之改变气质，觉他以之移风易俗。此二卦之象，所以以柔胜之。后二卦之象为泽风之变，当泽既灭木，则不谐水性者何能生存。然以养生言，何畏乎不能制肾水，以之处人欲横流之世，仍可悠然自得，故"君子以独立不惧，遯世无闷"。若伯夷叔齐者，其是乎非乎，贵在能求仁得仁，决非虚语。且亦时时可见，绝非仅见于乱世，惟乱世可见社会之崩溃，治世仅见一家一人之崩溃，或以颐卦象生，大过卦象死是其义。不惧且无闷，有得乎朝闻夕死之旨，是之谓求仁欤！而最重要之一卦，是为泽上有风之象，风以散泽，欲以免泽之灭木。奈泽钟于地，风何能散之。奚若涣卦之风行水上以散坎水，尚能顺水流之性，故涣之先王可通观之设教，享帝立庙，亦所以治坎水。而此卦之象须以巽风散兑泽，兑泽则低于地而萃于地。萃有所守，散之而有争，战国所习见之事。此卦六三爻辞有言："得敌。或鼓或罢，或泣或歌。"正记战争初结束后之情况。然则卦名中孚之孚字作俘虏解,亦可信而有征。唯得俘而贵能孚之,是之谓中孚,《大象》特曰"议狱缓死"。既已得敌为俘,首当议狱法,然后治俘之罪,且以缓死为目的,始能彻底以风散泽,是正《大象》作者之仁行。若白起于秦昭王十三年(前293)攻韩魏于伊阙,斩首二十四万;于四十七年(前260)大败赵于长平,活埋战俘四十余万人。凡此等事实,《大象》作者或正当其时,故此"议狱缓死"四字,切不可忽视。卦气图起于中孚,正欲以见易道之生气,以免泽灭木之祸,则内圣外王之德业,其源可通于生。由复姤等十二辟卦及中孚之《大象》观之,作此《大象》时,或已见卦气图。以卦象论,乾、坤、坎、离虽反复而其象仍同,震、巽、艮、兑则可震反艮而巽反兑。此《大象》作者于取八纯卦之卦象时,已有所辨别,此上文已作分析。若贞悔组合成六十四卦,除乾、坤、坎、离外,尚有四卦亦为反复而不变,即此颐、小过、大过、中孚,汉虞翻名之曰"反复不衰卦"。故《大象》作者特重此四卦,或非偶然。详如下示:

合而观之,当知养生以免入死,死则亦能知其所生,中孚以起卦气,所以起先王、后合一之复。能得此自然反复之几,则认识社会组织之变化,亦可得其整体。此即合社会科学与自然科学为一,实为吾国哲学之最大特点。

总上而论《周易·大象》作者之思想结构,可归结为以下十点:

一、肯定八卦之自然现象,于乾、坤、震、艮、兑五卦不变,巽、坎、离三卦有变。

二、基本取八卦贞悔之组合变化,辅以阴阳相反及上下反复之卦象以取义。

三、各卦间之关系，取网络结构，绝非如《序卦》之逐卦相次。

四、以八卦贞悔之组合释卦名之义。

五、取"五以"用卦象，为其思想结构之主旨。

六、先王、后合一于复，为《大象》作者认识时间之关键。

七、以大人救上之亢而下应君子，正合乾卦二五、三上之位，此为《大象》作者认识空间之关键。

八、君子以自强不息于厚德载物之实质，似以时、位、德、物、命五者当之。唯其知命，宜于君子外须有其他"四以"。

九、对内圣外王出入之辨，已准"易地皆然"之理，此有得于复卦卦辞"出入无疾"之义。唯其有得于此，故能兼取诸子百家之要旨，贵能合诸卦象以成其整体结构。

十、《大象》作者的思想结构，全部面对事实，既无宗教信仰，亦无神秘概念。易学本诸卜筮，《大象》中亦无一字及之。故易学脱离稽疑卜筮而归诸哲理之思维，当以《大象》为早期作品之一。

由上十点以读《大象》，或能略窥著者之情。以战国末年之学风观之，齐燕多方士气，邹鲁多迂阔气，楚国多神筮气，秦国多专横气，皆未合，唯三晋之学风有相似处。著者其时约于荀子相近而略后，荀子有赵国风，然未知卦象，而对先王后王之认识有相似处。总观之则与吕不韦《吕氏春秋》之思想略同，吕乃濮阳（今河南滑县）人，地域亦相近。故作《大象》者，可能与吕有关，亦可能为吕之食客，然似未入秦，与韩非、李斯之思想绝不相同。又《大象》与杜田生之齐易当然不同，唯曾学于杜田生而自有所学之洛阳周王孙可能与《大象》作者有关。丁宽既学于杜田孙，又至洛阳学于周王孙受古义，似与《大象》有关。以《汉志》著录"易传周氏二篇"为周王孙所著，至少与《彖》、《象》有关。自丁宽既得古义后，此《大象》已在其中。《史记》所谓"序《彖》、系《象》、《说卦》、《文言》"中之"系《象》"，或已指此《大象》。后更合于《小象》而凑成"十翼"乃东汉之事。自孔颖达既法郑学之徒以数"十翼"，则迄今仍视为正统。其实南宋吴仁杰斗南以二十八年之功考订《集古易》成于淳熙戊申(1187),虽有未可取者,然独立以《大象》为《象》,斯为有识,然其说未能引人注意。明末王船山则以《大象》为一篇以代《序卦》,亦为有见,然仍为二篇、十翼所限。而于《大象》之具体内容,亦未见有特为阐明者。今幸得马王堆帛书《周易》为证,于《易》之文献当重为整理研究。先取《大象》而为之叙述,则对整体之易理,亦可由《大象》作者之思想结构而见其一斑。此非经逐句加以观玩,决不能深入其蕴。乃尊儒者尚欲视之为孔子所作,且多合《易传》而总论之,则何能见《易传》逐步发展之迹。今知《大象》绝非孔子所作,而其思想结构能发展整体之说,实过于孟子之凝与荀子之拘。若先王尧舜虽是,而何可凝之而不知变,此孟子之失;礼法虽有常,亦何可因循而不知制作,此荀子之失。乃荀子之经学盛于汉,孟子之性理学盛于宋,皆因时而视之为儒,视之为真孔子,实各得一体耳,未尝有同于孔子。若《大象》之作者,决不为孔子之学说所限,而于各家所长莫不取之,斯能得战国之整体概念。更观孔子之所以为孔子者,实能因时而完成删《诗》《书》、作《春秋》等事,以得春秋时之整体概念。春秋与战国时代不同,其思想学风何能全同。唯其不同,斯能同得时代思潮之整体。求同者或失之,立异者亦未尝在整体之外。若孟与荀莫不欲求孔子之象,然未得战国时代之整体概念前,何能有应于孔子。反观《大象》虽仅系千字,而其整体思想实有愈于孟荀之长篇大论。此非他,能以象为基,理可不言而喻。故唯《大象》作者之思想结构,方能假借易道另辟途径以说明战国时代之整体思想,斯为可贵。然以易道言,岂仅为战国时所应用,此又为今日研《易》所当深思者。

论《周易·系辞下·忧患章》作者的思想结构

据《史记》之记载,孔子于《周易》曾"序《彖》、系《象》、《说卦》、《文言》"。若《彖》之序,自然宜以释《周易》卦辞之《彖辞》为准。作者殊非孔子,然不可不承认是七十子之徒于战国时在齐鲁地域完成。且六十四段《彖辞》有其整体,必系一人所作(另详)。以《系辞》论,远较"序《彖》"为复杂,作者决非一地一人。今以马王堆出土之帛书本(下葬于公元前 168)观之,与世传本不同,然可确证战国时已有《系辞》,惟内容颇有异。由是观世传本《系辞》,可肯定为汉儒所编辑,编辑时汇集各地连续四五百年中之作品,汇成一篇(以"十翼"论已分成上下二篇),其思想自然可贵。或简单推论《周易·系辞》之作者,决不能得其实。故必须详加分析,辨章分节以究其旨。得其旨,庶可合诸春秋战国之际直至西汉末之时代背景,乃可恍惚以见作者之面貌及其思想结构。至于世传本之《系辞》整体,自东汉以来为经学所凝固,已牢不可破。近世知其非孔子所作,基本可取,然内容仍宜研究,有极可宝贵之整体思想。其间一章一句或仅数字之深入体味,已可作为注解《周易》之纲领,此所以历代有不同内容之易注。为说明东汉以来约二千年之易学源流,对世传本之上下《系辞》,尤宜作深刻之理解。以下对《周易·系辞下·忧患章》作者的思想结构作一探讨。

世传本《周易·系辞下》孔疏定为第六章者,可名"忧患章"。疏曰:"《易》之兴也至巽以行权,此第六章,明所以作《易》为其忧患故。作《易》既有忧患,须修德以避患,故明九卦为德之所用也。"此章可作表以示之:

$$
\begin{array}{l}
\text{易之兴也——}\\
\text{其于中古乎}\\
\text{作易者——其}\\
\text{有忧患乎}
\end{array}
\Big\} \text{是故}
\left\{
\begin{array}{llll}
履 & ——德之基也 & ——履和而至 & ——履以和行\\
谦 & ——德之柄也 & ——谦尊而光 & ——谦以制礼\\
复 & ——德之本也 & ——复小而辨于物 & ——复以自知\\
恒 & ——德之固也 & ——恒杂而不厌 & ——恒以一德\\
损 & ——德之修也 & ——损先难而后易 & ——损以远害\\
益 & ——德之裕也 & ——益长裕而不设 & ——益以兴利\\
困 & ——德之辨也 & ——困穷而通 & ——困以寡怨\\
井 & ——德之地也 & ——井居其所而迁 & ——井以辨义\\
巽 & ——德之制也 & ——巽称而隐 & ——巽以行权
\end{array}
\right.
$$

由上表可见此章之文字结构截然整齐,推想作者之思想亦必结构严密,决非以意而言。首定作者之时代,可由九卦而知之。因此章所取之九卦,悉依《序卦》之次。考《序卦》之成已在汉,此章所以继《序卦》而作,其文字亦不类先秦文风,当属三家易所传出。然实有其内容,更有其象数理论,确属二千余年前之西汉名著。

首宜注意"中古"之时间及忧患之内容。据《系辞下》第二章(今论《系辞》上、下及其分章依孔疏本,有不同处另加注明),有"古者包牺氏"及"上古穴居而野处"、"古之葬者"、"上古结绳而治"。又继承"古者包牺氏",则曰"包牺氏没神农氏作……神农氏没黄帝尧舜氏作";继承"上古"与"古之葬者",则曰"后世圣人"。此第二章之成,当在战国时。而第六章作者之所谓"中古",实继第二章言。刘向、刘歆之校书,于《易》分三古且以"中古"当文王者,即准诸此。由是对忧患章之内容,自然合诸殷周之际史实。唯于所取九卦之次本《序卦》,又认为《序卦》为文王所分,是皆向、歆之武断而贻误二千年。迄今始得殷周之际数字卦,乃于文王演《易》之传说,可另开完全不同之面貌。中古忧患以取九卦之情,西汉易学家之言,义理与象数皆精深。然非但于文王、孔子无关,与战国易亦无关。唯密切有与于《序卦》,且能于《序卦》原义外进一步发挥其象数,又成易学之整体。惜此一整体,虽于汉代,知者已甚少。向、歆虽尊之而未言其实,当时或有文献,早已遗佚。乃此所谓"三陈九卦"之情,日增其神秘性。迨陈抟之"易龙图"出,似已能说明其理,《宋志》有"陈抟《易龙图》一卷",惜其书又佚。幸其序尚存,义谓"易龙图"与忧患九卦有关。究其联系处,必本于象数,奈其详未闻。若刘牧《易数钩隐图》,未及论《序卦》与忧患卦之关系。故陈抟之言,更增其神秘性,忧患之象仍未有阐明者。若陈抟先天图之理,对易学象数有划时代之进步。宋后不乏能继其理更有所发挥者,及康熙御纂之《周易折中》可云至极。然对"易龙图"与忧患九卦关系仍未提及,而对忧患九卦与《序卦》关系,取胡炳文(1224—1295)之说,已能阐明。今准《周易折中·序卦明义》之理,既可喻陈抟之"易龙图",亦可得忧患章作者之思想结构。不据象数而空论九卦之忧患,决非作者之意。既有忧患作《易》之言,何卦不可作为忧患卦,特择此九卦者,自然另有其象数之理。奈二千年来,犹未见能阐明者。清代所恢复之汉易,仅及东汉,西汉尚未得其详,遑论战国春秋之易。此忧患章属西汉,必以殷周之情喻之,自然有神秘感。而能以象数论之,似能得其实。或谓作此忧患章者,本无象数之理,陈抟与康熙帝等皆属附会。然详观《序卦明义》之说决非附会,确属作者之旨。惜仅取象而未取数,犹未及陈抟之说。且准忧患卦对《序卦》分段,亦未合《序卦》之理,况固执伏羲文王孔子三圣之说,何能反映作者之时代背景。今更为阐明之,可见西汉之易学象数。

考宣帝甘露三年(前51)举行石渠阁会议时,可肯定已有《序卦》,而此忧患章约作于是时。所谓"中古忧患"者,西汉时人所想象文王与纣之事,以下第八章下半节"《易》之兴也"之末,所以说明此"中古忧患"之实,同曰"《易》之兴也",或系一人所作(另详)。奈向、歆既误认为作《序卦》者为文王，更视此章为孔子之言，乃对"中古"之名，不期而生破绽。此已为虞翻所察觉，然补其破绽之观点仍未是。虞氏注曰："兴《易》者谓庖牺也，文王书经系庖牺于乾五，乾为古，五在乾中，故'兴于中古'。系以黄帝尧舜为'后世圣人'，庖牺为中古，则庖牺以前为上古。"按虞氏之言极可取，庶见时间之流行。若《汉志》所谓"易道深矣，人更三世，世历三古"，内有绝大之矛盾。因既以"中古"为文王，则孔子作此忧患章时，岂非自认为"下古"，此可反证作者决非孔子。明言伏羲为"上古"，文王为"中古"，孔子为"下古"者，是魏之孟康。然"三古"之名，实出《汉志》，且确以上下篇与《系辞》等为中、下古之作品。此"三古"之误，唯虞氏见及，奈深信十翼为孔子作，宜视之为今。乃于黄帝尧舜等皆属后世圣人犹下古，故庖牺为中古，庖牺以前之穴居野处为上古，此对古史之认识为一大进步，明辨古今之思想，大可注意。若合诸阴阳符号卦及二篇、十翼之作者，当然大误。故作此章者之所谓中古确指文王，亦有认孔子为下古之义，而作者之今实在西汉。唯刘向、刘歆以作者为孔子，宜"三古"之说，有自我作古之矛盾。二千年来之易注，什九误信此说，且对视为圣言之卦象、二篇、十翼，已丧失进一步研究动力，此为经学易之弊。唯陈抟等若干家，方有继承西汉象数之志。若此忧患九卦之实质，亦为陈抟所首先发现。至于与"易龙图"之关系为数，尚须准《序卦》以观其象。考《序卦》准反复卦相次，学《易》者莫不知之。上篇为三十卦，下篇为三十四卦，或以反复卦视之，其数同为十八，则上下篇之数，未尝不同。且以上篇首乾坤为天地，下篇首咸为人，凡上下篇之同异，视作天人之感应，西汉研《易》者自然重视之，其何可徒知三十与三十四之异而不知反复卦之同为十八。更进一层言，反复卦数同为十八，固为《序卦》上下篇所示之天人合一。奈三十卦与三十四卦之不同，仍属事实，是否更可同之？唯数之同，人始能合于天，其或人未能与天相应，此作《易》者之所以有忧患于上下篇之卦数欤。此处所指之作《易》者，谓作《序卦》者。唯其有忧患,宜不取上下篇同为三十二。或欲同三十与三十四之不同,必须反复以合之,合反复之象,以人事言,忧患乃起。而此章之旨,所以示免此忧患之象。凡所取之九卦,实及十二卦。以卦数论,上篇取四卦,相应于下篇取八卦,即仅于下篇四处取反复卦,则合三十四卦亦成三十卦。此四处八卦及相应于上篇之四卦,虽有忧患之情,可因时而惕之,因不同之周期而化之。如是之安排,殊非作《序卦》者之思想结构,乃作此忧患章者之思想结构。详以下图示之:

图一

上篇	【乾】	坤	屯	蒙	需	讼	师	比	小畜	【履】	泰	否	同人	大有		【谦】
	甲子	乙丑	丙寅	丁卯	戊辰	己巳	庚午	辛未	壬申	癸酉	甲戌	乙亥	丙子	丁丑		戊寅
下篇	【咸】	恒	遁	大壮	晋	明夷	家人	睽	蹇	解	【益】	损	夬	姤	萃 升	【困 井】
	甲午	乙未	丙申	丁酉	戊戌	己亥	庚子	辛丑	壬寅	癸卯	甲辰	乙巳	丙午	丁未		戊申

图二

豫	随	蛊	临	观	噬嗑	贲	剥	【复】	无妄	大畜	颐	大过	坎	离
己卯	庚辰	辛巳	壬午	癸未	甲申	乙酉	丙戌	丁亥	戊子	己丑	庚寅	辛卯	壬辰	癸巳
革	鼎	震	艮	渐	归妹	丰	旅	【巽】	涣	节	中孚	小过	既济	未济
己酉	庚戌	辛亥	壬子	癸丑	甲寅	乙卯	丙辰	丁巳	戊午	己未	庚申	辛酉	壬戌	癸亥

由上图之次,可喻《序卦明义》所发现之卦象,决非以意而言,确已详察《序卦》之次而得其上下篇相应之理,正属西汉时重视天人感应阴阳五行之学风,故实属作此忧患章者之部分思想。奈仍视《序卦》为文王所作,忧患卦为孔子所取,且准之对《序卦》加以分段,皆属承《汉志》之误。今全部考定之,此《序卦》与"忧患章"皆宜属于西汉,而此"忧患章"又当成《序卦》后数十年后之作品。而其思想不仅限于阴阳符号卦,且兼及阴阳五行天干地支之术数,此西汉之学风,尚多可贵之数学原理。考西汉于三家易外,更立京氏易。于三家易中,孟氏易有异于施与梁丘。若孟氏易取传统之卦气图,宜属当时易学之一大应用,其间四时卦与十二辟卦,确有具体事实,象四季十二月之时令,有其代表作用。唯卦气图之其他四十八卦,难言卦象之理,且震、离、兑、坎以当春夏秋冬,仅属八卦之方位,亦未可合诸六画之六十四卦。故以卦象合诸周天,最大之矛盾在天干地支之周期数为六十,而六画卦数为六十四。若作此"忧患章"者之取忧患九卦,亦在解决此一问题。且不取四时卦而更取下篇之八卦,经反复合为四卦,则下篇亦为三十卦而卦之总数即为花甲之数六十。乃上篇当甲子至癸巳,下篇当甲午至癸亥。《汉志》:"《古五子》十八篇,自甲子至壬子,说《易》阴阳",今其书已佚,而此"忧患章"有其象。此在西汉有其现实意义,今尚可说明其理。

考干支之周期,已得殷墟之甲骨,当时相应之易象为数字卦。以六个数字合诸阴阳变不变,共有四千有九十六种不同卦象,况数字亦不限于六七八九,则不同卦象更多。此在殷周之际,或未必能知其总数,然确在观其数字所示之阴阳变化。当春秋后期发展成阴阳符号卦,卦数大量减少,故必增用九、用六以示其爻变。若配合于卦气图及"序《彖》"、《序卦》系统,旨在论六十四卦之整体。此实以卦象为主,唯卦气图以周天三百六十度言,又须重数,且自然可合于六十甲子之周期,而不合于六十四卦之周期。故如何由六十四卦合成六十卦,自配合卦气图后,始终存在卦象与干支数之相应问题。观此"忧患章"之作者,于所取之卦,实依《序卦》之卦次数而明其理。所取之忧患卦,皆准花甲之数,以当《序卦》之卦次数。上篇之四数为一甲子、十癸酉、十五戊寅、二十四丁亥;下篇之四数为三十一甲午,四十癸卯,四十五戊申,五十四丁巳,此皆有与于干支之周期数,而与《序卦》分段无关。凡合六十四卦成六十卦,当取十二卦,而忧患卦仅九,乃未取上篇之首卦乾、下篇之首卦咸及对应于复卦之末卦兑。除此三卦外,即属忧患卦九。所以取此者,以明六十花甲之种种周期,对当时由花甲记日扩充成以花甲记年有大意义。于战国起,已可能有干支记日推及干支记年,然各国各地区情况不同。邹衍之说与此有关,《内经》之核心理论亦与此有关(另详)。及汉而全国用之,于花甲数之作用大增,唯其对应之时间数量级,已有日与年之不同,又增加花甲数之神秘性。其实花甲数本身为纯数学之符号,以示各种周期变化,仅有数学意义,此取忧患卦即是。若其神秘性,乃在未知纯数学之抽象及所对应之事物,以今观之,皆可以理说明之。以下逐卦明其数。

始自第一卦乾取甲子,相应于第三十一当咸恒二卦取甲午。此上篇取一、下篇取二当阳一阴二之理,合诸人事,即以男女结合成夫妇为基础,乃吾国哲理之原则。若《序卦》以咸卦为人,已取兑(☱)少女与艮(☶)少男之男下女(☶)当之,故可通于《诗》始《关雎》之义。此处更合咸(䷞)恒(䷟)而一之,乃由少女少男逐渐变成长男长女,惟婚姻之能否美满,能否白头偕老,当时之家庭难免有变故。此有应于时代思潮,《诗》于"二南"后,亦不得不有变风。有忧患者,已非二南之正风,宜于《易》次之人天相应,不计乾咸而取恒为忧患卦之一。甲子甲午之对应,已由卦气图当一年中之冬至夏至之时间数量级,增进为六十年中三十年为一世之时间数量级,然甲子、甲午之周期未尝有异。再者卦气图以六日七分当一卦,则六十卦合成三百六十五日又四分日之一,乃有应于地绕日一周之周期,此处已由一年记日之花甲数发展成记年,然六十年之周期殊无客观之天象事实。奈自利用花甲记年以来,迄今二千余年,什九欲以六十年之周期合诸天象,此实大误,亦决非创此干支纪年者之思想。以今而论,考六十年之周期,或创于邹衍,乃人类自身之生物钟。三十年一世者,女当四七二十八岁,男当四八三十二岁之平均数,《内经·上古天真论》言之已详,此以人类之生理现象为基础,决无丝毫之神秘性。必准此以观上下篇之天人,则乾与咸恒之当甲子、甲午,庶可得其实。故人之一世,当六十花甲之半。凡三十于六甲为三周,于五子为二周半,以圆周观之,甲子、甲午为直径之两端,此为忧患之一。下以图示其平分天人之象。

当第十卦取履者,十为天干之周期,由甲子至癸酉,天干已完成一周。相应于第四十,当损益二卦,下篇由甲午至癸卯,亦完成天干一周。于六十花甲中,天干凡六周,是谓六甲。阴阳各经一甲之际,阴宜合反复为一,远害以兴利,庶能有应于天之和行。而或未知损益之理,有憾于一己之得失,为忧患之二,下以六甲图示之。

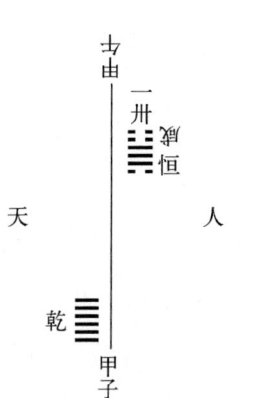

一、忧患卦恒　平分天人图
图一

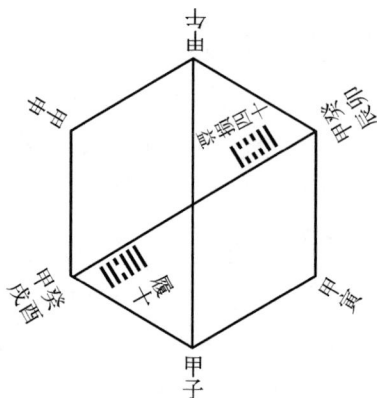

二、忧患卦履损益　六甲图
图二

当第十五卦取谦者,为花甲数之四分之一,亦所以中分上下篇成四,孔子晚年回想本人之成长,所谓"十有五而志于学,三十而立",亦非仅一己之经验,乃有合乎人类之发育过程。此明四分二世,困井以当上养父母下育子女之中年。未能寡怨以辨义,安得无忧患,非应于谦以制礼,君子或难有终,是当所忧患之三,下以四分花甲图示之。

当第二十四卦取复者,为地支数之二周,以应于天干数之一周十,亦为阳一阴二之象。又于六十整体中,为五分之二,正合"参天两地"中"两地"之数。若"参天"数三十六,已当《序卦》所取之反复卦卦数。且此忧患卦之取数,以二篇为准,以天干之周期数同为甲,于地支之周期数已有子午之异。故上篇之地支为始于子终于亥,下篇之地支已为始于午终于巳。五十四丁巳以应于二十四丁亥,于象取巽以应复卦之震,亦不取兑,或与不取咸同义。巽之行权,能否以复天行,为忧患之四。下以五子五午图示之。

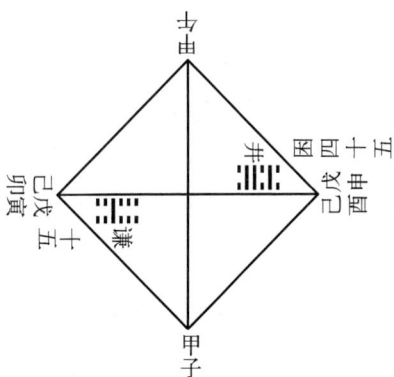

三、忧患卦谦困井　四分花甲图

图三

四、忧患卦复巽　五子五午图

图四

综上所述,可知所谓忧患卦者,乃取于六十花甲数之对分、六分、四分、五分。唯当此四种周期相合之际,以见人事将有分歧,既有分歧,决不能全部吻合,宜人事中人人必有忧患。历代读《易》注《易》者,什九对此章有共鸣。《系辞下》继此章有曰:"又明于忧患与故,无有师保,如临父母",正指此而言。"忧患与故"者,犹明于此种种周期之变。计六十年中有二代人之人事,理当分段以观其忧患。或未能以具体之人事合诸象数,殊难了解作者之旨。准此分段之数,更进而论之,乃知陈抟之言,确

271

有所据。凡取十数者,即"天一地二"至"天九地十"所成之组合图。此图汉代名"五行生成图",宋代朱熹以"河图"名之,其实同。又取十五数者,指明堂位之九宫数,即九宫数中三纵三横及两对角之三数,其和同为十五,宋代朱熹以"洛书"名之,其实亦同。陈抟之所谓"易龙图",实指天地之数十。其间自然可兼十数与九数之两种组合图,惜未能考其详。今以忧患章对花甲之分段数观之,莫非合成天地之数五十有五,详示如下:

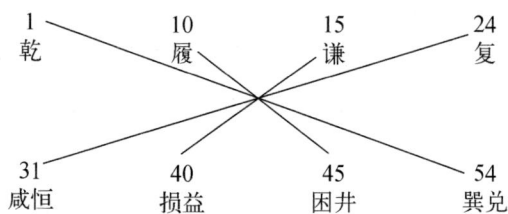

凡乾与巽兑、履与困井、谦与损益、复与咸恒,其数皆为五十五。此法西汉盛行,故知决非后人附会,乃据于子午相冲与子丑相合之理。今究此理,决非迷信,亦无神秘感。当时已知利用抽象之数字代表相对两事物之运行方向。如运行之顺逆速度同,则既属对立将永远对立(事实亦不可能,然当有其理,如向心力与离心力),反之顺逆不同则虽有对立之时,亦可有合一之时,今所谓"来复动"。西汉时于十二地支必明冲与合,以下图示之:

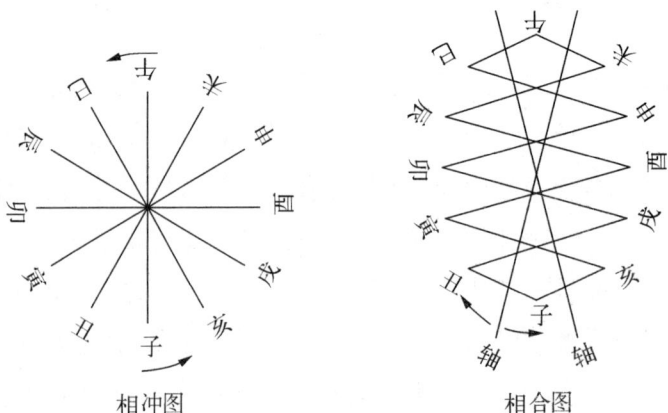

相冲图 相合图

　　凡相冲之对立物,顺逆之向相同;相合之对立物,顺逆之向相反。故相合之情况,不论在合一或对冲时及运行在任一地位,皆可相应。自春秋战国起,阴阳五行家创此相冲相合之理,抽象以观事物在矛盾中发展之情况,实有高度之概括性。西汉继承之尚知其理,东汉后进一步公式化,于十二地支之相冲尚是,于相合仅限于子丑、寅亥等实未是,即对子午相冲言,尚可以子亥、丑戌等相合。况于子午外,更有其他之相冲,则相合之情况必须变化,要在明辨相对事物运行之顺逆方向及其时间与方位。故西汉后之术数家,固定为子丑合,其何以观客观事物之变化。合诸"忧患章",以上下篇之相对言,犹言相冲,同归五十五数,犹言相合。以地支观之,当子巳、申酉、寅卯、午亥,即轴在寅卯、申酉之间。故知忧患卦既取十履与十五谦当九、十数之组合图,且十与十五之数自然本诸乾一而来。则一与五十四合成天地数,以对称言亦肯定为廿四复与三十一咸恒(详下忧患卦总图)。至于二十四复卦之数又相应于一年周天之二十四气。且一年中之分段,当然亦可以六甲、五子为准。奈术数家不辨时间数量级而以意同之,其何以能得其实。今尚有为唐王冰保存于《内经》中之"七篇大论",其间详论五运六气于人体疾病之关系,要在能明一年与六十年之关系,实具至理。而与此取忧患卦之象数,基本属同一时期之作品,宜其相似(另详)。

　　最后视六十花甲为一年中六日七分之分段,且合五子为一,因对六十数之对分、六分、五分之数学原理仍同,则合于十二辟卦之时,自然有相应,即当二分二至。示如下图(图见下页)。

　　由上图,尤见忧患卦对六十数分段之重要,此于卦象实无关系。唯以易象示阴阳之理,西汉时确已深知,故必借《序卦》以喻之。知此者,庶可复见西汉易学象数之一斑。

273

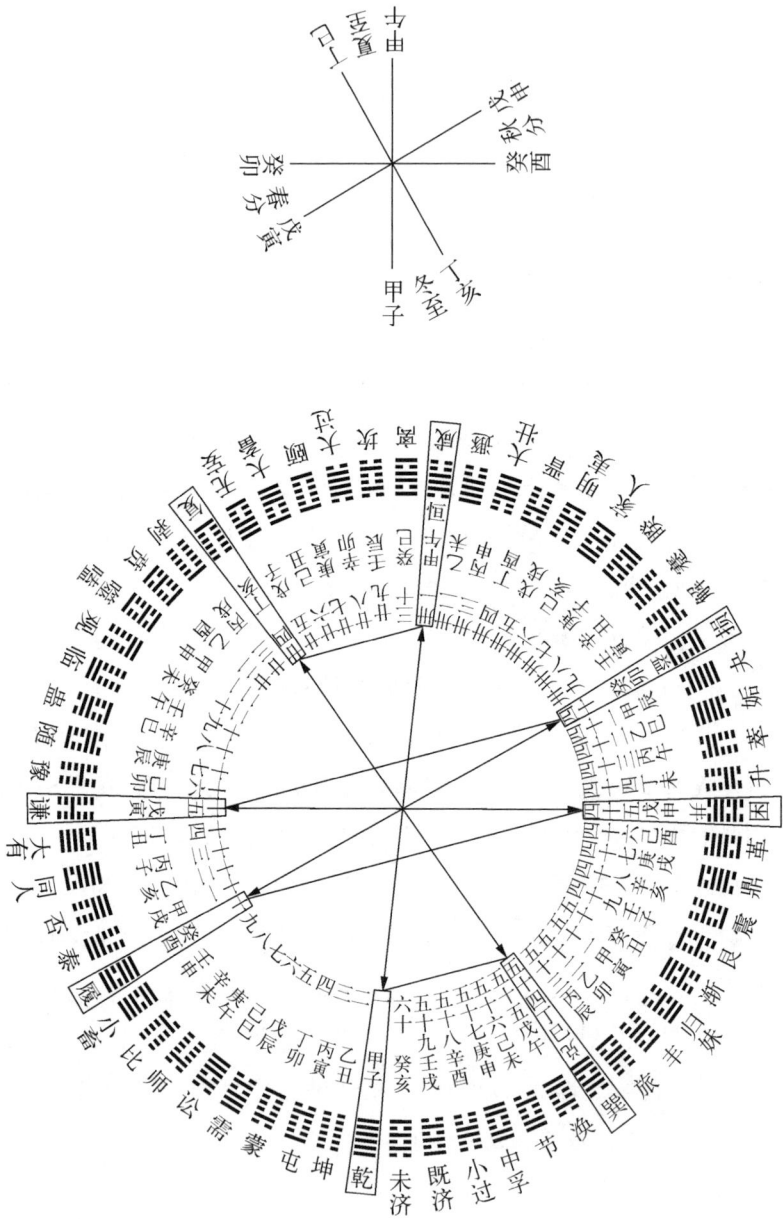

忧患卦总图

论《周易·序卦》作者的思想结构

《史记·孔子世家》云："孔子晚而喜《易》，序《彖》、系《象》、《说卦》、《文言》。读《易》韦编三绝，曰：假我数年，若是我于《易》则彬彬矣。"按司马迁（前145—前86?）著《孔子世家》，曾"适鲁、观仲尼庙堂"，所见为"车服礼器，诸生以时习礼其家"，且以"低回留之，不能去云"之情记之，则所记孔子读《易》之事，除文献记载外，必多有得于后代及乡人之传说，其中难免有失实处。然不可忽视当武帝时，已盛行"孔子晚而喜《易》"之说。考孔子卒于鲁哀公十六年（前479），上距汉武帝即位之建元元年（前140）共三百四十年。于孔子卒前数年，第三代子思已生，《史记》中又记及安国之孙欢，由孔子至欢为十四世，基本合于三十年一世之平均时间。据十世以上之传说，当然未可深信。然不可不察所以产生此传说之原因，故必先理解迁所记述之义。今读其文而味其旨，迁以为孔子于《易》曾作四事。其一"序《彖》"、其二"系《象》"、其三"《说卦》"、其四"《文言》"。或更观《汉书·艺文志》："至于殷周之际，纣在上位，逆天暴物，文王以诸侯顺命而行道，天人之占可得可效，于是重《易》六爻，作上下篇。孔氏为之《彖》、《象》、《系辞》、《文言》、《序卦》之属十篇。"对比之则《史记》《汉书》之言内容大不相同。最要者,对孔子所读之《易》本身,已有不同理解。凡《易》当指六十四卦卦辞、三百八十四爻爻辞与用九用六。凡一卦卦辞及六爻爻辞(唯乾坤有用九用六)当合刻于一条竹片,如是六十四条竹片以韦编之而成所谓《易》。读《易》而深究之者,必当了解整个卦爻辞之间之关系,则前后反复阅读,宜"韦编三绝"。虽或非一卦一片,至少于四百五十条之文辞刻于若干片,则韦编既绝,前后卦次势必混乱,此不得不有"序《象》"之作。"序《象》"以文辞记之,即迄今留传之《序卦》。若《史记》所谓"序《象》"与《汉志》所谓"《序卦》",有一极大差别。究《史记》之"序《象》",仅序六十四卦之象,未尝以六十四卦分上下篇。考《汉志》所谓"作上下篇"属于文王,此大误。今已于周原得先周时之数字卦,一片有辞之甲骨亦已发现,然何可与编成四百五十条之文辞并论。况虽已编成四百五十条文辞,亦未尝有上下篇之分,今马王堆出土之《周易》帛书可证(下葬于汉文帝前元癸酉,前168)。

至于《汉志》认为作上下二篇者,《系辞》中有"二篇"策数之义。今究其理,《系辞》中所谓"二篇"者,指用九、用六之策数。原文曰:"乾之策二百一十有六,坤之策百四十有四,凡三百有六十,当期之日。"又曰:"二篇之策万有一千五百二十,当万物之数也。"其义说明如下,并以算式示之:

一阳爻用九,策数当乘四象四时,六爻再乘六,故为

$$9 \times 4 \times 6 = 216 \text{(乾卦之策)}$$

一阴爻用六,策数当乘四象四时,六爻再乘六,故为

$$6 \times 4 \times 6 = 144 \text{(坤卦之策)}$$

$216 + 144 = 360$(以当周天度数,阳占五之三,阴占五之二,是即所谓"参天两地而倚数")

总观六十四卦中,阴阳爻各为一百九十二,是即所谓"二篇"。

$$9 \times 4 \times 192 = 6\,912 \text{(阳篇之策数即阳爻之策数)}$$

$$6 \times 4 \times 192 = 4\,608\,(阴篇之策数即阴爻之策数)$$

$$6\,912 + 4\,608 = 11\,520\,(二篇之策数即三百八十四爻之策数)$$

故爻以分九六而成二篇,方属爻变之古义,然未尝言及六十四卦当分为上下二篇。更以早期之六十四卦次序观之,皆未分上下。举五例可证:

其一,马王堆所得之卦次(下葬于前168)。

其二,卦气图所用之卦次(可能早于先秦,至迟京房之老师焦延寿、太老师孟喜已用之)。

其三,司马迁所谓"序《象》"未言分《象》为二(前145—前86?)。

其四,京氏八宫所用之卦次(前77—前37)。

其五,扬雄法《易》而著《太玄》,尚用"卦气"而不用《序卦》(前53—18)。

然自向、歆校书,肯定《周易》分二篇后,内容即起大变,其原出于三家易。《汉志》:"《易经》十二篇。施、孟、梁丘三家";又:"章句施、孟、梁丘氏各二篇。"于释卦爻辞之章句既分二篇,即于卦爻辞已分为二。乃于《易经》十二篇又分为文王二篇、孔子十篇。由是《周易》卦次之整体归诸《序卦》。然由杨何传于司马谈及迁之方法,不可不与丁宽由田王孙及三家易之方法有所分辨。奈所谓"经学易"已起于三家,《序卦》之思想结构统治研《易》凡二千年。且自东汉兴费氏易后,必以"十翼"解"二篇"为唯一正确方法,乃八宫图、卦气图及最近获得之马王堆卦次等,皆认为非《易》之正,视之为《易》外别传"与不足为训之"拟经",是未足为客观研究易学之观点。虽然,《序卦》作者之思想结构确有过人处,象数之丝丝入扣,叹为观止。奈二千年来因循用之者多,深入研究其理论者极少。总观千余种易注中,有心得者不出十家,惜皆未考察作《序卦》者之历史背景及思想结构。因取象数为主,以喻其义理之实质,试作《序卦》之整体研究。

考东周时易学最重大之变化,在由数字卦改变成阴阳符号卦。今观马王堆出土之文献有数字卦之痕迹,然早已整理简化成七、八、九、六四数。卦象基本为七、八二字,而九、六为阴阳之变,宜乾坤有用九、用六。此一系统实为易学发展之必经之路。以《史记》所记孔子于《易》所作之四事中,马王堆中亦已有"《说卦》"、"《文言》",所缺者尚无"序《彖》"、"系《象》",此似与地域有关。观卦爻辞并非《彖》、《象》。以《彖》释卦辞,以《象》(《小象》)释爻辞,基本已准阴阳符号卦言。故以数字卦记录卦爻辞(如马王堆本),不可能出现《彖》、《象》。晋代得汲冢之《易》,亦无《彖》、《象》,似与马王堆本同一源流。至于阴阳符号卦之形成,当在齐鲁地域。今考《周礼》之成书,约在战国时之齐,与稷下派之学术有关。《周礼·春官》:"太卜……掌三《易》之法。一曰《连山》,二曰《归藏》,三曰《周易》。其经卦皆八,其别皆六十有四。"其义已与阴阳符号卦之《周易》相同。故当著《周礼》时,在齐鲁地域已由数字卦改变成阴阳符号卦。固定应用阴阳符号卦后,乃作《彖》以论卦之变,作《小象》以论爻之变,与卜筮之用九、用六有莫大的分别(另详"论《周易·彖》、《小象》作者的思想结构")。而《序卦》之作者,更在《彖》完成后起而再作之。至于《彖》之成,未可谓马王堆本无《彖》,即视《彖》成于汉。若杜田生汉初由齐至关中传《易》,似宜已有《彖》、《象》(《小象》)。既有《彖》,当然有其次序,是否已同《序卦》,尚须强有力资料方可肯定。若《史记》之言,既有《彖》、《象》以释卦爻辞,大义与汲冢和马王堆本已异趣。至于未可简单肯定"序《彖》"即同《序卦》次序者,关键在是否已分二篇。

自三家章句分二篇前,对六十四卦之总体观有二方面,其一推本于八卦,其二观阴阳六爻之消息变化。前者如《周礼》所记,今得马王堆本之次序,亦以上下两体为主。后者如"卦气图",主要以十二辟卦之消息为主。然不论何种整体观,如分为二,同为对分成三十二卦。故"序《彖》"是否分二,虽分而是否同《序卦》,绝不可不加研究。又自《汉志》起,《序卦》作者,已被分成二人。其一列卦象者(误认为文王),其二作《序卦》文辞者(误认为孔子)。今核实而论,列卦象者具有深刻哲理之思想结构,作《序卦》之文辞者仅言三才之旨,对卦象之精义似毫无所知,然《序卦》之次赖其保存。且其间有一极重要之对易学内容分类问题。凡研究易学者,二千年来自然分象数义理为二。然经学中,唯《易》与《诗》、《书》、《礼》、《乐》、《春秋》不同。因五经当通其义理,而《易》之义理必本象数,方可谓五经之原。如舍象数而空论义理,于易学尚未及质。易学之象数有大大超过文字语言的信息量,犹今日所谓数学语言,惜每为历代仅以义理研《易》者所忽视。若自《序卦》一篇成文后,对《序卦》相次之理即乏人研究,深信其言而不问究竟,此易学象数所以二千年来发展缓慢。《序卦》之成,于时间必在"卦气图"成列后。因"卦气图"以自然现象为主,准一年四时之循环,庶见六十四卦之整体。取震春、离夏、兑秋、坎冬为四时之主,又以十二辟卦当十二月之消息,准历象二至二分之事实,于整体已得其要。唯以四十八卦为杂卦,使每月各取四卦,而何以分列此四十八卦,殊无明确之理。今以列《序卦》卦象者之思想结构言,实准《彖》以合于"卦气图",且以分上下篇为主要观点,上主乾天坤地,属自然现象,下主咸之少男少女,属人类之社会现象。此所以推广"卦气图"之自然而通于《彖》说三才之基本原则,则六十四卦不可不分为二。唯于此点,作《序卦》文辞者其言极是。

《序卦》曰:

> 有天地然后万物生焉。盈天地之间者唯万物,故受之以屯。……

又曰:

> 有天地然后有万物,有万物然后有男女,有男女然后有夫妇,有夫妇然后有父子,有父子然后有君臣,有君臣然后有上下,有上下然后礼义有所错。夫妇之道不可以不久也,故受之以恒。……

《序卦》全文兼及六十一卦卦名,独不提乾坤咸三卦之卦名,实以当天地人三才。且分天地与人为二,此为作《序卦》者之旨。一当自然界之万物,一当生物界分男女之万物。而于生物界之人类,更由男女夫妇父子君臣上下之次而成社会组织。此一思想结构殊可宝贵。然以下六十一卦之相次大义,以列卦象者言,当全部合此原则。而作文辞者其言每为一卦之含义所囿,则属上下二篇之卦,既不可截然分自然界与人类社会为二,于上下篇各卦间相次之理,更以意而言。故《序卦》文辞之所谓"受之以某卦"者,理皆不可取,与列卦象之大义,不可相提并论。此不可不辨。

考自数字卦发展成阴阳符号卦后,有一极重要之发现。即数字卦不可颠倒,而阴阳符号卦或可颠倒视之成二卦,如屯与蒙☶☳,然亦有颠倒视之而其卦象仍相同者,如坎☵。此一发现,可认为是列《序卦》卦象的人最感兴趣者。乃分天人于上下时,可使天人上下之卦数不同,而以颠倒合一视之其数仍同。不解象数者,或可视为玄虚。然颠倒视之而卦数仍同,确有其象数之妙义。于《周易》中分阳阴为二的方法上,关系重要。

《易纬·乾凿度》:"孔子曰:阳三阴四,位之正也。故易卦六十四,分而为上下,象阴阳也。夫阳道纯而奇,故上篇三十,所以象阳也。阴道不纯而偶,故下篇三十四,所以法阴也。乾坤者,阴阳之根本,万物之祖宗也。为上篇之始者,尊之也。离为日坎为月,日月之道,阴阳之经,所以终始万物,故以坎离为终。咸恒者,男女之始,夫妇之道也,人道之兴必由夫妇,所以奉承祖宗为天地主也。故为下篇始者,贵之也。既济未济为最终者,所以明戒慎而存王道。孔子曰:泰者天地交通,阴阳用事,长养万物也。否者天地不交通,阴阳不用事,止万物之长也。上经象阳,故以乾为首坤为次,先泰而后否。损者阴用事,泽损山而为万物损也,下损以事其上。益者阳用事,而雷风益万物也，上自损以益下。下经法阴，故以咸为始恒为次，先损而后益，各顺其类也。"

此明上下篇之始中终各六卦，实为《序卦》要义，详以下图示之：

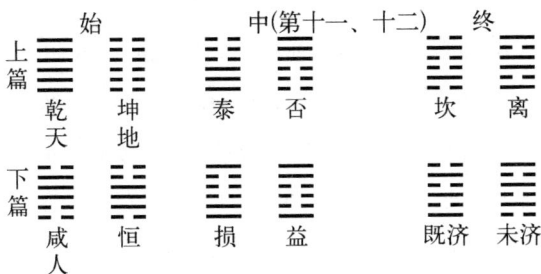

此节分析《序卦》之旨，细及泰否损益之次。必如是研究，方可理解列《序卦》卦象者之思想结构。然《乾凿度》之言仅及十二卦，至于其他诸卦之次，是否如此，不可不作整体考虑。以下先研究分上下篇之原则。凡三十与三十四，卦数虽不同，或颠倒视之，同为十八之数。此为阴阳符号卦之妙用，而为列《序卦》之象者用之。详以下图示之：

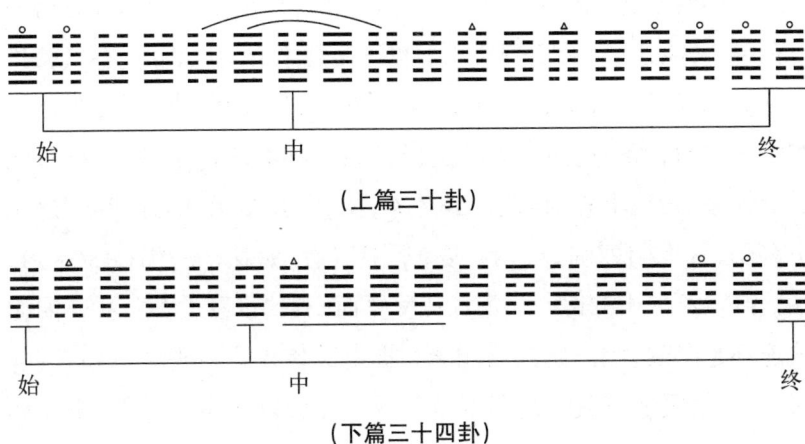

（上篇三十卦）

（下篇三十四卦）

以卦象论，颠倒视之而卦象仍同共八卦（加〇号），乃一卦可当二卦，于上篇取乾、坤、颐、大过、坎、离六卦。下篇仅取中孚、小过二卦。

由是颠倒视之,上篇三十卦、下篇三十四卦同为十八之数。此为列《序卦》卦象者有意安排,亦有以喻上下二篇之卦数虽不同,内有相同之理。凡上篇始终天地日月,一位可占一卦;下篇始终咸、恒、既济、未济,二卦仅占一位。此为上下篇卦数不同之故。此外于终之前,上篇为颐、大过,下篇为中孚、小过,同为颠倒视之卦象仍同之卦。凡颠倒视其卦象,古以"反复"名之,得名于复《象》"反复"之义。颠倒视之而卦象仍同者,汉末虞翻以"反复不衰"名之。及明中叶来知德又取"综"字名之,用之较方便。若阴阳相反之卦象,古以"旁通"名之,得名于《文言》之"六爻发挥,旁通情也"。当虞翻用之,义取阴阳相反两卦间之各种关系。来知德又取"错"名之。故反复旁通与错综,今可兼用之。凡旁通之象以示阴阳相异,且六十四卦旁通成三十二对,于理易知。若反复之象,则六十四卦唯有"不衰"之八卦,合之有三十六对。仅八对仅含一卦,此外二十八对各含二卦。于反复之象,义取对同一事物用不同观点加以认识,与旁通之认识事物及其反面,实有不同之意义。若对反复不衰之八卦,即认为某种事物有其确定之内容,不因观点不同而影响其内容。而列《序卦》之象者,即能深入理解反复旁通之同异,乃能分六十四卦成上下。更进而观之,于泰、否之两旁,安排一阴一阳卦各四;损、益之后,又继以兑、巽交乾、坤、坎、离各二(加——号),皆一览而可见其选择卦象之标准。合十二辟卦论,除乾、坤、泰、否属上外,其他八卦卦象,据"阳卦多阴、阴卦多阳"之例分阴阳,宜上阳取临、观、剥、复,下阴取遯、大壮、夬、姤(加△号)。由是卦气所取十二辟卦之消息从反复而归诸"否泰反类",犹一圈化成连环之二圈,此义虞翻已用之。据虞氏传孟氏易观之,《序卦》之义,或与孟氏易有关。此即本自然现象而合以人事言,详以下图示之(图见下页)。

至于上以乾、坤、坎、离为始终,下当取震、巽、艮、兑以应之,亦以见八纯卦当上下平分。颠倒视之四卦不变与四卦可变为二卦,则乾、

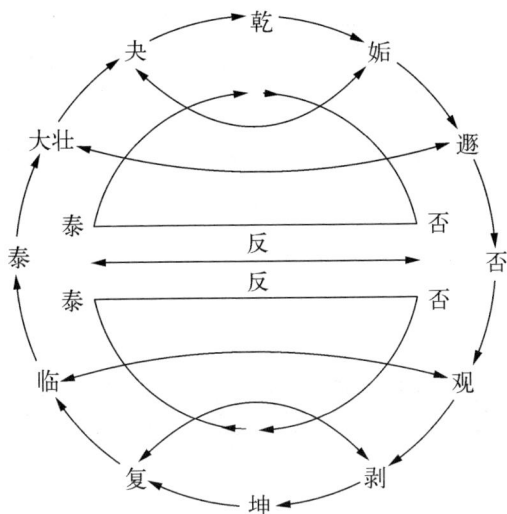

坤、坎、离与震、艮、巽、兑自然有辨。于卦次之安排,震、艮与巽、兑各隔四卦而终于既济、未济,而震、艮、巽、兑之相交,即为咸、恒、损、益。由是咸、恒经八卦而损、益,损、益经八卦而震、艮,震、艮经四卦而巽、兑,巽、兑经四卦而既济、未济。于卦象之相次,尤其自然。如是加此四卦于《乾凿度》之十二纲领卦中,总为十六卦。既以震、艮、巽、兑对上之乾、坤、坎、离,又使震在巽前,震、巽在艮、兑前,此见重视男女长幼,其思想精深,绝非贸然。

艮《彖》曰:"上下敌应,不相与也。"咸《彖》曰:"二气感应以相与。"恒《彖》曰:"雷风相与,巽而动,刚柔皆应。"由上三卦之《彖》,可知"相与"犹阴阳相应。至于"应"之义,《易纬·乾凿度》曰:"动于地之下,则应于天之下;动于地之中,则应于天之中;动于地之上,则应于天之上。初以四、二以五、三以上,此之谓应。"然于相应之位,不可不辨"相与"和"不相与"之异。凡以六十四卦观之,相应之位而其阴阳不同者曰"相与","相与"者方可相互感应。一卦之六位,当分上中下三种,如三种各能"相与"而感应,方可认为如恒《彖》所谓"皆应"之象。遍观六十四卦中,"皆应"卦有八,示如下:

泰　否　咸　恒　损　益　既济　未济

或相应之位而阴阳相同，则为"不相与"。"不相与"有相敌之象，若艮《彖》所谓"上下敌应"，当指三种相应之位同为"不相与"。为方便计，即可名为"敌应"，与"皆应"相对。于六十四卦中，"敌应"卦亦有八，示如下：

乾　坤　坎　离　震　艮　巽　兑

据上"敌应"、"皆应"卦象而观《序卦》，始知列《序卦》卦象者，即准此十六卦为《序卦》之纲领。合示如下：

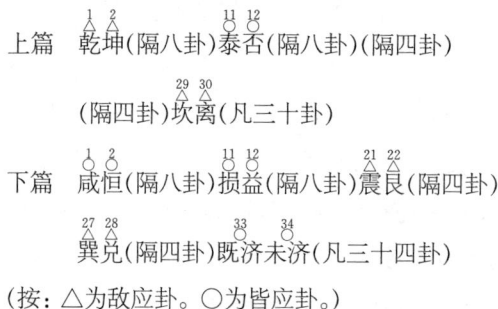

上篇　乾坤(隔八卦)泰否(隔八卦)(隔四卦)

(隔四卦)坎离(凡三十卦)

下篇　咸恒(隔八卦)损益(隔八卦)震艮(隔四卦)

巽兑(隔四卦)既济未济(凡三十四卦)

（按：△为敌应卦。○为皆应卦。）

或以颠倒视之，此十六卦合成十，上下篇各取五，唯上之五仅成六卦，下之五可成十卦。凡下篇所多之四卦即在此，殊可见卦象变化之理。至于其间相隔之卦，上下篇中同为二十四卦，其间各有相互关系，宜分段研究之。

先以损益至震艮间之八卦论，即兑、巽交乾、坤、坎、离各二，此于下篇截然整齐。然相对于上篇，亦当有截然整齐之八卦，即以艮、震交乾、坤、坎、离各二，凡兑、巽阴而艮、震阳，宜其为分置上下篇之标准。或以下篇之次观上篇，且以阴阳相反者相应，则上篇之八卦，其次当为剥、复、大畜、无妄、噬嗑、贲、蒙、屯。且此八卦,确同属上篇,唯其次不同。其间最重要之关键,是屯、蒙与临、观易其次。如乾坤后继以临、观,则咸、恒以人应天地,而天地为阳之消息临、观,人为阴之消息遁、大壮。继之则天以一生水为阳属上篇,卦当需、讼,地以二生火为阴属下篇,卦当晋、明夷,皆可理喻。上下篇首六卦,示如下图:

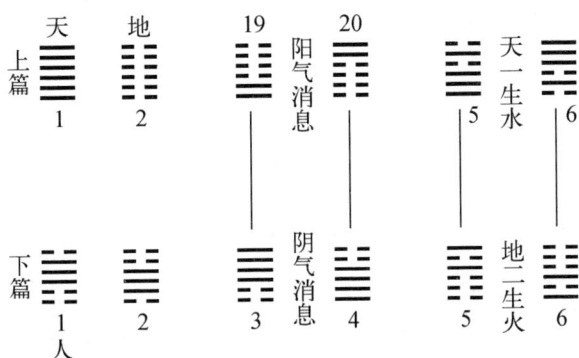

若屯、蒙移于临、观之次,则屯、蒙、噬嗑、贲、剥、复、无妄、大畜八卦相次,虽尚未全应下篇之次,而确为艮、震与乾、坤、坎、离相交之八卦连续在一起,则大体尚能理解艮、震与兑、巽以当上下篇之辨。示如下图:

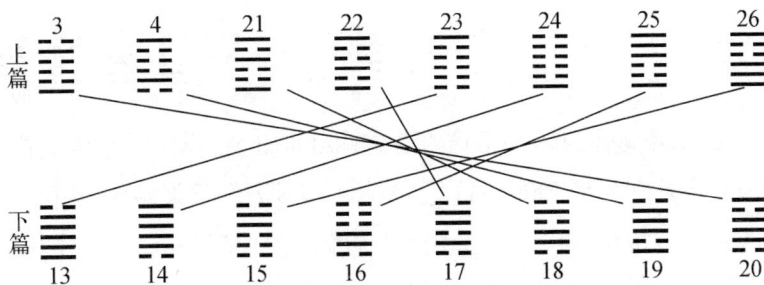

或于阴阳相反者于上下篇相对应,则示如下图(图见下页)。

总之,以兑、巽与艮、震各交乾、坤、坎、离成八卦为上下篇之重要组成之象,已无可疑。若上篇使屯、蒙与临、观移位,又使连续之八卦

285

上篇 23　24　26　25　22　21　4　3

下篇 13　14　15　16　17　18　19　20

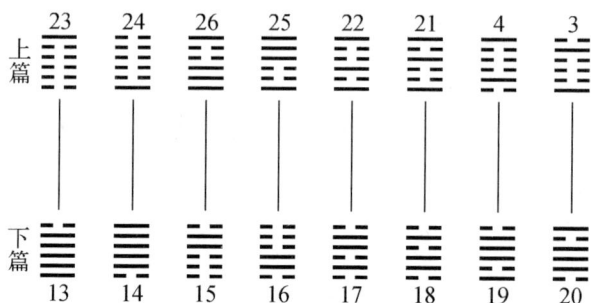

颠乱其次,则上下篇相应之理隐而难见,此似可归咎于作《序卦》者之未解卦象,然实另有他义(详下)。再者,下篇置此八卦于损、益与震、艮间,上篇置于随、蛊与颐、大过间,又有重要意义。先论随、蛊与颐、大过之间的关系。因既有颠倒视之卦象仍同之卦,必有颠倒视之与其阴阳相反卦之卦象仍同之卦。如既济卦颠倒视之为未济卦,视既济卦之阴阳相反卦亦为未济卦。计六十四卦中此类卦象凡八,由"反复不衰"之名,可名此八卦为"错综一如",恰与反复不衰之八卦相对应,随、蛊与颐、大过即其一。更以下图示之:

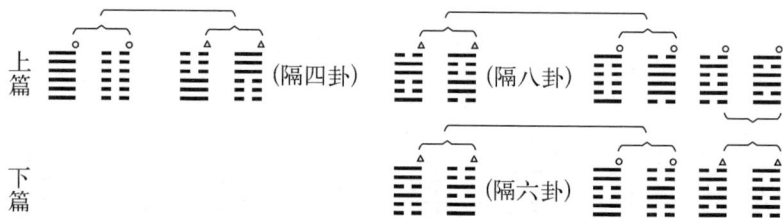

上篇　　　(隔四卦)　　　(隔八卦)

下篇　　　(隔六卦)

上示"反复不衰"(加〇)与"错综一如"(加△)之十六卦,实为皆应卦与敌应卦之关系相同。或以先天六十四卦方图示之,敌应卦和皆应卦即处两对角线,如用矩阵算法变其行列数,可使第一对角线成"反复不衰"卦,则第二对角线即为错综一如卦(详见第287页附图)。此皆卦象之自然,列《序卦》之次者虽或未知"先天图"之次,亦可以卦象观之,即由乾坤易初上、二五、三四之位成反复不衰卦,由泰否易初上、二五、三四之位成错综一如卦。示如下:

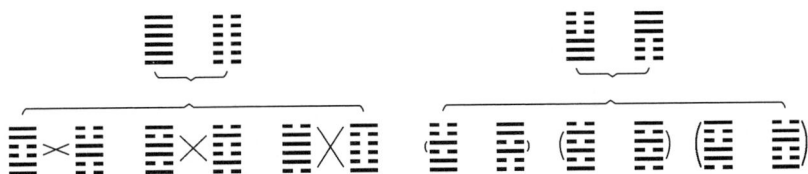

由次《序卦》卦次之纲领,尚须补入随、蛊、颐、大过、渐、归妹、中孚、小过八卦。则上篇十卦、下篇十四卦,各有其不可变化之位:

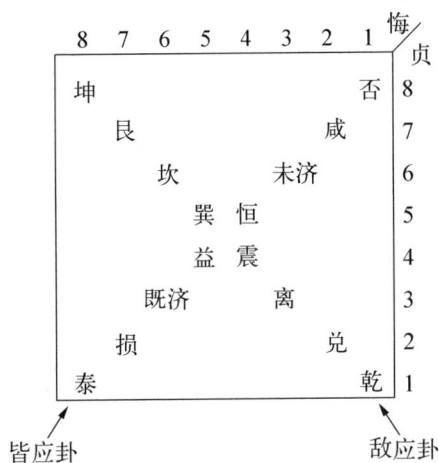

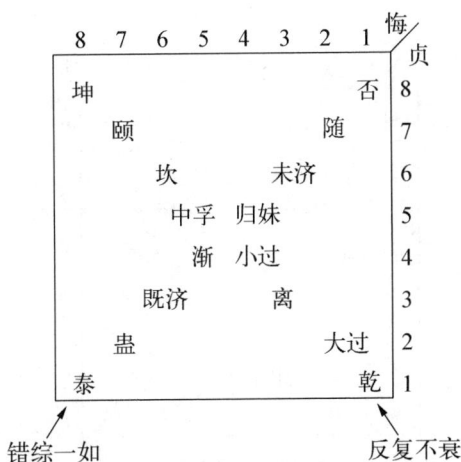

皆应卦　　　　　　　　　　　　　敌应卦

错综一如　　　　　　　　　　　　反复不衰

287

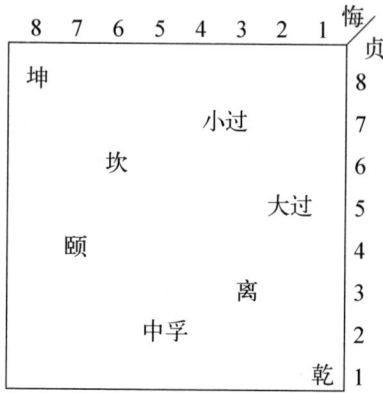

反复不衰卦

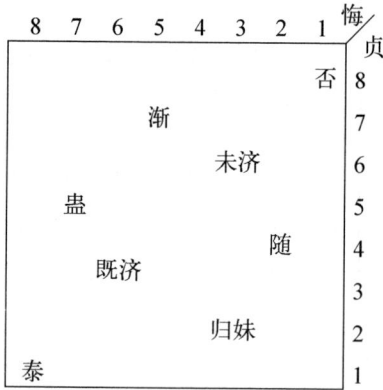

错综一如卦

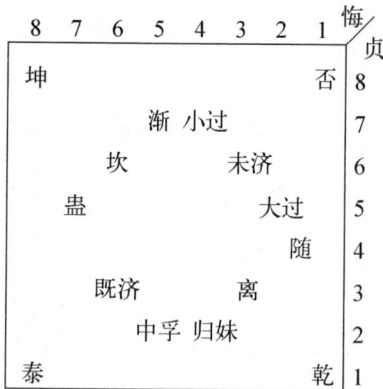

反复不衰错综一如

上篇 乾 坤(隔八卦)泰 否(隔四卦)随 蛊(隔八卦) 颐 大过坎 离

下篇 咸 恒(隔八卦)损 益(隔八卦)震 艮渐 归妹(隔二卦)巽 兑(隔二卦)中孚 小过既济未济

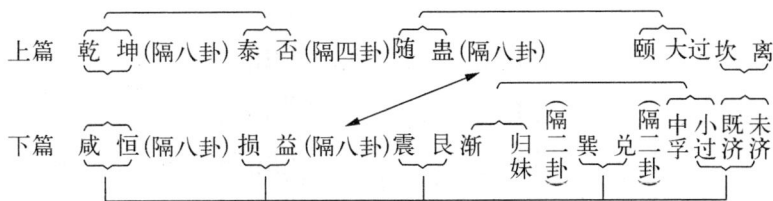

能由反复不衰而见错综一如之象,则可喻随、蛊与颐、大过,渐、归妹与中孚、小过之间,实有不可分割之联系。先以上篇论,则随、蛊与颐、大过其间之八卦,相应于损、益与震、艮间之八卦,皆有理可喻(详下)。

更以泰、否两旁安排一阴一阳各四卦言,所以喻二五(师、比、同人、大有)与三四(小畜、履、谦、豫)各位间之阴阳消息,合则为中四爻。而泰、否尚有初上之变即为继泰、否之随、蛊。由随、蛊经艮、震交乾、坤、坎、离之八卦后,乃与乾、坤初上变之颐、大过相合,而终于坎、离。研究至此可得上篇为三段,其一乾坤六卦,其二以泰、否为中心之十卦,其三以初上之反复不衰与错综一如包八卦而终坎离,共为十四卦。由是以观下篇分为四段,理亦可得。其一咸恒首六卦,其二家人至益六卦,其三夬至鼎八卦,其四震至未济十六卦。于第二段中有家人、暌、蹇、解四卦,妙在错综相连,此恰相对于泰、否两旁之消息。于第四段中有丰、旅、涣、节四卦,乃位于巽、兑之两旁,取义亦与泰、否两旁之消息卦同。若《乾凿度》所谓阳三阴四,今以卦象之相次分段,自然有上篇三段下篇四段之情况,皆有义理可言。详示《序卦》卦次之整体关系(见下页图)。

总上所述,庶可睹《序卦》卦象相次之大义,其来源本《乾凿度》,准其始中终而益以他义,整体之结构杂而不乱。此皆有据于卦象,绝无丝毫之附会,可准大义二则,以译述列《序卦》卦象者之思想结构。

一、《序卦》之卦次,全部说明天人感应之理。

二、《序卦》之卦次,以消息卦为变化之机。

上篇：乾 坤／屯 蒙／需 讼／师 比／小畜 履／泰 否／同人 大有／谦 豫／随 蛊／临 观／噬嗑 贲／剥 复／无妄 大畜／颐 大过／坎 离

下篇：咸 恒／遯 大壮／晋 明夷／家人 睽／蹇 解／损 益／夬 姤／萃 升／困 井／革 鼎／震 艮／渐 归妹／丰 旅／兑 节／涣 中孚 小过／既济 未济

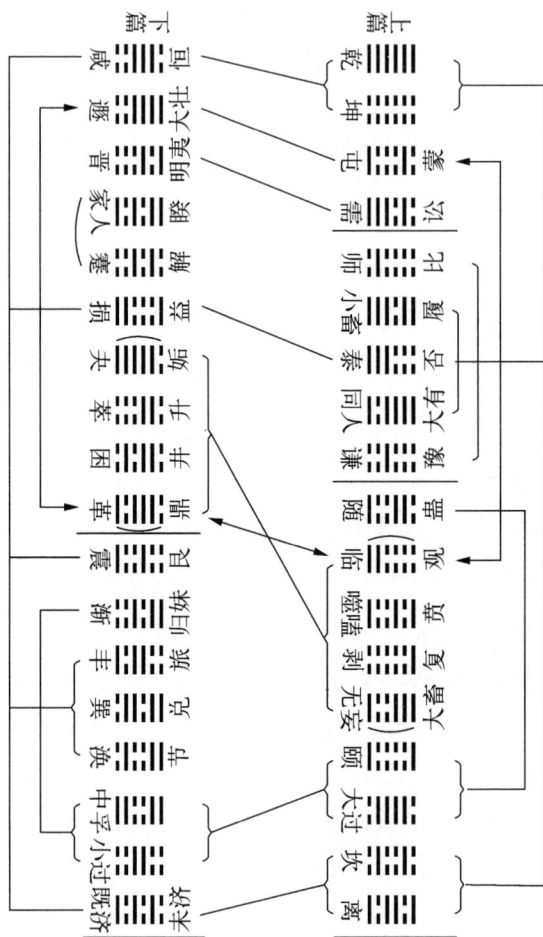

至于《序卦》取反复旁通之理,可以例分辨三十卦与三十四卦之阴阳。此可全部说明其理,决无一卦可上下变动。以下详为说明。① 以反复不衰卦论,除天地日月外,上必取颐、大过者,初上之位属天地;下必取中孚、小过者,三四之位属人。又颐、大过必交成随、蛊,中孚、小过必交成渐、归妹。于二五之位则上为坎、离而下交成既济、未济。② 以八纯卦论,上为乾、坤、坎、离,下必为震、艮、巽、兑,由乾、坤交成泰、否,则由震、艮、巽、兑交成咸、恒、损、益。故能认识以上分辨,则上十卦下十四卦之纲领,决不可能认为列《序卦》之象者任意为之。

惜仅读《序卦》之文者，决不可能识其理，是诚所谓宜听弦外之音。因易理在象数中，要义决不为文字所限。得此二十四卦之纲领后，须注意下篇第三段之八卦与上篇相应之关系。尤妙者下篇截然有序而上篇相次紊乱。且使临、观与屯、蒙移其位，义谓二五升降则屯与临、蒙与观互变。唯由天地二五升降，以喻天地生万物之象。然屯《彖》已言由天地"始交"而及人类社会之"利建侯而不宁"，此于《彖》则如是，于列《序卦》卦象者实非此义。因上篇仅言天地，于人事宜归下篇。《序卦》曰："屯者盈也。屯者物之始生也。物生必蒙，故受之以蒙。蒙者蒙也，物之稺也。"此论自然现象尚可。继之取天一生水之象而卦为需、讼，《序卦》合以人事而曰"需者饮食之道也。饮食必有讼"云云，殊非列卦象者之思想。以上六卦论天地万物之起源，几在用消息卦临、观变成屯、蒙，方能突破为辟卦所限，已能见及宇宙之生气。以下十卦，论万物围绕天地相交之泰、否以消息之象。一阴一阳浮沉于中爻四位，其次可变动不居。唯以一阴一阳之象纳入四位仅此八卦，此又见安排之恰当。以下第三节中艮、震交乾、坤、坎、离之八卦，虽与下篇相应而卦次颠乱者，又见其为网络结构而非单一之继承，然必须有下篇之整齐，庶见其取象之所据。凡天地日月以风雨润之，属地为阴，以雷霆鼓之，属天为阳。于阳之八卦见天地之壹壹，内使屯、蒙为临、观易位，方合坤上"其血玄黄"之旨，由一、三两节中相交，理仍在第二节之泰、否消息。且雷霆八卦纳入初上爻之反复不衰与错综一如卦，则壹壹之中，天地仍有其不变之理。乃用在坎离而或陷或丽，如是以尽天地之道，作者之思想栩栩如生。故上篇之三十卦，恰绘成一幅史前文化之景象，由体及用当经泰否之交，能识此三段之有分有合，壹壹之有常有变，方足以语《易》。

更以下篇论，第一节之六卦与上篇密合无间。人处天地之中，因天地而分男女，自艮、兑、咸而震、巽、恒，年由少而长。然上篇之临、观宜交而为屯、蒙，下篇分男女已入人类之社会组织，则紧随之遯、大壮，似未可贸然交而为革、鼎。考人类当然亦为合群之生物,然合群之中人贵有夫妇家庭之次,故或退(遯)或进(大壮),宜以夫妇为单元。此即《诗》始《关雎》之大义。由是以得地二之火,乃能与天一之水相交,此为以人合天之几,故上下篇以第五第六两卦为需、讼、晋、明夷(䷄䷅䷢䷣),实为人参天地之象。尊祖配天为达孝,此为吾国社会组织之独特形象,亦为吾国不重宗教之认识基础。由是继以家人等错综四卦,所以继第一节之咸、恒而归诸家庭为第二节,此节至损、益而止,犹应于上篇之泰、否。天道之消息,人道之损益,宜以一理观之。又继之以截然整齐之八卦,所以明由家而国,及革、鼎而止,乃本三代言。由下篇之兑、巽归诸上篇之艮、震而包以随、蛊、颐、大过,庶见三代损益之象必本天地之变化。再者,下篇第三节明家国之变,须合第四节当六子之继承观之。由夫妇、家庭、国家而及遗传,方足以尽人道之理。若第四节中,总合于震、艮与既济、未济,内包三四爻变化之反复不衰与错综一如卦。其于上篇,犹明物类之生(颐)灭(大过),其于下篇盖指人道之终始(归妹)。凡此卦象所具之信息,不一而足,而言其大旨,不可不已。天人感应之理,实有至道,切忌无象之妄言。合诸《序卦》卦次之相受,庶见绵绵不已之天性。若卦次之相续,似有绝对之唯一(必以屯继坤等等),尚备多卦中之择取。必如是以观《序卦》,庶觌作者之思想。

更以数而言,《序卦》利用反复不衰卦调济上下篇之卦数。或至其极,可成二十八卦与三十六卦之不同,其数为 4×7 与 6×6,亦可理喻。然《序卦》不用此而用三十与三十四者,仍须留二个反复不衰卦于下篇,此方能显示人归三四,天地当初上,而二五为天人所同。更合六十四卦之整体形象言,如马王堆之卦次早知应用八之平方,利用反复不衰卦亦有分阴阳数之形象,总成以下三种。

其一,既可如马王堆及先天图之当贞悔两个三画卦合成六十四卦,亦可如卦气图之形式,内圈四卦当四时卦,第二圈十二卦当十二辟卦,第三外圈(每日四卦)为四十八个杂卦。此一系统同属阴阳对分。其二,外圈二十八内圈三十六为用反复卦分阴阳之最大差别形式。其三为"参伍以变"则阴阳分成三十与三十四,此为《序卦》所利用之形象。尤妙者或取反复旁通四卦可合成一组,计有十二组四十八卦;反复不衰卦八可合错综一如卦八,亦合四卦成一组,共为四组。以上十六组当六十四卦。每组中之四卦既有同在上篇或下篇,亦有二卦在上篇二卦在下篇,而其分割之情况,恰当参伍二线,然则作《序卦》者,或已利用此形象,详如下示:

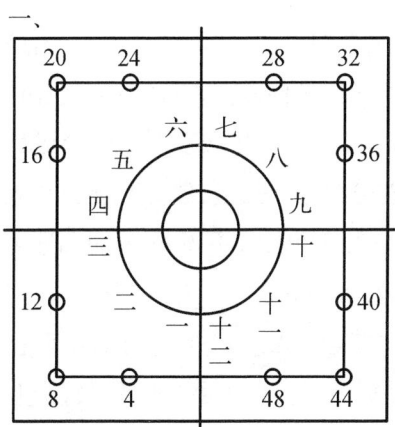

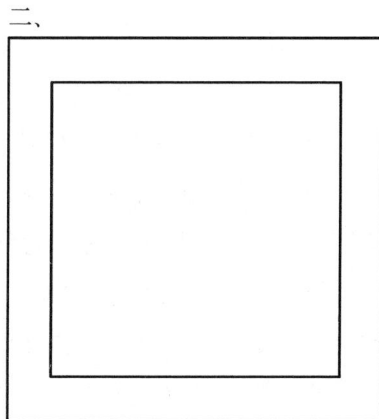

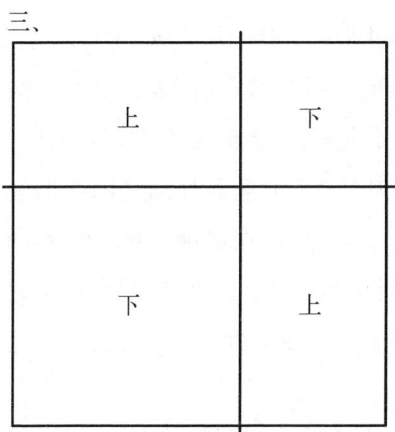

上					下
乾	泰	随	颐	坎	既济 渐 中孚
坤	否	蛊	大过	离	未济 归妹 小过
剥	复	大畜	无妄	贲	井 革 鼎
夬	姤	萃	升	困	噬嗑 蒙 屯
睽	蹇	旅	节	大壮	观 谦 履
家人	解	丰	涣	遯	临 豫 小畜
恒	益	艮	兑	明夷	讼 大有 比
咸	损	震	巽	晋	需 同人 师

或以数字计六十四卦之排列次序,当为

$$64! = 1.268\,869\,321\,9 \times 10^{89}$$

在此一巨大数字之排列方法中,以经学易视之,仅《序卦》一种次序为文王孔子二圣之结晶,丝毫不可变动。而对《序卦》卦次之排列意义,又不作正面研究。唯于六十四卦之编次,二千年来不容略有异议,此见经学对我国文化之深厚影响,阻碍易学之发展,早已成为历史事实。今于《序卦》之内容,初步作整体考察,确具有天人感通之思想。以现代之语汇言,即《序卦》之整体思想,已使自然科学与社会科学在高度抽象意义上加以结合。利用"相应"、"敌应"及"反复不衰"、"错综一如"之卦象,表述反复旁通之象数意义。具体而言,于社会上之各种关系中,又能另立系统以建立种种联系,以促使社会发展。必分天地与人为二,而不用简单之二分法,且在分二之方法上,建立"相应"、"敌应"以外之联系,此在当时实为创举。以时代言,不得不分《史记》之"序《象》"与《汉志》之"《序卦》"为二者,因总观六十四卦之《象》重在刚柔往来之变,并未完全利用"反复不衰"与"错综一如"之卦象。而在《序卦》之卦次中,确能进一步重视反复旁通。以上所言之象数,决非后世研究《序卦》者之言,实为安排《序卦》之次者早已了然于心,否则于巨大数字之排列方法中,不可能得此唯一之《序卦》。又如"卦气图"中之四十八杂卦,或准卦义,或以意而分,排列者于卦象实未研究,故后世虽有研究者,不可能说明其理。此见《序卦》与"卦气图"有不同之内容,不可不察。而《序卦》有取于"卦气图"中之辟卦消息而加以变化,又为事实。故《序卦》与"卦气图"有联系,亦所以继"卦气图"对四十八杂卦加以分类研究,终能使六十四卦成为分合兼具、层次重重之整体。其时间可能在汉初,在未得强有力之实证前,未敢轻信司马迁已知《序卦》之次。

至于三家易之用此二篇,暂可认为孟氏易能深知其理,由辟卦消息变成否泰反类,实由《序卦》卦次中推得之易学大义。唯作《序卦》文辞者取诸卦义而以意文之,全然不顾卦象本具之理,其故何在,诚令人不解。更进而观之,迨宋初由陈抟创造先天图之次,又为《序卦》外之重要心得。今以先天图示皆应卦、敌应卦、反复不衰卦、错综一如卦之卦位,庶见《易》当以象数寓其理,于象数本身未尝有汉宋之辨,此易学之发展,所以能经历数千年而不衰,有志于易道者,其勉诸!

论《周易·杂卦》作者的思想结构

　　《周易》之所以为《周易》，自编辑成卦爻辞及用九用六，实有其整体思想。后世发展其理，于郑玄之徒所数之十翼中，观其与象数密切联系者，有四次大变化。其一为《大象》之整体；其二为《彖》与《小象》之整体；其三为《序卦》之整体；其四为《杂卦》之整体。此处所谓整体，谓其对六十四卦之理解，不仅限于一卦一爻，贵能会通卦爻而究卦爻间之有机变化。唯其为有机联系，始能以卦象示三才之道之自然变化与人事盛衰。历代读《易》者基本以《序卦》为准，而于《序卦》相次之理亦未见能畅为说明。今既准《彖》、大小《象》、《序卦》原文以论其象数之整体思想，则对象数之认识自然见其地域之异及其先后发展之迹。《大象》当在三晋地域完成于战国晚期，汉初由周王孙传出，以两体观象，其法殊简易，作用甚大。而其他三次变化，更具连续性。故有《史记》所谓"序《彖》"之次，方可有《序卦》之次；有《序卦》之次，方可有《杂卦》之次。以完成之时间论，"序《彖》"当在战国晚期之齐鲁地域，汉初由杜田生传出。《序卦》约由丁宽至三家易时传出，因《彖》、《象》之义与《序卦》并不相应，故必须分辨《史记》之"序《彖》"与《汉志》之《序卦》。若《杂卦》似更后出。当刘向、刘歆校书，虽已及十二篇而未计

《杂卦》，或虽已有，因传世未久，犹不认为孔子所作。然知西汉末已有《杂卦》者，因扬雄法《易》著《太玄》，其次虽准卦气图，尚有《玄冲》以法《序卦》、《玄错》以法《杂卦》。此二文皆更为《太玄》之八十一首序次，义与《序卦》、《杂卦》相应。惟《易》用阴阳二进制符号，《太玄》用三进制符号，故其排列组合法各有所指，此处不作详论。今幸有《玄错》，始可确证扬雄已见《杂卦》。故完成《杂卦》之下限，当在扬雄著《太玄》时（公元前 3 年），迄今已有二千年。然其旨随即晦而不明，当郑玄（127—200）注《易》时，已谓最后一节错杂，幸慎而未改。可见传其道者早已失其人，《序卦》且然，何况《杂卦》。今纯从卦象之自然消息，合诸对阴阳符号卦象数之深入认识，并参阅历代注《易》者对《杂卦》之心得。总而论之，《杂卦》实由发展"序《彖》"、"《序卦》"而来。文献具在，犹可探得约二千年前作此《杂卦》者之思想结构。

究此《杂卦》作者之思想，外形纯由《序卦》而来。其所同者，主要有二点。

其一，取卦象法仍同《序卦》，以反复为主（如比乐师忧），反复同者用旁通（如乾刚坤柔）。

其二，仍分二篇，上篇始乾坤凡三十卦，下篇始咸凡三十四卦。此天地人三才之道仍未可杂。

更进而观之，与《序卦》所取之卦象，上下篇中有十二卦对易。即《序卦》属上篇之需、讼、小畜、履、泰、否、同人、大有、颐、大过、坎、离十二卦，《杂卦》移至下篇。属下篇之晋、明夷、损、益、萃、升、困、井、震、艮、巽、兑十二卦，移至上篇。经此上下对易，《序卦》之上下篇，即成《杂卦》之上下篇。故论《杂卦》之结构，必须从《序卦》说起。以下先录《序卦》之次及对易十二卦之位，且于《序卦》已分上篇三节下篇四节，庶可见《序卦》作者之思想结构（详见"论《周易·序卦》作者的思想结构"）。

由下图可证《杂卦》之次，实由变化《序卦》而得。于《序卦》上下篇

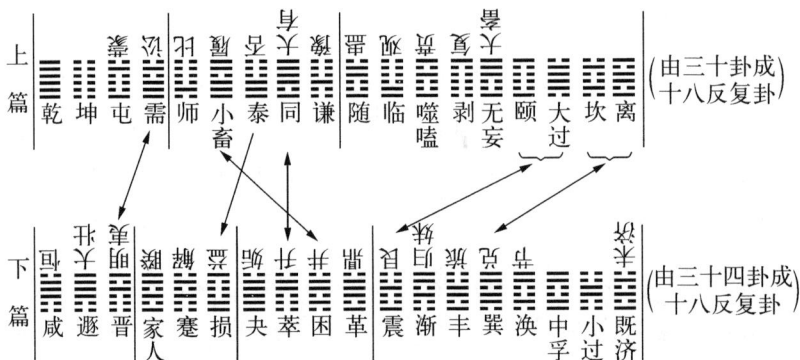

上篇　乾　坤　屯　需　师　小畜　泰　同　谦　随　临　噬嗑　剥　无妄　颐　大过　坎　离　（由三十卦成十八反复卦）

下篇　咸　遯　晋　家人　蹇　损　夬　萃　困　革　震　渐　丰　巽　涣　中孚　小过　既济　（由三十四卦成十八反复卦）

《序卦》卦次

之第五、第六卦为需、讼、晋、明夷，义取“天一生水”与“地二生火”，对易以示天地水火之相交。于《序卦》上下篇之第十一、第十二卦为泰、否、损、益，义取乾、坤相交与震、巽、艮、兑相交之卦对易，以示天地与雷风山泽之相交。又取泰、否两侧之小畜、履、同人、大有四卦，与第三节中间当兑巽交坤坎之萃、升、困、井四卦对易，由是一阴卦皆属下篇。亦见上篇之第二节，乃兼及下篇之二三两节。更取上篇之最后四卦，与下篇之震、艮、巽、兑对易，义取六子间之相交。且由此四卦之相交，原为《序卦》上篇有反复不衰卦六，变成《杂卦》下篇有反复不衰卦六，则反复卦之卦数势必不可能同为十八。此似为排列《杂卦》者之主旨所在。今据《杂卦》之次，凡上篇三十卦，成十六反复卦，数由《序卦》之十八而十六，于阴阳符号卦之象数，更有深一层的认识。考《序卦》作者，已认识“反复不衰卦”之象，始能于三十与三十四不同之卦数中，以见其所。然既得六十四卦可成反复卦三十六后，于平分为十八之数，尚未得反复卦之蕴。当初步认识阴阳符号卦之卦象，分上下两体最为易简（即《大象》之整体），故于六位间之关系，自然以初与四、二与五、三与上之应爻为主。然“序《彖》”者认识刚柔往来之卦变，早已不为应爻所限。且由兑与中孚《彖辞》之内外观之，兑指应爻之位，中孚已指三与四、二与五、初与上反复之位。

上示应爻与反复爻之不同。或执一于反复之位以观六十四者，即《序卦》作者之思想基础。若《杂卦》作者之认识反复卦，更能推及反复卦之原。或已见《系辞下》所谓"本末"与"中爻"之义，且从先秦取互体之观象法中，详观互体之象。当舍去六十四卦之本末，仅观其中爻互体，其变化总数即为十六。此《杂卦》上篇之反复卦数，所以变《序卦》之十八而使之成为十六。然六十四卦之反复卦数，必为三十六卦，如《杂卦》上篇取十六，下篇自然有二十，则有违乎上下篇之相应。而《杂卦》作者，于末节不取反复为次者，即于下篇亦取反复卦十六，以终于大过卦。此外尚有反复卦四，另用周流法以取互体之象。以下先示《杂卦》上下篇各取十六反复卦之次：

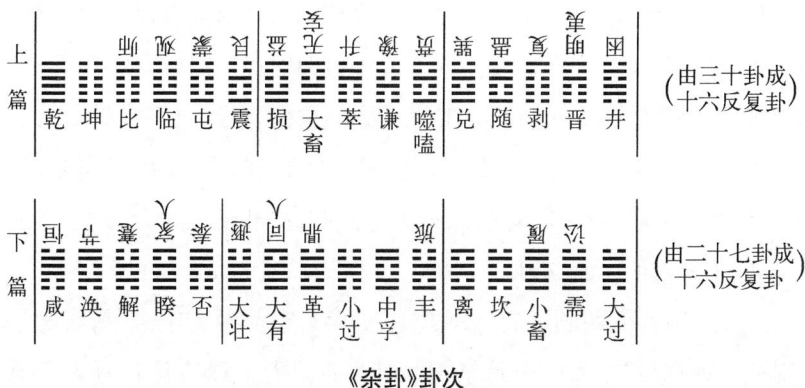

《杂卦》卦次

除上五十七卦外，《杂卦》之旨，要在下篇之大过卦中示其"周流六虚"之取象法，先录原文：

> 大过颠也，姤遇也，柔遇刚也，渐女归待男行也，颐养正也，既济定也，归妹女之终也，未济男之穷也，夬决也，刚决柔也，君子道

长,小人道忧也。

观《序卦》之次,全用反复取象。《杂卦》亦五十七卦用之,唯大过以下七卦改其例,所改用之观象法,又不为人所理解。仅百余年后,以经学名以传京氏易之郑玄尚未知其理,遑论他人。以今所存文献观之,由汉至宋无人为之阐明。及苏轼(1036—1101)总合父子兄弟三人以成之《苏氏易传》,竟为改成反复之次。然以颐继大过,《杂卦》之旨全失。朱熹(1130—1200)《周易本义》曰:"自大过以下,卦不反对。或疑其错简,今以韵协之,又似非误,未详何义。"实否定《苏氏易传》之妄改。不期其弟子蔡渊于开禧乙丑(1205)著《易象意言》,又改成既协韵而亦合反复之次,是诚费精力于无用之地。固执于反复之象而不思尚有其他种种观象法,既为《序卦》所囿,其何能更见《杂卦》之旨。及元靖安人胡炳文(1224—1295)已能明其与《序卦》之同异。明末有晋江人何楷者,于崇祯癸酉(1633)成《古周易订诂》,始对大过以下之八卦,能略为说明其义。未久清安溪人李光地(1642—1718)继之,基本已理解作《杂卦》者安排大过以下六卦序次之观象法。唯于《周易折中》(成于1705)之《杂卦明义》中,仅以互体论《杂卦》之整体,理尚有所未备。凡此象数实为《杂卦》所本具,后人为之阐明,决非妄加附会,此不可不辨。以下先说明互卦之理。

"互卦"者,取四画以成六画之象,此字《周易》经文中未见,实出于《周礼·地官》:"牛人……凡祭祀共其牛牲之互。"郑玄注:"互若今屠家县肉格。"故"互"乃物器名,似为象形,以象两钩相连,上钩以钩于横木,下钩以钩于牛牲,乃能县肉。此字用于易象,又为形象鲜明之互卦。下以六画卦互成四画卦之方法,以"互"字示之:

凡上钩当上卦,与下钩连接处在五位;下钩当下卦,与上钩连接处在二位。且三与五位,二与四位可相合为一,故唯三五、二四皆刚柔同功者,方能由六画卦互成四画之互卦。如六画睽卦䷥可成互卦睽䷥,反之互卦解䷧,自然可成六画解卦䷧。合诸卦爻辞言,如泰卦䷊六五曰"帝乙归妹",而归妹卦六五亦曰"帝乙归妹"。此二爻爻辞之所以取同一史实,实因泰卦中四爻之互卦为归妹(泰䷊→䷲归妹)。然则谓编辑成《周易》者,已注意互卦,亦未尝不可。然必谓卦爻辞间皆取互卦之象,当然不可能,亦必无之事。然以互体为观象之方法,先秦时早已盛行,实为重要观象法之一。既用阴阳符号卦,此属符号本具之形象,何可忽视。《系辞下》论本末与中爻,且及二四、三五之同功异位,实在讨论中爻之互体。更深入以象数论互卦,乃起于二画之四象。以算式示其与三画起于八卦之同异,极易分辨,不论四象与八卦皆起于阴阳两进制:

$$2^3 = 8 \text{ 卦};(2^3)^2 = 64 \text{ 卦} \quad (\text{八卦成六十四卦})$$
$$2^2 = 4 \text{ 象};(2^2)^2 = 16 \text{ 互卦};(2^2)^2 \cdot (2^2)^1 = (2^2)^3 = 64 \text{ 卦}$$
$$(\text{四象经互卦而成六十四卦})$$

以大过卦论,除本末弱之中四爻,属十六互卦。故《杂卦》作者之安排卦次,于反复卦终于大过者,即用互卦之象以去其本末弱,乃成资始之乾象。互卦凡十六,《杂卦》作者自然已知,故大过后决不可继颐。尚须分成两组。其一为姤、渐、颐、归妹、夬五卦;其二为既济、未济二卦。前者当互卦,后者当互卦之本四象。于第一组尚宜增入大过卦之中互乾,位次夬之下,所以接首卦"乾刚"。凡由六十四卦去其初本上末,为中互卦十六。或于十六中互卦,更去其二五,则所存之三四,即为四象。观四象之不同,当阳阳☰犹乾,阴阴☷犹坤,阳阴☲犹既济,阴阳☵犹未济。而作《杂卦》者,所以求中爻是非之几,乃达三四人位之间以通于天地之际。其于六位互卦之变,今可以螺旋法联系初上、二五、三四三个层次,特以大过卦示意如下:

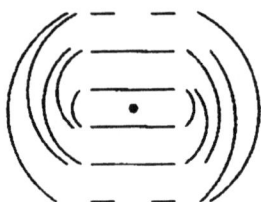

此所示之大过卦以曲线相连,即如下:

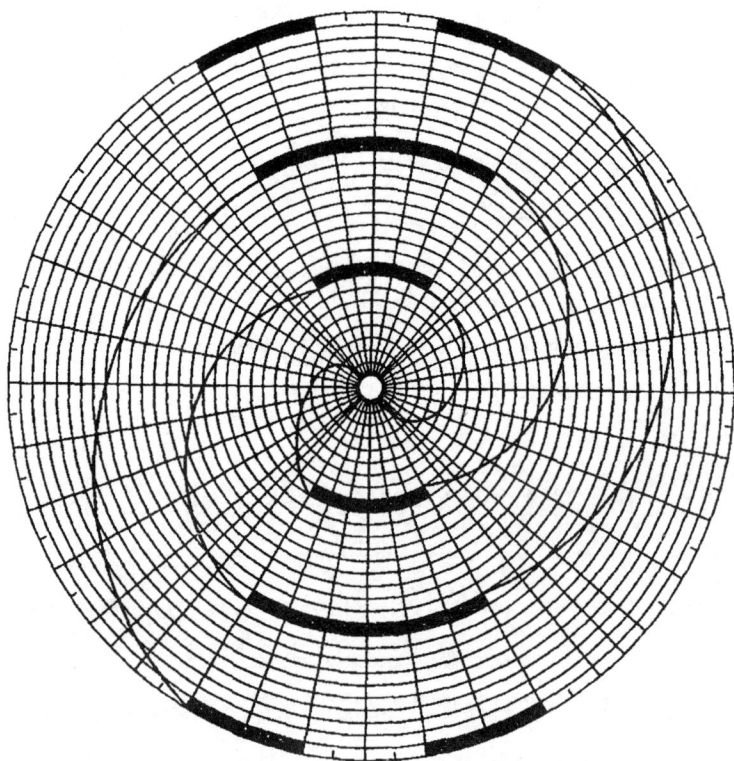

以大过示$(2)^2$　$(2^2)^2$　$(2^2)^3$之曲线联系
四象　　　互卦　　　六画卦

上图以大过卦示其初上、二五、三四之关系,间以曲线相连,不期而有太极曲线之形象。凡初上当一圆、二五当一圆、三四当一圆。三个同心圆之圆心在三四之间,泰三《小象》曰"天地际也"是其义。若

《杂卦》准反复之次而终于十六,乃以互卦言。故于大过后即舍初上一圆而进入二五一圆,宜另互卦取象。至于所用之互卦,仍取大过卦而不取大过之中互乾。此因乾卦本身纯阳无变,大过之本末弱殊多变化。故视六画之大过为四画互体之大过,庶能上下压聚乾元之力,以备决去本末之弱。故《杂卦》之终于六画大过卦后,虽视之为四画之互卦大过,若于互卦之次,又法六画大过之一爻周流法,于周流后,皆取中互之象,则继大过者必为姤、渐、颐、归妹、夬五卦,详以下图示之:

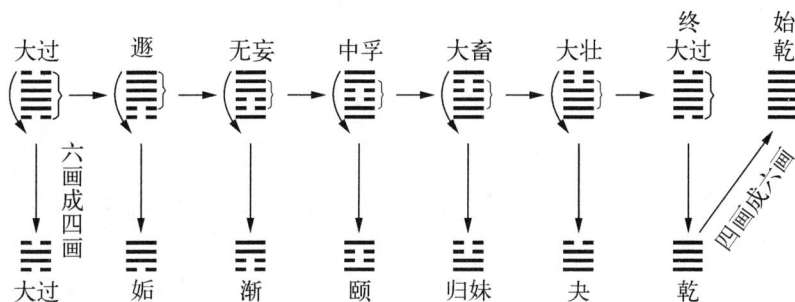

上图尚可以他法画之,大义全同:

既经周流六虚而终于夬,继之必为六画大过卦之中互乾。若视六画大过卦成四画互卦大过者,所以小其大过之颠,宜其虽取大过之周流六虚,而不用遁、无妄、中孚、大畜、大壮五卦,义殊精深。末当决夬成乾,则互卦之乾,又可视之为六画之乾,以当《杂卦》首乾之乾。故《杂卦》作者,以大过与乾之出入于六画卦与四画互卦之间,作为整体之终始,实有其创见。尤要者,于姤、渐、颐、归妹、夬五卦之间,更渗入既济、未济两卦,是诚能得互卦之本。凡互卦本于四象,第一组之五卦,皆据互卦言。进而以互卦之本四象观之,于姤、夬仍为乾,于颐已为坤。渐当乾消而坤,于卦为未济,归妹当坤息而乾,于卦为既济。必达此四象之消息,庶见互卦之源。以四象之周流观之,乾自为乾,坤自为坤,而既济、未济两象相间而可通。下示四象周流图:

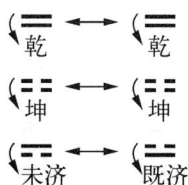

再者,乾坤与既济、未济之出入于二画、四画、六画间尚有所不同,下示此四卦各自之螺旋变化:

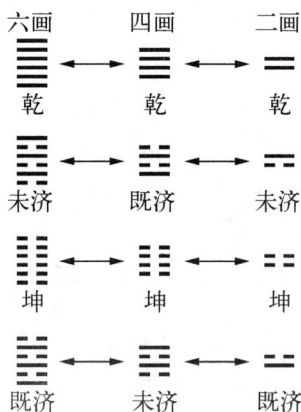

准此三个层次的变化,可见六十四卦之赜,经十六互卦而本于四象。而此四象之几,在三四两画之际而不在初上本末。故二画而四画,四画而六画,必取本末相增。当相增时之象,于乾坤虽同,而于既济未济,必将相间,如既济中互未济,未济推本于四象又为既济。故六画之既济卦,将同于二画之四象而不同于四画之互卦。可见乾坤之螺旋出入,及互卦已喻其理,更观既未济之变,则必须深入推求互卦之本四象。或仅以互卦之渐为未济,互卦之归妹为既济者,乃不可上下通于六画与二画之既济、未济。考《杂卦》作者,既知既济、未济之不同于乾坤,又不取互卦姤、渐之消,乃起于互卦颐之坤阴,以观其一阳之复,故于颐后归妹前,列入既济之象。以中二画观之,互卦归妹之本,确为既济(☵)。而以六画归妹卦观之(☵),中二画之象又为未济。宜于归妹之后,又次以未济。而既济、未济两卦,当六画之周流六虚,仅此两象。与大过卦之周流可互六卦者,皆卦象之自然。故仅须以既济未济,置于归妹卦之前后,其理已喻。更以下图示互卦之本四象。

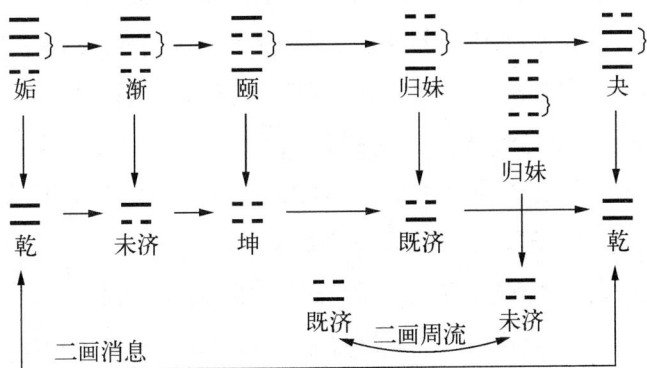

若以理而言,明既济之定,当以养正为本。未济之"男穷",乃起于归妹之"女终"。归妹《象辞》已知归妹为人之终始,何可知终而不知始。其始何指? 即终夬以首乾资始。故巽入则由六画、四画、二画,义取内圣之理无穷,震出则由二画、四画、六画,义取外王之理亦无穷。且时则乾、坤并行而不悖,位则既济、未济相间而得失互见。故"定"与"穷"之辨,贵能得出入互卦之几。此《杂卦》作者之巧为安排,庶可免大过之"过涉"。

如能得此最后一节之蕴,方可观察《杂卦》之整体结构及其卦变法。考周流之卦变法,《象辞》中已见其机,《系辞下》所谓"周流六虚"

实有其义,惜未见有具体之卦象。今于《杂卦》末节得其确切之卦次,且已由"周流六虚"而观其互卦及其本四象,则见西汉时用周流取象法已极盛行。《杂卦》作者,由六画卦之周流,以取其互卦之周流,乃其心得。而当由夬终决成乾始,自然应从互体扩大成六画乾卦以取周流象。能准此以观《杂卦》,则其相继之间,尤见其文采奕奕。《老子》曰"天网恢恢,疏而不失",《杂卦》之次乃有其象。

《系辞下》有言:"《易》之为书也不可远,为道也屡迁,变动不居,周流六虚。上下无常,刚柔相易,不可为典要,唯变所适。其出入以度,外内使知惧,又明于忧患与故,无有师保,如临父母。初率其辞而揆其方,既有典常,苟非其人,道不虚行。"作此段之辞者,必已见《彖辞》与《序卦》,所谓"变动不居,周流六虚,上下无常,刚柔相易,不可为典要,唯变所适",皆实指阴阳符号卦之种种卦变法。唯有卦变法之各有所适,宜其不可为典要。曰"上下无常"者,可兼及下上两体(如屯䷂与解䷧)与反复卦之变易(如屯䷂与蒙䷃)。曰"刚柔相易"者,即"序《彖》"之主要卦变法(如泰䷊与归妹䷵)。更以"周流六虚"言,虞翻尚知"六虚六位也",故"周流六虚"犹六位之周流。以卦象示其卦变法,早有用之者。观《彖辞》于三阳三阴卦损、益,二阴卦无妄、大畜,二阳卦萃、升,皆已有用一爻周流之迹象。唯《彖辞》之主要卦变法尚以二爻之"刚柔相易"为主。至于周流而及三爻,即上下两体之变易,乃当应爻之位,用之者已多。故完成"周流六虚"之卦变法,要在上下周流至二爻时,则为其他卦变法所未见,下仍取大过卦为例以说明之:

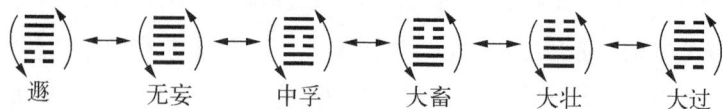

遯 ↔ 无妄 ↔ 中孚 ↔ 大畜 ↔ 大壮 ↔ 大过

《彖辞》之取大壮而大畜,遯而无妄,已有一爻上下周流之义。若遯而大畜、大壮而无妄,又为下上两体之易,即周流三次。唯遯、中孚、大壮及无妄、大过、大畜之关系,乃二爻之上下周流。或合上下六虚之顺逆周流法,则《序卦》所主之反复卦皆在其中,此见《杂卦》之成当在《序卦》后,所以发展反复卦以归于"周流六虚"之卦变法。且当周流二次时,理属以三才分六画,义可通于由四象、互卦而成六十四卦。唯其能据于互卦而出入以度,故在作《杂卦》者之思想中,必在深思顺逆之周流六虚。而作此节《系辞》者,自然已知周流六虚之卦变法,或尚未见《杂卦》。

考《象辞》之精义,能分辨阴阳之多寡,并观其阴阳爻数相同各卦间之卦变,故其整体必本十二辟卦之消息,而核心实在坎离。至于对十二辟卦之自然变化,虽已知人定胜天之理,而于卦象尚未作进一步研究。继之而作《序卦》者能以二篇分辨天地与人,对卦象认识三才之道为一大进步,然于卦变乃纯取反复之位。其于上篇由乾、坤、泰、否而坎、离,已概括"序《象》"之纲领,下篇之纲领由咸、恒、损、益而既济、未济,皆取三阴三阳卦。准之而分夫妇、家庭、国家、后代四部分,以定社会发展之原则,实为《序卦》之旨。且唯于家人、睽、蹇、解四卦,结合旁通与反复连续为一组,实为重要之组成部分。对吾国社会之重视家庭,已起极大影响。至于《杂卦》作者又发展《序卦》作者之思想,对卦象与三才之道更作进一步安排。上已提及上下相易关键性之十二卦,《序卦》乃成《杂卦》。而《杂卦》所用之卦变,当然仍取反复与旁通,且更能应用"周流六虚"之卦变法而合诸互卦。故对六十四卦之整体,已可由《序卦》之上下二篇变而为三分。若以大过卦作为周流六虚观象法之例,可与以下七卦相合为八卦,而于以上五十六卦,宜平分为上下。唯《序卦》以反复不衰卦起平衡三十卦与三十四卦之作用,而作《杂卦》者,既以三十卦取十六反复卦为互卦之数,且三十一卦咸仍可与上篇之乾坤定为三才。然进而以互卦为准。凡互卦数十六,平分上下当各为八,一分为四,其数必为三十二。除末节八卦外,宜上下篇同为二十八卦。视井、困属下为首,实为《杂卦》之旨,且既以观象为主,更以韵协之,上下篇各于十二卦、二十四卦后隔之,则各分三节,详下"《杂卦》结构图"(图见下页)。

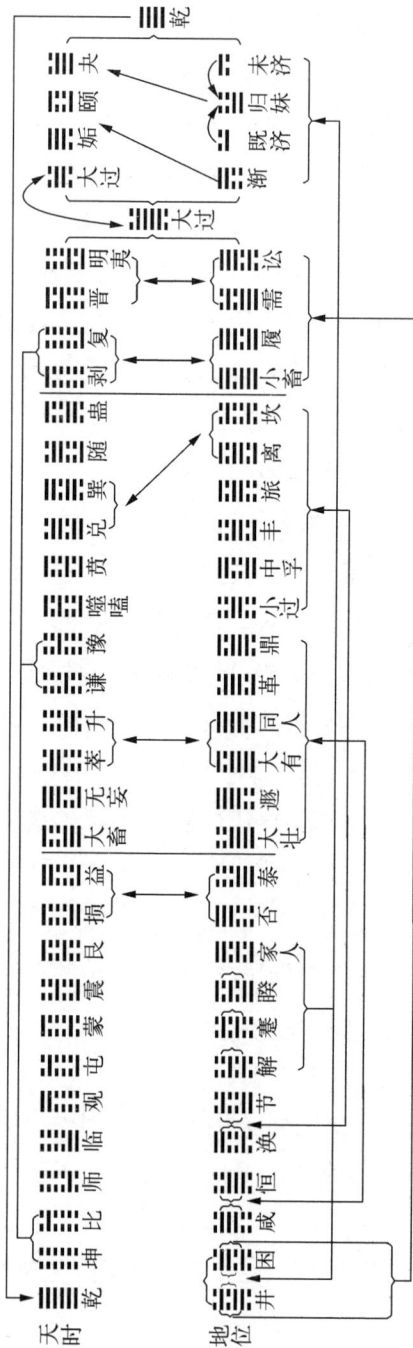

杂卦结构图

此一结构图,义承《杂卦》末节而周流于首乾,当由《序卦》而《杂卦》,对易第五第六两卦需、讼、晋、明夷。而于《杂卦》之次,置于上下篇之末。此重视天一生水地二生火之相交,亦以继承《序卦》上篇始乾、坤终坎、离及下篇终既济、未济之义。又移动损、益与否、泰、萃、升与同人、大有,巽、兑与离、坎,排列成《杂卦》后其次仍相应。唯震、艮与大过、颐之移动,因特重大过而震、艮无相应之卦。更须减上篇成二十八卦,故仍下移井、困,由是使小畜、履对应于上篇之剥、复,则卦象为乾交巽、兑以应坤交震、艮,即由一阴一阳而成天地生水火之二阴二阳。此见《杂卦》上下篇第三节之大义。原文为"剥烂也,复反也;晋昼也,明夷诛也";"小畜寡也,履不处也;需不进也,讼不亲也";于文句亦有相应之象。若《序卦》以咸为下篇之首,盖取《诗》始《关雎》之义。而《杂卦》以井困为下篇之首者,既以示"变风"之义,亦取人参于天地之间。凡上篇首乾坤为天时,下篇首井困为地位。既决大过之本末而得纯乾纯坤之天行;于四象之既济、未济,势必中生于互卦大过之三四,此唯井困两卦足以示其象。即五上之位皆得,初二之位皆失,而三四人位得失于其间,方可以拟天时地位之消息,详以下图示之:

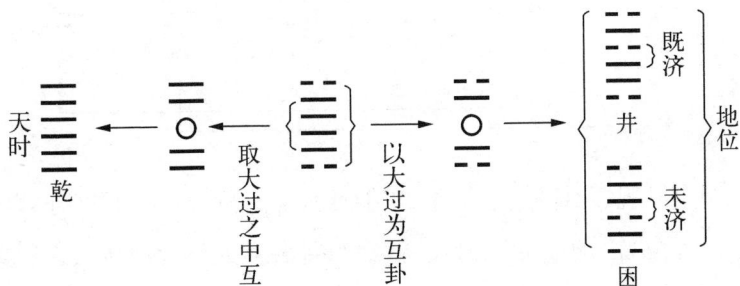

准上图之象,可喻首乾中生无已,况坤顺承天,故永可决去本末之柔而上出不息,天时乃得。若一阴一阳之中生于大过,知其得失而定穷反复,要在能辨终始。且由大过、颐之二阴二阳,成井、困之三阴三阳,则阴阳物相称之地位乃得。故《杂卦》下篇首井困,以对应上篇之首乾,乃在进一步分析大过之象。以天时言必去本末之弱,以地位言不可不知阴阳保合太和之理,乃以三阴三阳为主。故上篇以去二阴,下篇又生一阴一阳,合而观之,去坤(☷)而生既济(☵),犹一阳来复。《杂卦》以既济之定,本诸养正,已取此象。若《杂卦》末节取大过之决柔而不取颐者,天时必准《周易》首乾之原则,而地位先当兼及既济未济,方显天一地二之理。且人之生,必参天地。故既准天一,所以首乾。又准地二,必宜取乾坤相合之既济未济。以二画之既济、未济生于大过之中,自然不须再决大过本末之弱。所重视者,要在辨三阴三阳卦位之得失,故以地位言,虽为纯乾,亦非既济利贞。凡天时以首乾为主,地位以既济为定。井为德之地,初二地位之正,即成既济。以井配乾为《杂卦》之旨,或与井田制有关,汉人著《杂卦》者犹有思之之情。且唯首乾,故必取大过而不必论颐,既及地位,则亦当注意颐象。宜继咸、恒之后又为涣、节。涣、节为井、困之三次周流,即下上两体之易位,故其象中互颐而本末为既济、未济,详以下图示之:

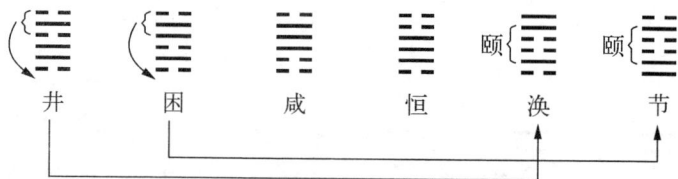

由是以观《杂卦》之分三才,实能准卦爻之位,岂仅如《序卦》以乾坤咸三卦而当三才。合诸卦爻辞言,每卦各具人与天地丛杂之现象。《序卦》之以上篇三十卦当天地,以下篇三十四卦当人事,仅能以抽象之卦象喻其理,决不能合诸卦爻辞之象。而《杂卦》之综合六十四卦,经互卦而得四象,明辨周流六虚之位,实能摆脱下上两体及十二辟卦之束缚。唯其能洞彻互卦之终始,乃于咸、恒两卦,亦可不以两体视之。观咸、恒之象当内圈乾,中圈既济、未济,外圈坤,犹以既济未济参入中互大过之中。由井困之三四而及咸恒之二五,恰当人参天地以生之象。更由二五而及初上,理当注意颐养,此继咸恒为涣节而不必更取丰旅。

为说明三四、二五、上初三圈之变化,先当说明四象之生十六互卦。凡四象之相交,大别有四。其一乾、坤相交;其二乾、坤与既济、未济相交;其三既济、未济与乾、坤相交;其四既济、未济相交。详以下图示之:

本　末　中	乾　坤	既济　未济
乾　坤	乾　颐　大过　坤	睽　家人　解　蹇
既济　未济	夬　复　姤　剥	归妹　既济　未济　渐

进而以周流之卦变法视十六互卦,则本于纯乾纯坤。又一阴为夬、姤而及家人、睽,一阳剥、复而及解、蹇。于二阴二阳又有分聚之辨,凡二阴二阳为颐大过而及归妹渐,相分为既济未济。而乾坤阴阳纯而分,既济未济阴阳合而一,处于两端,为互卦之本四象。详以下图示之(见下页):

以上为二圈相交成十六互卦,而大过末节之八卦,即占十六互卦之半。由六画大过而互成四画,且于归妹前后,又取二画之既济未济,

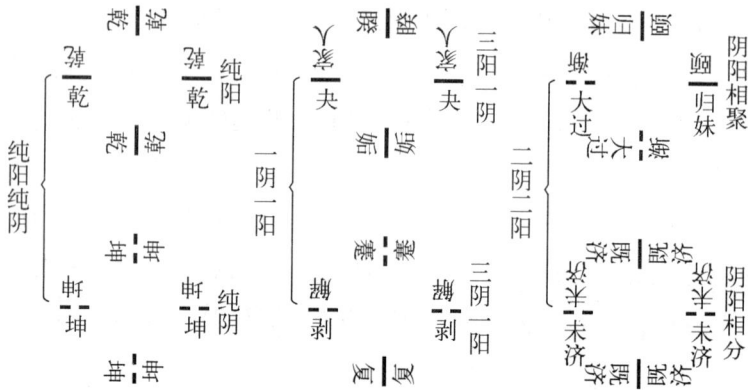

互卦周流图

以得互卦之本。则视《杂卦》仍终于既济、未济与《序卦》同,亦未尝不可。由阴阳交成之既济、未济,与未交之乾、坤之终始,本属易学之基本原理。唯经二画四象,四画互卦,六画六十四卦间之出入,乃属《杂卦》作者所发展之思想结构。以阴阳对称观其象,自然经剥、复、渐、归妹、大过。由互卦周流图中,一览而明,即大过经一阴而达二阴,又返一阴;颐经一阳而达二阳,又返一阳。详见下图:

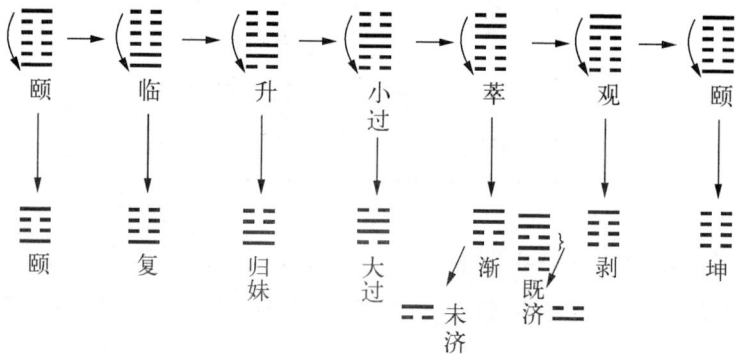

颐 → 临 → 升 → 小过 → 萃 → 观 → 颐

颐 复 归妹 大过 渐 剥 坤

未济 既济

上图与"大过颠"完全同例。至于《杂卦》作者必须取大过而不取颐者,上已提及,有扶阳抑阴义,其尊生化死之情,有无穷信息。《系辞下》言及"生生之谓《易》",决非空言,实有卦象以示其理。初仅以颐、大过示生死，及《杂卦》之成，义尤精深。或更以四画之乾、坤、既济、未济合以四象之乾、坤、既济、未济，名则与四象交四象全同而层次不同，详以下图示之。

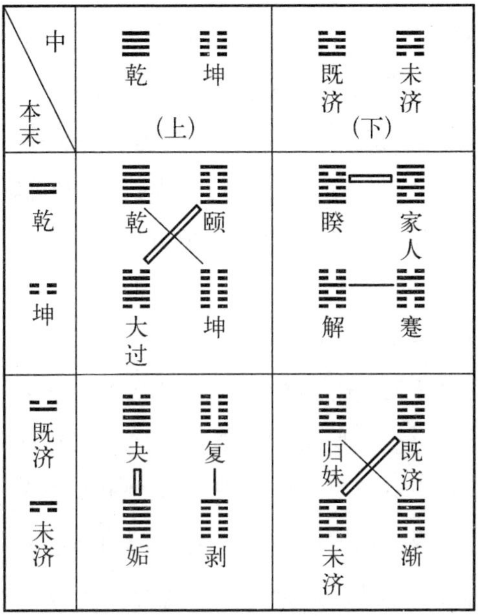

先以互卦之乾坤与既济未济言，当作为上下篇天地阴阳之辨。纯乾纯坤为天一阳属上，阴阳相交成既济未济为地二阴属下，当各加本末而成六画之卦十六，全同四画之十六互卦。故于六十四卦中，唯此十六卦可当互卦。先以互卦之乾坤与既济未济观之，其间有大过、颐、夬、姤、归妹、渐、既济、未济八卦属末节，此外属中互乾坤之六画卦乾、坤、复、剥四卦皆属上，属中互既济、未济之六画卦家人、睽、蹇、解四卦皆属下。而于"《杂卦》结构图"中，上篇置剥复于地二生火之前，可与首二卦乾坤之刚柔相呼应，下篇继涣节即为解、蹇、睽、家人四卦，此见《杂卦》作者之重视十六互卦。更视六画之十六互卦，仍分四部分。其一，互卦乾、坤交四象乾、坤，则乾、坤既属上，颐、大过宜属下；其二，互

313

卦既济、未济交四象既济、未济，则既济、未济既属下，渐、归妹宜属上；其三，互卦既济、未济交四象乾、坤，则于家人、睽、蹇、解四卦中，取解、蹇属上，家人、睽属下；其四，互卦乾、坤交四象既济、未济，则于夬、姤、复、剥四卦中取剥、复属上，夬、姤属下。此二部分之分上下，皆本"阳卦多阴、阴卦多阳"之义，亦即互卦周流图中三阴一阳为阳属上，三阳一阴为阴属下(属上者以——示之，属下者以 ▬▬ 示之)。观《杂卦》定上下篇之次，即据此以对分十六互卦。且由中互乾、坤、既济、未济外，宜遍及十六互卦，即各加本末以成六十四卦，乃见《杂卦》之次自有其结构，非任意而取。详见下图(图见下页)。

上图示本末当四象与中爻当互卦之组合。上已以算式示之，即 $(2^2)^1 \cdot (2^2)^2 = (2^2)^3 = 64$，亦三四、二五两圈已交成十六互卦，更与初上一圈相交，自然为六十四卦。而《杂卦》作者于末节八卦，不取六画卦，特加圈以示之。于所取之互卦中，大过实未取亦加圈，又有既济、未济二卦乃取四象而不取互卦，于互卦处亦加圈示之，继夬第六十五卦为互卦乾，加圈以示勿用，乃成首乾之六画乾卦。识此三圈之出入变化，庶见《杂卦》作者思想之精深。且此图卦位与数字所示之《杂卦》卦次有密切相关，除非作《杂卦》者本人准此以排列《杂卦》外，后人决难加以附会，此则《周易折中》之《杂卦明义》已见及。然尚未论及二画、四画、六画间之出入。况《杂卦》之结构，除与互卦有此联系外，其卦变之机，更宜本"周流六虚"之象。今准上四象周流、互卦周流之理，自然可成"周流六虚图"(图见下页)。

考《系辞下》所谓"周流六虚"，义同此图，然是否已有此图，未敢贸然肯定。而作《杂卦》者之思想，于卦变之认识，早已心有此图，可毫无疑问。故《杂卦》作者之思想结构，乃准本末中爻之组合及周流六虚之卦变。而此两图，同为阴阳符号卦本身所具之象数，合乎易简之数学原理。唯《杂卦》作者之有见于此，庶能毅然而作《杂卦》，中心有得之旨，读其文而可知。以下概论其要：

本末中爻组合图

中 ＼ 本末	乾 ☰	坤 ☷	既济	未济	中爻
	38 家人	36 蹇	既济	渐	未济
	37 睽	35 解	归妹	未济	既济
	51 离	47 小过	49 丰	50 旅	57 大过
	48 中孚	52 坎	34 节	33 涣	60 颐
	43 大有	32 恒	41 大壮	46 鼎	64 夬
	44 同人	31 咸	45 革	42 遁	58 姤
	54 履	30 困	21 **兑**	56 讼	家人
	53 小畜	29 井	55 需	22 **巽**	睽
	14 无妄	15 萃	23 随	39 **否**	渐
	13 大畜	16 升	40 **泰**	24 蛊	归妹
	20 贲	17 谦	28 明夷	10 艮	解
	19 噬嗑	18 豫	9 震	27 晋	蹇
	11 损	4 师	5 临	8 蒙	复
	12 益	3 比	7 屯	6 观	剥
	颐	2 坤	26 复	25 剥	坤
	1 乾	57 大过	夬	姤	乾

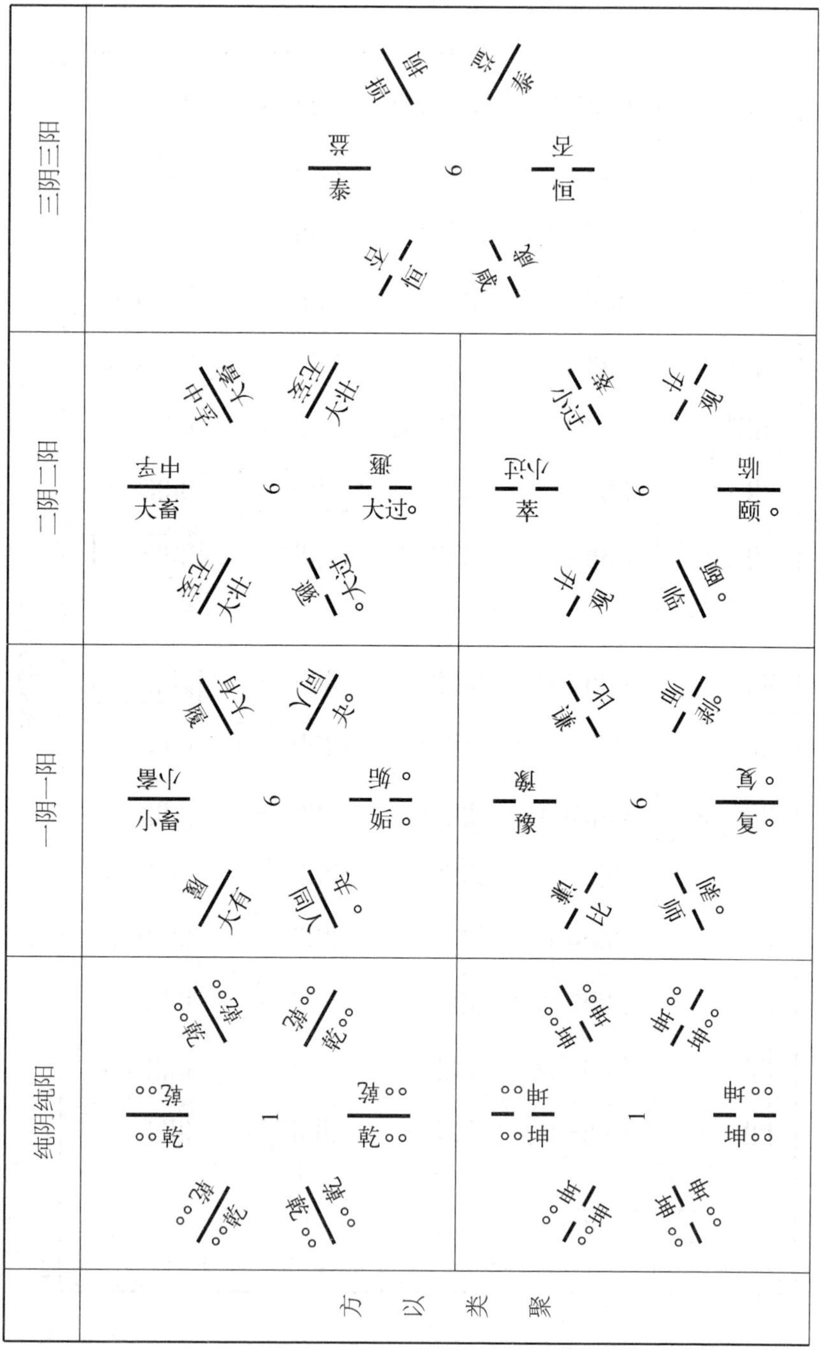

三阴三阳

二阴二阳

一阴一阳

纯阴纯阳

方 以 类 聚

续 图

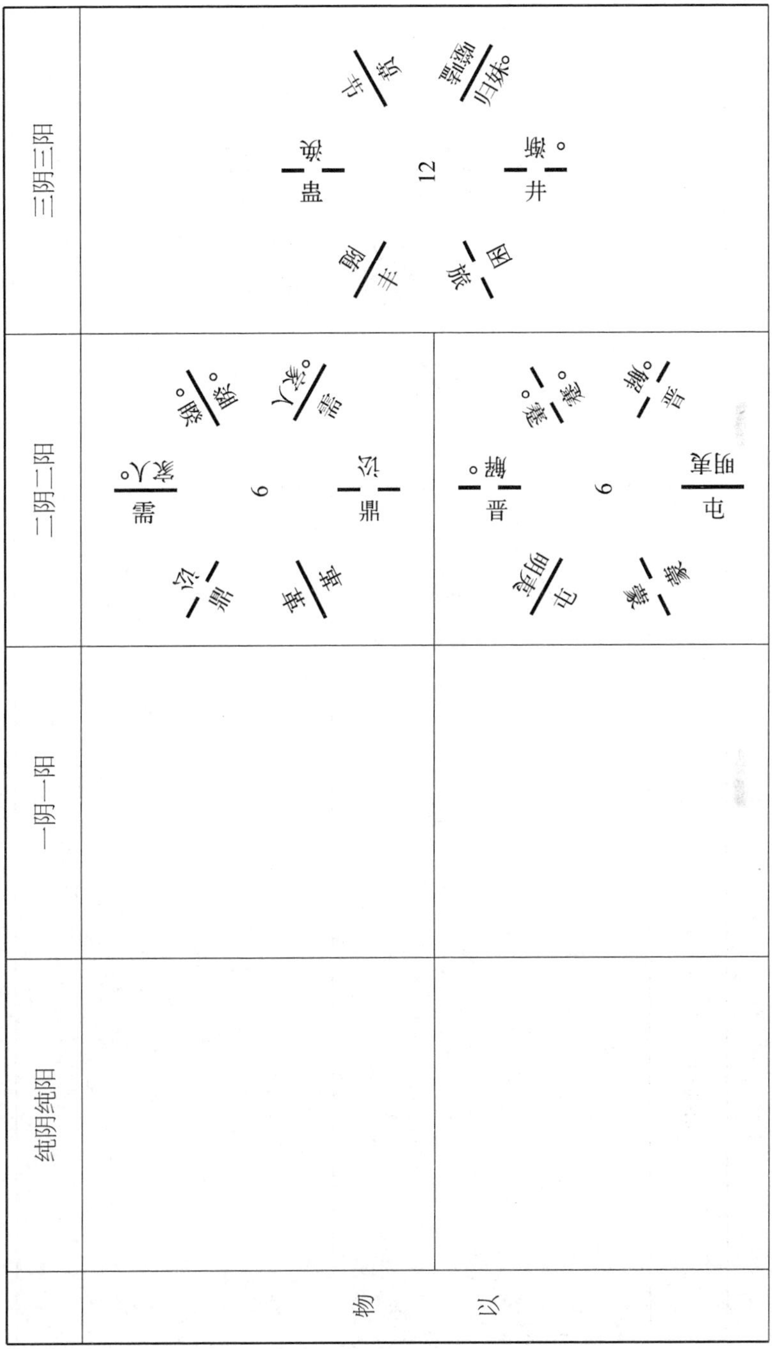

三阴三阳	二阴二阳	一阴一阳	纯阴纯阳
12	9　　9		

物　以

317

续 图

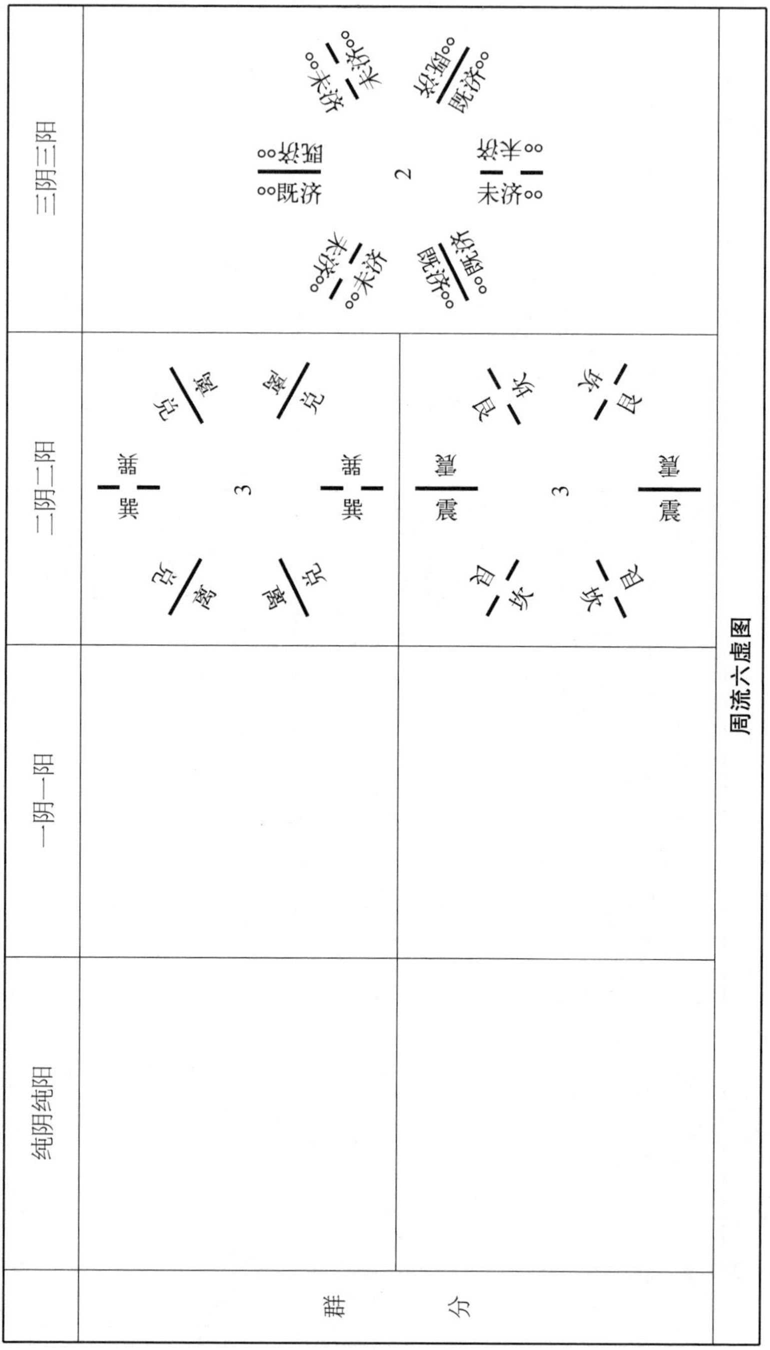

周流六虚图

三阴三阳	二阴二阳	一阴一阳	纯阴纯阳

三阴三阳栏：既济 未济（围绕中心数字 2）

二阴二阳栏：

离 兑 兑 巽 巽 离（中心 3）

艮 坎 艮 震 震 坎（中心 3）

分卦

　　首言乾刚坤柔，以爻为主，即周流六虚图中之纯阴纯阳二周。以周流言，已通辟卦之消息，故可视一阴一阳卦为阳，二阴二阳卦为阴，三阴三阳卦为反类。宜继坤以一阳卦"比乐师忧"，凡一阳卦皆属上。以周流言，顺逆之变卦数十二，其位为六，故隔比师十二卦为谦轻豫怡，再隔六卦为剥烂复反。此或乐或忧，或轻或怡，或烂或反之情，皆可以周流通之，是当一阳五阴之一周，据乾坤相对之理，自然旁通于一阴五阳之一周，《杂卦》取决夬以反首乾，即得自此周。继比师而"临观之义，或与或求"者，所以准一阳而二阳之周流，此由一阳而二阳，已合辟卦之消与息为一，故临之"与"当辟卦为息，观之"求"当辟卦为消，而临观同属于二阳，故此当二阳四阴之一周，自然旁通于二阴四阳之一周，《杂卦》特取大过以示其例，即得自此周。继临观而取"屯见而不失其居，蒙杂而著"者，因于一阴一阳卦，由周流可尽。于二阴二阳卦，虽经周流，仍未能尽所有之二阴二阳卦。究其理，于二阴二阳本身，有"类聚"与"群分"之不同，临观之象当二阳"类聚"，屯蒙之象当二阳"群分"。且观二阳分四阴之象，有分成一与三，亦有分成二与二。若屯蒙为一与三之分，继之"震起也，艮止也"乃二与二之分。故由临观而兼及屯蒙艮震二周，方可尽所有之二阳卦，而此两周，自然旁通于二阴相分之两周。继之为"损益衰盛之始也"，乃及三阴三阳类聚之一周。此一周流所及之六卦，除损、益外即为咸、恒、泰、否四卦。而损、益二卦，"序《彖》"已有取一爻周流之迹象，况中互剥、复之八卦，即为比、师、临、观、屯、蒙、损、益，宜《杂卦》取之。然《杂卦》置震、艮在损、益之前者，可见次《杂卦》者，尚遵阴阳周流之次而不仅以互卦为次。若《杂卦》曰"咸速也，恒久也"，"否泰反其类也"，义与"衰盛之始"相称。速与久为时之变，犹庄子所谓大年与小年，衰盛之辨，始于对时之认识与否，此皆本于反其消息之类。唯此六卦，非仅《杂卦》取周流之理而重视之，《序卦》早已置于上下篇之重要地位。更以《杂卦》论，义谓损、益继以上十卦另开三阴三阳之周流，且可兼及咸、恒、否、泰，与《序卦》上篇之乾、坤、泰、否相应于下篇之咸、恒、损、益相同。而《杂卦》之旨，更在观察三阴三阳之由"类聚"而"群分"，故均分五十六卦后，下篇于咸恒之前已有井、困，此所以继上篇第一节损、益卦之阴阳类聚而为下篇第一节之阴阳群分。观井、困之顺逆周流可具十二卦，足以处于损、益与咸、恒之间以见人事之赜，几皆起于四象之既济、未济一圈。井、困起于大过三四之中，与咸、恒之起于大过二五之中，其象自然不同。若由四象之既济、未济，经互卦之未济、既济，又成六画既济、未济。则三阴三阳群分之两周，同见于井、困，合损、益类聚之一周，又尽三阴三阳之卦变，是诚有"不可为典要，唯变所适"之象。然《系辞下》又曰："初率其辞而揆其方，既有典常，苟非其人，道不虚行。"此见读《易》时不可不知固定之六位。且六位虽可周流，于阴阳之多寡，当二阴二阳与三阴三阳时，于阴阳爻六位间之分合，仍有其典常。而《杂卦》之次，犹在明其典常云。

　　以上上篇十二卦，义继大过、姤、夬而为纯阳，且由纯阴而一阳、二阳、三阳。况既合消息而更深入以观阴阳爻于六位间之分合，是犹《系辞上》所谓"方以类聚，物以群分"之具体形象。以类聚言，已尽十二辟卦之旨。以群分言，仅及二阳而未及三阳。若《序卦》下篇以咸、恒为首，仍为三阳之类聚，《杂卦》更置井、困于咸、恒前，庶明三阳之群分。此尤见下篇首井、困之重要，详以下图示之：

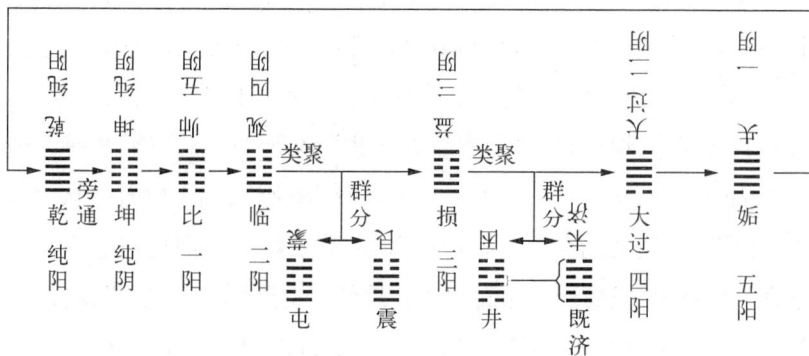

由下图可喻《杂卦》与周流六虚图之关系。凡纯阴纯阳与一阴一阳卦，必为类聚而无群分。于二阴二阳与三阴三阳卦，自然有类聚群分之辨。计类聚七周，以乾、坤为主；群分六周，以既济、未济为主。于六画卦之卦数，类聚与群分各为三十二卦，此实为周流六虚卦变法之旨。更于周流六虚图中，加圈（〇）以示其为十六互卦；加双圈（〇〇）以示其为互卦兼四象。则于十三周中，互卦分布十周，可证互卦与周流六虚图之密切相关。至于未及十六互卦之三周，即除乾坤之敌应卦六及除既济、未济之皆应卦六。而此十二卦，《序卦》中既极重视之，《杂卦》中亦然，当综合全篇时可见其义（详下）。此于上篇第一节终于损益，此义已见。

以下进一步分析下篇第一节十二卦之序次及整个排列之意义。首曰"井通而困相遇也"，于象已为说明，于文义亦有所指。曰井通者，与汲井有关，困之相遇，可与"刚揜"并论。凡遇者指刚柔相遇，实当六三，以整体三分观之，困乃当坤姤之间，遇即姤之柔遇刚，此有贯通三才之象，以下图示之：

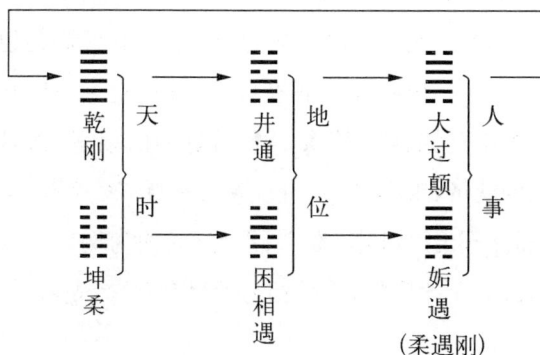

此仍明刚柔之不可不相遇，而以天时首乾为主，姤之柔遇刚，必终于夬之刚决柔。然以地位首井而言，三阴三阳其象可取。由相遇而变六三九二，即《杂卦》以咸继困之象。义谓咸固速，相遇将经刚揜之困，故《序卦》以咸、恒为下篇之人,当属天时之自然,《内经》之理准其象。《杂卦》更以井、困为人,属地位之自然,已及社会作用,故咸、恒后必更取"涣离节止"。离者丽也,丽于通而止于遇,涣汲寒泉而甘节是其象,故能合井、困、涣、节而一之,犹地二以对咸、恒之天一。此四卦同为三阴三阳之群分,《杂卦》所以发挥《序卦》之旨,决不可仅以乾、坤、咸三卦以尽三才之道。若继节为解、蹇、睽、家人四卦,已由三阴三阳之群分而及二阴二阳之群分。且此四卦仍用《序卦》之次而倒之,犹明《序卦》者,于成家后观其变,乃有损益。《杂卦》者经变而成家,庶得否泰之反类。反类以天时为主,衰盛以地位为要。凡天地相交为否、泰,以否、泰交损、益犹明天时地位之相交,成家之情自然不同。再者此四卦宜与上篇第二节继损、益之大畜、无妄、萃、升四卦并论。以大畜、无妄、继损、益卦由三阳而四阳,然以周流观之,及三阳当反类。凡四阳犹二阴,此所以使二阳四阴之萃、升以继大畜、无妄。此亦为反复与旁通相连为一组,与解、蹇、睽、家人为一组之义相对应,以当二阴二阳之类聚群分。或以周流六虚图之卦次论,上篇继萃、升为谦、豫,又由二阳而一阳,则已与比、师隔十二卦而相应。若下篇之继家人,宜取"兑见而巽伏也",乃当二阴二阳群分之另一周,方可与"震起也艮止也"相对而尽群分之周流。更以互卦取象言,否、泰必宜与兑、巽对易,因除末节八卦外,凡中互乾、坤、剥、复、蹇、解、归妹、渐者皆为属天时之二十八卦,中互外既济、未济、颐、大过、姤、夬、睽、家人者皆为属地位之二十八卦。而此五十六卦中,唯否、泰与兑、巽为例外。今究其象数,当初列象卦时,必无此例外,所以相易者另有他义,先可对易兑巽与否泰以观互卦。

上已提及上篇第一节之十二卦,除乾、坤外,中互剥、复之八卦皆在其中,唯震、艮为中互蹇、解。第二节之十二卦,两端共八卦同为中互归妹、渐,中间四卦同为中互蹇、解。第三节仅四卦,补足第一节之中互坤以及第一、第二节之中互蹇、解。

以下篇论,第一节开端之两卦,相应于第三节之四卦,同为中互家人、睽。第一节之咸、恒,相应于第二节之前六卦,同为中互姤、夬。第一节之涣、节,相应于第二节之后六卦,同为中互颐、大过。如是截然整齐之安排,非准本末中爻组合图以作,决难有第二种推想。至于既准互卦以分上下,然必使否泰与兑巽易位者,又有综合《杂卦》以合六位之象。可更明周流六虚与干支之关系,凡每虚取十卦,六虚为六十卦,以合六十甲子。观六十甲子与六十四卦之相应问题,有种种解说。卦气图以四时卦除外当六十卦,应用最广。继之《序卦》以三十卦当上篇,反复成十八卦上下篇同,然具体卦数下篇仍有三十四卦,故为陈忧患卦者,取下篇中之八卦合成四卦以应上篇,则与上篇卦数亦同,所以使六十四卦变成六十卦以合于六十甲子(另详"论《系辞下·忧患章》作者的思想结构")。而作《杂卦》者思想结构尤精细,所以于第五十七卦大过之颠,不取大过卦而取周流六虚之互卦,且及互卦之本。由是不计大过卦而计互卦五,四象卦二,共为二十四爻,正合四个六画卦,当五十七至六十卦,详以下图示之。如此则整个六十四卦,畜聚成三百六十爻。凡十卦六十爻为一虚当一位,一至五虚共五十卦三百爻当五位,第六虚共十四卦亦仅六十爻当上位。以六位之首尾各两卦观之,则作《杂卦》者之巧为安排,大义显然。于六位两端之二十四卦中,敌应皆应卦十六,全部包含在内。详以下图示之:

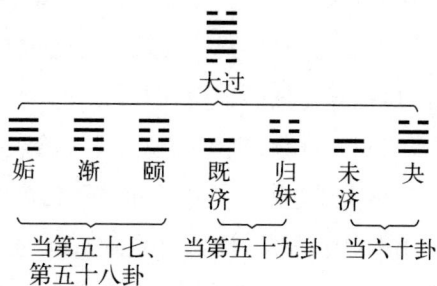

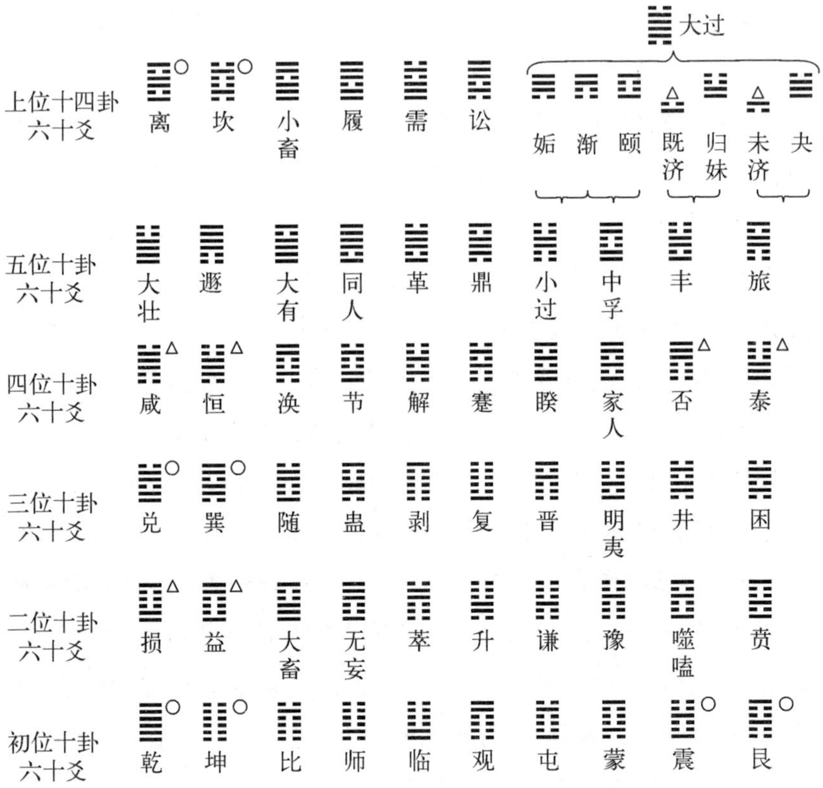

						大过						
上位十四卦六十爻	离○	坎○	小畜	履	需	讼	姤	渐	颐	既济△	归妹	未济 夬
五位十卦六十爻	大壮	遯	大有	同人	革	鼎	小过	中孚	丰	旅		
四位十卦六十爻	咸△	恒△	涣	节	解	蹇	睽	家人	否△	泰△		
三位十卦六十爻	兑○	巽○	随	蛊	剥	复	晋	明夷	井	困		
二位十卦六十爻	损△	益△	大畜	无妄	萃	升	谦	豫	噬嗑	贲		
初位十卦六十爻	乾○	坤○	比	师	临	观	屯	蒙	震○	艮○		

三百六十爻当六虚六位图

　　上图中加圈（○）者为敌应卦，加三角者（△）为皆应卦。于六位中最要者在三四爻之际，上已明辨下篇首咸、恒与首井、困之异。而三四爻之两端，实在第二十一卦、第二十二卦与第三十九卦、第四十卦。故《杂卦》之次，既准周流六虚图与中互，第二十一与第二十二必当为否、泰，第三十九与第四十必当为兑、巽，而最后所成之《杂卦》更使否、泰与巽、兑易位者，庶尽三四爻核心之变。凡否、泰属三阳之类聚，宜当三位之本，兑、巽属二阴之群分，宜当四位之末。今使之易位，明三四位阴阳本末之交，庶尽人道之赜。更以下上各三位辨之。则三位三十卦为上篇，三位二十七卦为下篇，仍为反复卦数同为互卦数十六。或以爻计之，则上篇三十卦为一百八十爻，下篇合末节由大过一卦化成七卦二十四爻,则三十四卦亦为一百八十爻。此由卦而爻以平分上下,则较《序卦》仅以反复卦通于十八数之象,不可同日而语。而中互卦之中心,在三四爻之间之象,实宜深思。

总上所述,可喻《杂卦》作者之所以名之曰《杂卦》者,其内容实有多义。晋韩康伯谓:"《杂卦》者,杂糅众卦,错综其义。或以同相类,或以异相明矣。"于理尚是。然如何杂糅?如何错综?何者为同相类?何者为异相明?皆不知所云。是即魏晋玄学易徒尚空言而不能如汉易之实有所指。奈自王弼扫象后,流风所扇,日有所甚,故能深入以明阴阳符号卦之象义者,必迨五代宋初之陈抟(890?—989)出。或能基于陈抟先天图之旨,方可总结并简化汉易之各种观象法,虽然,亦决不能以先天图代替汉易。且先天图亦将变化,故由陈抟而李之才(?—1045),乃发展先天图成卦变图。观李之才之卦变图,实能得《彖辞》所论卦变之要,凡汉易所论之卦变,大义皆在其中。又由陈抟而吴澄(1249—1333)已隔三百年而发展成隔八缩四图,则自春秋战国起已有之互卦,又可纳入先天图中。然《杂卦》所取之互卦,实与先天图中所包含之互卦不同,此非吴澄所能知。若《周易折中·杂卦明义》所论之互卦,方属《杂卦》所取之互卦,然亦何可废先天图。而宋代易学自康熙后渐为汉易所代替,清代之汉易限于文献,仅能得东汉之易学象数,若《序卦》、《杂卦》之整体,皆未能得其蕴。唯焦循(1763—1820)已由履卦之"其旋元吉"句,理解旋卦之象,而焦氏之所谓旋卦,实同"周流六虚"。唯未知周流之有顺逆,故旋卦凡十四,且未知本与卦变《杂卦》有关。况焦氏之《易》,仅知用应爻,尚不见《彖辞》之卦变与《序卦》之精义,何能理解《杂卦》之兼及周流与互卦,宜其虽得旋卦而未用。今直接求诸《杂卦》原文及《系辞》之所谓"周流六虚",并取历代有关之易学象数及诸家注《杂卦》而有合于原义之说,更承"序《彖》"、"《序卦》"之义而阐明之,庶可见西汉末《杂卦》之易学整体。作者之思想结构,诚有"杂而不越"之情,所谓"杂"者,盖杂取各种卦变法,要而分之,约有四种,总其目于下,以殿此论。

一、取周流六虚图。

二、取三四爻之际为中心之二画四象、四画互卦与六画六十四卦,并安排其间之出入变化。

三、取大过卦为关键,明天时、地位、人事以当三才之变。

四、合六十四卦成三百六十爻,以当六位。

论马王堆帛书《周易》的卦次

1973 年 11 月至 1974 年年初对长沙马王堆二、三号汉墓的发掘，于吾国文化有极重要的发现，今仅就《周易》帛书的卦次言之。

《周易》帛书得自三号墓，该墓下葬于汉文帝前元十二年(公元前 168 年)，故可证明汉初《周易》的具体情况。全书虽尚未正式发表，而于《考古》1975 年第一期《马王堆二、三号汉墓发掘的主要收获》一文中，对六十四卦的卦次言之已详。高亨于 1980 年出版《周易大传今注》一书，亦提及全部卦次。

《系辞下》有言："八卦成列，象在其中矣。因而重之，爻在其中矣。"此所谓"成列"，有二种意义。其一指八卦的卦次，其二指八卦的方位。此文仅论卦次。《周易》卦次，有八卦卦次与六十四卦卦次的不同。今先就八卦言，《说卦》有"乾坤三索"的一种。原文为：

> 乾天也，故称乎父；坤地也，故称乎母。震一索而得男，故谓之长男；巽一索而得女，故谓之长女；坎再索而得男，故谓之中男；离再索而得女，故谓之中女；艮三索而得男，故谓之少男；兑三索而得女，故谓之少女。

此乾坤震巽坎离艮兑的卦次，于卦象有明显的特征，故汉后读《易》者莫不用之。

及五代宋初的陈抟（公元890？—989）传出先天图，其实就是重新编排八卦与六十四卦的卦次与方位。此文承用先天图的名字，亦仅论其卦次。观先天图八卦的卦次为乾兑离震巽坎艮坤，与宋前所传的乾坤三索次序有很大出入。先天图的文献根据为《说卦》中有"天地定位，山泽通气，雷风相薄，水火不相射，八卦相错"的记载，内仅可包含八卦相对的意义。然《系辞上》又有"《易》有太极，是生两仪，两仪生四象，四象生八卦"的文句，则已说得很清楚，就是阴阳一分为二的自然次序。故先天图八卦的卦次，视为先秦时作《系辞》者之发现，未尝不可。然清代乾嘉学派尚汉易者，皆以为始于宋初。下以卦象示先天图的八卦卦次：

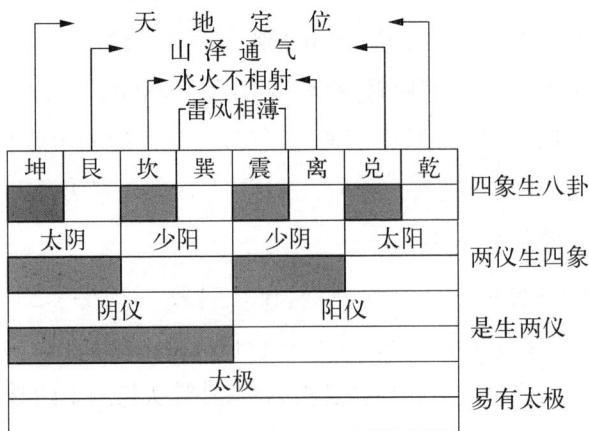

先天图八卦卦次图

然《说卦》中尚有另一种八卦卦次，其言为：

> 雷以动之，风以散之，雨以润之，日以烜之，艮以止之，兑以说之，乾以君之，坤以藏之。

　　此种震巽坎离艮兑乾坤的卦次,可以"君藏"名之,每为读《易》者所忽视。唯有能注意于"纳甲"者,始可知此种卦次,即"三索"卦次而顺逆不同。下分阴阳而合以天干,成列卦象后,自然可说明其顺逆。详见下:

　　依数而言,卦唯八,天干有十,以十合诸八,必须有二卦重复。古以乾坤为始终而兼甲乙壬癸,自然有顺逆二种卦次。三索为壬癸至丙丁,君藏为庚辛至甲乙;皆以乾坤始,则君藏为甲乙至庚辛。故卦象由乾坤及长中少三索而顺,于天干为逆;卦象由乾坤及少中长三索而逆,于天干为顺。此为天干与卦象的顺逆关系。又天干与卦象皆可分阴阳,故八卦的卦次,于顺逆二种中又各有两种不同,示如下:

　　一、三索的二种卦次

　　　　　　1. 乾坤震巽坎离艮兑
　　　　　　2. 乾震坎艮坤巽离兑

　　二、君藏的二种卦次

　　　　　　1. 乾坤艮兑坎离震巽
　　　　　　2. 乾艮坎震坤兑离巽

　　综上所述,可见"八卦成列"的卦次,其象有种种不同。合而观之,不外一分为二的先天图与三索君藏的阴阳顺逆。

　　继之须论八卦因重而成六十四卦的卦次。自汉后所传的六十四卦卦次,基本有二种,一种是十翼中的《序卦》,一种是十翼中的《杂卦》。此二种卦次,各有其特点,然皆不能见八卦因重的自然次序。而自秦汉后,尤其是东汉费氏易兴,仅知以十翼解二篇,凡十翼未言者皆未可言,最基本的"纳甲"、"爻辰",亦即卦象与干支的配合方法,亦竟视为与《易》无关。故于《说卦》中已说得非常清楚的"君藏"卦次,且因不取"纳甲"而无人提及,乃如何能"因"成列之八卦而"重"之。且十翼中本具有象数意义的文句,皆成空论,故仅以《序卦》为唯一的六十四卦卦次,则何能说明成列因重的象数。迨宋初传出先天图,方可说明八卦成列及因重的意义,故于《周易》有划时代的进步。然八卦卦次既有不同,因重之理亦自然不同。考内外卦名贞悔之事实,先秦时早已应用,故成列的八卦卦次不同及因重而六十四卦的卦次不同,皆由贞悔数的次序所造成。上述三索的二种卦次,《说卦》的记载为第一种,其后京氏易八宫的卦次用第二种。或以第一种为贞卦卦次,第二种为悔卦卦次,则可成因重的六十四卦卦次,是即三索八卦因重图。

2	3	5	8	7	6	4	1	次卦天先诸合	合诸先天卦次
丁	己	辛	癸	丙	戊	庚	壬	悔 / 贞	
								丁	2
								丙	7
								己	3
								戊	6
								辛	5
								庚	4
								癸	8
								壬	1

三索八卦因重图

同例，倒其顺逆而用君藏的二种卦次，亦以第一种为贞卦，第二种为悔卦，则因重而亦得六十四卦卦次，就是君藏八卦因重图。

5	3	2	8	4	6	7	1	次卦天先诸合	合诸先天卦次
☴辛	☲己	☱丁	☷乙	☳庚	☵戊	☶丙	☰甲	悔 贞	
(57)	56	48	40	32	24	16	8	☴辛	5
64	55	47	39	㉕	23	15	7	☳庚	4
63	㊾	46	38	31	22	14	6	☲己	3
62	54	45	37	30	⑰	13	5	☵戊	6
61	53	㊶	36	29	21	12	4	☱丁	2
60	52	44	35	28	20	⑨	3	☶丙	7
59	51	43	㉝	27	19	11	2	☷乙	8
58	50	42	34	26	18	10	①	☰甲	1

马王堆周易帛书六十四卦卦次图

即君藏八卦因重图

此二种因重卦次，皆可由先天八卦贞悔图变化其贞悔数而得，且全本《说卦》所言的八卦卦次益以“纳甲”而成。最后须说明者，此君藏八卦因重图，图中注明1至64的数字，全同于《周易》帛书的六十四卦卦次。可见汉初早有“纳甲”之次。又先取八纯卦，于阳卦位甲丙戊庚，于阴卦位乙丁己辛，亦截然整齐。唯当时尚未使用相同的贞悔之次，同则八纯卦即当对角线。其后《易林》的编次，于贞悔数同依《序卦》，故对角线亦为《序卦》云。

论邵雍与《皇极经世》的思想结构

　　《皇极经世》十二卷,宋邵雍(1011—1077)著。雍字尧夫,其先范阳(今河北涿县)人。曾祖徙衡漳(漳河古址,在今河北河南交界处),父古又徙共城(今河南辉县),渐徙渐南。雍少时自雄其才,治学艰苦刻厉,夜不就席者数年,于书无所不读。已而复走吴、适楚、过齐鲁、客梁晋,作四方之游,久之来归共城,曰"道在是矣",年约三十左右。时雍居母忧于苏门山百源之上,北海李之才摄共城令,闻名访之。初教以物理之学,他日又教以性命之学。先示之以陆淳《春秋》,意欲以《春秋》表仪五经,既可语五经大旨,则终于授《易》。《易》有河图、洛书、伏羲八卦、六十四卦等图象。之才不幸,暴卒于庆历五年(1045)。雍年三十五,特表其师之墓,有曰:"求于天下,得闻道之君子李公以师焉。"考之才闻易学之道于河南郓州穆修;修受于河南洛阳种放;放受于亳州真源陈抟。下录诸人之生卒年,以概见其传受之时。

　　陈抟(890?—989)——种放(956—1015)——穆修(?—1032)——李之才(?—1045)——邵雍(1011—1077)

　　此可见雍之《易》,由之才而直承陈抟。之才之学,贵能合五经于

《易》。所存之"卦变图",于宋易为陈抟"先天图"外之重要发展。雍于数年间依次接受其学,故于三十五岁已闻易道。如未经艰苦自学与四方游观,则虽遇之才,亦未必能悟先天之旨。二年后雍作《共城十吟》,前有小序曰:"予家有园数十亩,皆桃李梨杏之类,在卫之西郊,自始营十余载矣,未尝熟观花之开,属以男子之常事也。去年冬,会病,归自京师,至今年春,始偶花之繁茂,复悼身之穷处,故有春郊诗一什。虽不合于雅焉,抑亦导于情耳。庆历丁亥岁(1047)。"下录其二《春郊闲步》:

> 病起复惊春,携筇看野新。
> 水边逢钓者,垅上见耕人。
> 访彼形容苦,酬予家业贫。
> 自惭功济力,未得遂生民。

读此《十吟》以味其旨,可喻雍于是时之思想境界。其诗既感春天生生之气,又忧国伤时,心情未宁。雍于《皇极经世·外篇》有言:"学不际天人,不足以谓之学。"今知雍于三十七岁,乃初达天人之际,然尚知情而未知性,所学犹未全化,遑论发挥。故雍之学盖成于五十岁后,所著之《皇极经世》可为标志。以事迹言,自三十八岁起南下定居于洛阳,至此人文荟萃之地,不复移动,直至六十七岁卒。《宋史》本传:"初至洛,蓬荜环堵,不蔽风雨,躬樵炊以事父母。虽平居屡空,而怡然有所甚乐,人莫能窥也。"今本雍一生之成就以究其所甚乐者,即在著此《皇极经世》。直至嘉祐五年(1060)年五十,作《新正吟》曰:

> 蘧瑗知非日,宣尼读《易》年。
> 人情止于是,天意岂徒然。
> 立事情尤倦,思山兴益坚。
> 谁能同此志,相伴老伊川。

333

以此诗与《共城十吟》并读,庶可见时德性情之理。《皇极经世·外篇》有言:"……元者春也仁也……言德而不言时;亨者夏也礼也……言时而不言德;利者秋也义也……言时而不言德;贞者冬也智也……言德而不言时。故曰:利贞者,性情也。"识此阴阳之辨,或当时与德,或当性与情,或当亨利与贞元,或当天与人,于其间之精微皆能体味,方能理解先天图之妙用,故《皇极经世·外篇》有言:"图虽无文,吾终日言而未尝离乎是。盖天地万物之理尽在其中矣。"唯雍之有得于此,乃能承陈抟、李之才之旨,明辨时德性情而五经莫不可纳入《易》之先天图。且尚有据于天文事实,由是《皇极经世》结构之建成,其间确有甚乐处。诚中形外,宜达者相与者日增。留守王拱辰亦于嘉祐荐于朝,七年(1062)有为成新居者,雍曾作《天津新居成谢府尹王君贶尚书》,至熙宁,又有《天津敝居蒙诸公共为成买作诗以谢》,诗曰:

> 重谢诸公为买园,买园城里占林泉。
>
> 七千来步平流水,二十余家争出钱。
>
> 嘉祐卜居终是僦,熙宁受券遂能专。
>
> ……
>
> 洞号长生宜有主,窝名安乐岂无权。
>
> 敢于世上明开眼,会向人间别看天。
>
> 尽送光阴归酒盏,都移造化入诗篇。
>
> 也知此片好田地,消得尧夫笔似椽。

买园之时,以熙宁元年(1068)论,雍已五十八岁。当雍于五十四岁时其父古(986—1064)卒,三年后葬其亲于伊水上。《宋史》本传:"及执亲丧,哀毁尽礼。富弼、司马光、吕公著诸贤退居洛中,雅敬雍,恒相从游,为市园宅。"今以理推之,诸公之雅敬之,决非仅见其执亲丧之哀毁尽礼,实有应于雍之《皇极经世》。观司马光之兄事之,相感尤深。此因光于治平四年(1067)得英宗之"《资治通鉴》序",乃退居洛中以著书,而雍之《皇极经世》已备其旨,光安得不雅敬之。故雍于易道,知于三十五岁前,自得于五十岁后,若应用此《皇极经世》,已在王安石实行新法之熙宁。必迨富弼、司马光、吕公著诸贤退居洛中,雍之学始为时重。诗中"二十余家争出钱"之事实,恰说明司马光等退居后之心情,而雍学之不合于安石新政,更不言而喻。然以学术言,司马光所著《资治通鉴》之价值,前人早有定论,而雍之《皇极经世》虽书成已历九百余年,其价值如何?迄今未得正确之理解。且所谓《皇极经世》,其内容如何?大旨何在?流传之变化又如何?皆未经详考。雍书之流传过程中,后人之说每每得以托名于雍而杂入之,故雍之名虽著,而雍之实反为虚名所蔽。所传之易道,迄今云雾重重,未得正确之评价,此宜先作客观介绍。

《宋史·艺文志》:

> 邵雍《皇极经世》十二卷。《叙篇系述》二卷。《观物外篇》六卷,门人张崏记雍之言。《观物内篇解》二卷,雍之子伯温编。

又:

> 张行成《皇极经世索隐》一卷。《观物外篇衍义》九卷。

按《皇极经世》十二卷之著成,约当雍五十岁左右,然此书中有一部分系纪时书,每过一年必记是年之时,故雍连续记之,及卒年而止。然则雍最终完成此书,当为熙宁十年(1077)。是时其子伯温已十一岁,故除门人外,伯温理宜传之。《宋志》所记述者,殊合南宋初流传之情况。而雍自著之《皇极经世》十二卷,及雍自言而由门人张崏所记之《观物外篇》六卷,此二书非但与张行成无关,与其子伯温亦无关。今仅存之道藏本《皇极经世》十二卷实包括此二书,尚无"内篇"之名。

考刻于正统十年(1445)之明《道藏》,大部分内容来源于宋德方编成于乃马真后三年(1244)之元《玄都宝藏》。元藏有七千八百余卷,为历代《道藏》中卷数最多者。编辑时金《玄都宝藏》尚在,理当全部继承。金藏有六千四百五十五卷,为道士孙明道刊于明昌间(1190—1196),既为补足宋徽宗时之《万寿道藏》,宋藏当亦全部继承之。宋藏有四千五百六十五卷。要而言之,由宋藏至元藏之编辑,同为全部继承而益以当世之书,宜卷数渐增。故沿流上溯《道藏》收及《皇极经世》,当为政和(1111—1118)初之事。元道士当涂杜道坚(1237—1318)于大德十年(1306)著有《玄经原旨发挥》,即通贯易老于《皇极经世》,此证道教中重视邵雍之说。且杜道坚之认识《皇极经世》,有应于道藏本,与通行本不同。然则政和初收及《皇极经世》之事,殊有可能。是时雍亡仅三十余年而伯温尚在,实属最早之版本,幸历代赖《道藏》以传,庶能保存原书之面貌。

当编辑明《道藏》时,元《道藏》已未全,乃存有《道藏阙经目录》二卷。其中不载《皇极经世》十二卷,可见明藏所存仍为宋《道藏》旧本,当与杜道坚所见者同。

道藏本之首十卷为《观物篇》一至五十。第十一卷为《观物篇》四十一至五十二;按此数重复,似当为五十一至六十二。凡此《观物篇》六十二即为《皇极经世》。又第十二卷为《观物外篇》凡分上下。以道藏本论,既有上下二《观物外篇》,相应可视前之《皇极经世》即为《观物内篇》,然亦未有"内"字。今通行本皆以《观物篇》之五十一至六十二为《观物内篇》,此实起于邵伯温或张行成。至于伯温之《观物内篇解》二卷,不知当时是否有解,是否仅为编次。"内篇"何指,亦未明确。张行成《皇极经世索隐》自序有言:"先生之子,尝为叙述而象数未详,辄索其隐以俟同志。"则《宋志》著录"《叙篇系述》二卷",亦系伯温所作。于《皇极经世绪言》前,尚有四节伯温之言当属《叙篇系述》,虽合于义,然未能以象数传其父之道。读伯温自著之《周易辨惑》一卷,尤见其不解象数,追随二程之后孜孜于人事而不知基于物理。雍学由是而紊乱,其父之长乃荡然无存。伯温卒于高宗绍兴甲寅(1134),考是时张行成或已生,其杜门十年以著成七种易著上于朝,时当孝宗乾道二年(1166),基本能私淑雍学而尚有发展。今准《索隐》与《衍义》,殊可考见雍书之原貌。考明《道藏》收集劫余之古《道藏》在永乐初,此本《皇极经世》之纪时及洪武十六年(1383),当属明初人据古道藏本所增,与原著无关。至于通行之《皇极经世》,莫不属于已经伯温之叙述与张行成之发展,故与道藏本有极大差别。

《皇极经世》十二卷有四部分。第一部分曰历,凡六卷,分"以元经会"、"以会经运"、"以运经世"各二卷。第二部分曰律,凡四卷,本律吕声音以辨平上去入与开发收闭相唱和,分"平开"、"上发"、"去收"、"入闭"各一卷。第三部分综论全书之理,张行成本名之曰"内篇"。第四部分曰"外篇",系雍之语录,《宋史》属张崏所记。雍之《击壤集》中,收有张崏一诗,题曰《观洛城花呈先生》:"平生自是爱花人,到处寻芳不遇真,只道人间无正色,今朝初见洛阳春。"崏得明师,诗中喜慰之情,足补雍当年之《共城十吟》。准此,崏当可传雍之道,不幸早世,宜"外篇"尚未成书。凡此四部分,同以"观物篇"计其数。列表如下:

历	观物篇一——三十四
律	观物篇三十五——五十
综论(内篇)	观物篇五十一——六十二
外篇	观物外篇上下

识此全书之纲领,乃可据内、外篇之理,以究日月星辰水火土石之变。一言以蔽之,雍之可贵处,要在知时。"时者,四时也",所以见一年之周期。《外篇》有言:"落下闳但知历法,扬雄知历法,又知历理。"又曰:"落下闳改颛顼历为太初历。子云准太初而作《太玄》,凡八十一卦,九分共二卦,凡一五隔一四。细分之则四分半当一卦,气起于中心,故首中卦。"此论《太玄》之结构以当历理。凡历法一年之变,仅在"踦"、"赢"两

赞中,而三百六十四日半之周期,全合于三数四次方乘九之二分之一。以算式示之,即 $1/2 \cdot 9 \cdot (3)^4 = 364.5$,故客观之历法,能合诸数学模式,是谓《太玄》所得之历理。三数四次方当方州部家各三进制成八十一首,乘九者每首分九赞,二分之一者赞分昼夜,即二赞合一日,此扬雄之历理而邵雍知之,是之谓"后世之扬子云"。雍以语司马光,光之重视《太玄》在此,所以知年之标准,成为编年体《资治通鉴》之核心。既得时之标准,始可论史,且以见历史发展之迹。雍特作《书皇极经世后》,须录之:

> 璞散人道立,法始乎羲皇,岁月易迁革,书传难考详。
> 二帝启禅让,三王正纪纲,五伯仗形胜,七国争强梁。
> 两汉骧龙凤,三分走虎狼,西晋擅风流,群凶来此荒。
> 东晋事清芬,传馨宋齐梁,逮陈不足算,江表成悲伤。
> 后魏乘晋弊,扫除几小康,迁洛未甚久,旋闻东西将。
> 北齐举爝火,后周驰星光,隋能一统之,驾福于巨唐。
> 五代如传舍,天下徒扰攘,不有真主出,何由奠中央。
> 一万里区宇,四千年兴亡,五百主肇位,七十国开疆。
> 或混同六合,或控制一方,或创业先后,或垂祚短长。
> 或奋于将坠,或夺于已昌,或灾兴无妄,或福会不祥。
> 或患生藩屏,或难起萧墙,或病由唇齿,或疾亟膏肓。
> 谈笑萌事端,酒食开战场,情欲之一发,利害之相戕。
> 剧力恣吞噬,无涯罹祸殃,山川才表里,丘陇又荒凉。
> 荆棘除难尽,芝兰种未芳,龙蛇走平地,玉石碎昆岗。
> 善设称周孔,能齐是老庄,奈何言已病,安得意都忘。

读此方见雍深入研究史学之事实。自"七国争强梁"至"五代如传舍"即《资治通鉴》所取鉴之历史背景,终于后周显德六年己未(959),亦同于《皇极经世》"以运经世"所记史事之所终。司马光于著《资治通鉴》外，又草《潜虚》者，亦欲见史鉴之质。法《太玄》而另成数学模式，乃可以人事合诸天理。此当时所谓"天人之际"之学问，今犹所谓自然科学与社会科学之结合。唯天理难言，不得不用《易》之象数，此犹今日所谓数学模式。吾国三千年来重视易卦（今已得先周之数字卦），实为独特之数学语言，于筮占中融入哲理，渐以哲理为主。然《易》之哲理，始终不可忽视卦象所包含之数学语言。故自数字卦发展成阴阳符号卦后，九数、十数之组合图形，至迟在战国时早已流行。唯数学语言之所指，自然有天人之辨，亦势必因时代变化而变化。故宋起恢复九、十数之组合图形，并名之以"河图"、"洛书"，实为认识论之一大进步。先以《潜虚》拟议《太玄》，尚未及先天图之发展《太玄》。又陈抟之先天图，可谓之以二进制变化《太玄》之三进制，《潜虚》欲立七进制以承《太玄》，而其所指仍属一年之标准，故远不及《皇极经世》之作用。且先天图传及李之才，已合五经而深得《易》与《春秋》互为表里之旨，乃雍继而发挥之，实合孔孟老庄而一之。《庄子·秋水》有言："……五帝之所运，三王之所争，仁人之所忧，任士之所劳，尽此矣。伯夷辞之以为名，仲尼语之以为博，此其自多也。……"此于雍盖思之已久，观人类活动之时空区域仅此而已，何可知"善设"而不知"能齐"。《逍遥游》中所谓"大年"、"小年"，尤为不可不知之事实。由是大其时空周期而著此《皇极经世》，乃反映宋初时对世界之认识，且有"年"之客观标准，非空想可比。又须录雍之《皇极经世一元吟》：

> 天地如盖轸，覆载何高极，日月如磨蚁，往来无休息。
> 上下之岁年，其数难窥测，且以一元言，其理尚可识。
> 一十有二万，九千余六百，中间三千年，迄今之陈迹。
> 治乱与废兴，著见于方策，吾能一贯之，皆如身所历。

此即《皇极经世》之数学结构，所可贵者，雍未尝否定中间三千年之陈迹。观《资治通鉴》始于周威烈王二十三年(前403),故总为一千三百六十二年,由之以为鉴,其何可忽乎三家分晋以前之史迹,况多史前文化。《春秋》始于鲁隐公元年(前722)终于获麟(前481),司马光尊经,阙七十七年而遥承之。雍据发展至宋的科学文化成就而上溯史前文化,尤见早年研读陆淳《春秋》之心得。准人类社会而上推至自然环境,属我国古有之天人之学。能详述自先秦起之天人观,方属吾国之自然科学史。此《皇极经世》之一元,即公元十一世纪时对世界之认识。特绘一图以示其结构,可一览而知之,未尝有丝毫神秘色彩(见插页)。

上图示皇极经世一元,凡一元分为十二会,此有取于十二辰次之古义,早以地支当之。一会分为三十运,以当天干三周。或以花甲分辨之即甲子、甲午为运首,二会合一花甲,一元十二会为花甲六周,共三百六十运。凡圆周分为三百六十度,今中外所通用,而每运恰当圆周一度。又分一运为十二世,亦以地支当之,则每世犹圆周之五分。最后分一世为三十年,为"世"字之古义。凡三十年为人类每代遗传之平均数,正可视为人类生物钟之标准时间,仍以甲子、甲午为世首,二世合一花甲,一运十二世为花甲六周,计每年犹圆周之十秒。由是以圆周一圈观之,凡十二万九千六百年,是谓《皇极经世》之一元。更以下表示之:

$$
\begin{array}{l}
\text{《皇极经世》1元} = 12\,\text{会} = 360\,\text{运} = 4\,320\,\text{世} = 129\,600\,\text{年} \\
\quad(360°) \\
\qquad\qquad 1\,\text{会} = 30\,\text{运} = 360\,\text{世} = 10\,800\,\text{年} \\
\qquad\qquad\quad(30°) \\
\qquad\qquad\qquad\qquad 1\,\text{运} = 12\,\text{世} = 360\,\text{年} \\
\qquad\qquad\qquad\qquad\quad(1°) \\
\qquad\qquad\qquad\qquad\qquad\qquad 1\,\text{世} = 30\,\text{年} \\
\qquad\qquad\qquad\qquad\qquad\qquad\quad(5') \\
\qquad\qquad\qquad\qquad\qquad\qquad\qquad\qquad 1\,\text{年} \\
\qquad\qquad\qquad\qquad\qquad\qquad\qquad\qquad\quad(10'')
\end{array}
$$

更以当时之天文知识观之,一元之周期,亦非贸然而言。若《太玄》定年之标准,仍须从先秦古义以合于二十八宿恒星,故《玄数》有言:"求星从牵牛始,除算尽,则是其日也。"然一周天并非一周岁,此有岁差之理。《吕氏春秋·有始览》有言:"极星与天俱游,而天极不移。"

今人陈奇猷认为当时已认识岁差，殊可取。西汉末与扬雄（前53—18）同时之刘歆（？—23），已认为"冬至进退牛前四度五分"，至贾逵（30—101）则已知"冬至在斗"。直至晋成帝（326—342在位）时，虞喜始算得岁差约"五十年退一度"，何承天（370—447）则认为百年差一度。祖冲之（429—500）又认为四十五年十一月退一度。及隋刘焯（544—610）总结之而认为七十五年差一度，方与实际情况相近，此一事实至宋初，凡有志于推求天象变化之规律者，自然须注意之。雍与光盖极度重视之。光之门人晁以道（1059—1129）特著《易玄星纪谱》，其后序曰：

> 说之在嵩山，得温公《太玄集解》读之，益知扬子云初为文王《易》而作《玄》，姑托基于高辛及太初二历。此二历之斗分强弱，不可下通于今，亦无足议。温公又本诸太初历而作《玄》历，其用意加勤矣，然简略难明。继而得康节先生《玄图》，布星辰，辨气候，分昼夜，而《易》《玄》相参于中为极悉矣。复患其传写骈委易乱，岁月斯久，莫知其躅乎。欲释而意不置，乃朝维夜思，取历于《图》，合而谱之，于是知子云以首准卦，非出于其私意，盖有星候为之机括，不得不然，古今诸儒之失则多矣。

此所谓"斗分强弱，不可下通于今"者，即指岁差言。雍曾作《玄图》惜未传，当雍之卒，以道仅十八岁，不及入门而学于雍之门人杨贤宝，然贤宝任其师《玄图》之散漫而不加整理，可证其未得《皇极经世》之蕴。若以道准实测而传之，以复卦当初斗十二度，且注曰："温公、康节同"，此实为宋初之客观天象。然以道准之而成《易玄星纪谱》，仅可传光之《潜虚》，以见汉至宋之不同，然尚未足以传《皇极经世》。若《皇极经世》之元，所以斟酌岁差之周期。今测每年之岁差变化约 $50''2$，则《皇极经世》之一元，约合岁差周期五周。下示雍推广岁差之实测数，及今日之实测数，以作比较。

341

《皇极经世》一元数 ＝ 129 600 年

《皇极经世》岁差周期数 ＝ 129 600 年 ÷ 5 ＝ 25 920 年

今测岁差周期数 $\begin{cases}（黄道固定）＝ 25 725 年 \\ （黄道移动）＝ 25 784 年\end{cases}$

今因《玄图》已佚,布星辰之详,不可得而见,然《外篇》有言:"天浑浑于上而不可测也,故观斗数以占天也,斗之所建,天之行也",则其义已明。故雍本岁差周期而建立此《皇极经世》之一元,似可肯定。以雍之推测,认为七十二年差一度,较刘焯更接近实测。若雍之据历代记载并实测后,毅然改用七十二年差一度者,不得不认为其有受于《周易·系辞》之启发。因吾国于先秦时,对圆周之三百六十度,阴阳非平分成各一百八十度,而是取参天两地之比数。由是阳取三百六十度中五之三,阴取五之二,原文曰"乾之策二百一十有六,坤之策百四十有四,凡三百有六十,当期之日"是其义。故七十二之数恰当圆周度数五之一,由是《皇极经世》之一元必用五周岁差周期。至于岁差周期于人类究有何种影响,因迄今有史之文化尚未及万年,则极难有正确之认识,况雍且合五周而观之,尤多变化。然以发展至今日之科学知识而言,理当了解雍所谓"且以一元言,其理尚可识"之理,何可再认为其有神秘感,亦何可再认其为一己之妄言。自虞喜认识"天自天岁自岁",今已知其作用,安知雍实在高一层次更见天与岁之又可相合,其作用何可忽视。当雍得此一元数后,平均三分,每分为四万三千二百年,其一为闭物开物之间犹混沌。其二为开物闭物之间,一分渐由开物而出,一分渐向闭物而入。认为开物于寅会之七十六,闭物于戌会之三百一五。此数即当圆周之度数,故另分当午会之一百九十五与一百九十六之际。或以十二会之消息论,几在亥子之际,则变在巳午之间。而雍之三分,特取寅午戌三会之中,由是自巳午会之际移至午会之中,间当五千四百年,迄今有史之文化皆在其中,乃可由天而及人。且雍仍取孔子以尧舜为划时代之代表人物。以之当巳会之末,由尧舜禹禅让而至禹七年为巳会止，故禹八年起为午会始，凡尧之年安排在一百八十癸(亥)运，二千一百五十六未世，六万四千六百六十一甲辰年，由此甲辰年至巳会末尚有一百三十九年，想象为禅让之盛世。至禹继之，而八年起渐成传子之风，其当午会一百八十一甲子运。会之不同，仅此一见。雍有意使之当传贤传子之辨，不可谓无见，是即所谓天人之际。以雍考得之尧元年，合诸今日世界通用之公元观之，盖当公元前二千三百五十七年，及雍之卒年计之，总为三千四百三十四年，其间于世事之陈迹作客观记录。虽或尧舜三代之事，未必全合于史实，然有此正确之时间坐标，何可不认为是有作用之科学著作。由一元之周期，尚可上推下推，实已得宏观微观之时间标准，一会当岁差移动一百五十度，不可忽视自然条件之或确有变化。人类社会与自然条件当然有密切关系，然决不可以一世之人作无限之推论，后人读《皇极经世》之失即在此，欲以十秒之变，论周天之消息，其何能得雍之安乐。今之科学贵能明辨宏观微观之数量级，而《皇极经世》中，早已取《庄子》所谓大年、小年而加以科学分析。惜历代读其书者，每未加注意，且自张行成继承牛无邪所传之卦气图起，详以卦象配之，一卦配一年，仅下及圆周之十秒。则读其书者，莫非蜩与学鸠，以之而观鲲鹏之化，则何以识老庄之能齐。今观道藏本之《皇极经世》，于历之部分绝无卦象，雍之本旨乃见，斯为可贵。而后世通行者基本重视邵伯温张行成辈已配入卦象后之版本，此为一大错误。唯张栻(1133—1180)著有《经世纪年》，犹能客观应用《皇极经世》之时间坐标而详加考证，甚有见地。其后祝泌于宋理宗淳祐辛丑(1241)作《皇极经世解起数诀》，孜孜论张行成配卦象之非而另为配之，斯更引入邪途而全然未解雍作《皇极经世》之旨。迨宋元以降已无人不知《皇极经世》为占书，逐年有一卦象以觇是年之得失，斯则全然不解极可宝贵之数学模式。若道藏本刻成后四十年(1485)，有黄畿读之，经二十年而于弘治甲子(1504)成《皇极经世书传》，理尚可明，且知道藏本之重要，然难免仍用卦象。此外皆不足言。《四库提要》亦曰："凡兴亡治乱之迹，皆以卦象推之。"官方且然,遑论民间。今全以道藏本为准。唯其不用卦象,故又须说明《皇极经世》与先天图之关系。

按先天图创自陈抟,雍由之才直承之,欲知其直承之象,首宜自雍诗观之。其一,《观陈希夷先生真及墨迹》:

> 未见希夷真,未见希夷迹,止闻希夷名,希夷心未识。
> 及见希夷迹,又见希夷真,始知今与古,天下长有人。
> 希夷真可观,希夷墨可传,希夷心一片,不可得而言。

其二,《谢宁寺丞惠希夷樽》:

> 仙掌峰峦峭不收,希夷(陈图南也。自注)去后遂无俦。
> 能斟时事高抬手,善酌人情略拨头。
> 画虎不成心尚在,悲麟无应泪横流。
> 悟来不必多言语,赢得清闲第一筹。

由前一首可见雍曾见希夷之画像及墨迹。当雍之生,希夷已亡二十三年,即之才或亦未亲见,故其所传之先天图,难免"心未识"。幸相隔未久,犹能见及真迹而始知"天下长有人",其人通古今犹知时,时为《皇极经世》之旨。其心"不可得而言"者何?即先天图能以数学语言括尽天下万事万物之理。后一首更自言其志,实同希夷。时事人情,画虎悲麟,以明不必言之言而有以足成之。由是雍准先天图,合以天地人物之象。凡历六卷,以阳仪乾兑离震四卦当日月星辰以合于元会运世。律四卷,以阴仪巽坎艮坤四卦当水火土石之音与日月星辰之声相唱和。天人之际虽有无穷之变化而有四四十六之纲领可循,代入各种概念,于"内篇"中反复明之。至于以卦象配入皇极数,有极深之意义,据"外篇"之义以下式示之:

乾 ＝ 1

大有 ＝ 360

小畜 ＝ $(360)^2$

履 ＝ $(360)^4$

同人 ＝ $(360)^8$

姤 ＝ $(360)^{16}$

夬 ＝ 12

大壮 ＝ $12 \cdot 360$

泰 ＝ $12 \cdot 360 \cdot (360)^2$

临 ＝ $12 \cdot (360)^3 \cdot (360)^4$

复 ＝ $12 \cdot (360)^7 \cdot (360)^8$

坤 ＝ $12 \cdot (360)^{15} \cdot (360)^{16}$

其图如下示：

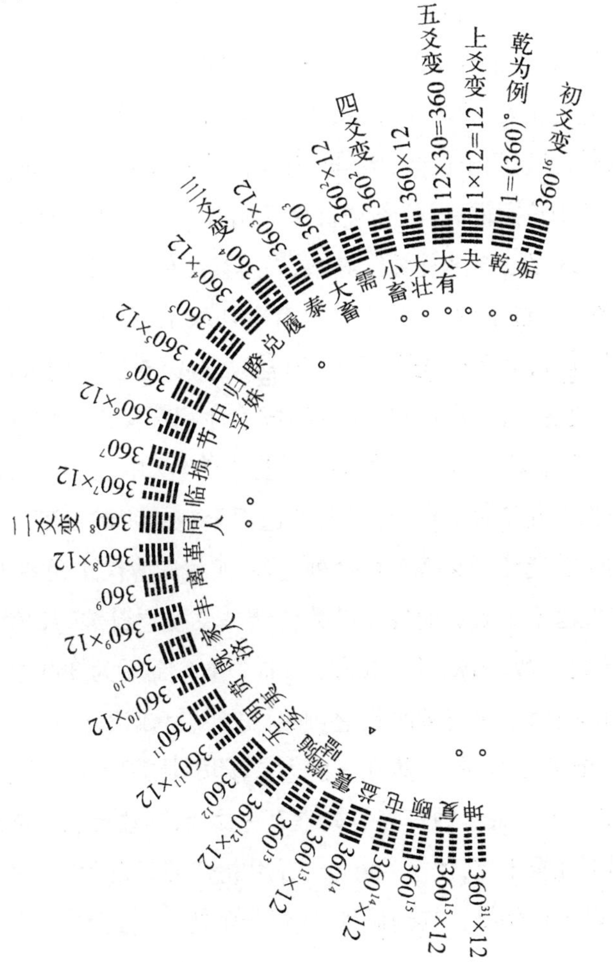

上式依先天图之次,卦各有数,此为雍所定之进位制。盖本简单之二进制,化成十二与三十相间隔,实即上爻之变以合成三百六十度之周天。由周天之引伸,终于未能算出之长数坤,今以方数示之殊简单而理至深邃。张行成自序《衍义》曰:"'外篇'行于世久矣,阙数者三节,脱误者百余字,今补其阙而正其脱误。"观道藏本之"外篇",实有三节阙数及脱误百余字,此可确证其为原著,而为张行成准之以成《衍义》者。至于所阙之三节数,二节同为复卦,一节为姤卦。雍特重天根月窟之姤复,乃消息之几。自复以上之三十二卦皆有数,自三十三卦姤以下之三十一卦,皆以为无数,实当 $(360)^{16}$ 至 $1/30(360)^{32}$ 之间。观雍原著中算出最大之数为震(☳)卦,计有三十五位数,雍曰:"天之有数,起乾而止震,余入于无者,天辰不见也。"而张行成为之补入者,下及复(☷)卦当四十位数,姤(☴)卦当四十一位数。此非时代生产力之进步,认识论之提高,似不须直接算出其数。而雍与行成孜孜于此者,必有所见及。况非徒算出其数,尚有其结构。且其数字之激增,全本先天图之二进位制,与卦象之次有密切联系,斯为可贵。要在由乾(☰)之夬(☱)、之大有(☲)、之小畜(☴)、之履(☱)、之同人(☲)、之姤(☴)之一爻变六,于雍后自然兴起,成为注解经文之观象法。与张行成略同时的都絜《易变体义》、沈该《易小传》已用之,虽曰有据于《左传》昭公二十九年蔡墨释龙之例,实通观全《易》者始自雍。其后直至清末,用一爻变注经文者有百余种之多,尤其是清代注经者用之,陈陈相因,什九已不足观。而雍之以数合诸一爻变之卦象,加倍于三百六十度周天之方数,由乾当 0 次方,经 1,2,4,8 至姤为 360 之 16 次方,其对宇宙之认识,实有划时代之创见。先以象数论,能使十二辟卦与一爻变之卦发生联系,其数凡一世之差,即姤卦数除三十为复卦数,同人卦数除三十为临卦数等等。故雍之一爻变,其数自然可推及六十四卦,凡用上九乘十二,用上六除十二,用九五乘三百六十,用六五除三百六十,以下可例推。其理确妙,实可与陈抟之先天图、李之才之卦变图鼎立而三,为宋易之三大原理。更以认识客观之形象论,《外篇》有言:"天以理尽而不可以形尽,浑天之术以形尽天,可乎。"考吾国之天文学,由盖天而浑天,不可不谓之一大进步。若当宋初,雍能不满于浑天之形,又为近千年来尚未为人所注意之大进步。观盖天之形,基本成于能推测二十八宿之周行,唯其为周行,必当有中心,孔子所谓"居其所而众星共之"是其义。然自战国起,逐步了解当有南极存在,如邹衍、惠施等之思想皆能认识,则自然有浑天之形。其后文献渐多,始可见北辰之变。秦汉以来,经数百年之实测天极并对校文献,始识极星移动之岁差。故魏晋后之重视天文者,基本皆知岁差,正寻其差数。若雍之算得岁差周期及其变化以著《皇极经世》,犹在推测浑天外之宇宙周期,故已非岁差浑天之形所可尽,不论其形而论其理,乃纯以方圆图形喻之。所谓天圆地方者,义承先秦之古说,然当宋初,又内含当时之象数意义。凡所有图形,不外直线与曲线,直以成方,曲以成圆,以喻天地阴阳之两端。若浑天之形,不外六合之方、弄丸之球,其何能尽天之形。故雍用周天方数之加倍以喻其理,是真庄子所谓"六合之外"之象,宜其不取浑天之术。由数量级之不同,自然可进入微观宏观两端而有其不同之结构。故能总合六爻之一爻变并通观六十四卦,庶见《皇极经世》与先天图之关系。由其卦数当周天方数之倍增,庶睹取一爻变之大义。奈大义又废,而仅以一爻变作为占书,斯诚雍之不幸,亦易学之不幸。

由上介绍,或可客观理解其结构。要而言其书,凡"以元经会"者,详记十二会以及三百六十运与四千三百二十世。唯于二千一百五十七至二千二百七十世,为雍及见之人事。此属乾之大壮,雍以象数语言叙述当时已可理解之天理。"以会经运"者,详记开物至闭物间之二百四十运(自巳七十六至戌三百一十五),当癸一百八十运至癸一百九十运之间,则准运而及世与年。自尧登极之年直至雍之卒,每年记之。最可注意者,当雍所自记直至卒年,每年有契丹之年号,可见其对现实状况的重视。然自洪基二十三年后属后人之笔,则无人再记契丹之情况,斯见雍之志而后人未能传之,而其子伯温难辞其咎。"以运经世"者,自经世之未二千一百五十六甲辰至经世之酉二千二百六十六己未,逐年记其大事,是所以完成之才之志,准陆淳明《春秋》之理以发展《春秋》大义,由孔子二百四十二年间之例,推及于三千一百十八年之间,可云宏伟。观此"经世"之义,乃可见雍有综合经史之旨。或舍史而论经,经义著空;或舍经而论史,史迹散漫,而《皇极经世》实能以史证经而一之。当时之观点,虽必为时代所限,然其理有可取者。下录《乐物吟》以见其旨:

> 日月星辰天之明,耳目口鼻人之灵。
>
> 皇王帝伯由之生,天意不远人之情。
>
> 飞走草木类既别,士农工商品自成。
>
> 安得岁丰时常平,乐与万物同其荣。

此雍之晚年所以能寿终于"安乐窝"。若乱几已显,雍岂不知,然人各有志,与光之《资治通鉴》互为事理,又有何求。

以下为律四卷,乃承其父古之学。古字天叟,号伊川丈人。卒后一年当治平二年(1065),雍集录其书,名《正音叙录》,间有二段宜录之:

> 音非有异同,人有异同;人非有异同,方有异同;为风土殊而呼吸异故也。东方之言在齿舌,故其音轻而深;南方之言在唇舌,故其音轻而浅;西方之言在颊舌,故其音重而浅;北方之言在喉舌,故其音重而深。便于喉者不利于唇,巧于齿者不善于颊,由是讹正牵乎僻论,是非生乎曲说,幡然淆乱于天下矣。不有正声正音,恶能正之哉。

日生律，月生吕，星生声，辰生音，金成律，土成吕，火成声，水成音。日月星辰、金土火水正而天地正焉，是故知律吕声音之道可以行天地矣。律为君，吕为臣，声为父，音为子，律为夫，吕为妇，声为男，音为女。君臣父子夫妇男女正而人道正焉，是故知律吕声音之道可以行人道矣。

由上之说，已可概见古之学，盖本《庄子·齐物论》中所谓天籁、地籁、人籁之象。合诸事实，其家由涿县而南迁，经衡漳共城而洛阳，古所遇之方言甚多，雍亦更有四方之游，最后定居于洛，其地本有天下之中之称，宜有定正声正音之志。于四方方言之辨，归于发音部位，虽非绝对，而于声音之分类，殊可参考于此。由是知司马光之《切韵指掌图》，实亦有得于邵氏父子。又张行成曰："声律之学，本出于伊川丈人，康节祖述之，小有不同，要之理则皆通。"此因以声律全合于数，势必经过高度之抽象安排，且收入而作为《皇极经世》之组成部分，宜与全书之数相通。故声律音吕之数仍取于天干地支，声数为十乘十六共一百六十，内有四十八勿用，准十用其七之例，乃声凡一百十二，各择一字示之。音数为十二乘十六共一百九十二，内有四十勿用，乃音凡一百五十二，亦各以一字示之。由是声音唱和而可喻万籁之情。又以先天图之两仪论，阳仪声律为日月星辰见天文，阴仪音吕为金土火水见地理。此处特取金字而尚未用石字，庶见雍取水火土石与五行之关系，石与金含义同，石尤合自然。观五行之中唯木为生物，宜雍舍之以取水火土石四者，经天地由一二而各四以唱和，生物乃生。据《内篇》之言，以算式示之：

$$112 \times 152 = 17\,024（于阳为变数，动数；于阴为化数，植数）$$
$$17\,024 \times 17\,024 = 289\,816\,576（动植通数）$$

雍由具体之方言不同，推及语言之本，由语言之声音律吕推及万籁中有生物与自然之不同，于生物中又明辨动植物之有吹万不同，是诚庄子《齐物论》所谓"果有言邪,其未尝有言邪,其以为异于鷇音,亦有辨乎,其无辨乎?"观生物由进化而有人,人有语言文字以传信息,不可不谓之动物中之最高级者。然不幸而竟有为语言文字以阻隔人类之间、人类与天地之间之互通信息,则语言文字是否果为传递信息之最佳工具?此正在引起今日人类之深思。不期佛教中之禅宗早见及此,雍之《皇极经世》化声音唱和为数,亦有此义。以象数语言运载之信息确多于文字语言,上已引及《外篇》"图虽无文,吾终日言而未尝离乎是"。而或未得象数之旨,欲以语言文字以观《皇极经世》,其何以见雍之至乐处。最后以四分先天六十四卦方图,则一元之历理、唱和之相通皆在其中,宜雍有以取十六进位制。

地	时	日	月	岁		入	去	上	平	音和律
水	䷶	䷾	䷄	䷇		䷞	䷠	䷋	䷏	水
火										火
土										土
石										石
				人						
辰										辰
星										星
月										月
日										日
声唱吕	开	发	收	闭		世	运	会	元	天

若《内篇》中所论十六进位之实质，总以以下二表尽之：

一、天地八卦之象

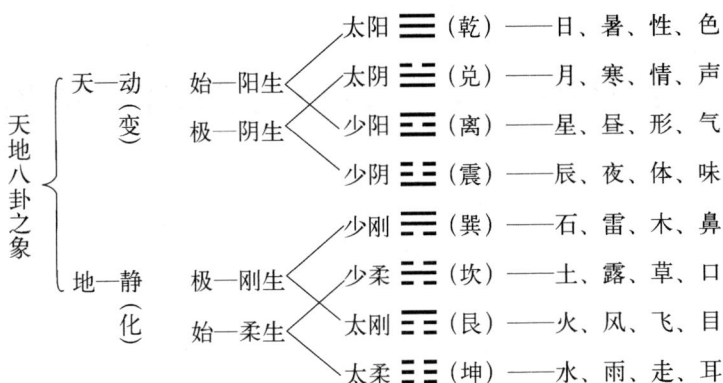

天地八卦之象
- 天—动（变）
  - 始—阳生
    - 太阳 ☰（乾）——日、暑、性、色
    - 太阴 ☱（兑）——月、寒、情、声
  - 极—阴生
    - 少阳 ☲（离）——星、昼、形、气
    - 少阴 ☳（震）——辰、夜、体、味
- 地—静（化）
  - 极—刚生
    - 少刚 ☴（巽）——石、雷、木、鼻
    - 少柔 ☵（坎）——土、露、草、口
  - 始—柔生
    - 太刚 ☶（艮）——火、风、飞、目
    - 太柔 ☷（坤）——水、雨、走、耳

二、天人合一之象

体	力	功	德	道	昊天	
	冬藏	秋收	夏长	春生	春生	化
	数	象	言	意		
道 易	伯	王	帝	皇	夏长	教
	知	义	礼	仁		
德 书	周	商	夏	虞	秋收	劝
	体	形	情	性		
功 诗	召公	周公	武	文	冬藏	率
	术	才	贤	圣		
力 春秋	楚庄	齐桓	晋文	秦穆		
圣人	春秋	诗	书	易	用	
	率	劝	教	化		

至于《外篇》，确属语录性质，虽未成书而纲领反在其中，尤其是象数部分。惜张嵲早世，牛无邪辈难免妄加推测。张行成整理成《衍义》有可取处，然已另加编辑。今以道藏本校勘之，什九仍同，亦互有阙佚。为引用方便，于《外篇》上下，各依原本分段，以数字表明之，计上篇有 157 节，下篇有 257 节，共为 414 节，极多精粹之言。读其书者，可遵张行成之说由《外篇》入。

论王船山以易学为核心的思想结构

此一论题,宜分两方面考察。其一研究王船山的学术思想结构。在此结构中,易学放在什么地位？这一地位,就是王船山对易学的认识。其二简述易学本身的发展。易学的发展,赖有若干有力者及重要文献为之倡导,更有经验事实为之后盾,易学方能在我国延续二三千年而不衰。于王船山的时代,早经历代学《易》者的努力,易学本身的整体理论已极专门化、数理化。如不说明这个时代易学发展的情况,就不能见出当时易学的利弊得失,也不能见出王船山和当时其他学《易》者思想结构的不同之处。以上两方面的研究,须相互渗透而结合之,方可了解王船山学《易》的进程,了解其如何完成对易学的认识。

详观王船山的一生,处于动荡变幻的历史背景中,既有艰辛的遭遇,又贵能经常自反而博学深思。积五六十年的实践经验,合诸四五千年我国的发展史迹,由具体而抽象,由抽象而进一步上友古人,知道器变通之理,识出入无疾之几,乃能逐步形成其精细而微妙的思想结构。凡所究及的各种学术思想,莫不可纳入其中而各得其所。其所以重视易学,历四十余年而耿耿于怀者,就在利用易学的整体理论,作为其萃毕生精力而形成的思想结构的核心。究其核心,殊能继承极专门化、数理化的易学而更创新说。综观《船山遗书》对易学的评论,虽大力否定京房、魏伯阳、陈抟、邵雍等之说,其实魏以继京,邵以承陈,而船山所建立的易学象数,反足以开京、陈生面,合京、陈而三。此实为易学史上的重大事件,泛观同时代易家,无出其右者。

今研究王船山学术思想的结构,当观其历年之变。船山于明万历四十七年(1619)生于衡阳,是时明王朝已现崩溃之几,然表面仍维持统一,开科举士之正途亦在继续。其父王朝聘于天启元年(1621)中乡试副榜,赴京师国子监,然不得志,越六年(1626)自京师归。家居二年后,毅宗即位(1628)。初登基而去魏忠贤,又能鼓舞儒生之报国心。朝聘虽已五十六岁,尚赴京师吏部谒选。船山于是年十岁始学制义,其志趣可见。四年后父归,见国事不可为而不再出仕,而船山仍专心致志。十五岁入学,十六岁始学为诗,廿岁完婚。历年中曾数赴武昌参加乡试,且为文酒之会,此皆属当时儒生之正常成长过程。船山之可贵处,在既得制义之旨而不为所限,且能博览群书。又朝聘学于伍学父先生,二人极相得。船山的学术思想,基本是家学,亦受伍先生的影响。

《沅湘耆旧集》云:

> 伍定相,字学父,一字玉铉,衡阳人。万历时贡生。十三岁即通诸经、性理、《通鉴》诸书,稍长,益纵览群籍。褐衣敝屣,授徒以养母,动静语默,必与横渠、道平两先生相吻合。邹泗山先生称之曰:"居敬穷理,实践虚求,伍子一人而已。"为学综天文、地纪、人官、物曲、兵农、水利之书,以淹贯为主,船山之学,所由本也。……疾革,呼门人王朝聘语曰:"丈夫不死于妇人之手。子,丈夫也,吾死子手矣!"遂逝。

船山之《家世节录》云:

先君少师事邑大儒伍学父先生定相,研极群籍。先生与先君为师弟子,而相得如友生。先生藏书万余卷,居恒谓家君:"此中郎所以贻仲宣者,行归之子。"后先生猝得热疾,瞀急不能语,先君躬执药食。先生目语先君,如将有所授者,先君辄俯首不答,归而叹曰:"吾宁负先生治命,不能受仲宣之托也。"

今不论朝聘是否接受这万余卷书,而船山知识之博,自然与伍先生及其藏书有关。当崇祯壬午(1642)船山二十四岁,为其早年思想的定型时期。

船山七十岁所著之《南窗漫记》中有曰:

壬午初秋,黄冈王又沂源曾,熊渭公霔会同人于黄鹤楼,与者百人,各拈韵赋诗。……渭公笃志正学,有与李文孙论致知书,破姚江之僻。为余序诗,以眉山、淮海为戒。

又九月中式第五名经魁。《家世节录》云:

壬午冬,夫之上计偕,请于先君曰:"夫之此行也,将晋贽于今君子之门,受诏志之教,不知得否?"先君怫然曰:"今所谓君子者,吾固不敢知也。要行己有本末。以人为本而己末之,必将以身殉他人之道,何似以身殉己之道哉! 慎之,一入而不可止,他日虽欲殉己而无可殉矣。"

据此事实,可概论船山之早年思想。其一,诗从眉山、淮海之法,失在文达而少质,言虚而情泛;其能有应于熊渭公而请为之序,已有取于渭公破姚江之正学。其二,中式以《春秋》经,此为家学,其父"早受《春秋》于酉阳杨氏,进业于安成刘氏",船山能继之,其有志于治平之道可喻。其三,将上京时接受父训。此训船山终身不忘,亦为其自我改变思想结构的动力。

故船山早年对明朝的崩溃,尚存幻想。迨二十四岁上京道梗,始有事实之认识。是时伍先生已去世,诗文集未传,仅留一绝句于船山晚年所著的《南窗漫记》中,诗名《过应山绝顶》:

> 原草青青入望新,归云将雨润轻尘。
>
> 只今江北春将尽,渺渺江南愁煞人。

此诗表露对北方的忧虑之情,船山于垂老时唯忆得伍先生此诗,可见当年给船山的印象之深。

船山有志于治平之道,《春秋》为其家学,必和《易》发生关系。《史记·司马相如传》:"太史公曰:《春秋》推见至隐,《易》本隐之以显。"这一《春秋》和《易》的联系,有极深刻的思想内容。自司马迁提出后,对后世影响颇深。船山的思想结构,亦以此为基础。中式前后诗所以请熊渭公为序者,熊氏即善《易》。

《明史·忠义传》:

> 熊霁,字渭公,黄冈人。移居武昌,嗜古学,尤喜邵子《皇极书》,颇言未来事。十六年元旦,尽以所撰《性理格言》、《图书悬象》、《大易参》诸书付其季弟曰:"善藏之。"城破前一日,贻书冯云路言:"明日当觅我某树下。"及期行树旁,贼追至,跃入荷池以死。

船山与熊氏接近,可推知其早年所理解之易学殊知《皇极书》之说。读其《章灵赋》,又知其对京氏易亦精熟。此皆学于廿四岁前,故当时的思想,见则以《春秋》制义,隐则以京邵之说预测。于理学乃本张载、李侗之说,以斥姚江之僻。必于廿五至廿八岁,因遇世事之纷乱,为其从实践经验中所得,有以改变其思想的实质。

《姜斋公行述》:

> 癸未,张献忠陷武昌,遂陷衡州,绅士多反面纳款,其不降者,贼投之湘水。府君匿南岳双髻峰。征君为伪吏所得,挟质以招伯父与府君。征君迫欲自裁,府君哀窘,匿伯父,自刺身作重创,傅以毒药,舁至贼所,贼不能屈,得免于难,复匿岳峰。甲申五月,闻北都之变,数日不食,作悲愤诗一百韵,吟已,辄哭。

此当船山廿五、廿六岁时。又廿七岁生子敔,廿八岁其妻卒,其父年七十七岁,知不久于世,而命编《春秋家说》。且明福王由崧及唐王聿键、聿锷皆先后被杀,此诚国破家亡之际,船山悲愤之情殊可意会。故于廿八岁丙戌(1646)起,始编《春秋家说》,亦于是年始志于学《易》。时代既变,《春秋》何用?反之于《易》,正可"隐"之以"显",宜其生学《易》之志。又船山所敬佩之渭公,于张献忠陷武昌时身殉,于事后观之,殊可不必。若船山救父之智,确有以过之。此于渭公之信《皇极书》或亦有关。宜船山于渭公,终身取其"以眉山、淮海为戒",绝不论其易学。此船山理解易学之宝贵处,决非渭公可比。《易》与《春秋》隐现相通之认识,亦定型于是年。而船山之思想结构,自廿八岁起,即在具体体验此二书之实质并旁及一切学问。

船山廿九岁父卒。卅岁益讲求易理,即在寻求行动方向之理论基础。是年(1648)举兵于衡山。兵败由耒阳、永兴、桂阳、柳州至桂林,经瞿式耜荐而桂王奖许之。船山事桂王期间,曾回家省亲一次,母令其速去,可见其爱国思想亦受母教。又于卅一岁续娶吏部尚书继之之侄孙女。时桂王已由桂林迁至梧州,船山于梧州又遭同僚王化澄之陷害,不得不返桂林依瞿式耜。旋闻母病而返,瞿氏即于是年桂林城陷

356

而死之。观此二年间的行动,全受父训"要行己有本末"之旨。船山本人于四十岁编成《家世节录》时,亦有感于此。自言曰:"呜呼!先君之训,如日在天,使夫之能率而不忘,庚寅之役,当不至与匪人力争,拂衣以遁。或得披草凌危,以颈血效嵇侍中溅御衣,何至栖迟歧路,至于今日求一片干净土以死而不得哉。"此又在悔八年前未能与瞿式耜相同时殉国。因当四十岁时,桂王虽在,已苟延一隅,绝不能更有作用,亦何能再为之殉。

且此八年间的思想,有一变化关键,即卅五岁作成之《章灵赋》,于是决计隐遁。《章灵赋》的内容全本易理,属卅岁益讲求易理的继续。而因易理而举兵衡山,二年间无计可施,仅欠一死。不期归家探母病而母已死,未久瞿氏亦殉国。桂王侧已无可有为,此见行动方向不可不变,渐生过隐士生活之志。虽有强烈的报国心,而不能再有直接的行动,此郁塞的矛盾皆言于《章灵赋》。

《章灵赋》自序曰:

> 章,显也。灵,神也,善也。显著神筮之善告也。壬辰元日,筮得睽之归妹。明年癸巳,筮复如之。时孙可望挟主滇黔,有相邀赴之者。久陷异土,既以得主而死为歆。托比匪人,尤以遇巷匪时为戒。仰承神告,善道斯章,因赋以见。

赋中有言:

> 窃余不知其畔兮,遵原筮以得垠。……被端策而氛睐兮,火出泽以章景。宗庙震于悔端兮,劳再告而益晒。……乱曰:天昧冥迁,美无眈矣。方熯为泽,已日霝兮。凿秕孔劳,矧怀娄兮。督非我经,雌不堪兮。專伏以需,师翰音兮。幽兆千里,翼余忱兮。仓悦写贞,疾烦心兮。贸仁无贪,怨何寻兮。

自注：

> 别部大帅李定国出粤楚，屡有克捷，兵威震耳。当斯时也，欲留则不得干净之土以藏身，欲往则不忍就窃柄之魁以受命，进退萦回，谁为吾所当崇事者哉。

船山于卅三岁辛卯冬还衡阳，于翌年壬辰元日筮得睽之归妹作为行动之的。不期于癸巳元日又筮得此象。且是年南明的局势，李定国虽正而受制于孙可望。船山以王化澄往事为戒，决不可再往，乃作此赋以明隐遁之志。以易学论，全准京氏易之法。卦象睽之归妹上爻宗庙变，以喻明室之不可为，睽为贞，归妹为悔，故曰："宗庙震于悔端兮。"睽九二"遇主于巷，无咎"，然则亦未必不可再为南明出力。巧在再次得同一卦象，于筮法义当比卦辞"原筮元永贞"中之"原筮"，由是取比六三："比之匪人"，象曰："比之匪人，不亦伤乎"；故曰："托比匪人，尤以遇巷非时为戒。"二次筮得是象，全属偶然之机，信为神告，实为船山自作判断，欲避"翰音登于天"之"贞凶"，不得不"専伏以需"以待之。如是玩占，其智已超过屈原之问卜于郑詹尹。

船山作此赋后思想变化已定，不再有与于南明。数年中随地托迹，所以觅首阳之居，以期"怨何寻兮"。其间曾避兵于永州零陵北洞瑶中，亦曾居郴州兴宁山中，且吟就潇湘小八景以寄其情。卅七岁借僧寺授徒，为从游者说《春秋》，始作《周易外传》和《老子衍》。此数年间，贵能不问世事，唯思贯通六经。相比廿四岁前之学，有不同的时空结构。凡早年之学，一心愿为世用，犹化时间为空间。今则知明室已不可为，乃不求当世之用而寻究古今变化之理，犹化空间为时间。虽然，时空相须而不可离，故上京道梗而及见明末之时，隐遁观时而复患我有身。宜于四十岁又悔不如瞿氏之殉，且虽视为未遵父训，妙在实已深味"慎殉"之旨。

船山此阶段所作《周易外传》之可贵处,已得六经互通之旨。《说卦传·七》有言:

> 是故圣人之教,有常有变。《礼》《乐》道其常也,有善而无恶,絜度中和而侧成不易,而一准于《书》。《书》者,《礼》《乐》之宗也。《诗》、《春秋》兼其变者,《诗》之正变,《春秋》之是非,善不善俱存,而一准之于《易》。《易》者,正变、是非之宗也。……天下之情,万变而无非实者,《诗》、《春秋》志之。天下之理,万变而无非实者,《易》志之。故曰《易》言其理,《春秋》见诸行事。是以君子格物而达变,而后可以择善而执中。贞夫一者,所以异于执一也。

此所谓"执中",犹不遍于时空而贞一于时空之中。此所以异于"执一"者,其中变动不居,似有而未可或执。

继之卅八岁又成《黄书》者,所以欲观其常。《黄书》有言:"呜呼!非察消息通昼夜范围天地而不过者,又恶足以观其化哉。"犹言观其历史发展规律。《连珠》之一有曰:"盖闻岁差已渐,历虚斗而在南箕;河徙无恒,合济漯而夺淮。水害已成而不可挽,挽则横流;道已变而不可拘,拘斯失算。是以阡陌既裂,商鞅暴而法传;笞杖从轻,汉文仁而泽远。"亦为继《黄书》而明其常。故约当四十岁左右时的思想结构,以下表示之:

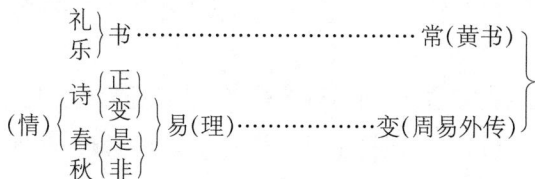

唯易理贵变,故凡一切有固定成法论《易》者,主要是京、魏、陈、邵等,莫不属于易理之非。至于易理之是,有取乎错综之变,《周易外

传·系辞上传》第四章：

> 若夫五十六卦之综也，捷往捷来，而不期以早暮。乾、坤、坎、离、大过、颐、中孚、小过之错也，捷反捷复，而不期以渐次。始交而屯，不以复泰；一终而未济，不以剥否。一奇一偶而六，六而四十八，四十八而三百八十四，三百八十四而四千九十六，四千九十六而出入于三百八十四之中。推之律而无定，推之历而无定，推之符火而无定，推之候气而无定。凡彼所推者，皆因生得体。因生者非可因，所因者无不可因。无不可因，则固未可以体体矣。

此见甚深而理殊简易。以卦象核之，乃准瞿塘来知德(1526—1604)之说。来氏卒十四年而船山生，瞿塘离武昌甚近，船山当于廿四岁前已见其书，取其错综之变，尚未别开生面。

船山于四十一岁己亥，曾作《山居杂体卦名》一诗，辞曰：

豫子殉其道	井生贵所希	坎流邀殊涂	既济愉同归
比肩通异理	蒙袂轻调饥	蹇余纫秋兰	升高搴野薇
剥芋充晨餐	畜荷资霜衣	离离劈椒房	鼎鼎闭松扉
履石探晴云	临崖款夕晖	益知荣公乐	渐看卜子肥
颐生喻明窗	观物避炎威	随兹寒暑谢	遯迹冀无违

此虽属游戏文章，船山尚有取药名、县名等为诗，体其情乃有得于名实之辨。以《易》论，亦见于廿八岁志于学《易》起，至四十一岁已能随心取象。盖既须循名责实，亦未尝不可忘实而有体名之象。诗由殉道以见及井生颐生，为五十一岁筑"观生居"之几，仍从"慎殉"而来。或得井冽寒泉，始可于明窗前语生生之易学。此彻上彻下之生理，得

于时空之中。准我国传统的哲学概念论之,重空间犹地道,重时间犹天道,得时空之中,即人从天地之中以生的人道。此中言之甚易,体之甚难。船山既作《章灵赋》,始一心求之,四十岁后渐有所悟得。四十二岁作大量《落花诗》,实为桂王而言。二年内,家则继室郑氏亡,国则桂王为吴三桂所害。外景如是,不悟内景之生,其何以游于伯夷求仁之景。宜于四十七岁起注意养生。且重定《读四书大全》,其中有精粹语。如曰:

> 程子以孔子为乘田则为,为司寇则为,孟子必欲得宾师之位,定孔孟差等。如此说道理,是将孔子竟作释氏一乘圆教、四无碍看,圣人精义入神,特人不易知尔。岂有于此亦可,于彼亦可,大小方圆,和光同尘之道哉。孟子曰"孔子圣之时",与《易》"六位时成"之义同,岂如世俗之所谓合时者耶。春夏秋冬固无一定之寒暑温凉,而方其春则不带些秋气,方其夏则了了与冬悬隔,其不定者,皆一定者也。圣贤有必同之心理,斯有可同之道法,其不同者时位而已。一部《周易》许多变易处,只在时位上分别,到正中正当以亨吉而无咎,则同也。

此节之义,已得变不变之几。其思想结构,渐由《周易外传》之变,趋于《周易内传》之不变,其所可贵者,不变定基于生生之中,殊得无体之易理。凡读《易》者之认识卦时爻位,本属一般的常识,十翼中随处可见,王弼《略例》中明言之,更引人注意。然能体此"许多变易处,只在时位上分别",且同归于"正中正当以亨吉而无咎",则非经若干年的经验积累,包括行动和思维的互相影响,决难深入"六位时成"之旨。船山于三十五岁以后的十余年中,既得贯通六经的思想结构,在此基础上进一步认识执中之情理,否定程子之定孔孟差等,为日后认定"四圣一揆"的基础。再者,船山所否定的理学指陆王,并未全部否定程

朱,此于《大学·正心》中有言:

> ……庄周谓之"止水",佛氏谓之"大圆镜智",乃以是言《大学》正心之功,不亦谬乎。至于谓不能无而亦不可有,则确为了无实义之戏论。释氏以此立啄啐同时,一见不再之转语,玩天下于光景之中,学于圣人之门者,如之何拾以自误而惑人也。呜呼,正心之学不讲久矣。朱子明言知诚意而不知存心之弊,以防学者之舍本而图末,重外而轻内,以陷于异端。乃一再传而其徒,已明叛之而不知,又奚况陆子静王伯安之徒,不亟背圣教以入于邪哉。然正心之实功何若,孔子曰"复礼",《中庸》曰"致中",孟子曰"存心",程子曰"执持其志",张子曰"瞬有存息有养",朱子曰"敬以直之",学者亦求之此而已矣。

此节之言,实船山治学反身之用力所在。究其学说者,如舍此而徒执其文字,殊难见其中心的形象。船山于《论语》末又阐明其旨曰:

> 盈天下只是个中,更无东南西北,盈目前只是个中,更无前后左右。河图中言十五,已括尽一六、二七、三八、四九在内。帝王用之,大而大宜,小而小宜,精而精宜,粗而粗宜。贤者亦做不到,不肖者亦做不到,知者亦知不彻,愚者亦知不彻。参天地,质鬼神,继前王,俟后圣,恰恰好好,天理纯至,而无毫发之间缺,使私意私欲得以相参同事,而不足于大公至正之天则。故曰"皇极"、曰"至善",胥此中也。不及者自划于半途,而过者岂能越之。非圣人独能为其难,以理本应尔,更无过不及旁开之辙迹也。

此已能合皇极至善之中于象数,其法殊善。凡我国的思想家,于先秦起早已理解利用象数以喻其思想结构,惜中断于汉末。迨宋而重兴,所谓河图洛书等皆是。及船山尚知其重要,约同时之胡渭(1633—1714)等乃大力否定之,且为清代朴学家所推崇,由是误认图书等象数创于宋,其实未是。凡易理以象数喻之,本属易学的基础。船山于六十后始得其法,此处已见其几。

循此以进,父命编《春秋家说》之事,萦于思维中二十二年,直至五十岁始完成,同时又成《春秋世论》,皆能探赜索隐于人情之蕴。

《春秋世论》云:

> 变雅,雅之衰也。鲁颂,颂之滥也。变雅有溢毁,鲁颂有溢誉,以为恶恶之不嫌于狷,臣子之不嫌于厚,则几矣而不可以论世。鲁颂称僖公,以谓鲁自是而复兴也,而鲁之衰实自是而始。……故僖衰鲁以衰周,其惫甚矣。

此通观《春秋》与《诗》,始见人情之真,史克溢美而鲁颂存之,正变是非不已见乎。若由《春秋家说》以明《春秋》与《易》的隐显,亦能辨其几。

《春秋家说·隐公》云:

> 《春秋》有大义,有微言。义也者以治事也,言也者以显义也。非事无义,非义无显,斯以文成数万而无余辞。若夫言可立义而义非事,则以意生言而附之以事,强天下以传心,心亦终不可得而传,盖说《春秋》者所附也。《春秋》之书元年非有义也,事不足以载义,义亦不得而强附之。凡数之立,以目言之则二继一,以序言之则二继初。目以相并而彼此列,序以相承而先后贯,其理别矣。故《易》言初言二以达于上,《春秋》书元书二以迄于终。乾始不可言九一,《春秋》始不可言一年也。乃为之言曰:"元,仁也。乾之

资始，坤之资生者也。夫乾之资始，坤之资生，仁也。惟仁以始，惟仁以终，故曰乃统天。统天者，统天之所有，进而六位时成一元矣。"浸令天之以元始，以亨利中，以贞终，则始无贞而终无元，俯仰以观天地之化，曾是各有畛而不相贯乎。故夫人君之以仁体元也，自践阼之初迄顾命之顷无异致也。……仁以为己任，死而后已，天以仁覆，地以仁载，历终如始而大始者不匮。故春夏生而亦有其杀，秋冬杀而固有其生，有序成，无特用也。仅然以始居仁而莫统其后，则亨者倚于文，利者倚于惠，贞者倚于谅矣。呜呼！为此说者之强言立义而强义附事，夫君子不能其已也。

由隐公之元年，合诸《易》之乾元，且已得四时之中，斯为有见。故自序曰："始于元年统天之非，终于获麟瑞应之诞。"已能明辨情理之同异。凡《易》与《春秋》事理之通贯，实有其交接之几，然何可贸然而附会之。既论"元"与事之同异，于书末又曰：

> 故夫圣人道穷之叹，非独谓一圣人之道也。先之前古之法，后之万年之人，而无有不穷也。道不穷圣人不置，故前乎获麟而圣人犹忧天下，犹欲有为焉，故《春秋》修王道立，尽人以俟天。君子之学乎《春秋》，学是焉耳矣。

是即廿八岁以来二十二年之总结，亦事有所止而理实无穷，则"元"之为言，其几可睹，盖绝笔获麟而元犹未终也。船山虽由国而家，避世著书，而自强不息之情，亦由此现。乃于五十岁后续娶，筑土室开南窗名"观生居"，以示对易学的研究复深入一层。《大学》云："自天子以至于庶人，壹是皆以修身为本。"犹由社会学的人，以达生物学的人，船山盖深有体味。观其二十余年来，于国亡家破，有切肤之痛，至是而重睹复生之象，宜为庆贺。自题观生居一绝云：

寒月出东岭，流光入浅廊。万心函片晌，一缕未消香。

其丛杂之情，反生之理，粲然可见。尚有《观生居铭》，尤可显出五十岁后之思想情况。辞曰：

重阴蓊渟，浮阳客迁。埶忍越视，终诎手援。物不自我，我谁与连。亦不废我，非我无权。盥而不荐，默成于天。念我此生，靡后靡先。亭亭斯日，鼎鼎百年。不言之气，不战之争。欲垂以观，维自观旃。无小匪大，无幽匪宣。非几蠕动，督之网钳。吊灵渊伏，引之钩筌。兢兢冰谷，袅袅炉烟。毋曰殊类，不我觌焉。神之攸摄，鬼之攸虔。蠭顽荒怪，恒尔考旋。无功之绩，不罚之愆。夙夜交至，电灼雷喧。

此铭似可作为船山正式认识易学的基础。凡自二十八岁至五十岁之学，实以《春秋》为主，以《易》为辅。自五十岁，既成《春秋家说》，复筑观生居后，始以易学为中心。"亦不废我，非我无权"，其自视已得《论语·子罕》中绝四中"毋我"之我，《庄子·齐物论》中"今者吾丧我"之吾。以此吾之"亭亭斯日"观明清之际的"鼎鼎百年"，且宜据《黄书》之常，以上下引申，庶得"视履考祥，其旋元吉"之理，此方属船山有志所求之易学。其所观之象，自然是小大相对，幽宣并存，督之引之，犹从伏羲氏作网罟以佃以渔。故下则观冰谷之兢兢，上则察炉烟之袅袅，钩深致远，物无遁形，夙夜交至，电灼雷喧，非即由蓊渟之重阴，以见客迁之浮阳乎。唯船山于居所静观世事物象的生化流迁之景，是之谓"成象之谓乾"；观生至此，我身何足以萦我之心，是之谓"效法之谓坤"；乃于五十三岁撰《愚鼓词》。

《愚鼓词》有《前愚鼓乐·梦授鹧鸪词》十首；《后愚鼓乐·译梦》十六阕，调寄《渔家傲》。此即《章灵赋》后之所得，有小序曰：

梦授歌旨,囫囵枣也。虽囫囵吞,亦须知味。仰承灵贶,不敢以颛顸当之。三教沟分,至于言功不言道则一也。译之成十六阕,晓风残月,一板一槌,亦自使逍遥自在。

以易象喻之,殊有"肥遯无不利"之游。言功不言道,已可免有大患之身。若于十六阕之四,名"子时",自注曰:"谓有活子时者,将有死子时乎。大桡以前立活字不得。"此诚得甘苦之言。唯有不变之死在,庶有变化之活。或动辄论不变之非,则变化之是何在。能知子时之死活,获得易理之易简,斯即《周易内传》之旨。且于五十四岁作《老子衍》后序。自序云:"壬子稿有后序,参魏伯阳张平叔之说,亡之矣。"盖与《周易外传》同年始作之《老子衍》。于十六七年中,既已由外及内,则对老子的认识自然宜变。幸《愚鼓词》尚存,此《老子衍》后序虽逸,尚可识其旨。究船山思想者,似未可执《周易外传》与《老子衍》之言。

或有视《愚鼓词》为船山思想之极至,则尚非知言。因功同而道不同,船山见功后未尝忘道,斯为船山思想之精华。且天之玉成船山,当其五十五岁时又生一幻境,即吴三桂反于云南。今不必详论其史实,而"肥遯"之象,殊难保存。乃于五十七岁冬筑成湘西草堂于石船山。由观生而船山,渐生"乞活埋"之象。继之于五十八岁成《周易大象解》,所以明"易为君子谋"之旨。船山有应于横渠,其机在此。要在《正蒙·大易篇》,船山注曰:"广释《周易》之指,有大义,有微言,旁及训诂而皆必合于道。"道不同不相为谋,船山信之殊坚。故继《周易大象解》,于五十九岁又成《礼记章句》,对经学的认识又进一步。

《礼记章句·中庸》:

明兴,河东江右诸大儒,既汲汲于躬行,而立言之未暇,为干禄之学者,纷然杂起而乱之。降及正嘉之际,姚江王氏始出焉,则以其所得于佛老者,强攀是非以为证据,其为妄也既莫之穷诘,而其失之皎然易见者,则但取经中片句只字与彼相似者以为文过之媒。至于全书之义,详略相因,巨细毕举,一以贯之而为天德王道之全者,则茫然置之而不恤。迨其徒二王钱罗之流,恬不知耻而窃佛老之土苴以相附会,则害愈烈而人心之坏,世道之否,莫不由之矣。夫之不敏,深悼其所为,而不屑一与之辨也。故僭承朱子之正宗而为之衍,而附诸章句之下。庶读者知圣经之作,朱子之述,皆圣功深造体验之实,俾学者反求自得而不屑从事于文词之末,则亦不待深为之辨,而驳儒淫邪之说,亦尚息乎。凡此二篇,今既专行为学者之通习而必归之记中者,盖欲使五经之各为全书,以见圣道之大,抑以知凡戴氏所纂四十九篇,皆《大学》《中庸》大用之所流行而不可以精粗异视也。

此以《大学》《中庸》二篇,还诸《礼记》,盖已得复礼之志。凡对断章取义之明学既已否定,对单独表章《大学》《中庸》之宋学,亦不满意,则其上友古人之志,已由明而宋而汉。且能准诸文献而不为空论,此船山之学所以能高出侪辈而足以挽救明季心学之颓风。至于谓:"《儒行》一篇词旨夸诞,略与东方朔扬雄俳谐之言相似。"可见是时之船山已渐达炉火纯青之境,体及"易无体"之象。然《礼记章句》不可不作,作此以存常道,所以充实《黄书》之理。《俟解》中曰:"玄家有炼己之术,释氏为空诸所有之说,皆不知复礼而欲克己者也。"是即以礼辨功与道的不同,有其决不可通融的原则。

且自吴三桂反而始作《庄子通》,计七年而成于六十一岁,其思想之悲愤错杂,非庄子之荒唐,何足以慰之。《庄子通》有言:

《春秋》者,刑赏之书也。论而不议,故不赏而劝,不怒而威。

墨翟、禽滑厘、宋钘、尹文、彭蒙、田骈、慎到、关尹、老聃、惠施者流，非刑非赏而识之而已。如山林之畏佳、大木百围之窍而已矣，可以比竹之吹齐之，莫如《春秋》之不议，而又何齐邪。故观于《春秋》而庄生之不欲与天下耦也宜。

又曰：

> 谓予以庄生之术，祈免于羿之彀中，予亦无容自解，而无能见壶子于天壤之示也久矣。凡庄生之说，皆可因以通君子之道类如此。故不问庄生之能及此与否，而可以成其一说。

当此七年中，不能见壶子的天壤之示，境况不见转机，而时时有"弗活矣"的"地文"，尤以拒绝为吴三桂写劝进表，不得不远避。继室之存亡未见记录，而七岁之幼女即于是年夭，船山为成梅阳冢而自志曰：

> 船山老人幼女七岁，许字友人唐君之子者，以戊午八月夭。败叶庐左有梅一株，老人夙所玩息，庐圮梅存，因瘗其侧。

观之其情可喻。不见"杜权""天壤"之示，确已久矣。幸有庄生之术，以免入于羿之彀中，此作《庄子通》之情，与作《章灵赋》时不欲"比之匪人"之情，不已有进乎？"不欲与天下耦"，可不问"庄生之能及此与否"，此之谓"庄子注我"。郭象后，唯船山一人体之尤深。此所谓"因以通君子之道"，实有以通易学之理。

总上船山之经历与思想之变化，似终于六十一岁《庄子通》之成。以后数年中所完成的重要著作，其结构基础殊无变化。最重要的成就，能以其思想结构化成易学象数的形式。此唯于《周易内传》及其

《发例》中言之。其他重要的著作，如《正蒙注》、《思闻录》、《俟解》、《噩梦》等主要明理。贵能进一步精炼其思，中肯其辞，观其旨皆成于六十一岁前。又于六十三岁编成《相宗络索》，不可不认为是新的认识。然须理解，玄奘所取得之法相宗，于唐代已为贤首宗所代替，传者乏人，书已流传异域，当明末时，未能得其全旨。故船山所为整理而成书，虽不可谓无所得，然实非法相之精。宜于《思问录·外篇》中云："……七识者志也，……人之所以异于禽者，唯志而已矣。不守其志，不充其量，则人何以异于禽哉。而诬之以名'染识'，率兽食人，罪奚辞乎。"此实未合相宗之本义。凡染识之义，似可当子绝四之我，亦同《易》不为小人谋之小人，船山即以志概括之，旨在排佛，且不论转识成智，未及相宗之全。故在船山的思想结构中，排佛占重要地位。于相宗亦并未客观体味其认识论，其态度与体味六经之象完全不同，此不可不辨。故虽有《相宗络索》，未可谓船山已详究佛教之认识论。此外又提及利玛窦，亦因其信天主教而否定之。船山之思想结构，道与功属不同层次，道为第一层次，功为第二层次。凡宗教信仰，于船山思想结构中属第一层次，三教功虽可同而道不可同，况天主教又在儒释道同功之外。故船山的思想结构，首先为明道，道之实指六经。船山一生认为三教道不可同，而三教功可同的思想，成于作《愚鼓词》之后。故船山早年成《周易外传》兼及《老子衍》，以见儒道两家的道之不同，复由外而内以成《周易内传》兼及《楚辞通释》，以见两家之功可。则在第一层次辨明道与功之同异后，又在第二层次深入体味各家情理之旨。船山以《远游》识屈原之内景，取以当诗情之正。凡于《诗广传》中，深诛变雅之无惭，非知《远游》之志，其何以见大雅之正，是以道补儒以收异流同源之功。下录《诗广传·大雅四十五》，可喻船山以骚继诗之情。其言曰：

古今遥兮，其学于六艺者众矣，苟操觚而殚心，各有所遇焉。何居乎吉甫之自贤，即人之称之者蔑以加与，吾以知人之称之者固不然也。《文王》《大明》，其硕矣乎。《鹿鸣》《四牡》，其好矣乎。《关雎》、《葛覃》，穆如清风矣乎。为彼者未尝自居也，而天下不可搄也。虽然，犹独至而无摄美者乎！摄美而均至之，洵唯吉甫矣乎。我知吉甫之靡所疑惭者，貌取而无实也。《文侯之命》，薨秭之书也，举文王之明德而加之羲和无惭焉。《崧高》《烝民》，薨秭之雅也，跻仲伯仲山甫于伊吕周召之上无惭焉。古今遥而不能届，则过暮为长，四海广而不能游，则寻常为阔。陆云且可贱货以奉马颍，潘岳且可发箧以遗贾谧，吉甫亦奚靳而不能哉。

曹植自以为周公，孰曰非周公焉。杜甫自以为稷契，孰曰非稷契焉。韩愈自以为孟子，孰曰非孟子焉。骄己以骄天下，而坦然承之，暴潦之兴，不忧其涸，吾恶乎无疑而不代之惭邪。文章之变，古今亦略可见矣。周至吉甫而雅亡，汉迄曹植而诗亡，唐之中叶，前有杜、后有韩，而和平温厚之旨亡。衰而骄、骄而衰不可振。衰中于身，其身不令，衰中于国，其国不延。枵然之窍，风起籁鸣，怒号而遽止，苟其有恀心而挟生人之气者，弗屑久矣。

或能惭此变雅之"衰至于骄"，庶可逍遥于《远游》之象。《远游》有曰：

> 历玄冥以邪径兮，乘间维以反顾。
> 召黔嬴而见之兮，为余先乎平路。

船山释之曰：

> 玄冥，北方之神气之母也。邪径，犹言狂道。间，上下四方为

六间。维,四隅为四维。黔嬴,雷神。天地之间一气而已,亘古今通上下,出入无有而常存者也。气化于神,与天合一矣。然仙者,既已生而为人而欲还于天,故必枉道回执天气以归之于己。乘天之动几盗其真铅,反顾而自得,《阴符经》所谓"天地,人之盗"。勿任天地盗己而己盗天,还丹之术尽于此矣。造化在我,乃以翱翔于四荒六合而不自丧。雷者阳出地中,阴中之阳,人之天也。故乘其动几而以袭先天气母。

此非有得于内,殊难道其只字,实即体得《愚鼓乐》之本。《楚辞通释·序例》:

《远游》,极玄言之旨,非诺皋洞冥之怪说也。后世不得志于时者,如郑所南、雪庵类逃于浮屠。未有浮屠之先,逃于长生久视之说。其为寄焉一也。黄老修炼之术,当周末而盛。其后魏伯阳、葛长庚、张平叔皆仿彼立言,非有创也。故取后世言玄者铅汞龙虎、炼己铸剑、三花五炁之说以论之,而不嫌于非古。

是诚通玄之言,唯有得于此,始可与语"四圣同揆"之理,上友古人之道,决不有执于今。此所以否定变雅而及曹植、杜甫、韩愈之失,反之乃肯定《远游》而理解逃于玄言之得。至于情理之辨,于《楚辞通释·序例》中又曰:

自《周易·象》以韵制言,雅、颂、风胥待以成响。然韵因于抗坠而意有其屈伸,交错成章相为连缀,意已尽而韵引之以有余,韵且变而意延之未艾,此古今艺苑妙合之枢机也。因韵转而割为局段,则意之整戾者多矣。今此分节立释,一唯其意之起止而余韵于下,以引读者不倦之情。若吟讽欲其成音,则自随韵为于喁,不待敎也。韵意不容双转,为词赋诗歌万不可逆之理。推而大之,四时五行七政六律,无不交相离合。四方八片阴阳老少截然对待之说,术士之易而非天地之固然,元气元声存乎交禅不息而已。

此所谓"韵意不容双转",犹情理之各有起讫。道不同可不相为谋,功实同其何可割裂情理,是之谓阴阳,是之谓《易》。而易道之交禅不息,其何可为截然之对待。由是于《周易》之得,已由《外传》而《内传》;于有身患之《老子衍》,亦化为屈子之《远游》。此当六十七岁最后完成的思想结构。宜于《远游》之末曰:

　　屈子厌秽浊之世不足有为,故为不得已之极思,怀仙自适,乃言大还既就,不顾飞升,翱翔空际,以俟时之清,慰其幽忧之志,是其忠爱之素,无往而忘者也。及乎顷襄之世,窜徙巫加,国势日蹙,虽欲退处游仙而有所不得,《怀沙》、《悲回风》之赋作而《远游》之心亦废矣。彼一时此一时也。此篇之旨,融贯玄宗,魏伯阳以下诸人之说,皆本于此,迹其所由来,盖王乔之遗教乎。

至于船山之史学著作,如《读通鉴论》、《宋论》等,皆有上友古人之象,设身处地以论之,虽亦多未尽善者,然有其原则,决非以私意妄加月旦,最后友屈子而知其曾学于王乔之遗教,尤非空言。至此方能理解生物学的人与社会学的人,有不同数量级的时空结构。船山已能了解,故为之作《九昭》,上友屈子之情,可云密合无间。

《九昭》有云:

　　有明王夫之生于屈子之乡,而邁闵戢志有过于屈者,爰作

《九昭》而叙之曰：仆以为独心者，岂复存于形坼之知哉。故言以莫声，声以出意，相逮而各有体，声意或留而不肖者多矣，况敛事征华于经纬者乎。故以宋玉之亲承音旨，刘向之旷世同情，而可绍者言，难述者意。意有疆畛则声有判合，相勤以貌悲而幽响之情不宣。无病之讥所为空群于千古也，聊为《九昭》以旌三闾之志。

《九昭》之末句曰：

　　刉志今夕兮，逝无与迁。郁勃歕以愤兴兮，遗孤颎之流连。

自注曰：

　　决志一死，无所复待，遗此孤忠，长依君侧。君虽莫我能知，而矢志于泉壤者固然，此屈子之所以为屈子也与。

又曰：

　　自言既死以后，其神爽有如此者，故安死自靖，怨诽而不伤。

船山自题联"六经责我开生面，七尺从天乞活埋"，下句之义，即取屈子之象。然屈子不得不死者，虽能《远游》，实不忍见郢之将破。船山虽乞而未能如愿者，因明室早亡，况既有《远游》之同功，复有观生石船之可居。故屈子仅留情，船山尚留有"六经责我开生面"之理。其理之妙，决非空言可尽。及此见地，始喻易学象数之作用。况此义今日已普遍应用，所谓象数云者，就是数学语言。船山对易学的认识，就在对易学固有的象数另加安排，以完成其整体的思想结构。此象数的安排,皆示于《周易内传》中。于安排象数之义理,亦见于《发例》。若对易学之整体认识,尽于《周易内传》开卷第一段,全录如下:

> 伏羲氏始画卦,未有《易》名。夏曰《连山》,商曰《归藏》,犹筮人之书也。文王乃本伏羲之画,体三才之道,推性命之原,极物理人事之变,以明得吉失凶之故而《易》作焉。《易》之道,虽本于伏羲,而实文王之德与圣学之所自著也。《易》者互相推移以摩荡之谓。《周易》之书,乾坤并建以为首,《易》之体也。六十二卦错综乎,三十四象交列焉,《易》之用也。纯乾纯坤,未有《易》也。而相峙以并立则《易》之道在,而立乎至足者为《易》之资。屯蒙以下,或错而幽明易其位,或综而往复易其几。互相易于六位之中,则天道之变化,人事之通塞尽焉。而人之所以酬酢万事,进退行藏,质文刑赏之道,即于是而在。故同一道也,失则相易而得,得则相易而失,神化不测之妙,即在庸言庸行,一刚一柔之中。大哉《易》之为道,天地不能违之以成化,而况于人乎。阴阳者,定体也,确然隤然为二物而不可易者也。而阴变阳合,交相感以成天下之亹亹者,存乎相易之大用。以著求之,而七八九六无心之动,终合揆于两仪之象数,为万物之始,皆阴阳之撰。夫人之情,皆健顺之几,天下无不可合之数,无不可用之物,无不可居之位,特于其相易者,各有趣时之道,而顺之则吉,逆之则凶,圣人所以显阴阳之仁,而诏民于忧患者,存乎《易》而已矣,故曰"忧悔吝者存乎介"。介者,错综相易之几也,此《易》之所以名而义系焉矣。

此见船山的易学,颇受来知德的影响,其于阴阳乾坤并建的定体中,据错综以见其用,是即来氏之义。而来氏于卦象与图书的关系尚无心得,其太极图乃得之韩邦奇(1479—1555)而略加变化。至于韩邦奇的太极图实得自河图之数,故河图之数既定,确可由河图以成太极图之象。此指韩氏来氏所传之太极图,乃本河图之奇耦数以成。今船山易学的象数,即进一步据河图之数以画八卦,非仅画成太极图而已。

《发例》曰:

> 河图中外之象,凡三重焉。七八九六天也,五十地也,一二三四人也。七九阳也,八六阴也。立天之道,阴与阳俱焉者也。至于天而阴阳之数备矣。天包地外,地半于天者也,故其象二而得数十五,犹未歉也。人成位于天地之中,合受天地之理数,故均于天而有四象,然而得数仅十,视地为歉矣。卦重三而为六,在天而七八九六皆刚,而又下用地之五,人之或一或三而六阳成。地五十皆阴。五刚也,刚亦阴之刚,又用天之八六,人之二四而六阴成,此则乾坤六爻之象也。一三皆阳也,乾虚其一而不用者,天道大变,乾且不得而尽焉,非如地道之尽于坤也。是知圣人则河图以画卦,非徒八卦然也,六十四卦皆河图所有之成象摩荡而成者,故曰圣人则之。

《周易内传·卷五》:

> 因七五一而画乾,因六十二而画坤。天道下施为五为七,以行于地中,地道上行为十为六,以交乎天位。乾止于一不至于极北,坤止于二不至于极南,上下之分,所谓"天地定位"也。阳盛布于上,至下而聚,而谓"其动也直"也;阴气聚于上方,与阳交于中而极其散,所谓"其动而辟"也。因左八三十而画坎,因右九四五而画离,离位乎东不至乎西,坎位乎西不至乎东,五与十相函以止而不相逾,所谓"水火不相射"也。因一三二而画为兑,因二四一

而画为艮,一二互用,参三四而成艮兑,所谓"山泽通气"也。山泽者,于天地之中最为聚而见少者也。少者,少也,甫散而非其气之周布者也。少者在内,雷风水火之所保也。因九六八而画为震,因八九七而画为巽。八九互用,参六七而成震巽,所谓"雷风相薄"也,驰逐于外也。雷风者,阴阳之气动极而欲散者也,故因其散而见多也。多者,老也,气之不复聚而且散以无余者也。老者居外,以周营于天地之间也。八卦画而六十四卦皆由此以配合焉。

至于由此以配合,即成船山独特的六十四卦卦次。《周易内传·系辞下》曰:

因乾而重　乾、同人、小畜、夬、家人、革、需、既济。
因坤而重　坤、师、豫、剥、解、蒙、晋、未济。
因震而重　睽、噬嗑、损、归妹、颐、震、临、复。
因巽而重　姤、遯、巽、大过、渐、咸、井、蹇。
因坎而重　鼎、旅、蛊、恒、艮、小过、升、谦。
因离而重　履、无妄、中孚、兑、益、随、节、屯。
因艮而重　讼、否、涣、困、观、萃、坎、比。
因兑而重　大有、离、大畜、大壮、贲、丰、泰、明夷。

又曰:

初三五本位,二四上其重。阳卦先阳而阴,自下变,阴卦先阴而阳,自上变。

以上所引的易学象数,方属船山之独创。虽曰独创,仍有所据,其源盖来自汉易。故考察船山的易学象数，不可不简述易学本身之发展史迹。

考易象本于卦，八卦本于数。数以显象，象以明理。此历代象数派之说《易》。凡易学起源于卜筮，卜筮之工具虽有变化，本诸象数则一。故以易学论，当以象数为主，由象数而明其理，乃产生历代义理派之说《易》。至于准象数以卜筮的作用，因客观的自然与人类社会的发展规律，迄今尚未能为人类所全面掌握，由是认识"知来之道"，必须有概率存在，这就是数千年来不可废卜筮的客观原因。以易学论，应重视秦始皇尊信卜筮而其书未焚的作用。由是于战国所发展的易学象数，于秦汉之际更有大发展，而象数与义理即互根而成整体之易学。若京房（前77—前37）盖以象数为主而流传最广，二千年来影响未绝。及宋而有寿近百岁的陈抟（890？—989）创先天图，邵雍（1011—1077）继之而成《皇极经世书》，殊能于京房之象数外另成体系。及船山之时而论象数者，主要为京陈两大系统，其影响已家喻户晓，惜未能正视象数本身，乃空成为宣传宿命论的工具。以义理言，汉时并不独立，凡易学的义理，必须本诸象数。且象数变化甚多，决不限于京氏易。当王弼（226—249）易注出，始舍象数而独言义理，则对易学的整体有损。因易学之义理既无所据于象数，则其内容，必将随时代思潮的变化而变化，宜王弼之《易注》以老子之说，程颐（1033—1107）之《易传》以理学之说，易学之义理固如是乎？是皆舍象数而独尊义理之失。故以易学论，必须认识时代思潮而归诸易学固有之象数，则可得易学之整体理论，庶足成为一代易家。而船山易学之可贵，就在积四五十年的实践经验，合诸整体之易学象数，则远游无穷，近观生面，此仍为"行己有本末"之象。识此易学象数与义理二方面的发展史迹，乃可阐明船山所体得的易学象数。

再者，船山于象数之认识更以先后辨之，见更精深。下引《尚书引义·卷四·洪范一》：

天下无数外之象,无象外之数。既有象,则得以一之二之而数之矣。既有数,则得以奇之偶之而象之矣。是故象数相依,象生数,数亦生象。象生数,有象而数之以为数,数生象,有数而遂成乎其为象。象生数者,天使之有是体而人得而纪之也。数生象者,人备乎其数而体乃以成也。《易》先象而后数,畴先数而后象。《易》变也,变无心而成,化天也。天垂象以示人,而人得以数测之也。畴事也,事有为而作,则人也。人备数以合天,而天之象以合也。故畴先数而后象也。夫既先数而后象,则固先用而后体,先人事而后天道,《易》可筮而畴不可占。

此明天道有不可知故《易》可筮,人事无不可定故畴不可占。以此辨《易》与畴之变与常,亦有理可喻。故于阐明八卦则河图之变之前,尚须说明九畴则洛书之不变。此开《尚书》之生面,所以继《黄书》而见人事之有定则。

《尚书引义·洪范一》:

骘,牡马也,阴牝阳牡。阴骘云者,言阴阳之用也。在阴阳之体曰阴阳,以阴阳之用施生者曰阴骘。天所以大生者,一阴一阳之道;纲缊而化生者,阴之阳之之用。五行一阴阳,阴阳一五行。阴骘下民,即五行之居上,以统八畴者也。八畴以体五行之用,而五行实秉二气之用以用于八畴。……阴骘之用二而畴有九,则叙立而无缺。畴有九而自初一至次九以顺而立,一九二八三七四六损益于五以合而成。五四三八一六七二九以序而行,一三五七九二四六八以类而辨。则居之协其位者,相求相因而伦以叙矣。合之而四十五,四十阴也,五阳也。……九畴统于中五之五行,五行统于二气之阴骘,水木土骘也,火金阴也。

详以图一示之。

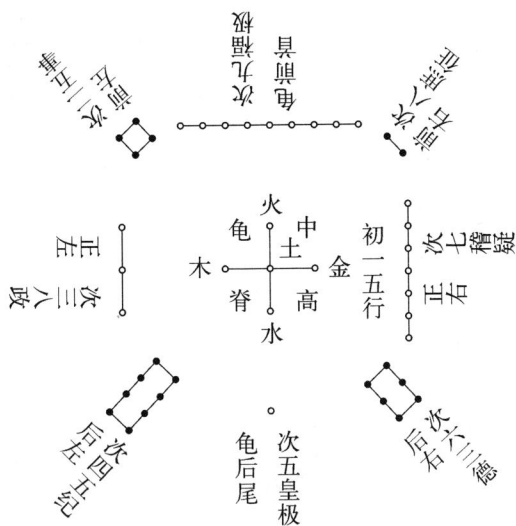

图一

此与传统之配合，一二四五八有变化，三六七九仍同。传统之图如图二。

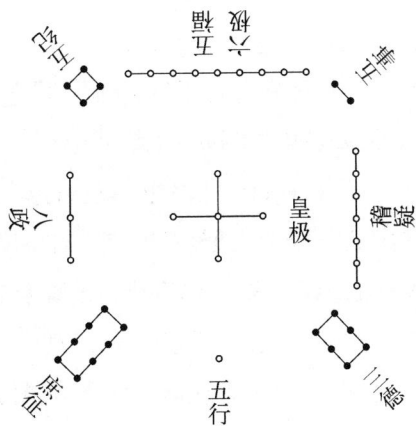

图二

主要准由中及前左而左旋一周,亦任运而未加安排。取五行秉阴骘之大义,视之为彝伦攸叙,未尝不可。贵能了解象数之旨,决不可以象数囿其理。船山力排各家之象数,其几在此。故观船山之象数,尤不可自有所执。以上取洛书,示人事之常,乃可以则河图画八卦,以当天道之变。详以下图示之(图三):

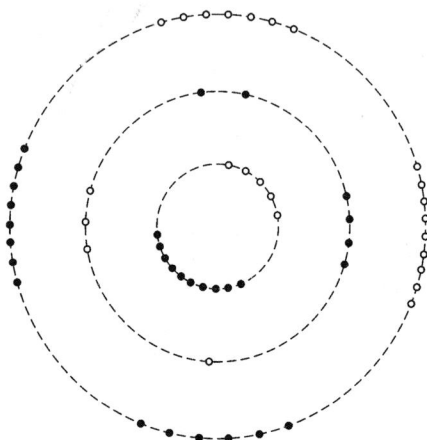

图三

凡船山视河图之象为三重:外重天,其数三十;中重人,其数十;内重地,其数十五。以数言,地数当天数之半,人数于天数为三分之一,于地数为三分之二,其理亦可合于"参天两地"之一说。由是而画八卦,全本奇偶数之阴阳。更作图如下(图四)。

按汉孔安国曰:"河图则八卦也,洛书则九畴也。"可见河图洛书之为物,在汉代本与数有关。虽郑玄据《春秋纬》,知"河图有九篇,洛书有六篇"之说,然已佚的九篇和六篇,其内容极可能提及与数之关系。《庄子·天运》早有"九洛之事,治成德备"之记录,然则宋起以九、十数之结构图,合诸河图洛书之名,未可谓之杜撰。至于"河图则八卦、洛书则九畴"之实,则殊无明确之说。于《洪范》九畴之当九数结构的方位,仅依次合之,于《周易》八卦之当十数结构之方位,尤属盘桓无定,唯韩氏来氏准

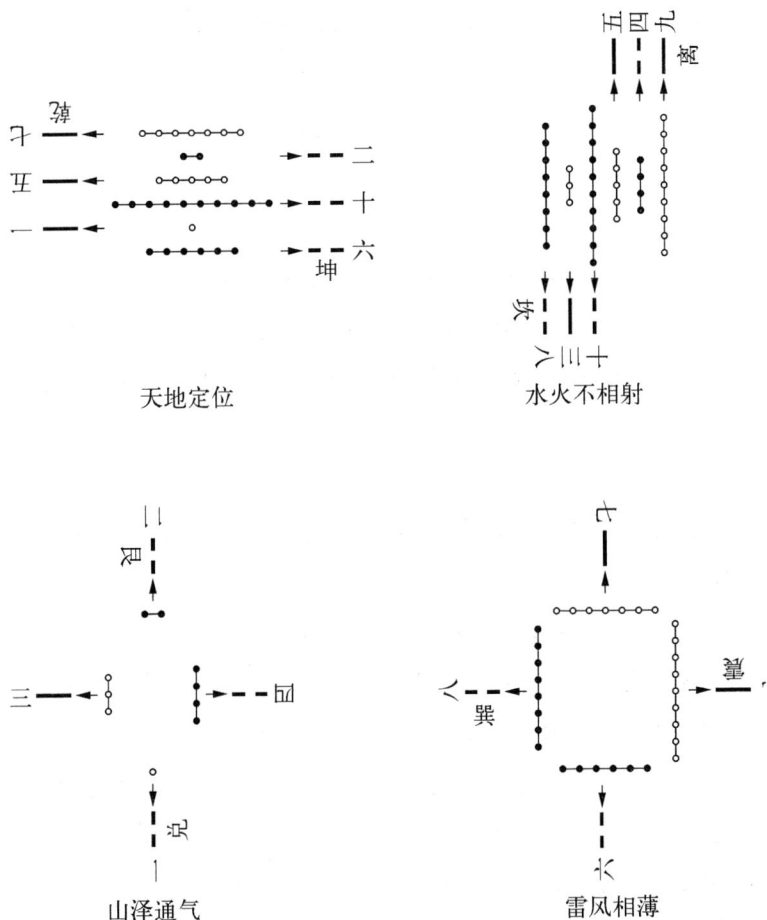

天地定位

水火不相射

山泽通气

雷风相薄

图四

之成《太极圆图》,始有理可喻。而船山能在前人之认识基础上,反复深思而有得乎此,庶不愧能开《易经》之生面,而有应于孔安国之说。

考船山得之而写入《周易内传》,其时为乙丑(1685),然其传未广。直至道光壬寅(1842)刻出《遗书》,已在一百五十余年后。是时之清盛行朴学,对宋学所重视之图书数吐弃已久,辛亥革命后更甚,故研习船山之学者,莫不重视其排斥京邵之象数,殊未见能阐明其所心得之象数。况其思想结构归结于象数,正属由先秦起已盛行的易学原理。船山历尽艰辛而达此胜境,在其前唯京氏、邵子,且唯船山足以并立而三。要在船山已能正视象数之理作为数学语言,然则于京氏邵子之象数,亦宜提高认识,决不可再作为宣传宿命论的工具。

《周易内传》:

> 故《周易》者,准天地之神以御象数,而不但象数测已然之迹者也。后之为《易》者,如游魂归魂世应,如纳甲纳音,如乾一兑二方圆整齐之象,皆立体以限《易》而域于其方,虽或一隅之理或有,而求以肖无方之神难矣哉。

此即船山有用象数而不为象数所用之神,"神而明之,存乎其人",故象数何负于易学,失在学《易》者之未能御其象数耳。

且船山于易学的认识,重在"《易》为君子谋",故特提出《大象》。既作《周易大象解》,复视之为"十翼"之一,乃于郑学所数之"十翼"中去其《序卦》,认为非圣人之言。这一思想仍由象数而来。因象数之可贵处,在于有理可喻。其理虽有变有常,于变化之道亦须有道可循。《易》之能为六经之原,全在其象数之可以喻三才之道。若《序卦》仅以上篇始乾坤下篇始咸恒以为三才之道,船山即否定之。如不否定上下篇之前四卦为三才之道,于其他六十卦之次序,实无不可移动之理,故以之为必循之次序,确难自圆其说。且天地人三才之道之变化,未可预为决定其序,其变化之理,仅可由易学象数以示之。以今日之数学语言喻之,易学象数宜有坐标之作用。若船山所理解之则河图以画八卦,属三才之道之常,由八卦而六十四卦,以喻三才之道之变。其理既得之十翼,亦本汉易之郑虞注。

《周易·系辞下》:"八卦成列,象在其中矣;因而重之,爻在其中矣。"《周易·说卦》:"昔者圣人之作《易》也,幽赞于神明而生蓍,参天两地而倚数。观变于阴阳而立卦,发挥于刚柔而生爻。……是以立天之道曰阴与阳;立地之道曰柔与刚;立人之道曰仁与义。兼三才而两之,故《易》六画而成卦;分阴分阳,迭用柔刚,故《易》六位而成章。"而船山自言重卦之来源,于《系辞下》注曰:"今遵夫子参两、因重之义为重卦图。"具体的方法,见《系辞上》注:

> 此明《周易》并建乾坤以统六子,而为五十六卦之父母。在天之化,在人之理,皆所由生。道无以易,而君子之盛德大业要不外乎此也。……阳极于九而已盈,则下移而八;阴极于六而已歉,则上移为七。变阳且变而有阴之用,化阴受阳化而且从阳之德也。初二地位,三四人位,五上天位;每位必重气之阴阳,形之柔刚,性之仁义,交至而成乎全体大用也。

以上于《周易内传》注《系辞上》之"天尊地卑","刚柔相推而生变化","六爻之动"等,皆在说明八卦重卦成六十四卦之理。此理亦实本郑虞注。

郑玄曰:"二与三才为地道,地上即田,故称田也(乾二注)。三与三才为人道,有乾德而在人道君子之象(乾三注)。五与三才为天道,天道清明无形而龙在焉,飞之象也(乾五注)。"此虽注于二三五,实已明确说明初二为地道,三四为人道,五上为天道。而虞翻曰:"倚立,参三也。谓分天象为三才,以地两之,立六画之数,故倚数也。……谓参天两地,乾坤各三爻而成六画之数也。"(见《说卦注》)若虞注参两因重之义,必待张惠言(1761—1802)出,始为疏通之。其实船山于明清之际,早已利用之,且能继于画八卦之后,则其象数可自成体系,决非如清儒恢复汉易之抱残守阙。此因象数之理及宋而有发展,且易学之象数实起自先秦,清儒不察此,故有功于阐明汉代文献,而对易学之象数则未窥其精。唯船山之六十四卦次序图,足以继京氏之八宫图、陈氏之先天图而三。特为另绘一图如下:

六	七	七	七	八	八	八	九	二三四五上初 其 本 变 卦
64 明夷	63 泰	62 丰	61 贲	60 大壮	59 大畜	58 离	57 大有	少女 兑
56 比	55 坎	54 萃	53 观	52 困	51 涣	50 否	49 讼	少男 艮
48 屯	47 节	46 随	45 益	44 兑	43 中孚	42 无妄	41 履	中女 离
40 谦	39 升	38 小过	37 艮	36 恒	35 蛊	34 旅	33 鼎	中男 坎
32 蹇	31 井	30 咸	29 渐	28 大过	27 巽	26 遁	25 姤	长女 巽
24 复	23 临	22 震	21 颐	20 归妹	19 损	18 噬嗑	17 暌	长男 震
9 坤	10 师	11 豫	12 剥	13 解	14 蒙	15 晋	16 未济	母 坤
8 既济	7 需	6 革	5 家人	4 夬	3 小畜	2 同人	1 乾	父 乾

船山以初三五为八卦之本位,二四上其重,固亦重卦之一法,汉易中早已应用之,惜皆为王弼所扫。船山得之以破《序卦》,确可成一家之言。图中所注之数字,即船山所安排的六十四卦次序。若船山因三画八卦之"阳卦多阴,阴卦多阳"而分辨六十四卦之阴阳,其论象数,亦有所见。

《周易内传·系辞下》:

> 阴爻三分阳爻而缺其一,一函三,阳为九,阴为六。……六画之卦一阴之卦六,其数五十一;一阳之卦六,其数三十九;三阴三阳之卦二十,其数四十五。凡三十二卦皆奇。六阳之卦一,其数五十四;六阴之卦一,其数三十六;二阴之卦十五,其数四十八;二阳之卦十五,其数四十二。凡三十二卦皆偶。——三三之卦为阳卦,六六二二之卦为阴卦,抑必有说。先圣未言,以俟知者。

此宜以下表说明之:

阴卦	阳卦	六十四卦分类	卦数	阴阳数	附　　算　　式	
1		六　　阳	1	54	$6 \times 9 = 54$	$54 \times 1 = 54$
	6	一阴五阳	6	51	$1 \times 6 + 5 \times 9 = 51$	$51 \times 6 = 306$
15		二阴四阳	15	48	$2 \times 6 + 4 \times 9 = 48$	$48 \times 15 = 720$
	20	三阴三阳	20	45	$3 \times 6 + 3 \times 9 = 45$	$45 \times 20 = 900$
15		四阴二阳	15	42	$4 \times 6 + 2 \times 9 = 42$	$42 \times 15 = 630$
	6	五阳一阳	6	39	$5 \times 6 + 1 \times 9 = 39$	$39 \times 6 = 234$
1		六　　阴	1	36	$6 \times 6 = 36$	$36 \times 1 = 36$
32 卦	32 卦		64 卦			2 880

或更以二千八百八十乘策数四,即为"二篇之策万有一千五百二十"。船山不计策数而重其以一函三,其实则同。此二项式之理不仅

宋时已有,汉虞氏之卦变早用此法。唯即此而分成相同数之阴阳卦,亦可谓船山对二项式有进一步认识。

当明清之际,在船山前后如黄道周(1585—1646)、倪元璐(1593—1644)、毛奇龄(1623—1716)、李光地(1642—1715)、杨道声(1651—1711)辈,于易学象数各有心得。然基本不能出京陈等之系统,未见别开生面如船山者。且船山之长,能御象数而不为象数所限。更进而论之,出入以活用象数,与象数本身之体无关,故京陈等之象数实有其价值,奈用之者或有未当,此不应有损象数本身之价值。若于明清之际,于易学象数有创见者,则唯船山一人。由其易学象数,乃可见其以之为中心的思想结构。要而言之,分其一生经历成六个阶段:

年　　龄	事　　　　实	思　想　结　构
1—24岁	中魁,道梗而悟国事之非	地道
24—35岁	作《章灵赋》	天道
35—41岁	作《周易外传》《黄书》《杂体卦名》	合天地而得社会学的人道(外)
41—53岁	作《愚鼓词》《观生居铭》	合天地而得生物学的人道(内)
53—61岁	作《庄子通》《周易大象解》	诚合外内之道
61—67岁	作《楚辞通释》《周易内传》	以三才之道归诸易学象数

总观以上六个阶段,可加深对王船山大成于七十岁左右的思想结构的认识。船山以易学为核心的思想结构,似可以下表详示之(图见下页)。

以上叙述了王船山的学术思想及其结构,易学象数作为此结构中的核心,确属客观事实。船山对易学象数的研究,积数十年的经验,迨六十岁后方能逐步安排妥贴而采用之,其实质仍由京房、陈抟等的易学象数而来。然所以不同者,对易理尤其是变与不变的原则,已有比较彻底的了解。人类处于天地之间,尤其是当国家有变化的时代,事

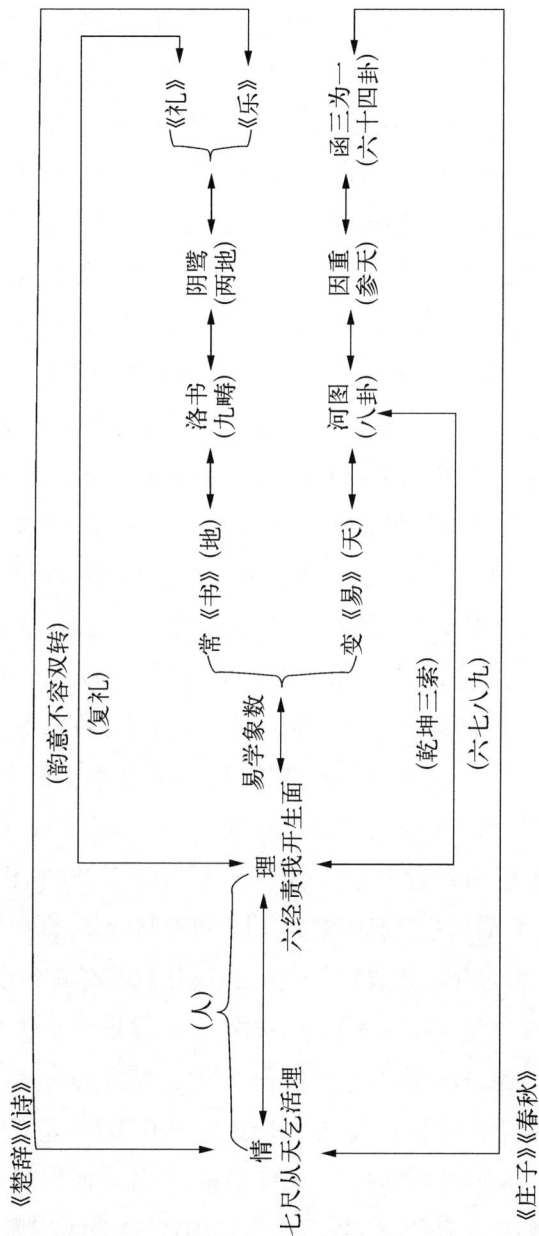

《礼》 《乐》

函三为一
（六十四卦）

阴骘
（两地）

因重
（参天）

洛书
（九畴）

河图
（八卦）

常 《书》（地）

变 《易》（天）

（韵意不容双转）

（复礼）

易学象数

（乾坤三索）

（六七八九）

理
六经责我开生面

（八）

情
七尺从天乞活埋

《楚辞》《诗》

《庄子》《春秋》

实上确多偶然事件。在偶然性事件的后面,又各有必然性的客观规律,若船山一生所经历的事实,自然为必然和偶然的丛杂结构。由是推及史迹而设身处地加以研究,莫不如是,此即易学中所以有卜筮存在的根本原因。至于正确对待变与不变的原则,亦就是深入对卜筮的认识,历代有不同的观点。而以象数示其理作为卜筮所用之体,则卜筮又在理的下一层次。船山以三才之变为六七八九卜筮之用,而体在则河图画八卦,且六十四卦综之,初三五与二四上以当体用的上下层次恰相反而有阴阳之变。此即船山对客观时代的认识,亦就是对易学象数的认识。如是认识易学象数,恰如今所谓数学模型,既可借此推究宇宙物理之演化,亦可用以作为推究生命社会的发展规律,此方为易学象数的基本大用。而船山又取以一函三的象数原则,说明三才之道未尝可分。因人本属自然界的产物,何可生活于天地之外,而社会结构的变化,国家兴亡的反复,莫非三才之道的错综,而易学象数确可示其理。奈用之者或为一己的私利,或为荒诞的宿命,或为侥幸的投机,或为叛逆的符命,则易学象数之至理,安得不为人所轻视。事实上自先秦迄今二三千年的我国文化中,易学象数莫不在起深入人心的作用,而"《易》为君子谋,不为小人谋"的名言,自张载重视之、船山继承之,亦属用易学象数者当先自问自知者。如能知此原则,则易学象数何可忽视,故船山对易学的认识,已得其正。凡同时代如黄宗炎(1616—1686)、胡渭辈之痛斥象数,虽不可谓其全非,然难免有因噎废食之失。再者,舍易学象数而空论义理,则任何理论莫不可纳入易理,此自王弼易注首创,继之《易》成三玄之一,亦藉以代表儒教而成三教之一。以三教论,宜以唐李通玄(?—730)为结合《易》与《华严》的代表。此派对我国文化殊有影响,及船山之时有李贽(1527—1602)、董其昌(1555—1636)、金圣叹(?—1661)辈,心好之而蔚然成风。僧蕅益(1599—1654)亦有《周易禅解》之作,成书之起讫当崇祯十四年至顺治二年(1641—1645),恰在明清之际。此书亦能通三教而以佛为主,此即道不同的基本问题,故船山不得不排斥之。更观蕅益于顺治二年的自跋,亦可见其道不同而同功。

蕅益曰:

> 从闽至吴,地不过三千余里,从辛巳冬至今夏,时不过一千二百余日,乃世事幻梦,盖不啻万别千差。交易耶,变易耶,至于历尽千差万别世事,时地俱易而不易者依然如故,吾是以知日月稽天而不历,江河竞注而不流,肇公非欺我也。得其不易者,以应其至易;观其至易者,以验其不易。常与无常,二鸟双游,吾亦安知文王之于羑里,周公之被流言,孔子之息机于周流而韦编三为之绝,不同感于斯旨耶。予愧无三圣之德之学,而窃类三圣与民同患之时,故搁笔而复为之跋。

按蕅益跋此时,正当船山忧患至深之时而尚未志于学《易》。日后是否见到此书,于史无据。然台贤之有取于易理,早成明末之风气。当时不乏有逃于禅者,其情可喻。而船山之必加斥之者,即思想结构之不同。如空执义理而未究易学象数,则以老庄说《易》,以台贤说《易》,以理学说《易》,以谶纬说《易》,亦何以定其是非。此船山于六十一岁后必取易学象数为其思想结构中心,庶能得说《易》之正。再者医如张介宾于天启四年(1624)成《类经》及《图翼》、《附翼》等,道如伍冲虚于崇祯十二年(1639)成《天仙正理》等,其内容亦莫不合诸易学。此见明季易学之理正在各种思想结构中流传,故良莠不齐,势所难免。上述诸书皆属佼佼者,当日流行之说,或无文献记载(如占卜者之言)或文献已佚,或其义不纯而不传,或恰遭时禁而已毁,唯船山能博学反约,不为时俗所眩,明辨阴阳是非而仍归诸易学象数,且由象数而备其义理,提高象数之层次,斯所以非局促一隅之象数可比,亦非否定象数者所能望其项背。近百年来早已认识明末黄梨洲(1610—1695)、顾亭

389

林(1613—1682)与王船山三家所起的历史作用,而船山有其独见,就在重视易学象数。以上既阐明其形成过程,又略述易学简史及当时易学的情况,或更能由情理而见其志。石船山之是否"仍还其顽石",后继者莫不有责焉。

论陈梦雷、杨道声的易学

  清初陈梦雷著有《周易浅述》八卷。卷末附《周易浅述图》，主要取其挚友杨道声之说。梦雷字则震，号省斋，晚号松鹤老人。福建侯官人。顺治七年生，乾隆六年卒(公元 1650—1741)，年九十二。少有文名，二十一岁(康熙九年公元 1670)中进士，选庶吉士，授编修。与福建安溪李光地(公元 1642—1718)同乡，光地年长八岁而同年中进士，亦同授编修。

  康熙十三年(公元 1674)，耿精忠于福建反。陈、李同陷于家乡，不得脱身。光地既烦叔日煜，潜诣梦雷处探消息，又亲自前往共议，促膝三日论天下形势。陈已与精忠之上客杨道声定交，乃引杨与李抵足密谈一夕，尽知精忠虚实，遂决意具疏，陈破耿之计。然光地背信而独行其事，置密疏于蜡丸中，遣使间道赴京师，因内阁学士富鸿基上之，康熙帝为之动容。

  十五年，清师未入福建时，精忠降，然仍有叛意。十六年，清师复泉州，光地谒清帅拉哈达于漳州。梦雷虽未与，犹未知其负约。十七年入都请罪，无果。十九年上元节，尚遇杨道声于汴梁。今存《庚申上元同杨道声题汴梁旅店诗》。诗曰：

喜从京华约,初从宛洛期。河山收指掌,风雪壮须眉。

令节依村店,雄心付浊醪。清谈聊永夜,差慰故园思。

此诗可见当时梦雷消沉不安之情。是年李光地至京师,即授内阁学士。陈始知为李所卖,于闰七月朔作《告都城隍文》,以诛光地之心。精忠等被召至京,旋戮之。梦雷亦下狱论斩,幸得徐乾学密为开脱,减死一等,二十一年谪戍沈阳。下录《西曹坐系书怀兼寄两弟诗》五首之一,以见其学《易》之认识过程。

诗曰:

生来傲骨太嶙峋,天遣锒铛试此身。

长叹《楚词》聊当哭,静探《周易》已忘辛。

清凉入梦呼明主,潇洒题诗慰老亲。

吾弟幼期文信国,勤思忠孝莫伤神。

梦雷谪戍时年三十三,光地且赠以资斧,璧还而作《绝交书》,读之令人愤慨。既居沈阳尚阳堡戍所,曾编《奉天通志》等地方志。及康熙甲戌(公元 1694)始成《周易浅述》,年已四十五岁。忧患学《易》,恰当其境。

四十九岁时,康熙帝出巡至沈阳,梦雷献赋,中帝意而赐还京,方能一变坎坷境遇而平步青云。翌年起充皇三子诚亲王胤祉处侍读。自四十年十月至四十五年四月(公元 1701—1706)年五十二至五十七岁,为胤祉编成《古今图书集成》,全书一万卷,乃梦雷一生中主要成就。康熙帝极重视之,曾赐宅城北,并亲临其书斋,为题"松高枝叶茂,鹤老羽毛新"之联。此梦雷所以有"松鹤"之号。

梦雷七十五岁时,康熙帝逝世,不幸又陷入雍正帝胤禛与胤祉兄弟之争。胤禛先须削弱胤祉之辅佐,故首加梦雷曾有从逆之罪,复戍黑龙江船厂。编成之《古今图书集成》,命蒋廷锡重编而更成于雍正三年(公元1725)。所谓"厘定三千余卷,增删数十万言",仅略加润色,实未变其纲领体例。以廷锡代梦雷,即以胤禛夺胤祉而已。至于梦雷晚景,终雍正一代,默默无闻于戍所,直至乾隆六年卒。此外著述,有《闲止书堂集抄》二卷,刻于康熙三十二年(公元1692);《松鹤山房诗集》九卷,《文集》二十卷,刻于康熙五十一年(公元1712)。晚年或尚有著述,惜已失传。

其挚友杨文言,字道声,号南兰。瑀子。顺治八年生,康熙五十年卒(公元1651—1711),年六十一。少与兄昌言皆以善文名,长弃文而为实用之学,律历河渠算数兵农之书,无不通晓。二十三岁时(康熙十二年公元1673),耿精忠聘为上客。翌年精忠反,道声未受其官,而与梦雷、光地等定交。精忠案发,虽未受累,犹十余年变易姓名,为幕宾于四方。徐乾学、李光地、余国柱争礼聘之,光地之《历象本要》即道声所作。下录其《南兰纪事诗》中《谢当事某公》诗之首节,可见其平生所学及其艰苦之处境。诗曰:

> 生质本孱劣,诵读晞晨光。发燥授经书,搦管试讨量。十三学诗赋,呕心古锦囊;十五弃雕虫,六艺恣翱翔。天官本圣典,悠缪排机祥。指掌披舆图,所志在匡襄。农工执握算,经画具九章。最后问礼乐,探幽析豪茫。同心二三子,揽辔驰康庄。筋骨愧未周,岩栖愿深藏。悠忽四三年,困阨殊可伤,母死不得葬,饥躯走他乡。……

妻曹萼真,字绿华。江阴人。亦有文名。著有《络纬吟》一卷,有《饥寒》诗曰:

> 无衣独夜守严寒,绕膝啼饥岁复残。

寄尽愁心深不忆,悔教书札报平安。

观道声之行,唯以民族气节为重。岩栖深藏,超然事外,空负其匡襄之才。全家冻馁而壮志不回,庶见其变易姓名,饥走他乡之隐衷。迨耿案既息,梦雷于康熙四十四年(公元 1705)荐于胤祉以为己助,然仍为寄食而非仕。《古今图书集成》中之律历象数,皆道声所编。六年后病逝。妻为编《南兰纪事诗》五卷,《楚江词》一卷。而其经世算数之学,赖《周易浅述图》以传。然则"同心二三子"之间,虽出处各异,仅梦雷可当惟一知己。道声所探得之礼乐豪茫,惟梦雷知之。于戍所犹不忘其《图说》,心服道声可喻。

今综观梦雷一生之顺逆处境,正合康熙雍正两朝之政局变化。以一国之情系于一身,反复动荡,不啻"变雅"之象。由"当哭"而"忘辛",此《周易》之理所以愈于《楚辞》。十余年之"静探",始能成《周易浅述》,足为其学识之体。得意而编成《古今图书集成》,乃当其用。晚虽失意而寿逾九十,其自养有素淡于世禄之心,由力行而见。此决非空言者所能,方为理学之可贵处。

《周易·系辞下》有言:"古者庖牺氏之王天下也,仰则观象于天,俯则观法于地;观鸟兽之文,与地之宜。近取诸身,远取诸物。于是始作八卦,以通神明之德,以类万物之情。"此节为我国先秦时认识客观世界之总结。梦雷述此节曰:"象以气言,属阳;法以形言,属阴。鸟兽之文,谓天产之物,飞阳而走阴也;土地所宜,谓地产之物,草阳而木阴也。神明之德,不外乎健顺动止陷入丽说之德;万物之情,则不止天地雷风山泽水火之情。《本义》云:俯仰远近,所取不一,然不过以验阴阳消息两端而已。盖万物不外于八卦,八卦不外乎阴阳。阴阳虽二,而实一气之消息也。"

究乎梦雷之得于《易》者,盖能准此以道贯古今。故其编《古今图书集成》,分汇编凡六。一、《历象汇编》,即仰则观象于天。二、《方舆汇编》，即俯则观法于地。三、《明伦汇编》，即近取诸身。由修身为本而推及家庭国家之社会组织，所谓亲亲而仁民。四、《博物汇编》，即远取诸物。由人之艺术神异推及鸟兽之文与地之宜，所谓仁民而爱物。五、《理学汇编》，即以通神明之德。六、《经济汇编》，即以类万物之情。于神明之德，不外乎健顺动止陷入丽说八者。此理学之德，梦雷本已深味乎心。于万物之情，则不止天地雷风山泽水火八者。用"不止"二字以发展朱子之说，乃梦雷早有法自然以成其治平之志。惜当时所处，何必明言。今观其以礼乐治天下之《经济汇编》，庶见梦雷济世之情。

至于作此《周易浅述》时，行箧乏书，仅参阅《注疏》《程传》《苏传》《本义》《大全》《来注》数种，然已能探得易书义蕴为理、数、象、占四者；则易旨在吾，固不碍于"未能广览"。其后编辑《古今图书集成》，得见古今易著，不下千家。究其内容，仍未出于理数象占，而主要在于易图。此书之凡例曰："《易》之有图，原列于经首，盖卦画在未有经之先也。今附杨子道声《图说》，则有先后天配合及方圆卦分合之图，多后人之论矣。不知图者，固不得经之原；然不读全经，亦未能究图之蕴。故附图说于后，使人先从诵读求其文义，然后探其本原也。"读此可知梦雷之认识易原，其得在图。图可示理数象占四者，且与全经为不可分割的整体，斯之谓《周易》。梦雷既得易原以述经文，于辨六爻之情，殊有精思。因于程朱义理外，能注意《苏传》之长。释《系辞下》"变动以利言"一节，实为读六十四卦三百八十四爻之准则。

其言曰："此承上文刚柔杂居、吉凶可见，而详言系辞、吉凶、悔吝之凡例也。易道变动，开物成务，以利言也。而卦爻之辞有吉有凶，则其情之有所迁耳。以下皆详言吉凶以情迁之说，而以吉凶、悔吝、利害之三辞，由于相攻、相取、相感之三情。末复总以相近不相得之一情，使人推观之也。命辞之法，必各象其爻之情。《易》之系辞不止言吉凶。盖吉凶者，事之已成者也。吉凶之尚微而未成者，则曰悔吝。而其事之始,商度其可否,则曰利不利,不利则害。是《易》之辞有吉凶、悔吝、利害三者也。而其故由于爻之情有相取、相攻、相感三者。相感者情之始交,故以利害言之。相取则有事矣,故以悔吝言之。相攻则其事极矣,故以吉凶言之。爱恶、远近、情伪,姑就浅深言之。若错综言之,则相攻相取相感之情,其居皆有远近,其行皆有情伪,其情皆有爱恶也。故总以相近一条明之。近而不相得,则以恶相攻而凶生矣;以伪相感而害生矣;不以近相取而悔吝生矣。是一近之中备此三条。然不相得则恶相攻,伪相感,近不相取;则相得为爱相攻、情相感、近相取。可知不相得为凶害悔吝,则相得为吉利悔亡,无悔无咎。可知夫子已言者三,其未言者三,其条例有六也。然凡爻有比爻,有应爻,有一卦之主爻,皆情之欲相得者。今称近者,但即比爻言之。反以三隅,则主爻及应爻,亦备此六条。以此十八条合之爻辞,则吉凶悔吝之大凡可知。"

此由吉凶悔吝利害三辞,应于相攻相取相感三情,且以相得不相得而六,辨以应比主爻三者而十八。以之分析六爻发挥旁通之情,可云详备。大有裨益于身心之修养,亦理学之要旨。以下举大量卦爻之例,宜逐爻慎思之明辨之。故此书凡例又曰:"《易》之为书,虽理、数、象、占所包者广,大旨无非扶阳而抑阴,随时而守正;教人迁善改过,忧勤惕厉,以终其身。学《易》者苟不悟此,则铨理虽精,探数虽微,观象虽富,决占虽神,总于身心无当。故所解多于前后总论一卦大意,及逐爻象传之下发明圣人言外示人大意。虽未敢谓神明默成之道尽是,然借一二言自儆身心,庶免道听途说之咎云。"

此例为研《易》之另一目的。所谓理、数、象、占四者,皆属知之范畴;古于三公中为太师之职。当于身心,已属德之范畴;古于三公中为太傅之职。知之而未能力行,于身心何用之有。而梦雷此书贵在能默成其道,全书解卦爻时,于每卦前后各言大意及处之之法。此殊可贵,下举三例以见一斑。

如于需卦曰:"全卦以遇险不遽进为主。内卦乾健知险,有所须而不轻进。外卦坎险,待刚健之材以共济险。九五孚贞,需之适当其时。其他或近或远,要于须而不轻进。需于泥,已迫险矣;然能敬,犹不至败。入穴,已陷险矣;然能敬,犹可终吉。敬者,处险之学;敬则无不贞,无不孚矣。此象传又发象外之旨也。"

如于贲卦曰:"贲虽尚文,必以质为本。凡事无本不立,无文不行,故全象以贲有可亨之道;然本大而文小,故不过小利于所往。六爻初四以相应为贲,而二与三、五与上则以相比为贲。三爻在内者离体,则以文明为贲,故贲趾、贲须、濡如皆有所设饰。三爻在外者艮体,则又以笃实为贲,故皤如、丘园、白贲皆取于质素。然内三爻虽以文明为贲,二之贲须既出于自然,初之舍本则取其高隐,三之濡如即戒其永贞;于贲饰之时,皆以不贲为贲。此又圣人返朴还淳之妙用,维持世道之深意。此六爻之大略也。"

如于艮卦曰:"全象以上下不相应而相背,为各止其所之义;动静皆止,无我无人。此全象之大旨也。六爻从二阳爻起义,而全艮之时用者独在乎上。盖九三互震,失止之义,故有厉薰心之占。六五近上艮,故悔亡。四远之,则亦艮其身而已。二近下艮,能艮腓而不能拯。初则远之,但未失正而已。此六爻之大略也。"又曰:"全卦为震体之反,其吉凶之反亦然。震之吉在初,动之主也。艮之吉在上,止之终也。震之四下互二阴为艮,失所以为震矣,故遂泥。艮之三上互二阴为震,失其所以为艮矣,故薰心。趾腓下体,取象于行。辅在上,取象于言。而全卦取象于背。言行得其所止,可无咎悔之忧。若夫忘我忘人,事事安于所止,必以上之敦艮为拯乎。"

观上三例,可喻梦雷之探《易》,已能深入体味爻象之情。由分散之六爻,合一以求其象;象情既一,又可分于爻情之位。爻情以应六十四象之情,乃人有种种不同之处境;而应付处境之情,亦自然有种种不同。如上引之三例,处需待以敬,处贲饰以淳朴,处震以动,处艮以静。

动无遂泥之阻,静无薰心之碍,其于身心之修养,决非一朝一夕可得。故易道教人迁善改过,忧勤惕厉,以终其身。此本为《易》要无咎之旨。梦雷能反复注意,读者详之。于应比外必加主爻者,如艮初与三、四与上之关系,非应比可尽,故应比主爻十八条之标准,实为易辞言情之几,利贞性情之大用。

更论此书之象数。以所取之卦象言,与乾隆后所恢复之汉易,未可同日而语。此宋易远不及汉易处,不必为梦雷讳言,宜于卦变不知所从。依来氏综卦解"刚柔往来",仅易其位,卦何尝变,故未可取。即以宋易论,失在不用朱子取于李挺之之卦变图。全书取爻象时,颇用一爻变,盖从邵子之说,且本于沈该《易小传》、都絜《易变体义》之体例。此例南宋后渐盛,惜皆未达邵子辗转一爻变之精义,梦雷亦泛取之。其极深研几者,全在卷末易图,确能得全经之蕴。共收易图四十二幅,图说三十篇。虽取杨道声之说而已加融贯,基本仍准《本义》前之八图(不取卦变图)而发挥之。凡《先天卦配河图图》、《后天卦配河图图》、《先天卦配洛书图》、《后天卦配洛书图》四图,所以总结宋易各家对图书之数与先后天之象之关系。考朱子成《本义》于淳熙四年(公元 1177),距清初已五百年。其间宋理象数之发展,即此四图可尽。兼此四图,方能平息各家琐碎之争端,而五行生克之理皆在其中。梦雷所以能总结宋易象数者以此,今后发展宋易象数者,亦当以此四图始。此书载杨道声之图说,殊能说明其旨。至于方图用纵横贞悔数,乃承南宋初张行成之说。张行成进"七易"于乾道二年(公元 1166),中有《易通变》一书,已用此贞悔数。然此法未见流传,今知杨道声仍沿用之,可见五百年间并未失传,实为演《易》具体方法。今知马王堆中所得《周易帛书》之六十四卦卦次,即用贞悔卦象排列。此与现代之矩阵(matrix)演算完全同理。治吾国数学史者尚未见论及,特为指出,以供参考。于圆图六爻诸图,亦本于贞悔数。取乾姤、坤复为极,以当南北回归线。逐爻对分,此犹《庄子·天下篇》所载"一尺之捶,日取其半,万世不竭"之具体形象,则已由哲学概念化成数学概念。归两仪于太极,又同极限(Limit)之义。而整个圆图,本有极坐标(Poler coordinates)之数学形象。吾国自陈抟(公元 890? —989)传出先天图,对易学象数有划时代之进步,及康熙时为发展之最高峰。莱布尼兹(公元 1646—1716)得见先天图,当然由于康熙帝之提倡;故莱布尼兹亦曾通函于康熙帝,希望吾国参加当时之欧洲科学院。以时间言,牛顿(公元 1642—1727)与李光地同年,莱布尼兹(公元 1646—1716)长陈梦雷四岁,长杨道声五岁。其时之物质生产条件,吾国足与欧洲相比。牛顿、莱布尼兹为实际需要而同时发明微积分,若此书之图亦足以建立不限于微积分范畴之数学体系。然数十年后此类图象即乏人问津,故康熙后排斥先天图,对吾国自然科学之发展有巨大损失。以《周易》论,乃吾国唯一有代表性之哲学古著,且其理必须原于象数,而象数变化又不可不察其时代之认识水平。先天图由陈抟传出,有其历史条件。不究其发展作用而一概斥之,此清代尚汉学之失。若梦雷于易图象数能知源知流。于《古今图书集成》置《河图洛书部》于《易经部》前者,因必须认识数为《易》之原。此书置图于卷末者,因数之发展,不可不知由时代而变化。能如是认识《周易》象数,方可并观历代一二千家易著而无碍。

若由象数而筮占,不可谓非《易》之本。秦视《易》为卜筮书而不焚,尤为明证。占指揲蓍以得筮数,合诸卦象而断其吉凶之谓。此书于占全用朱子说,且以之为本。凡程、朱于《周易》,确为朱得《周易》之全,程仅得其部分。朱子能集理学之大成,对《周易》之认识,亦为其要点之一。或仅从一卦一爻之注,以论程、朱之得失者未是。而梦雷之重视易图,包括象数占,基本全准朱子之说。故此书虽亦一家之言,能由主朱而详加发挥,乃可代表宋易数百年之思想。

梦雷注离卦又曰:"上经终于坎离,下经终于既济未济。六十四卦以乾坤为首,而坎离居其中。盖坎离二卦,天地之心也,造化之本也。

天一生水而地二生火。坎藏天之阳中,受明为月;离丽地之阴中,含明为日。坎为水而司寒,离为火而司暑。坎为月而司夜,离为日而司昼。故先天之图乾南坤北,后天则离南坎北。坎离为乾坤之继体。此上经终坎离,下经终既济未济之意。而道家亦以人身为小天地,以心肾分属坎离,而其功用取于水火之既济。盖亦从易说而旁通之者也。"

此为《周易》之另一作用,所谓体育是其义。古于三公中,为太保之职。凡由知育以认识,由德育以力行,决不可忽乎由体育以养生。而梦雷之注意于心肾,得主于缘督。失意而寿享九二,可知其平素之善于修养。较朱子考《参同契》之情,尤其密合于伯阳。道家以人身为小天地之说,既从易说中旁通而出,亦自然可旁通而入。入而得浩然一气之消息,庶为人参天地之本。达此生命之起源,方为体育之归宿处。故于编《图书集成》时,于《河图洛书部·汇考六》中《河图中五之一图》加按语曰:"诸书之理,虽六合万化,不越此图。天气自外入,地气即自北升;纳即出也。地气自内出,天气即自南降;吐即入也。故吸一升一降,呼亦一升一降也。水火之升降,听命于呼吸。精之升降,又听命于气之出入。阴从阳地从天也。云汉自坤抵艮为地纪,北斗自乾携巽为天纲。而潮汐之理,亦以一日两度往复,既自北而南,亦自南而北。人身之吸,由鼻入脑后,下脊背,达精府,而彻于踵,则气自肾提于项前,随呼转以降于脐。呼由鼻出下喉管,注三焦入于气海,散于四肢,则气自脐后转入肾,随吸以升于顶。交错轮回,所谓往致顺来成逆。即此一图,天地阴阳五行之变化皆包其中。统而观之,凡天阳数必自左顺而往,凡地阴数皆自右逆而来。至于阳在阴中,亦左顺而往;阴在阳中,亦右逆而来。往来皆行也,皆定体也。中一如是,全图如是,小成大成效法之,无不如是。即此一图,而全《易》亦在其中,故《易》莫尊于太极,而河图莫尊于中五之一。"

此见吾国易理通于医理及人身小天地以归于宇宙大天地之基本概念。

梦雷解《说卦》"穷理尽性以至于命"一句曰:"穷理以知言,尽性以行言。《易》书于天下之理无所不备,而能尽人物之性,而自合天道也。理必穷之,性必尽之。天命但可言至,则自然之谓也。《易》之妙皆天地之自然如此。"识此节之所指,始可论梦雷对《周易》之认识。

一言以蔽之,梦雷盖以理、象、数、占四者之基本概念,以玩《易》于心。又以理、性、命三者,当师傅保三公之基本目的,以观《易》于身。孜孜以探赜,无碍于穷达。敬义夹持,含章可贞。道法自然,无声无臭。斯之谓梦雷欤。

当康熙四十四年,梦雷将成《古今图书集成》时,帝正潜心理学,日召李光地校理《朱子全书》、《周易折中》、《性理精义》诸书。而《周易折中》之定稿成书,已当五十四年(公元 1715),故后此《周易浅述》二十余年。今对比观之,可见《折中》颇有法此《浅述》者。如《折中》卷首之义例,亦为"时、位、德、应、比、卦主"六者。卦主即主爻。且《折中》于《系辞下》"变动以利言"一节,亦有极长之"案",大义与梦雷相似。结曰:"故观《易》者,须先知时、位、德、比、应五字;又须知时、位、德之当否,皆于比、应上发动,其义莫备于此章矣。"然《折中》前后未统一。且时、位、德三者,本为《易》之总例;于应、比外未及卦主,则未能包括"同功异位"。足证卷首之义例,乃取于梦雷。由十二条而十八条,庶可玩圣人系辞之情。而宋易玩辞之理,似已极于此《浅述》。《折中》之案语,反有所未备。于易图《折中》亦同取河洛配先后天四图,即杨道声之说;然未及方圆卦分合诸图,尤为《折中》逊此《浅述》。唯成书时之条件大异,故全书之规模,《浅述》自然未及《折中》。今确切而言,《浅述》足与《折中》媲美而并存。奈《折中》有御纂之名,终清之世,虽非学术主流,仍极流行。而《浅述》自收入四库后,尚无刻本。且《提要》曰:"唯卷末所附三十图,乃其友杨道声所作。穿凿烦碎,实与梦雷书不相比附。以原本所载,且说《易》原有此一家,姑仍其旧存之,置诸不论不议可矣。乾隆四十六年(公元 1781)九月恭校上。"按作此《提要》时,上距梦雷之卒仅四十年,已完全误解梦雷道声之意。凡例且不读,其何以知易图之所指。其后纠正《提要》之专著,如《郑堂读书记》、《越缦堂读书记》、《提要补正》、《提要辨证》等,皆未提及此书。可见梦雷道声之易,迄今未受学者注意。

考汉易宋易,各有所主。宋易所尚图书先后天之象数,实则由汉易象数发展而成。然康熙后,排斥宋易甚易,阐明汉易殊难。经二百年之苦心经营,庶见《周易集解》中汉易之迹。唯能识迹迹之履者,始可渐知易图先后天之重要。故今日读《易》,须基于汉易象数而究及宋易图书,始可另辟《周易》之履道。此足以代表宋易之《周易浅述》,能加标校而影印出版,则清初一大名家已晦二百余年之易著,始可为广大读者所知。此非仅梦雷之幸,亦为发扬易理之必经步骤。

论李道平的《周易集解纂疏》

　　《周易集解纂疏》十卷,清李道平著。道平字遵王,一字远山,号蒲眠居士,湖北安陆人。嘉庆戊寅(公元1818年)举人。二十余年,始终与修《安陆县志》。于学善治汉易,道光甲申(公元1824年)成《易筮遗占》而重其象,为能读《周易集解》之基础。若此《纂疏》之成,已当十八年后之壬寅(公元1842年),翌年任嘉鱼县教谕。凡研习《周易集解》者,循此书以进,殊多便利。今介绍其内容前,先须说明《周易》与《周易集解》成书及其变化的情况,方能理解《纂疏》在易学史中的地位及其价值。

　　《周易》为先秦古籍,《汉书·艺文志》:"《易经十二篇》。"又曰:"易道深矣,人更三圣,世历三古。及秦燔书,而《易》为筮卜之事,传者不绝。"所谓三圣,指伏羲、文王、孔子,三古指三圣所处之时代。观《周易》内容确有三部分:一、伏羲所作之卦象。二、文王所作之二篇。三、孔子所作之十翼。合之乃成《易经十二篇》。至于十翼是否孔子作,宋欧阳修《易童子问》已致疑。二篇是否文王作,汉马融等已发现爻辞如"箕子之明夷"等事在文王后,故不得不增饰卦辞文王、爻辞周公之说以自圆。又八卦是否始作于神农前之伏羲,更难证实。自清末以来,治《周易》者什九在考证《易经十二篇》的作者及成书年代。或能注意秦汉以来的《周易》著述,而研究其内容者日乏其人。故《周易》一书的哲理,已不为一般知识分子所理解。直至一九七七年,于西岐凤鸣村发现西周甲骨,内有以数字结合成奇字表示阴阳的变化。今已初步证实为周初的卦象。且全国各地皆发现有此类符号,然则《周礼》所记的三《易》非属虚构。在西周前已存在卦象,不可不认为是事实。至于伏羲氏之始作八卦,又可探源于原始宗教中有筮占之事。若筮占所用的工具与方法,历代都有变化。以筮数论,由八卦而六十四卦,由因重增爻而用九用六。于周初纯以数字代表阴阳变化,于筮法方面已有较深的认识。

其后观六十四卦的卦爻象,系以卦爻辞而成《周易》二篇,虽不必误认为文王周公所系,然以质朴的文字结构观之,实在《诗经》前。大部分成于西周,非常可能,其原始资料不乏取诸西周以前的史实。惟分辨卦爻以定二用,编辑成似今本的《周易》二篇,或已及春秋。《左传》昭公二十九年(公元前513年)载蔡墨言龙,初见引及"用九",可作为成二篇的下限,当时属太卜所掌。

孔子之读《周易》,未必有韦编三绝之事,亦未必曾作十翼,然见到卦爻二用的《周易》,可能有其事。此二篇之辞收入于《礼》,不如《诗》、《书》受人重视。及战国而逐步形成十翼,始能大幅度提高《周易》的学术价值。考十翼作者,既非一人,亦非一时。以长沙马王堆发现的汉初帛书《周易》观之(下葬于公元前168年),卦次不同于《序卦》。于十翼的十篇,差别甚大。篇数亦非十,有少于今本者,亦有今本中所无者。可见战国时代作翼以解释二篇的学《易》者甚多,下引《史记·仲尼弟子列传》以明之:

> 商瞿,鲁人,字子木,少孔子二十九岁。孔子传《易》于瞿。瞿传楚人轩臂子弘。弘传江东人矫子庸疵。疵传燕人周子家竖。

竖传淳于人光子乘羽。羽传齐人田子庄何。何传东武人王子中同。同传甾川人杨何。何元朔(公元前128—前123年)中以治《易》为汉中大夫。

《史记》此节的记载,误在直接受《易》于孔子(公元前551—前479年)。凡传瞿(公元前522—?)、弘、疵、竖、羽五代,已及始皇(公元前246—前210年在位)时之何,于时间未合。然所提及的传《易》者未可忽视,内有楚人尤当注意,可视为与十翼的作者有关。且秦未禁《易》,各地同在传授,宜汉初尚未有统一的十翼。今本之十翼,由田何传出,亦难免有西汉学《易》者的增删,如文景时之丁宽,武帝初之杨何,以及宣元之世立学官的施、孟、梁丘三家与焦、京之说。他们对十翼的形成,实有不同程度的影响。然完成如郑玄所数之十翼,其下限似在扬雄法《易》以著《太玄》前。因《太玄》的内容,不仅法《周易》二篇,且已兼法十翼。可证扬雄年五十(公元前3年)草《太玄》时,《易经十二篇》早已存在。《汉志》的书目,于《易经十二篇》分施、孟、梁丘三家,另有易传十余种,可喻当时视《易经》包括二篇、十翼,注《易》者更在十翼之外。故有比较固定的《易经十二篇》,足有二千年历史,是当传统所理解的《周易》。秦汉以来的读《易》者,基本能综观三圣三古而为之注。今于三圣之更,可否定其人,然未可否定三古之时。如分裂三古以究《周易》,确可进一步理解三古的时代。或知分而未知合,则未及传统说《易》者之已得通贯时空的《周易》整体观。此一整体观,大备于十翼,战国时代的黄、老、驺衍学派,皆有此思想。以田何论,可有见于秦统一天下的事实。及汉兴,《易》仍保持其整体观。武帝从董仲舒尊儒术后,又一变而成"《易》为五经之原"的地位。然《周易》所具的整体思想,亦非执一而不化。二千年来已"为道也屡迁",故历代注释《易经十二篇》的作者,又可以时代加以分辨。大别有五,即"汉易"、"魏晋易"、"唐易"、"宋易"、"清易"。所以有不同的内容,全在时代的发展,乃对三古有不同的理解。识此屡迁之整体易学,庶可并观五时之易注而无碍。

《周易集解》一书,为唐后保存汉易的唯一文献。观其成书与流传,亦几经曲折。然由汉及清而未衰,庶见穷变通久之易理。当两汉之四百年,除编定《易经十二篇》外,凡易家之注《易》,因有相同的时代背景,内容亦相似,是谓汉易。汉后从其说者,仍以汉易名之。其说与《春秋内外传》所述及者,尚可相通。且已有据于十翼,能融合三古而有所发展。凡十翼中未及者,亦可据卦爻象与卦爻辞而为之说。故精辟之言,不下于十翼之传二篇,二篇之观卦象。一言以蔽之,汉易之说,犹可上应于战国时之易说。自汉而魏,学风大变,魏王弼(公元226—249年)之易注出,乘时而改变说《易》之理,由崇实而尚虚,由尚象而扫象。虽然,亦有其整体观。改变云者,择取十翼之说,故不注《系辞》以下五翼。后有晋韩康伯补全之,理承于弼,亦与汉易大异。然时风所扇,日见其盛,此非一人所能抑,亦非一人所能兴。要而言之,实由印度西域的佛教思想不断传入所致。唐孔颖达撰《五经正义》(公元642年),犹以王韩注为准。汉易尚有遗存者,任其湮没而不顾,惜哉。《孔疏》中虽不乏有据实以正王韩之虚,然全书观之,仍属魏晋易而未及汉易。此见四百余年间,魏晋易独盛于江南之情况(北朝尚有汉易郑注流行)。孔氏自序曰:"其江南义疏十有余家,皆辞尚虚玄,义多浮诞。原夫易理难穷,虽玄之又玄,至于垂范作则,便是有而教有。若论住内住外之空,就能就所之说,斯乃义涉于释氏,非为教于孔门也。"此以十余家义疏,与王韩注相比,更属虚玄,故即以王韩注为有。或以王注与汉注相比,早已尚虚。至于王弼的思想,先儒皆认为以《老》说《易》。如合魏初的时代思想潮论,似未尽然。究其注《易》、注《老》之理,已有取于佛教初步传入而尚未完备的般若学说。故注《易》既与汉注大异,注《老》亦与河上公注不同。由韩康伯以及江南义疏,似在随时吸取传入之佛教教义,以足成王弼尚虚之理。奈住内住外、就能就所之义疏,已全部失传,不然当可由《易略例》以观其发展之迹。今幸有唐李通玄于开元七年至十八年(公元 719—730 年)所著之《华严经大意》等书皆在,其内容即以易象当华严法界,推而上之,可喻《易》与佛教教义之合其来已久,而王注实为其嚆矢。

迨玄宗之迁蜀,蜀地有李鼎祚者,因迎驾进《平胡论》而召为左拾遗。其人擅《易》,能读当时所剩之汉易,因辑录由汉及当代的易著共三十余家之说以成《周易集解》,于代宗登位(公元 762)而上于朝。其书所集之易注虽亦及王韩之魏晋易,然大半集汉易之说。于东汉之易注引虞氏易独多。计全书共集易注二千七百余节,虞氏注约一千三百节,几近二分之一,李氏之重视虞注可见。然《孔疏》言汉易,仅及荀、刘、马、郑而未及虞氏,可证其书虽在,早已无人问津。虞翻(公元170—239 年),会稽人,生当汉魏之际,五世家传孟氏易,与中原盛传之京氏易、费氏易等,颇有同异。其地属南方,时属汉末,有总结汉易的地位。然虞氏之卒,王弼已十四岁,未久而魏易风行,汉易式微。时代既变,如虞氏之说不可再见。约百年后范长生(即蜀才)(公元?—318 年)善虞氏易,《集解》尚辑有范注二十三节可证。范在蜀佐李雄时,或能广传其书,宜相隔四百年,唐李鼎祚在蜀尚研读世人不读之书。《周易集解》以虞氏为主,其有得于孟氏易可知。迨五代时,唐中叶尚存之各家易注全部散佚,故《周易集解》之辑,又有保存古文献之功。且成书之时在《孔疏》百余年之后,全书之内容上及魏易百余年前之汉易。由汉易直继《易经十二篇》之旨,庶可窥见通贯三古之易理。故李氏此书,犹继往圣之绝学,无他书可与媲美。奈此书虽成,流传不敌《孔疏》。终唐之世,于儒林未闻有重视其书者。

今更应进一步理解李鼎祚的思想,其自序曰:"圣人以此洗心,退藏于密。自然虚室生白,吉祥至止,坐忘遗照,精义入神。"又曰:"集虞翻荀爽三十余家,刊辅嗣之野文,补康成之逸象,各列名义,共契玄宗。"此所谓"刊",所谓"补",因魏晋以来,仅存郑、王两家。唐代于

《易》虽以王注为主,郑注尚在流传,唯虞、荀之易注习者绝无仅有。故李鼎祚重虞荀卦爻变之象,以刊辅嗣扫象之野文,以补康成未取之逸象。其视《易》玄合一,犹发展虞氏从魏伯阳《周易参同契》之义,内具易象"近取诸身"的养生之道。且唐代正三教分治之时,唯易理足以合之。故李氏于序中又说:"原夫权舆三教,钤键九流,实开国承家修身之正术也。"然则此书之旨,在使玄学合易理以权舆三教,犹改革道教,开创三教合一的新义。可见唐代有李通玄、李鼎祚二人,实为完成以魏晋易与汉易之理通往佛老之途的代表者。故唐易之整体观,须以孔疏合诸二李之书而方显。

若《周易集解》之作用,贵能承前以启后,非如孔疏之断代于魏。然由唐迄今又经千有余年,此书之盛衰与《周易》整体观之变化,仍相呼应。当唐末五代之乱,儒释道三分之唐易,一变而为统一的宋易。关键人物有陈抟(公元 889? —989 年)作先天象数之图,其次先天卦序,对认识《周易》卦象有划时代的进步。九、十之数,又能展开讨论先秦已具备的数学原理。是皆有见于由汉至唐的学术成就,方能抽象而归诸《周易》的象数。以当时的形势论,佛教《华严经》的法界,因武宗禁佛而化成禅宗五叶的机锋。玄宗合至赜的汉象,促使产生钟吕学派。此派学者著有《钟吕传道集》、《灵宝毕法》等以创新道教,实于百年间受《周易集解》之影响。陈抟生当其时,能总结唐易而理通三教。既生白于虚室,乃以至止之心游刃其间,庶能深味十翼中若干警句,以绘此自然之《易》序。其象数有邵雍(公元 1011—1077 年)、周敦颐(公元 1017—1073 年)等传之,实为理学之本。惟理学之道,虽兼取三教之理而必以排佛老为主,大违陈抟之旨。小程子(公元 1033—1107 年)之《易传》,仍据于弼注而不及《系辞》以下五翼。仅于贵尚虚之整体观,一变而为重伦常之整体观。此仍未合《周易》三古之时,其失与王弼同。及南宋朱熹(公元 1130—1200 年)能集理学大成,于《易》又合陈、邵、周、张、程而一之,庶成宋易之三古,凡陈、邵犹伏羲易,程犹

文王易,周、张犹孔子易。既备三古之时,故宋易足与汉易抗礼。惜保
存在《周易集解》中之汉易文献,宋代学者殊未觉察。程、朱之间有朱
震(公元 1072—1138 年)者,虽已阅读《周易集解》,然其所著之《汉上
易传》,仍以宋易为主而酌取汉易。朱子门人林至之《易裨传》中,亦述
及汉易之法,且知虞氏易"之正"之变。奈知象而未知象之所指,皆未
合以汉观汉之理,对汉易的认识距离甚远。惟朱子能推原宋易于陈
抟,其见甚卓,且从吕祖谦本以分辨二篇、十翼,则三古之时,灿然明
白。晚年注《周易参同契》、《阴符经》等,为其思想之归宿。反身以得
汉象,决非偶然。朱子既卒,程、朱之理学大兴。宋易以朱子为主,由
元、明至清初未变。清康熙帝敕李光地纂成《周易折中》(公元 1715
年),为宋易发展之最高峰。五百余年间,王弼注已为程传所代替,虽
存有《周易集解》中之汉易资料,绝无一人能读其书,此又见宋易独盛
之情况。

　　清由雍正而乾隆,学风又变。重朴学考据,可免自我作古之弊。
若宋易之三古,其何以为信史。故必逆而上推,步步为营,究古籍以核
证史实,为朴学之的。以《周易》论,由魏易王注而及《易经十二篇》,必
经汉易。欲究汉易,仅有《周易集解》中之资料尚在。故此书成于唐,
约经千年而始受重视于清。故汉易的绵延,不通观较长历史时期的变
化,决难说明其内容,亦难喻《周易集解》之重要。今日有志于学《易》
者,仍当以此书入门。凡清代研究《周易集解》而有成者,择要而言,初
创于惠士奇(公元 1671—1741 年)与惠栋(公元 1697—1758 年)父子,
继有张惠言(公元 1761—1802 年)之深入研究虞氏易,则于仅存之汉
注,略能说明其象。然于三古之易,赖此汉注而忽乎《易经十二篇》之
原文,难免有抱残守阙之感。即使汉注尚全,亦属汉代四百年之学
《易》情况,其何可不及汉后之易学发展。孙星衍(公元 1753—1818
年)有见于此,乃继李鼎祚《周易集解》而重辑《周易集解》,贵能网罗天
下放失之汉唐旧闻而全收王韩易注。成于嘉庆三年(公元 1798 年),

则已合汉易与魏晋易而一之，唯明显有与于二氏之唐宋易仍严斥之。此孙氏之志，不期而有焦循（公元 1763—1820）以《易学三书》足成之。焦氏以三十七年之功，成书于嘉庆十八年（公元 1813 年）。其书之出，有治《易》之独见，庶可当清易而无愧。总观清代之治《易》，不外汉、宋二途。治汉治宋者，什九为《周易集解》与《周易折中》所囿。然知宋易而未知汉易者，有大批清代易著，其内容已不足观。故乾嘉后之学《易》者，不可不知汉易，如能深研汉易而知其蔽，始可发展《周易》之整体观，此唯焦氏循足以当之。焦氏者究汉易而重虞氏易，且能直探卦象而得其理，则决非张惠言辈所能及。所著之《易图略》犹伏羲易，《易章句》犹文王易，《易通释》犹孔子易。由三书以应三古，清室三百年中仅焦氏一人，故足与虞翻、朱熹并立而为汉、宋、清三代的整体易学。然焦氏之书，必以虞氏易为非，与王弼之扫象，有异曲同工之妙。而或未究虞氏易，决不能成其《易图略》。继之衍成《易通释》而结成《易章句》，是犹发展王弼之扫象而扫辞。扫象者，全然不论乾为马、坤为牛之具体易象。扫辞者，又全然不顾二篇文字之内容。故以焦循为代表的清易，实为汉易与魏易之合，为今后发展易学的又一方向。能识此虞氏易发展成焦氏《易学三书》之原委，庶见《周易集解》有承启之功，而李道平恰当其时。然李氏仅得惠张之书而能读汉易，其于孙氏、焦氏发展《周易》整体观之创举，或尚未知。唯有得于《周易集解》，则可断言。乃于全书之注，逐条疏通之。其间汉人之注约一千八百节，已为汉易家所注意，此外近千节属魏晋至唐人之注，皆惠张等所忽视者，亦为疏通，基本能阐明注者之理。且所加二百余节"愚案"与百余节"案"，欲使注者之理，以合诸《易经十二篇》之旨，义皆平稳。故此《纂疏》之成，不仅属汉易，可由之而明唐李鼎祚之思想。至于汉易所以难读者，因另有文字外之易例，此例于汉代本不待言，然经魏晋易、宋易之独盛，知者已鲜。惠张等所阐明之汉易，犹说明汉人读《易》之例。家法不同，即取例不同。而此书于卷首，能集"诸家说《易》凡例"，计有卦气、消息、爻辰、升降、纳甲、纳十二爻、六亲、八宫卦、纳甲应情、世月、二十四方位十一例,则汉易中孟、京、马、郑、荀、虞之例,主要者已明。准其例以读其注,确可迎刃而解,故循此以读《周易集解》,殊多便利,此为《纂疏》之价值所在。然今日读此书者,岂可仅知汉易而已,不可不观其发展之迹,至少宜理解唐李鼎祚之思想。此点李道平尚未自觉,然已起此作用。如《疏》原序有曰:"谓《易》足以始三教而管九流,故为开国承家修身之正术也。"惜未能以唐观唐,并且未理解三教于唐代的内容,此清人未知唐易,与宋人未解汉易之失同。故善读《周易集解》者,不可仅以汉易之资料视之。善读此《纂疏》者,又须以唐易读之。进而合此《纂疏》与孔疏并读,可有万千变化,焦循决不能专美于前,是所有望于循此《纂疏》以研究《周易集解》者。

至于此书之版本,初刊本流行未久而板毁于兵。王先谦续刊《皇清经解》,虽得其书以未遑考订而置之。时王编修懿荣奏请以清人所著诸经义疏颁行学官,即以此书为首,故名扬全国。光绪辛卯(公元1891年)既有三余草堂刻本,又收入湖北丛书。更有长沙陈宝彝详为考校而成思贤书局本。今以三余草堂刻本为底本,参校丛书本与陈校本。于陈校本前,有王先谦序及陈氏之《重校纂疏识略》。王氏有言:"且序(指李鼎祚《周易集解》之序)云'刊辅嗣之野文',是其意不以王氏为然而甄录及之,窃所未喻。《纂疏》乃用汉儒易义以释王、韩、孔三家之说,斯惑之甚也。又其书征引多误,识者用为訾病。"斯实断章取义,全然未知唐李鼎祚之旨,其见反未及李道平之能以《周易集解》为主。又陈氏之校,于纠正征引及误字误刻处,颇有可取,惟全本汉注之理以绳此《纂疏》,亦未可为是。故此次标校,每用陈校本改正其误,然不取为底本者,庶可见此书之本来面目。

敬论熊十力师的思想结构

余生也晚,未及睹熊师中年鼎盛之气;余处也幸,犹及入门以受晚年定型之思想结构。今分析熊师晚年之所主,亦可窥见一生萃聚精力之所在。

熊师于一九五四年由京迁沪与子女同居。迨一九五六年,始一人定居于淮海路寓所苍莽之楼,年七十一岁。余经忘年交刘公纯先生之介,初登师门。余进谒前,对熊师之著作,包括《原儒》,已略有所知。会面后略述所学,受教甚洽。今试综述对熊师著作之认识及觌面受教后之所得。一言以蔽之,熊师之思想结构,既有如泼墨山水画之旷达粗野,亦有如工笔人物画之精致线条。誉之为博大精深,未尝不可。核实而论,旨在明生物反馈之力。

回忆第一次见面,熊师详述家世,滔滔不绝,连续一二小时未已。当孝思激动时,不期涕泪交流。劝慰再三,始平其情,复继述如前,间及情动,呜咽亦再。虽时间已历二十余年,此一真挚之形象,每一忆及,常在目前。熊师治病时,尝自述病因,亦屡从祖德说起,沉痛详诉,医师每为之茫然。间遇一位学者,其人信佛而重伦常,知熊师排佛归儒,有应于孝思之纯,乃专程拜访。熊师语及排佛之说,此学者尚能隐忍,转而提出我国历代以孝治天下之是,不期大出意外,熊师随即大斥历代封建统治以孝治天下之非,终至不欢而散。此外常有信佛者,欲与讨论佛教之是非,则莫不大受呵斥,决无丝毫可商余地。余曾遇一位佛教信徒,自谓受此呵斥,不得不拂袖而去。时值冬令,为屋外寒风吹醒,方觉忘携其帽。然宁受风袭,不愿再回返取帽。数则轶事,亦可显熊师晚年治学之情。且一生所著各书之旨,莫不有与于刚毅果断之识见与体认。晚年成最后一书《乾坤衍》,所以化此情于文辞而已。

今敬论熊师之思想结构,须从具体事迹中加以认识。熊师生于清光绪十一年乙酉(公元 1885 年),卒于公元一九六八年,年八十三岁。一生事迹,以思想行动之变化及著作完成之时间为准,宜分五阶段:

第一阶段,一岁至十七岁(1885—1902)。幼受家庭教育,有大志。十七岁离家赴武昌,从事革命工作。

第二阶段,十七岁至三十三岁(1902—1918)。青少年时,始终参与辛亥革命。好学不倦,一心为国,绝不计个人之名利得失。于卅三岁,出版《熊子贞心书》,可见其从事革命时之思想结构。

第三阶段,三十三岁至五十二岁(1918—1937)。于三十三岁前后逐步脱离革命实践,专研哲学以究宇宙人生之真谛。由法相唯识而完成《新唯识论》,出版文言本部甲《境论》时,年已四十七岁,整体之思想结构初步建立。五十二岁出版《佛家名相通释》,犹对《新唯识论》自作注解。

第四阶段,五十二岁至七十一岁(1937—1956)。此阶段中,思想屡经反复,终于完成排佛归儒之宿愿。乃继《新唯识论》于七十一岁出版《原儒》,可拓展其思想结构。然若舍《新唯识论》,决不能得《原儒》之旨。

第五阶段,七十一岁至八十三岁卒(1956—1968)。由《原儒》而于七十六岁(1961)成《乾坤衍》,乃以此最后一书,作为儒家思想之核心。

孤诣独复,情出言表,耿耿于怀,象其成矣。

考湖北黄冈,熊氏为大族。熊师一支,世业农。至祖父始聘师受学,知书后重理学,富于民族思想,以传道为主,决不愿出仕,以业木工而自甘。父继其学,不满清室尤甚。此对熊师有相当影响。当中日甲午之战(1894),熊师年十岁,学于其父所设之私塾。戊戌政变(1898),年十四岁,渐知世事。既通贯历代文化,复痛恨清室腐败。且所受之家庭教育以理学为主,对王船山之崇拜尤其占有重要地位。故第一阶段之思想,决不可能应于康梁变法,而必致力于反清之革命。乃于十七岁(1902)与同乡友人王汉、何自新三人奔赴武昌,参与日知会革命工作,曾受通缉,慷慨为国,艰辛备尝,壮志终身未已。此为第一阶段之思想实质。

自十七岁至廿六岁(1902—1911),身历辛亥革命前夕之艰难及大业成功之欢欣。民族之仇恨既雪,一姓之世袭已废。中国之前途,似已光明。奈二三千年所积之封建余孽,何能仅因辛亥革命而一次扫荡悉灭。且革命果实为袁世凯所夺,于民国五年(1916)又生称帝之狂念。虽八十三天之帝梦易破,奈军阀之势力何能一时扫清。熊师于奔走革命期间,无时不注意对古今中外种种哲理之研究。卅三岁(1918)出版《熊子贞心书》,前有蔡元培序云:"贯通百家,融会儒佛,其究也乃欲以老氏清净寡欲之旨,养其至大至刚之气。"可见当时熊师之思想虽泛览群书,唯心切于反身体验,由是脱离革命实践,毅然有以探求宇宙人生之正见。故第二阶段之思想结构,所以由身历完成辛亥革命空间之变,悟得当投身于另一境界,以体验时间之逝。况第二阶段之十余年中,一切工作行动,莫不孜孜于革命,无丝毫名利之牵挂,超然一身,出入无疾,斯为可贵。

熊师入南京支那内学院,从欧阳竟无大师学法相唯识,始体验另一世界。约于四十岁许,有函与侄非武,教训诚且严,内有一段自述经历,宜录于此:

吾年十六七，便以革命从戎，狂野不学。三十左右，因奔走西南，念党人竞权争利，革命终无善果。又目击万里朱殷，时或独自登高，苍茫望天，泪盈盈雨下。以为祸乱起于众昏无知，欲专力于学术，导人群以正见。自是不作革命行动，而虚心探中印西方之学。自恨前此一无所知，至遇人不敢仰首伸眉，其衷怀之怆痛甚深也。余信学问之事，不由天启，不由人授，唯自心之诚发不容已，将夙昔习染痛切荡除，而胸无滞碍，则天地万物之理自尔贯通而不知其所以。古人所谓至诚所感金石为开，至此始信其非妄语也，汝其念哉。……传曰：我欲托之空言，不如见之行事也。故上述先德，下道吾之历练，冀汝有所感焉。人之异于物者，以其能感也。汝而不感，则草木禽兽矣。余复何言，亦已焉哉。（见《尊闻录》）

由此信可证实一、二两阶段之事实，然有三点须作说明。其一，内云"吾年十六七，便以革命从戎，狂野不学"者，非自悔从戎，所以勉其侄。晚年自谓革命从戎时，有正确之民族思想，非盲目参军，但从戎时亦未尝完全废学。其二，内云"自是不作革命行动"者，决不是思想不革命，唯行动在探求学问，欲以知识学问革中国数千年封建之命。乃明数千年传统之积淀，决非任何一次具体行动所能荡尽。且数千年之思想学问错综复杂，优劣难言，唯有探其根而彻底澄清之，乃能完成思想之革命。此实为熊师终身之愿，未可忽视者。其三，内云"虚心探中印西方之学，自恨前此一无所知"，此基本指印度之学。若于中国之学，入内学院时已了然其概要，且有所体认。若深入理解法相唯识之学，完全在就学于欧阳大师之后。数年间由不知而深知，初入学时，日夜读书精思，铺盖不启，以致家中携来之食物霉变其中。熊师之专心致志如此，可佩其毅力。且能执简御繁，以小大有空之纲，判佛教经论之蕴，识见殊卓，体认殊真，非天下之至变至精，曷克臻此。详示如下，名之曰"熊氏科判佛教表"。

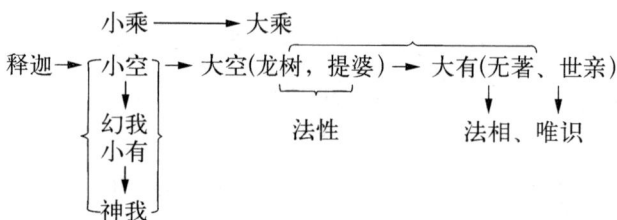

上表可见佛教发展之史实,唯从判教入手,庶可得其要。民国十一年(1922)卅七岁,应蔡元培先生邀聘,任北大教授,授法相唯识。

民国廿一年《新唯识论》文言本绪言曰:"境论初稿,实宗护法。民十一授于北庠,才及半部。翌年,而余忽盛疑旧学,于所宗信,极不自安,乃举前稿尽毁之,而新论始草创焉。"又曰:"境论文字,前半成于北都,后半则养疴杭州西湖时所作。十年病废,执笔时少,息虑时多。断断续续,成兹境论。"

读此绪言,可喻十年间成《境论》之艰辛。且熊师之病与其思维密切相关。唯思维不已,有违乎体内之自然调节。而其有意无意间时时在激发自心之诚,有以亲身体认宇宙人生之真。奈思虑过度,况核心问题未能解决,此为病源。唯于卅八岁至四十七岁十年间,为熊师学术思想成就之关键。当四十一岁,先成《因明大疏删注》,作为逻辑思维之基础。于卅九岁至四十三岁五年讲学时,由弟子高赞非记述成《尊闻录》,出版于民国十九年(1930)。卷首之言,既解决核心问题,亦为《境论》之旨:

> 录中轮回问题,所记甚粗略。此事在吾心理上经过曲折极繁复。吾近来意思,只是存而不论。世有净信见此录,必大訾我,然吾终望有善根人能发心努力现世,努力做个人,便是菩萨道。立民以此语揭之卷首可也。十力

熊师于唯识疑护法说之实质，因十师之说异义纷纭，护法属十师之一，"然或者以识论独崇护法，九师之旨，书佚难详，又不无遗憾云"。欲免此遗憾，不得不出"基师揉集识论"之旨。奈现存之唐人章疏，大抵失之烦琐。禅学之不立文字，难免矫枉过直。事实上，既准烦琐之章疏，又须加以通贯，不得不法禅师"参话头"之旨。数年间"在吾心理上经过曲折极繁复"以考虑轮回问题，犹在参是否有轮回之事。轮回之事有无，不但可通唯识十师之说、大空大有之歧，亦可理解中印两方学术之同异。熊师常曰："今日治哲学者，于中国印度西洋三方面，必不可偏废。"而唯识之六经十一论，仅属大有，何可忽视龙树提婆之大空。既贯通大空大有而观其有，又愿以中国儒家之理合之，由是欲求中印学术之大分辨处，不得不参"轮回有无"之话头。因中国儒家不言轮回，言轮回者，印方之学术。结果参得"存而不论"四字，本诸《庄子·齐物论》："六合之外，圣人存而不论；六合之内，圣人论而不议；春秋经世先王之志，圣人议而不辩。"置轮回之说不论，于佛教之信仰已大减。则对诸师之论，未尝不可更张。

张立民于民十九(1930)序《尊闻录》曰：

> 自丙寅(1926)已来，先生脑病忽厉，背脊且虚，心情焦苦殊甚。……幸先生道履渐康，得以请质疑滞，而无妄参私意之戾矣。

此所谓"脑病"，起于思维太过。"背脊且虚，心情焦苦"即心肾不交，起于未能解决专念之事理。而或忽此五年体验之诚，决难中肯以见《境论》之精。幸能参得"存而不论"之旨，庶免简单化之两分法，此于体认为一大进步。"道履渐康"亦非偶然，宜于出版《尊闻录》后二年，《新唯识论》部甲境论即问世。

《新论》绪言又曰：

余于斯学，许多重大问题，常由友人闽侯林宰平志钧时相攻诘，使余不得轻忽放过，其益我为不浅矣。……自来湖上，时与友人绍兴马一浮游，商榷疑义，明心章多有资助云。

书亦有马老序，其言曰：

其称名则杂而不越，其属辞则曲而能达。盖确然有见于本体之流行，故一皆出自胸襟，沛然莫之能御。尔乃尽廓枝辞，独标悬解，破集聚名心之说，立翕辟成变之义。足使生肇敛手而咨嗟，奘基挢舌而不下。拟诸往哲，其犹辅嗣之幽赞易道，龙树之弘阐中观。自吾所遇，世之谈者，未能或之先也。可谓深于知化，长于语变者也。

此序对《新论》之评价，恰当之至，间所拟诸往哲，似可更为阐明之。

按"龙树之弘阐中观"，所以立大空以破小有小空，其说经鸠摩罗什传入我国，得门下四哲之二竺道生与僧肇发挥之，然尚未能建立大有。大有者，本无著世亲成立之法相唯识。须迨玄奘取之，窥基继之。惜以护法为主，犹有所执，其何以结合大空而一之。然则三十唯识论，不可不空之，其犹辅嗣赞《易》以扫汉象云。然龙树、辅嗣之说，所以空之。熊师之论，所以有之。《十力语要》有言："《新唯识论》一书，站在本体论底领域内，直探大乘空宗骨髓，而以方便立论者也。"必承此旨，始可探其真空即妙有之源。或执护法而不知十师，执无著世亲而不知龙树提婆，执大空大有而不知小空小有，执印度而不知中国，其何以见熊师亲身体验之悬解。由是入室操戈之言，不期而兴，《破新唯识论》之书，安得不出。然熊师既得方便立论之旨，《破破新唯识论》，不必深思而立成。且识得佛家原始思想只是人生论，包括小空小有，宇宙论

须至大空大有始备。唯大空之谈本体,远离戏论最为可贵。大有自无
著造摄论,世亲立八识,"二师成立大有,资于小有,鉴于小空,又对大
空而成大有。破人法二我故,不同小有。遮恶取空故,即救大空末流
之弊。故唯识法相,渊源广远,资籍博原";"为佛学发展之最后阶段"。
奈结构虽严密,若转识成智等等,未免仍分二片。既未圆融,安得不入
戏论之范围,故不可不作《新唯识论》以救之。继之由《破破新唯识论》、
《十力语要》而成《佛家名相通释》,始完成整体思想结构中对印度佛家思
想之基本认识。最可贵者,已由教下而识得宗门之旨。《佛家名相通释》
有言:"宗门起而扫除文字,弊又滋多。然有宗末流,翻弄名词,障碍自
心,得宗门一切扫荡,其功不可没也。"自注曰:"宗门之学,虽创自中土,
然其作用见性之义,实上追释迦氏而与之密合无间,吾常欲就阿含抉择
发挥,苦未得暇。"读此可证熊师于佛家思想,实已得其本。由大有大空
而上推小乘阿含,由阿含而上追释迦氏创佛教之宗旨,当时原始之佛教
不可能有有宗之大量名词。此宗门之学虽创自中土,唯其不立文字,反
能密合释迦之旨。更顺观佛教在中土发展之情况,亦由小乘阿含而成
于罗什(350—409)传入龙树大空,玄奘(600—664)传入无著世亲大有。
于大空大有间尚有达摩(?—529)传来禅宗,至六祖慧能(638—713)直
承拈花之旨,时已在玄奘后。且由天台而贤首,大有之旨在中土亦有发
展,宜法相唯识在中土未能盛传。迨唐武宗毁佛(854)后,各宗皆衰,禅
宗独盛。唐末五代时一花五叶禅师辈出,流弊虽多,能亲身体验者亦实
有其人。故研究佛学之理,既不可不知天台贤首与法相唯识之异,尤不
可不知同归宗门后仍有所应。若摄论之义,八识之转,固为无著世亲之
旨,然未可谓非发展释迦之说而成。若由天台贤首而宗门,皆创自中土,
而其本亦不可不谓来自释迦。《佛家名相通释》曰:

　　自大法东来,什肇奘基,既尽吸收之能;华台宗门,皆成创造
之业。

又曰:

揆之往事,中人融会印度佛家思想,常因缘会多违而未善其用。今自西洋文化东来,而吾科学未兴,物质未启。顾乃猖狂从欲,自取覆亡。使吾果怀自存,而且为全人类幸福计者,则导欲从理而情莫不畅,宰物而用无不利。异生皆适于性海,人类各足于分愿,其必有待中印西洋三方思想之调和,而为未来世界新文化植其根。然则佛学顾可废而不讲欤。

究此可了解熊师深研佛学之鹄的。至于吸收与创造,各有所宜。《新论》之作,出自性海,由印而中,何可以大有为限,故特取《周易·系辞上》"夫坤其静也翕,其动也辟,足以广生焉"中之"翕"、"辟"二字,作为能质之实。《佛家名相通释》:"若以辟言能,则当曰势用之谓能;若以翕言质,则当曰显现之谓质。"亦即翕为显现,辟为势用。以大有归诸大空,庶免戏论之诮,此所以用"翕"、"辟"而不用"专"、"直"之微言欤!

至于阿含述缘生义,熊师亦有所创见,此所以能破《破新唯识论》。《佛家名相通释》有言:"阿含详谈十二缘生义,可见佛家原始思想只是人生论,而宇宙论即并没于人生论中,故不另谈宇宙论。十二缘生,是据凡位即染信位,而有顺逆观。顺之即无明乃至老死,即苦集二谛。逆之即无明尽,乃至老死尽,即灭道二谛。西洋哲学家,皆建立一法,以为诸法本原。而十二缘生之说,既不于自家生命以外,别说有客观存在的宇宙,更用不着为所谓客观的宇宙寻找一个托身或因素。只反在当躬,把自家生活认识清楚,不过是无明乃至老死一串相互关联而又相续不断的事情。岂不妙哉,岂不妙哉。"

总上诸原则,《新唯识论》已可成立而未许破。而其内容,当为二部。

绪言：

本书拟为二部，部甲曰境论，所量名境，隐目自性。自性离言，假兴诠辨，故有境论。部乙曰量论，量境证实，或不证实，应更推详量为何等，故次量论。

又曰：

本书才成境论，而量论尚付阙如。

又曰：

量论欲赓续成之，亦大不易。谈理一涉玄微境地，非旷怀冥会，不能下笔。述作之业，期于系统精严，又非精力不办也。

故熊师第三阶段之思想结构，已完成整体理论中之印度哲学。成境论而未成量论者，量论之精严系统，仍须有旷怀冥会。因明大疏，或尚有所未足欤！且当《佛家名相通释》出版于一九三七年春，其秋抗日战争爆发，熊师辗转入川，进入第四阶段之思想结构。

以出书之时间观之，自四十七岁出版《新唯识论》，直至七十一岁出版《原儒》，凡经二十四年。然论熊师思想结构之变化，当观其自身对《新唯识论》的认识。当出版《佛家名相通释》时，思想结构之核心仍属文言本《新唯识论》，故第三阶段之思想结构当终于一九三七年。于此后之工作，如继续循第三阶段之思想结构发展，当写"量论"，奈事与愿违。《原儒》绪言曰：

名学倡于中国最早，诸家坠绪犹有可寻。余在抗日战争前，颇思作述。无何，中原沦陷，急遽奔蜀。嘉州寇弹，焚吾积稿，予念灰矣。旧业中弛，今衰难理。

由是在抗日前自我改变《新唯识论》之结构。且熊师在蜀，遇无锡钱学熙先生，愿为英译《新唯识论》。当翻译前，先为翻译成语体文。孰料英译未成，熊师乃卷入由文言本译语体本之工作。经过迻译，增入内容甚多，不啻另写，然仍属"境论"而非"量论"。当译成三之二，于一九四二年初印上中卷，自序曰："今本则不欲承原本之规划，如将来得成量论时，即别为单行本，故今本亦不存境论之目。以境量二论，相待立名，今量论既不属本书组织之内，则境论之名亦不容孤立。故本书根本问题不外体用，立言自有统纪，一依原本之底蕴。"故第三阶段时之思想结构为《新唯识论》，虽未全部写成，已具整体规划，自不以量论属于《新唯识论》。于一九四四年全部翻成之语体本，内容较文言本更可观，自然是重要著作，然不可认为是熊师思想结构之核心。有一段文字可录之，以见当时之思想境界。

> 有心求安，是心则妄，而非其真。有命自天，万仞壁立，《易》云以至，老则云复，佛亦有言证大法身。夫佛所谓证得法身，与儒老所云复命至命，无异旨也，盖体合至真即超越物表矣。诣乎此者，是立人极，离常无常及有无相，离去来今及自他相，染污不得为碍，戏论于兹永熄，是盛德之至也。何以名之，吾将名之曰无寄真人，亦名大自在者，夫无寄则至矣，何天地成毁之足论。

一九四七年门人为印行"十力丛书"，前记有曰：

> 先生原拟为量论，以西洋尚理智思辨，印度佛家虽任思辨，而

要归禅定止观,中国则于实践中体现真理。三方各有其特到之精神,当析其异而会其通,毋拘一隅之见。此书若成,则于未来新哲学之发生所关极巨。先生辄叹老当衰乱,未遑执笔,吾侪犹望杖履余间,略提纲领。

此纲领即述于《原儒·绪言》中,庶足以当第四阶段思想结构之核心:

> 量论早有端绪,原拟为二篇,曰比量篇,曰证量篇。比量篇复分上下,上篇论辨物正辞,实测以坚其据,推理以尽其用。……下篇论穷神知化。神者不测之称,所以形容变化之妙。……感觉、量智(亦云理智)、思维、概念等所由发展与其功用,在上篇(辨物正辞篇)固应论及。本篇(穷神知化篇)当进一步讨论量智、思维等,如何得洗涤实用的习染而观变化。……证量篇论涵养性智。性智者,人初出母胎,堕地一号,隐然呈露其乍接宇宙万象之灵感。此一灵感决非从无生有,足征人性本来潜备无穷无尽德用,是大宝藏,是一切明解之源泉。即依此明解之源,说名性智。……吾原拟作量记,当立证量一篇者,盖有二意。一、中国先哲如孔子与道家及自印度来之佛家,其学皆归本证量,但诸家虽同主证量,而义旨各有不同。余欲明其所以异而辨其得失,不得不有此篇。二、余平生之学,不主张反对理智或知识,而亦深感哲学当于向外求知之余,更有凝神息虑默然自识之一境。……余谈证量,自以孔子之道为依归,深感为哲学者,不可无此向上一着,未知将来有同斯意者否?

此证量之向上一着,同乾元上出之义。故归诸儒必本诸《易》。又此一阶段之著作,除译成语体本《新唯识论》外,于一九四五年出版《读经示要》，一九四七年出版《读智论抄》，一九四九年出版《十力语要初续》，一九五〇年出版《与友人论张江陵》，一九五一年出版《读六经》。准诸书名亦可见由佛返儒之转变过程，自谓"六十岁左右深有感于孔子内圣外王之道，誓以身心奉诸先圣"。若《原儒》之旨，所以显孔子之体用合一，《新唯识论》以救大有之失，其原在儒。《原儒·绪言》曰："余年三十五，始专力于国学，上下数千年间，颇涉诸宗，尤于儒佛，用心深细。窃叹佛玄而诞，儒大而正，卒归本儒家大易批判佛法，援入于儒，遂造新论。更拟撰两书，为新论羽翼，曰量论，曰大易广传。两书若成，儒学规模始粗备。余怀此志，历年良久，向学已晚，成学迟而且孤。"此见七十岁左右时之思想。故《原儒》出，所以完成科判儒教之志，以下表示其源流，名之曰"熊氏科判儒教表"。

孔子 {

早年(五十以前)之学，祖述尧舜，宪章文武。崇尚小康礼教，维护统治。弟子守之者，遂成小康学派——小康学派改窜六经，六国时已盛，秦汉益烈。然汉人传来之经，保存大道者犹不少，惜乎汉宋群儒传注，一致本大义以为说，大道遂隐。大易周官二经，犹易清理。

晚年(五十学《易》以后)思想突变，始作六经。发明首出庶物，贬天子、退诸侯、讨大夫乃至天下之人人人有士君子之行。群龙无首，天下一家，是谓大道之行天下为公。弟子宗其晚年六经之学遂成大道学派——吕政焚坑之祸后大道学派无继，六经真本难得。至于六经之真伪，详辨之殊复杂，摘要述于下。

诗——孔子删定《诗经》之本意，《诗》有兴观群怨。

礼——《仪礼》创始周公。《礼记》集成于汉人之手，其中材料，固有采录孔子新著，如《乐记》、《礼运》、《大学》、《中庸》等篇。被汉人改窜，大抵采集六国时孝治论派儒生之著述。礼经之为孔子创作者，惟《礼运》、《周官》二经。二经皆根据《春秋》而作。

书——孔壁出之古文《尚书》，自是孔子修定之真本。然汉朝君臣，始终不肯以此书行世，独秦博士伏生之书流传至今。由此可以推想，孔子之书决不利于皇帝。

春秋——何休所述三世义，自是本诸公羊氏义之流传。圣人为万世开太平之旨，与公羊寿师弟为汉制法之意，有天渊之别。

大易——孔子作《易》，确在晚年。爻辞亦孔子作，旧以为周公作者，皆瞀说。五经皆原本大易，则五经成于大易之后。

乐——自汉以来不见单行本。惟《礼记》中有《乐记》一篇，其中精义，非圣人不能言也。

熊氏既经科判而得晚年之孔子及其六经，《原儒》之旨，悉在其中。以整个思想结构观之，第三阶段终于《佛家名相通释》，所以自注文言本《新唯识论》之文辞。第四阶段终于《原儒》，所以自注语体本《新唯识论》之内容。以下原引《原儒·原内圣》中之二章，可喻第四阶段思想结构之实质。

余案新知发展，可分两途。一于古为相承，二于古为相反。相承者，依据古学或师说而推演之，益以宏阔深远。其犹子游氏之儒，而传《礼运》；子夏氏之儒，能传《春秋》；老聃之后有庄周；释迦之后学有龙树无著。若此类者，虽复继述先师，而实开创新学派矣。相反者，研究古学而经有弗契，遂别辟天地，如孔子之后有诸子百家。其反儒不必有当，而其自有所独辟处，不愧为人间智炬。盖诸子之学，各有见于宇宙之一方面。易大传曰仁者见之谓之仁，智者见之谓之智，诸子之谓也。要之，精治古学，而或与之相承、或与之相反，其为启发新知之助则一也。余生平服膺孔子温故知新之训，常以为学穷今古，而时觉古之所谓大道者，今犹不见其可易。今之所发见为新理者，初未尝谋之于古，然试以稽之于古，则又未尝于古义绝无合处。若乃宇宙万变，人类之经验日益丰富，学术日益精密，新理之发见日益广博，其为古学所不及窥者何限。然试寻其源，则古学往往有造端之功也。是故学穷今古不独可以开拓胸次，免除悲今怀古或尊今尊古等成见，而一因乎自然之演变以体察之。而尤幸者,通古今之变,乃见夫理之随时地而异者,非理之至普遍者也。若夫至普遍之理,则行之一时、行之万世而皆准,推之西海、推之东海而无不合,是乃于万变中见贞常也。

又曰:

万物皆是刹那生灭,儒佛虽复同证,然两家密意各有侧重,则非明者莫辨也。佛氏侧重灭之方面,欲人观无常乎。儒家根本大经,即孔子《周易》。《周易》侧重生之方面,则与出世法相反矣。由易道而言刹那刹那灭灭不住,实即刹那刹那生生不已。刹那刹那故故不留,实即刹那刹那新新而起。是故大易直说生生之谓《易》,而不显揭灭字,其义深远极矣。夫《易》言生生,不是从万物之自相上着眼,而是从万物之共相上着眼。……明乎《易》之幽旨,则其所谓生生者,盖克就万物所共由之以生者而为言。即是于万物而洞彻其共相,是乃刹那刹那顿变,谲怪至极。世人于物,只作一一物观而遗其神,何怪其闻刹刹顿变而骇为玄谈乎。夫刹刹顿变者,即刹刹新新而起,不用其故之谓也。

此二节之文,犹熊师在总结专力于学术后之心得,由相承相反而发新知,由时地而异而见贞常,由灭而生,由佛而儒,非经三四十年之证量,何能自安于心。且同证与侧重,不可不深味其旨。《原儒》论侧重,主生以排佛,《新论》明同证,是之谓无寄真人。故熊师于第四阶段之思想结构,反复变化甚巨,要在能完成量论之提纲,始达吾无隐乎二三子之境。

《原儒》既成,熊师之思想结构已基本定型。唯其侧重在儒,则基本利用佛家名相以成之《新论》,似不足以显《原儒》之旨。况《原儒》据汉儒之文献以上证孔子,其时尚早于无著世亲,则何可再以有宗之名相,以显孔子之体用合一。故不得不于一九五八年出版《体用论》,一九五九年出版《明心篇》,既侧重于儒,宜由此二小书,可废数十年专心精著之《新唯识论》,此实为未究佛学者开方便之门。若"体用不二"四字易简之至,或即此而不究其内涵,妄加议论,未免有负熊师之苦心。《原儒》有言:"余年四十后,始为求原之学,所最费寻思者,厥为本体与现象是否可析而为二。"是即在参"轮回有无"之话头。由"存而不论"而得"体用不二",尤见量论须立证量之重要。此向上一著,于最后一书《乾坤衍》中,略示其端倪。

《乾坤衍》二分,出版于一九六一年,第一分"辨伪",全准《原儒》而言其重。第二分"广义",精神注焉。自序曰:

> 学《易》者必通乾坤而后《易经》全部可通也。衍者推演开扩之谓,引申而长之,触类而通之,是为衍。余学《易》而识乾坤,用功在于衍也,故以名吾书。

于"广义"中谓:

> 乾乃生命心灵之都称耳,坤乃物质能力之总名耳。又解《彖》
> 准六义,是犹乾坤衍:
> 一、体用不二。
> 二、一元实体之内部含藏复杂性,非单独一性可成变动。
> 三、肯定万物有一元,但一元即是万物自身本有之内在根源,不可将一元推出于万物以外去。
> 四、宇宙万有从无始以趋于无尽之未来,是为发展不已的全体。
> 五、乾坤之实体是一而其性互异,遂判为两方面。

六、孔子之外王学,于乾坤二卦创明废绝君主,首出庶物以群龙无首建皇极,《春秋》经与二《礼》同出于《易》。

以上六点于儒明内圣外王之旨,于佛之理犹自觉觉他。若所以圣,所以觉,何以不知性智。凡人初出母胎,本来潜备无穷无尽德用,是大宝藏,入此大宝藏而得《乾坤衍》,不已较龙树入龙宫以得《华严》为发展乎!合诸西洋文化,哲学基础在自然科学,由天文、地质、物理、化学而生物,由生物进化而究及生命起源,莫非在窥此大宝藏。自成立分子生物学以至量子生物学后,其义大显,宜熊师对自然科学之原理极感兴趣,晚年尚以未习为憾。若数十年中所亲证者可取处甚多,正宜善为继承而深入研究之,此乃东方文明之特色,可补西洋文化所不足。至于第五阶段之思想结构虽全同于第四阶段,然本愿以《量论》、《大易广传》两书羽翼《新论》之志,改成写《新论》,且以大易略显《量论》之应用。故《乾坤衍》之上分在用比量篇,下篇在用证量篇。由是境量合一,以成言外之象。虽然,象在侧重而非同证,此四五两阶段之思想结构,未可与第三阶段思想结构同论。若第二阶段之思想结构,已成《心书》,知识不可谓不博,所未备者唯于证量犹疏。故第三阶段之破本体,第四阶段之立证量,第五阶段之衍乾坤以合境量,前后凡四十年,衍成六义,非熊师证量之核心欤。体既破用在境,常闻熊师以论中上之境盖取伏犧、神农、黄帝、尧舜。舜而孔子,孔子后王船山一人而已。不取三代者,禹传启,家天下之始作俑者。周公东征,不仁之至,制礼以治,拘于小康,宜孔子晚年不复再梦周公。惜孔子之后,六经于战国时为小康学派所窜改,秦汉后更甚,莫不为家天下之君主所限。二千余年来,唯王船山能破此封建之制。此熊师身历革除帝制后于思想上追求一生所得之象,生生不已,新新不已,是所有望于未来。如是画面,大可观玩,一如形象派之构思,然则熊师之情,"岂好辩哉,予不得已也"。

附　熊师简要年谱

1885 年乙酉　清光绪十一年熊十力先生出生,一岁。

1894 年甲午　十岁,中日甲午之战。始从父读。

1898 年戊戌　十四岁,康梁变法失败。

1902 年壬寅　十七岁,赴武昌从事革命。

　　以上第一阶段,一岁至十七岁,凡十六年。

1911 年辛亥　廿六岁,辛亥革命成功,次年中华民国开国。

1916 年丙辰　卅一岁,袁世凯称帝。为革命奔走西南。

1918 年戊午　卅三岁,《熊子贞心书》出版。

　　以上第二阶段,十七岁至卅三岁,凡十六年。

1919 年己未　卅四岁,五四运动爆发。

1920 年庚申　卅五岁,专力于国学。

1921 年辛酉　卅六岁,中国共产党举行第一次全国代表大会。

1922 年壬戌　卅七岁,应蔡元培先生聘任北大教授,授法相唯识。

1923 年癸亥　卅八岁,草创《新唯识论》。

1926 年丙寅　四十一岁,成《因明大疏删注》。

1928 年戊辰　四十三岁,弟子录成《尊闻录》,二年后出版。

1932 年壬申　四十七岁,文言本《新唯识论》出版。

1933 年癸酉　四十八岁,《破破新唯识论》出版。

1935 年乙亥　五十岁,《十力语要》出版。

1936 年丙子　五十一岁,成《佛家名相通释》,次年春出版。

1937 年丁丑　五十二岁,抗日战争爆发,辗转入川。

　　以上第三阶段,卅五岁至五十二岁,凡十九年。

1942 年壬午　五十七岁,语体文本《新唯识论》上中卷出版。

1944 年甲申　五十九岁,语体文本《新唯识论》下卷出版。

1945 年乙酉　六十岁,抗日战争胜利。《读经示要》出版。

1947 年丁亥　六十二岁,成《读智论抄》。

1949 年己丑　六十四岁,中华人民共和国开国,《十力语要初续》
　　　　　　　出版。

1950 年庚寅　六十五岁,《与友人论张江陵》出版。

1951 年辛卯　六十六岁,成《论六经》。

1954 年甲午　六十九岁,由京迁沪定居。

1955 年乙未　七十岁,成《六经是孔子晚年定论》。

1956 年丙申　七十一岁,《原儒》出版。

　　以上第四阶段,五十二岁至七十一岁,凡十九年。

1958 年戊戌　七十三岁,《体用论》出版。

1959 年己亥　七十四岁,《明心篇》出版。

1961 年辛丑　七十六岁,《乾坤衍》出版。

1966 年丙午　八十一岁,"文化大革命"爆发。

1968 年戊申　八十三岁,卒。

　　以上第五阶段,七十一岁至八十三岁,凡十二年。

科　学　易

科学云者,必须以实验为证,并以具体数据总结其理;亦必有理论与应用两方面——理论以增进对客观世界的认识,包括生物界和人类本身;应用以提高人类适应自然界的能力,包括改变自然界——此皆以自然科学论。然须理解所谓科学的理论与应用始终在随时代进化,故内容亦因时代的发展而不同。时代指相当长的一段时期,或理论或应用有所突破,科学的内容亦相应而变。且科学须分类而研究,各科有其发展史,如数学史、物理学史、生物学史等等。今以科学史论,每种史的划时代未必相同,因而各学科之发展亦不易沟通与综合。时至今日,西方已发现各学科必须相互通气,方能促进整个科学进步,且已属自然科学与社会科学相互通气的时代。

自然科学的基本原则迄今仍用数学为本,能用数学语言表示其理,其理论庶可比较正确。所研究的客观对象,不外天文、地质的外形结构,而归诸物理化学的深入分析,实即宏观微观两端,而更重要的方面,由自然界条件的成熟,适应于生命产生而有生物。产生生物后,主要有反馈能力,又有生物的进化。通过今已进化成人这一不可忽视的事实,尤宜理解人在自然界中的地位。今已归纳为自然科学的三大课题：其一，宇宙演化；其二，物质结构；其三，生命起源。除三者本身的研究外，又重视三者间的关系。惟生物有进化，又形成有生命的宇宙以区别于无生命的宇宙。无生命的宇宙亦在演化，然与生物进化似有原则性的差别，此即物质变化的多样性。既有种种动植物，自然各有其生存条件。生物对自然界、生物对生物，又自然产生种种关系，其间必有相互适应、相互排斥两方面，造成今日所谓"生态平衡"的问题。人为生物界之骄子，本属自然界与生物界的产物，当然未可离开自然界与生物界而独立。故须知此三者之大系统，又须知其相互间之控制，且其间之联系以信息为不可缺的条件。此系统论、控制论、信息论三大学科，既为沟通研究宇宙、物质、生命三大课题的桥梁，又为沟通自然科学与社会科学的天衢。由于自然科学的发展，全人类的思维不能不起相应的变化。以吾国的情况论，正宜以最新的自然科学成就，合诸马克思主义的哲学原理，为吾国社会主义建设服务。于古代文化，尤宜以历史唯物主义的观点，实事求是的精神，尽量挖掘其可为今用的潜能。准此原则反观吾国历史上的主要思想体系就在易学，惜迄今仍在神秘的外衣下，尚未显出其基本的科学性。考西方产生整体的科学思想，虽曰萌芽于希腊，实起源于文艺复兴（当吾国明初），且须连续二百年后始有成绩。牛顿（1642—1727）盖与李光地（1642—1728）同年，其时的易学已在总结宋易。牛顿的科学理论，至二十世纪已为普朗克的量子论、爱因斯坦的相对论所代替。可知以爱因斯坦的科学理论考察古代思想，与以牛顿的科学理论考察古代思想，对评价古代认识论的价值有极大的不同。此仅以西方的科学史论。或考察吾国的科学史，对所谓科学性问题尤难下简单的判断。故必须以历史唯物主义之原则，证实吾国本有的客观史迹，在此事实中必有合乎科学原理的思想，否则决不会产生东方的灿烂文化历数千年而不衰。而此合乎科学原理的思想，是否可与牛顿时代的科学思想加以比较，是否可与爱因斯坦时代的科学思想加以比较，是否可与企图结合自然科学与社会科学的信息论加以比较,凡此等皆有利弊。故必须考察易学中自具的科学思想,某些观点当然是陈旧的,如天动地静等,早为牛顿时代的科学思想所否定。而某些观点的确新颖,如早知时空合一,早有数学模型,早在研究信息论,且皆有相当成就。故未加分析而论科学易,势必产生两种截然不同的观点,简单的褒之贬之,皆不能解决问题。

今准以上原则,对易学发展的史迹,以科学的观点略加综述。所谓科学易,其理论或应用本具于易学又间为历代易学家所论及者,基本存在于象数中。凡易学象数,内含各种最基本的数学原理,形成种种数学模型,自然保存有大量信息,足以与西方的各种科学相应。此决非以今日西方的科学成就穿凿附会。现逐一简介如下:

一、阴阳概念——来源于光。其相对之客观事实为地球自转。有生命后,生物有向光性、逆光性,约九亿年前,生物始分雌雄以当阴阳,皆属人类之先天本性。易学以阴阳为原则,即基本具备科学性。

二、八卦概念——来源于阴阳概念的三次组合,由重视阴阳的变化而产生。当时不必知"先天卦序",然有原始宗教后,逐步了解阴阳经三次变化有八种不同的情况,为巫师所掌握以应用于筮占。此为吾国产生二进位制最原始的历史事实,且能始终保存。用八卦之象为基础以分析客观事物,其法易简,殊合科学原理。

三、五行概念——计数用十进制,全人类基本相同,因其初便于用手指计数。吾国突出阴阳概念,自然产生十数分阴阳而有五进位制,以当左右手。五数代入水、火、木、金、土而成五行,似当在有五进位制以后。

四、四时四方的认识——对时间有四时的认识,对空间有四方的认识,此于高等动物已有之。人能合观,且得抽象的四数以当阴阳二数与八卦八数之间。这一易学独有的科学思想起源极早,当产生在金、木、水、火、土五行说之前。能合观四时四方,以形成"世界"、"宇宙"等时空统一的概念,有极深邃的科学哲理。或以牛顿思想观之,可谓最不科学的根源。如以爱因斯坦相对论观之,则价值完全不同。因时空相须,决不可分。唯牛顿执一于时间不变以得万有引力,而其内心必有阴阳相对的思维,是即万物变化之源当有第一推动力的上帝。上帝的实质所以变化时间,及爱因斯坦能彻底统一时空的关系,自然不必再有第一推动力的问题。吾国的哲理从实际经验而来,《周易》乾卦卦辞又总结古代思想而成"元、亨、利、贞"四字,即完成合一时空之理。凡元属东方春、亨属南方夏、利属西方秋、贞属北方冬,完全总结农业生产的事实,以得此极可宝贵的科学理论。

五、历法的形成——农业社会能成立,基本已了解有一年的周期,客观事实为地球的公转。且先已理解朔望月的周期,合诸一年约有十二月,因生十二数的周期。十与十二相合为六十周期。初用以记日(已得殷墟甲骨为证),一年为六甲子,产生周天为360°的基本坐标。且吾国天文以恒星为中心,既非日心说,亦非地心说,定十二辰次,即以二十八宿为周期,以北辰为定点,且用岁星纪年,此完全合乎科学原理。又抽象十二月、十二辰次而得十二地支之周期,可与八卦因重成六十四卦的十二画相联系,因巫师掌握八卦变化后,当然需要掌握更复杂的情况。

六、卦爻概念——巫师能利用六次阴阳变化成六十四卦后,对阴阳本身又用数字以示其变化,则六十四卦中尚可相互变通,是之谓爻(已得周墟甲骨为证),《春秋》内外传中皆有所记载,名之曰"之卦"。《淮南子》所谓"周室增以六爻",郑玄注三《易》曰"《连山》《归藏》以不变为占,《周易》以变者为占",即记录周初文化的大进步。然四千零九十六种变化,周初未必能用,仅得用九、用六以说明卦爻变化之理。以实物为证,初尚用一、五、六、七、八诸字表示,九字在西周中期始发现,故大衍筮法之完备,已在战国汉初。唯爻之概念,确已见于西周初,此由阴阳变成卦后,又使卦变成爻,成立卦爻概念后庶当所谓"周易"。以今日数学的概念喻之,阴阳变成卦,有函数的意义。变成之卦又可更变,则有泛函的意义。故能编成卦爻辞及二用的二篇,与殷墟卜辞有原则性的不同,已由卦爻结构的象数作为整体概念,用以分析事物之关系,基本已脱离宗教而独立。卦爻象数的关系,可与今日数学中高维空间的数据相比拟。

七、河图洛书之成立——准《洪范》之说,阴阳五行已合一于"次七稽疑",以数示之即五行生成图,亦即宋朱熹后名之曰"河图"者。今考察其理,即十进位制化成阴阳五行二种进位制。凡生数一、二、三、四、五,即五行之水、火、木、金、土。六、七、八、九乃当阴阳之变化,凡用六阴变阳,体七阳不变,体八阴不变,用九阳变阴。十即综合阴阳体用,犹五土之综合四时。此图有封闭性的形象,五十两圆合以四方奇偶数,以成"河图太极图"的形象。1 3 7 9……,2 4 6 8……,以十数为周期,各可螺旋发展(图一)。此二条螺旋曲线之理,确已存在于河图数排列的形式中。必以河图太极图为准,乃始见于明初韩邦奇(1479—1555)之《启蒙意见》一书中。或不用十而用九,则五行封闭,而阴阳开放,以当卦爻数可无穷增加。古已由八卦(2^3)成六十四卦(2^6),又由六十四卦增爻成四千零九十六卦(2^{12})。然自汉《易林》及宋朱子以数学二进位制的原理整理成《启蒙》后,即无发展。此实生产力未提高,故无此需要,迄今仍唾弃在卜筮迷信之中,安知其作用正由电脑之运用而显其价值。然阴阳开放性的形象,以体用之周期论,又成汉之"明堂位",宋朱熹后名之曰"洛书"者,实即洪范九畴,则以四正四维奇偶数分观之,各自成1 3 9 7、2 4 8 6周期之变(图二),因 3^n 与 2^n,其数可无穷增加,而末位数永为此四数之周流。此洛书之三三为九,又启发扬雄完成三进位制。故河图洛书兼容开放性与封闭性,观河图螺旋性与洛书周期性本身,又成为阴阳之变。此属数论,亦属解析几何,在河图洛书中,确能显出数学信息。于二进制与三进制,更可为各方面应用。

八、三才概念——观二篇分析事物的原理,已本天地人三才之道,如乾二曰"见龙在田"、乾三曰"君子"、乾五曰"飞龙在天",如以自然科学观此三才之道,当然又属不合科学原理,混乱不清。爱因斯坦

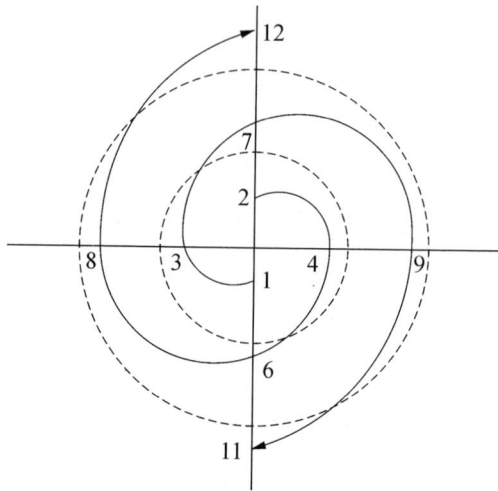

图一

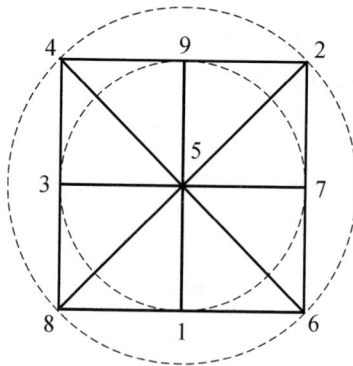

图二

研究物理学,极于时空合一而止,于生物学非所研究,而玻尔、薛定谔等即对生物学大感兴趣,影响华生(Watson)、克里克(Crick)发现双螺旋结构而建立分子生物学,则对研究生命起源问题较孟德尔-摩尔根以染色体为单元的遗传学又推进一步,可直接与化学联系。由是自然科学的三大课题又可与吾国天地人三才之道的分析方法合而观之。宇宙演化即天道,物质结构即地道,生命起源即人道。今正须研究此三者之关系,尤要者吾国对此三大问题已有数学模型。此因自春秋而战国,当时的生产力大发展,人之思维亦有大进步,乃能对客观宇宙的认识总结成象数。所谓"参天两地而倚数",则八卦成父母六子,以分六、七、八、九,其象数自然配合。凡一六为天之生,故以 $60 \times 6 = 360$ 为天圆的度数,由圆周分属五行,一、三、五阳为参天,故阳为 216 度,二、四阴为两地,故阴为 144 度,是当地六成天一 360 度的阴阳。四、九为地之生,以生东南西北四方,故以地方分为九州、中州以及四正四维,此有合于井田制的几何图形,是当天九成地四的阴阳。人参天地而生,其数二七为地之生,属人之女子,天七成地二,以当七数为期;三八为天之生,属人之男子,地八成天三,以当八数为期。《内经·上古天真论》中记述男女之生理情况,以七、八而言,全本统计以得之数据,此对天地人三才的认识基础,以相应于阴阳动静之数,皆易学所本具的科学知识。以岁实分辨男女的生理情况,庶可得三十年为一世的生物钟。六十进位制巴比伦亦有,今已未详其六十数之来源,在吾国则确知为十干十二支之合。合之之用,初记日数,尚未知用于纪年,夏商帝每取天干为名,其名用十数周期,似已在考察遗传的时间,决定取三十年为一世,其来甚古,与用干支纪年有密切联系。以人类生物钟的周期,合诸岁实的周期,亦属极科学的记录时间的方法。以之代太岁纪年,迄今已应用二千余年,不可不察其科学意义,实可当人类适应自然界的坐标。凡孟京易皆用"纳甲"、"爻辰"当"日月运行一寒一暑"之象,今存之古籍中,《参同契》亦沿用之,当炼内外丹的坐标。此三才贯通之整体理论,吾国早已用数学语言,可云大得风气之先,亦即易理医理之相通处。

　　二千余年前,中国已具三才之整体观,即依据于阴阳五行、六七八九之数学模型。数学不可不为一切自然科学所依据,现代分子生物学之 DNA 与 RNA,其分子结构之变化与化学键之"象数",不期与此相似。以数学之观点看,不可谓不可能,当重视其具体事实。以下更详述分子生物学的情况。

现代生物学,以孟德尔-摩尔根所确立的遗传规律为序幕,以华生、克里克所建立的 DNA 双螺旋结构模型为飞跃,成分子生物学的关键。自一九五三年后,已达由分子水平研究生命起源及生物进化。至于分子生物学的高分子结合,全在能量以产生化学键的变化,此所以必及量子生物学。且由于 RNA 亦可改变 DNA,"中心法则"已不成立。今试等观 RNA 与 DNA,以考察其分子结构的变化情况及其化学键的"象数"。

不论 RNA 还是 DNA,其分子结构式,皆具酸糖碱三类。

(一)酸:

RNA 及 DNA 中,同为磷酸,分子式如下:

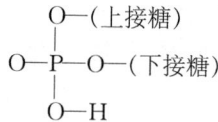

(二)糖:

RNA 及 DNA 中,糖分二类,一类名核糖,全名为 β-D-氧五环核糖,一类名脱氧核糖,全名为 β-D-2-脱氧五环核糖,脱氧与否,所以分辨 RNA 与 DNA,即 RNA 不脱氧,DNA 脱氧。分子式见下:

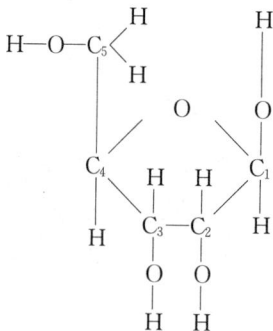

β-D-氧五环核糖
(RNA)

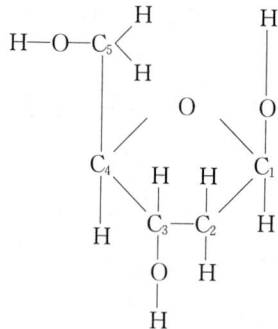

β-D-2-脱氧五环核糖
(DNA)

五环指五个 C,于 C_5 处上接磷酸,C_3 处下接磷酸,C_1 处接碱基。

脱氧与否,指 C_2 处是否有氧,此有氧与否,与磷酸无关,惟与碱中的尿嘧啶(U)与胸腺嘧啶(T)有不同反应。故与磷酸上下结合,成 RNA 及 DNA 二条长链。

(三) 碱:

RNA 与 DNA 中,碱有五种不同,可分二类,凡嘧啶类三种,嘌呤类二种。此二类同具嘧啶环,以嘧啶环加咪唑环,就成为嘌呤。嘧啶环有三种衍生变化,加咪唑环后又有二种变化。且此二种变化,仍在嘧啶环,与咪唑环无关,故五种碱的不同,全属嘧啶环的衍生。如接糖时或接于嘧啶环,或接于咪唑环,故此二类成为三种碱基。下先示嘧啶、嘌呤的基本分子式:

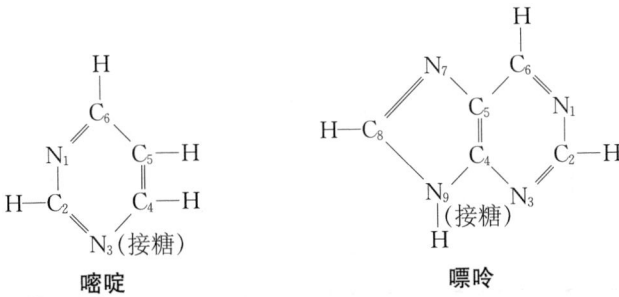

嘧啶　　　　**嘌呤**

嘧啶的分子结构式成六角形,于 $C_4 C_5$ 处接一五角形的咪唑环,就成了九角形的嘌呤。当碱糖结合时,嘧啶于 N_3 处接糖,嘌呤于 N_9 处接糖。此二类碱基的衍生,三种属嘧啶,即胞嘧啶(C)、尿嘧啶(U)、胸腺嘧啶(T),二种属嘌呤,即腺嘌呤(A)、鸟嘌呤(G)。其分子式如下:

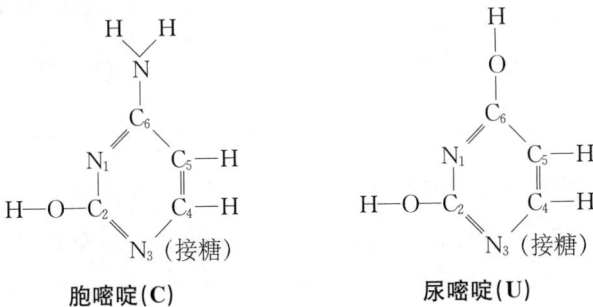

胞嘧啶(C)　　　　**尿嘧啶(U)**

胸腺嘧啶(T)

鸟嘌呤(G)

腺嘌呤(A)

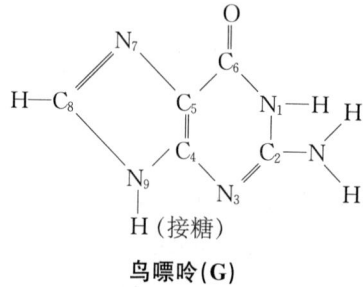

上述五种嘧啶环的衍生,似当以 TUCGA 为次,其成分以下表示之。

元　　　素		HONC		备　　　注
	价数	1　2　3　4		
碱				
嘧啶	T	6　2　2　5		减 5 - 甲基同 U
	U	4　2　2　4		加 5 - 甲基同 T
	C	5　1　3　4		加咪唑环同 G
嘌呤	G	5　1　5　5		减咪唑环同 C
	A	5　　5　5		

观衍生的情况,于嘧啶环增入 O、N,即生变化而成 C;于 $C_2 C_6$ 处各增一个 O,即生变化而成 U;于 U 的 C_5 处又增一个 5 - 甲基,就成 T。且 C_5 处既接 5 - 甲基,就不可能更接咪唑环而成嘌呤,可见 T 为

嘧啶之主。又 T 减 5 - 甲基为 U;U 于 C_6 处不接 O 而接 N,就成 C;
与 C 的成分相同,惟 C_6 处接 O,C_2 处接 N,就可能接咪唑环而成 G;G
的 C_2 所接的 N,接于 C_6,C_6 处不再接 O 就成 A;A 可视为嘌呤之主。
当由 A 而 G,就可能减、加咪唑环而变化于嘌呤、嘧啶间。而由 C 而
U,则与核糖是否有氧有关,因 U 与三个 O 的结合能,不及脱氧核糖
与氧的结合糖,故 U 保持不变,只能与核糖结合成 RNA。至于 U 而
T,T 的 5 - 甲基与 O 的结合能,又超过核糖中与氧的结合糖,故 T 保
持不变,只能与脱氧糖结合成 DNA。可见 TU 之变化,亦即 5 - 甲基
的加减,是转化 DNA 与 RNA 的关键。下示 DNA 与 RNA 的变
化表:

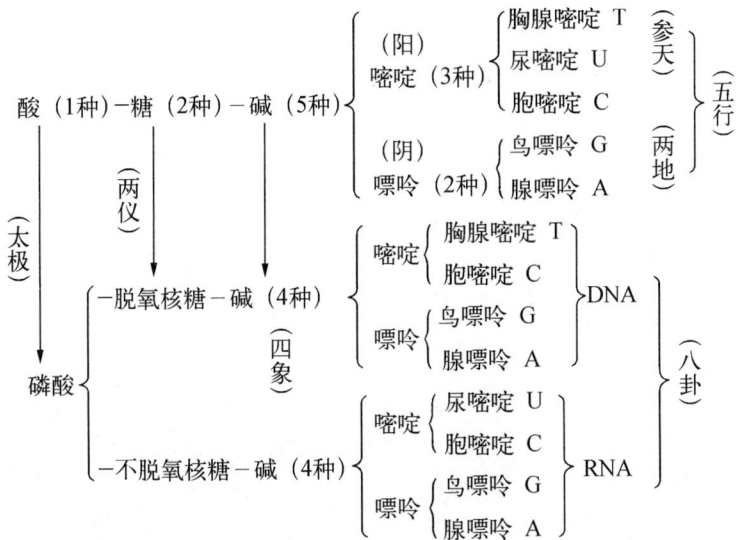

凡酸糖结合成长键,P 有大作用。五种碱相互结合,辨在嘧啶与
嘌呤,惟 5 - 甲基的有无,影响糖的是否脱氧,故 RNA 与 DNA 相互变
化时,机在 TU 的变化。今已发现 T 取代 G 而产生异常的 R_{21} 蛋白
(见英国《自然》杂志 1982 年 300 卷 P143—149),是即以能分辨二类
糖的 T,取代不能分辨二类糖的 G,则 RNA 与 DNA 间尚可变化,势

必产生异常的蛋白,故惟当 RNA 与 DNA 稳定时,方有六十四种遗传密码。然则以象数论,由一而二的二分法,属正常态;由一而二,由二而分三、二的五,属变化态。而二分的变化,自然有三与二的不同,此数又见于结合嘧啶与嘌呤间的氢键数。凡 GC 结合,氢键数三。A 与 U 或 A 与 T 结合,氢键数二。分子式如下:

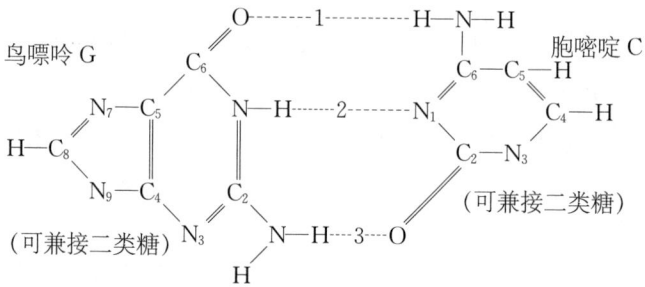

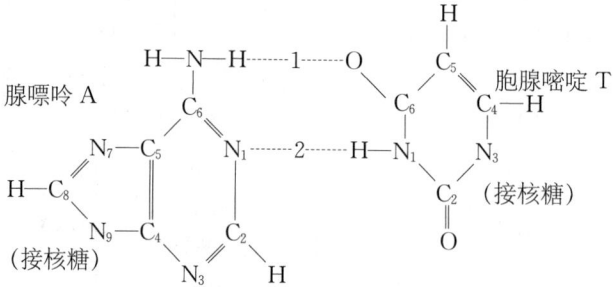

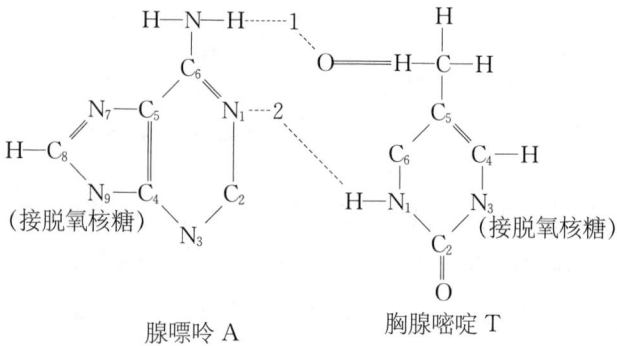

鸟嘌呤 G　　　　　　　　　　　　　胞嘧啶 C

(可兼接二类糖)　　　　　　　　　　(可兼接二类糖)

腺嘌呤 A　　　　　　　　　　　　　胞腺嘧啶 T

(接核糖)　　　　　　　　　　　　　(接核糖)

(接脱氧核糖)　　　　　　　　　　　(接脱氧核糖)

腺嘌呤 A　　　　　胸腺嘧啶 T

至于遗传密码的形成,须本三联体,今以氢键数视之,自然有

六、七、八、九四种不同的象数。故以氢键数分之,六十四密码中,氢键数九者八种,八者二十四种,七者二十四种,六者八种。详以下表示之。

氢键数	六十四种遗传密码	种数
九	GGG—CCC　GGC—CCG GCG—CGC　GCC—CGG	8
八	GGA—CCU　GGU—CCA GAG—CUC　GUG—CAC AGG—UCC　UGG—ACC GCA—CGU　GCU—CGA GAC—CUG　GUC—CAG ACG—UGC　UCG—AGC	24
七	GAA—CUU　GUU—CAA AGA—UCU　UGU—ACA AAG—UUC　UUG—AAC GAU—CUA　GUA—CAU AGU—UCA　UGA—ACU AUG—UAC　UAG—AUC	24
六	AUU—UAA　AUA—UAU AAU—UUA　AAA—UUU	8

上表以氢键数分辨六十四种遗传密码,以此分类,上可研究 RNA 与 DNA 转化的原因,下可考察相应于二十种氨基酸的变化情况。而此六、七、八、九四种象数的变化,正合一正一负与三正二负的相交而成。若此分类对分子生物学是否适用,尚须以实验加以证实,今仅知结合嘧啶嘌呤的氢键数,确有此四类象数云。

后　记

　　《易学史发微》的编纂，是潘雨廷先生生前的设想，最初的篇目也由潘先生本人所手定。潘先生晚年所从事的主要工作之一就是编纂《易学史》，以反映中华古代文化核心部分的主要面貌，并鉴古以知今，推动中华现代文化的发展。由于此书规模庞大，在一段时间内难以完成，于是选用了《易学史》中的主要篇章，编成了这本《发微》。

　　和成于其他时期的书稿不同，《易学史发微》大部分写作于八十年代，代表了潘雨廷先生成熟时期的思想。尽管在这段时期内潘先生的思想还有发展变化，而且越到晚年越少受传统的束缚，越精粹单纯，但其主要部分的相关脉络已然清楚，基本能一以贯之。潘先生的易学论文，以象数结合义理，篇篇有其实质性内容，其中多前人所未言，极具创新的意义。如果认真研读，必然能获得不少启发。作为二十世纪中华易学的杰出代表之一，潘先生的研究既注意考据传统的易学文献，也注意运用自然科学的最新成果以及地下新发现的考古材料。《发微》对《周易》爻名、《周易》编辑以及《彖》、《象》结构等作的阐发乃至对数字卦、马王堆《周易》帛书卦次、科学易等作的探讨，包含了潘先生一生研《易》的心得，取得了前所未有的成果，值得学术界高度重视。

后　记

　　《易学史发微》原拟定的篇目是二十四篇,其中关于扬雄、虞翻、李鼎祚、朱熹四篇著作的提要与另一部书稿《读易提要》重出,今删归该书。最末的《科学易》原来是另一长文《易学史简介》中的一节,但因潘先生晚年极其重视易学与生物学的结合,对二十一世纪生物学发展抱有乐观的态度,今仍保留以为殿。《发微》中所提及的部分参看篇目,如《论〈洪范〉作者的思想结构》、《论〈周易·卦爻辞〉作者的思想结构》、《论〈周易·系辞上·大衍章〉作者的思想结构》等,这些文章最终没有写成,今仍存其目,以见潘先生所设想《易学史》的原来规模。

张文江

一九九七年十一月二日

修订本补记

《易学史发微》,原来的题目是《易学史论文集》,现在的书名为整理者所拟。此书是潘雨廷先生晚年思想的精粹,最早的篇目也由潘先生所手定。在潘先生的著作中,如果选取一种代表作,整理者愿意推荐此书。如果其他著作的表述和此书不一致,也请以此书为准。

潘先生去世以后,整理和出版他的著作,在开始阶段进展缓慢。整理者曾经非常担心,这些著作是否能够完全保存。直到此书出版以后,才初步松了口气:潘先生一生最重要的心血,已经呈献在社会上有识之士的座前。即使还可能遇到其他困难,临界点已经超越过去了。

2001年,《易学史发微》由复旦大学出版社出版,印数二千册,一个月内售完,以后在市面上不大见得到。印数虽然不多,毕竟留下了种子,有不少读者通过此书认识了潘先生的学问。时光匆匆,已是十年,此书得到了重印的机会。

此书中的大部分文章,为整理者当年随侍潘先生时所手抄。此次校阅一过,在改正若干错误的同时,整理者也得以重温旧日心情。潘先生的文章,篇篇有其精义,至今读来,依然为其识见惊叹。尤其使整理者久久流连的,是《序卦》、《杂卦》两文。当年潘雨廷先生语我《杂卦》"大过颠也"之旨,听后身心震动,以后思及此景,愈觉意味深长。近些年来,此景往往不期而现,时代之感应,有不知其然而然者。

张文江

2011 年 9 月 12 日